Otto Eichert

Vollständiges Wörterbuch
zu den
Geschichtswerken
des
Gaius Sallustius Crispus

von der Verschwörung des Catilina
und dem Kriege gegen Jugurtha,
sowie zu den Reden und Briefen
aus den Historien

1973

Georg Olms Verlag
Hildesheim · New York

Dem Nachdruck liegt das Exemplar der Stadtbibliothek
München zugrunde.
Signatur: H 8 291
Das Format des Nachdrucks ist geringfügig kleiner
als das der Vorlage.

Nachdruck der 4. Auflage Hannover 1890
Printed in Germany
Herstellung: fotokop wilhelm weihert kg, Darmstadt
ISBN 3 487 04592 3

O. Eichert · Wörterbuch zu Sallust

Vollständiges Wörterbuch

zu den Geschichtswerken

des

C. Sallustius Crispus

von der Verschwörung des Catilina
und dem Kriege gegen Jugurtha, sowie zu den Reden
und Briefen aus den Historien.

Von

Dr. Otto Eichert.

Vierte, verbesserte Auflage.

Hannover.
Hahn'sche Buchhandlung.
1890.

Druck von Wilh. Riemschneider. Hannover.

Vorwort.

Specialwörterbücher haben ihren eigentlichen Wert nur dann, wenn sie die Eigentümlichkeiten des betreffenden Schriftstellers zur vollen Anschauung bringen und durch Erklärung der schwierigeren Stellen das Verständnis desselben für die Jugend fördern. Beiden Ansprüchen bin ich in der vorliegenden lexikalischen Bearbeitung der Schriftwerke des Sallust bemüht gewesen Genüge zu leisten: ich habe den Sprachschatz desselben so ausgebeutet, als es mir die Grenzen des zunächst für den Schulgebrauch bestimmten Buches gestatteten, und an allen den Stellen, wo sich dem Schüler besondere Schwierigkeiten entgegenstellten, das Nötige zur Erklärung beigefügt. Von den Fragmenten sind die Reden des Lepidus, Philippus, Cotta und Licinius, sowie die Briefe des Pompejus und Mithridates berücksichtigt worden, welche ihres interessanten Inhaltes wegen wohl verdienen in den Schulen gelesen zu werden.

Zu Grunde gelegt ist die Textrecension von Dietsch; doch finden sich auch die von ihr abweichenden Lesarten der neueren Bearbeitung von Kritz und Jordan (1876), wo sie von Erheblichkeit erschienen, berücksichtigt. Die nur einmal vorkommenden Wörter sind mit einem Sternchen bezeichnet.

O. E.

Zur vierten Auflage.

Für diese neue Auflage habe ich das Buch einer sorgfältigen Durchsicht unterworfen und verbessernd an demselben gearbeitet. Auch sind diesmal den Belegstellen aus den längeren Textkapiteln (Catil. 51, 52; Jugurth. 14, 31, 85) zur leichteren Orientierung die betreffenden Paragraphennummern hinzugefügt worden.

O. E.

A.

A, Abkürz. b. Vornamens Aulus C. 39.

ā, äb, *praep.* mit *abl.*, z. Angabe b. Anfangspunktes einer Bewegung, von von...her, von...weg: abesse a Roma C. 40; ab Zama discedere J. 61; daß. *a)* z. Ang. der Person, von der etw. genommen wird s. accipio, accerso, capio, emo, peto, postulo. — *b)* z. Ang. des Urhebers ob. der Ursache einer Wirkung, von, durch: laudari ab alqo C. 8; corruptus ab ignavia („infolge") J. 31 (§ 2); poenas ab hoste metuere J. 76; hostile ab alquo timere J. 88. — 2) z. Ang. des Anfangspunktes einer Richtung, von, von...aus: ad occasum ab ortu solis C. 36; interire a stirpe C. 10; daß. z. Bezeichnung der Seite, auf welcher etw. stattfindet (während im Deutschen hier mehr das „wo" berücksichtigt wird): ab occidente, im Westen J. 17; ab ea parte, auf der Seite J. 93. 94; ab omnibus partibus J. 97; ab dextera C. 59; a sinistra ac dextra J. 50; ab tergo, im Rücken J. 56. 97. — 3) bei Verben des Schützens, Behinderns, Freimachens u. dgl., gegen, vor, von, s. tego, tueor, defendo, defenso, prohibeo, impedio, caveo, munio, tutus, liber, vacuus. — 4) z. Ang. der Trennung, Entfernung ob. des Abstandes, von, von...aus: a periculis C. 6; procul a mari J. 89; ab Capsa non amplius duum milium intervallo J. 91; haud longe ab oppido J. 101; longe a suis C. 61; dispersi a suis J. 51; seorsum ab rege J. 70. — 5) v. d. Zeit: *a)* von...an, von...her: a pueritia J. 85 (§ 7). 100; a stirpe, von Haus aus J. 14 (§ 2); a (prima) adulescentia C. 5. 31; J. 22; *or. Cott.* 4; *ep. Pomp.* 1. — *b)* nach, seit: ab incenso Capitolio C. 47; ab eo magistratu J. 63. — 6) in Bezug auf: mons vastus ab natura et humano cultu J. 48.

*ab-dīco, 1. „etw. von sich lossagen", daß. einem Amte entsagen, es niederlegen: magistratum (gewöhnlicher se magistratu) C. 47.

ab-do, didi, ditum, 3. „wegthun", daß. verbergen, verstecken: se J. 38; *part.* abditus als Adjekt., verborgen, entlegen: pars aedium C. 20; regio J. 38; loca („Winkel") J. 57.

ab-dūco, xi, ctum, 3. wegführen, (von irgendwo) wohin führen: praesidia C. 50; alqm in praetorium J. 8; in agrum C. 57.

ab-ĕo, ĭi (īvi), ĭtum, īre, weggehen, sich entfernen, abziehen: ex castris J. 107; ex patria J. 35; e conspectu J. 68; in Mauretaniam ad regem J. 62; longius J. 98; abeunt integri, entkommen unversehrt J. 53; praecipitem abire, tief herabsinken, in einen Abgrund von Verderben geraten C. 25.

ăbĭcio, jēci, jectum, 3. (jacio), wegwerfen, abwerfen: arma J. 38. 53; sarcinas J. 91.

*ab-jūro, 1. abschwören, eidlich ableugnen: creditum C. 25.

ab-nŭo, nŭi, nuitūrus, 3. „abwinken", daß. abschlagen, verweigern: labores *or. Cott.* 13; alia J. 83; pacem alcui J. 47; omnia, in allem den Gehorsam verweigern J. 68; de negotio, abschlägigen Bescheid geben hinsichtlich J. 84; *absol.* abnuente alqo, gegen jmbs. Willen *ep. Mithr.* 13.

*Ăbŏrīgĭnes, um, die Aboriginer, ein alter Volksstamm pelasgischen Ursprungs in Latium, ursprünglich im Gebirge um Reate seßhaft C. 6.

absens, tis, s. absum.

Eichert, Wörterbuch z. Sallust. 4. Aufl.   1

ab-solvo, solvi, sŏlūtum, 3. „ablö=
sen", übtr. befreien: alqm cura fa-
miliari *or. Lic.* 19. — 2) „abfertigen",
dah. in der Erzählung, abhandeln,
erzählen, darstellen: alqd de re
(alqd) paucis, mit wenigen Worten, in
Kürze *C.* 1.38; quam paucissimis, in
möglichster Kürze *J.* 17.

abstĭnentĭa, ae, „das Sich=Enthalt=
ten", dah. Uneigennützigkeit *C.* 3.54.

abstĭnĕo, ŭi, entum, 2. (teneo), ab=
halten, zurückhalten: alqm armis
ep. Mithr. 12. — 2) *reflex.* sich einer
Sache enthalten: facto *J.* 64; tergis
abstinetur, man schont eures Rückens
or. Lic. 26.

abs-trăho, xi, ctum, 3. fortreißen,
hinreißen: a bono in pravum abstrahi *J.* 29; omnia in duas partes
abstracta sunt *J.* 41.

ab-sum, abfŭi, ăbesse, abwesend
sein, entfernt sein: ab Roma *C.*40;
absens, abwesend *J.* 14 (§ 20). 46.114;
insb. *a)* (mit seinem Beistande) fehlen,
nicht beistehen: ab alqo *C.* 20. —
b) abgehen, fehlen: nihil abest ad
subvortundum imperium *or. Phil.* 8.
— 2) fern sein, entfernt sein:
procul *C.* 57; *J.* 89. 102; haud procul *J.* 106. 113; a flumine milia viginti *J.* 48; non amplius mille passuum *J.* 68; tempus haud longe abest
J. 36; a signis, sich entfernen *J.* 44;
a periculis, sich fernhalten *C.* 6; paulum a fuga, nicht mehr weit entfernt
sein *J.* 101; absit periculum (*sc.* iis =
vobis) *or. Lic.* 18.

*****ab-sūmo**, mpsi, mptum, 3. „ganz
wegnehmen", dah. aufreiben, hin=
raffen: morbo absumi *J.* 5.

ab-surdus, 3. „widrig klingend",
übtr. *a)* ungereimt, abgeschmackt:
bene dicere haud absurdum est, steht
wohl an *C.* 3. — *b)* unbegabt, un=
gebildet: ingenium *C.* 25.

*****abundantĭa**, ae, reiche Fülle,
Überfluß: rerum *J.* 41.

abundē, *adv.* im Überfluß, mehr
als hinreichend, gar sehr *J.* 102;
pollens *J.*1; facundus *J.* 85 (§ 26);
abunde dictum putare *J.* 85 (§ 50);
abunde esse, in vollem Maße vorhan=
den sein *C.* 21; *J.* 14 (§ 18). 63; commeatus abunde (*sc.* erit) *C.* 58.

ab-ūtor, ūsus sum, 3. „wegbrauchen",
dah. verbrauchen, verwenden:
divitiis *C.* 13. — 2) mißbrauchen:
socordĭā alcjus *or. Phil.* 11.

ăc, s. atque.

accēdo, cessi, cessum, 3. heran=
gehen, herankommen, sich wo=
hin begeben: ad provinciam *J.* 25;
eodem *J.* 113; alqm *J.* 62. 71. 97;
Libyes, sich in der Nähe der Libyer nie=
derlassen *J.* 18 (*Jordan:* Medis... ac-
cessere Libyes); insb. *a)* feindl. heran=
nahen, heranrücken: propius *C.*44;
*J.*58; ad urbem *C.* 32. 48; quocumque *J.* 46; loca hostiliter: angreifen
J. 20. — *b)* als Bittender nahen, sich
an jmd. wenden: quo accedam, wo=
hin soll ich mich wenden? *J.* 14 (§ 15.
17); — *c)* (als Zuwachs) hinzukom=
men: huc *J.* 7; huc accedebat, quod
C. 11; *absol.* novus hostis accesserat
*J.*82; alcui plus sollicitudinis accedit,
erwächst *J.*44; qui postea accesserint,
zugewandert sind *J.* 17.

accendo, di, sum, 3. „anzünden",
dah. übtr. *a)* leidenschaftl. entflam=
men, aufregen, aufreizen: alqm
C. 51 (§ 10); *J.* 34; contra alqm *J.*
64; innoxium alcjus *C.* 20. 59; *J.* 8;
ad virtutem *J.* 4; ad dominationem
J. 31 (§ 16); ingenium contumeliā *J.*
82 (s. verto); natura serpentium siti
accenditur *J.* 89; lubidine accensus
C. 25. — *b)* Leidenschaften entzün=
den, erregen: invidiam *J.* 15; dis-
cordias *or. Phil.* 14; studia ad consulatum mandandum *J.* 15; studia in
alqm accensa *J.* 6.

*****acceptĭo**, ōnis, *f.* Empfangnahme:
frumenti *J.* 29.

accerso, sīvi, sītum, 3. (Nebenform
zu arcesso), kommen lassen, rufen
lassen, herbeirufen: alqm *C.* 40.
60; *J.* 109. 113; *or. Phil.* 6; ex hibernis *J.* 62; auxilia ab alquo *J.* 39.

accido — acriter

84; gentem ad bellum *C.* 52. — 2) vor
Gericht ziehen, verklagen: pecuniae captae, wegen Bestechung *J.* 32;
(accersiri, ältere Form für accersi *J.*
62. 113).

accĭdo, cĭdi, 3. (cado), „an etw. an-
fallen", dah. v. Personen, herankommen, über den Hals kommen *J.*
88 (s. gravis 4); de improviso *J.*107.
— 2) vorfallen, sich zutragen,
geschehen *C.*52 (§ 4); *J.* 79; *or. Lic.*
28; si quid mali accidisset *J.* 14 (§ 16);
alcui, widerfahren *C.* 51 (§ 9); *absol.*
J. 31 (§ 18).

ac-cĭo, īvi, ītum, 4. herbeikommen
lassen, herbescheiden: alqm *J.*84.
108; acciti ibant *J.* 102.

accĭpĭo, cēpi, ceptum, 3. (capio), annehmen, hinnehmen: beneficia *C.*6;
societatem *J.* 14 (§ 18); *ep. Mithr.* 4;
otium cum servitio *or. Lep.* 25; pecunias ab alquo, Bestechungen annehmen *J.* 40; *part.* acceptus als
Adjekt., „annehmenswert", dah. angenehm, wert: alcui *J.* 7; carus
acceptusque, lieb und wert *J.* 12. 70.
108; fidus acceptusque *J.* 71; insb.
a) jmd. aufnehmen: in regnum *J.*
10 (s. regnum, 3, *b*); in deditionem,
jmds. Unterwerfung annehmen *J.* 29;
in fidem, in seinen Schutz aufnehmen
*ep. Mithr.*7. — *b)* so u. so empfangen: alqm laetissumis animis *J.* 88
(*Jordan:* excipitur). — *c)* mit dem
Urteile so u. so aufnehmen: alqd
aequo animo *C.*3. — 2) empfangen,
erhalten: litteras ab alquo *C.* 46;
libertatem *J.* 31 (§ 17); nomen *ep.
Pomp.* 4; nuntium *J.* 28; fidem *C.*
44; *J.* 81; alqd dono *J.* 85 (§ 38);
or. Cott. 5; nobilitatem, ererben *J.*85
(§ 25); munitionem, angewiesen erhalten
J. 38; erleiden: vulnus *J.* 101; injuriam *C.* 9; *J.* 10. 31 (§ 21). — 3)
vernehmen, erfahren, hören:
alqd *C.*6. 21; *J.*101; fama *J.*9; orationem *J.* 22; clamorem *J.* 58; alqd
ex alquo *J.* 20. 85 (§40). 104; de alqa
re *J.* 21; mit *acc. c. inf. J.* 13. 19.
25. 29; de alquo *J.* 73.

accūrātē, *adv.* mit Aufmerksamkeit: alqm accurate habere („behandeln") *J.* 103; alqm accuratissume
recipere, mit der größten Auszeichnung
empfangen *J.* 16.

ac-curro, cŭcurri u. curri, cursum,
3. herbeilaufen, herbeieilen: ad
alqm *J.* 106; alcui auxilio *J.* 101.

accūso, 1. (causa), anklagen, sich
über etw. beklagen: alqm *C.* 40; mollitiam viri *J.* 70; infirmitatem naturae *J.* 1; consilia *J.* 85 (§ 28).

ācer, cris, e, spitzig, scharf: acer-
ruma arma *ep. Mithr.* 20; übtr. *a)*
scharf, durchdringend: ingenium
J. 28. — *b)* feurig, thatkräftig,
unternehmend *J.* 20. 27. 43; ingenium *J.* 7. — *c)* heftig, wild,
grimmig: hostis *J.* 31 (§ 25); vis
serpentium *J.*89; bellum *ep. Phil.* 17.

**ācerbĭus, *adv.* (*compar.* v. acerbe),
zu streng, zu grausam: ulcisci *J.*42.

ăcerbus, 3. „herb von Geschmack".
übtr. *a)* streng, hart: in alqm *C.* 51
(§ 23); — *b)* bitter, schmerzlich,
betrübend: otium *J.* 41; poena *ep.
Mithr.*12; necessitudo *J.* 102; praeda
or. Lep. 24.

ācerrŭme, s. acriter.

ăcĭēs, ēi, „Schneide", dah. die gleichsam die Schneide eines Instrumentes
vorstellende Front des Heeres, d. i. *a)*
die einzelne Schlachtkolonne, das
Treffen: prima, Vordertreffen *C.* 59.
60; postrema, Hintertreffen *J.* 101. —
b) die ganze durch die einzelnen Linien
gebildete Schlachtreihe, Schlachtordnung *J.* 53. 59; aciem instruere
J. 49. 101; exornare *J.* 52; arte statuere *J.* 52; extenuare *J.* 49; (in)
acie, in geordneter Schlacht *J.* 54. 97.

**acquīro, sīvi, sītum, 3. (quaero),
dazu erwerben, gewinnen: amicos *J.* 13.

ācrĭter, *adv.* „scharf", dah. heftig,
schmerzhaft: fame acriter urgueri
J. 24. — 2) energisch, hitzig *J.* 28;
acrius adniti *J.* 85 (§ 6); instare *C.*
60; *J.* 94. 98; incedere *J.* 101; acerrume pugnare *J.* 97; rem gerere *J.*

58; niti *J.* 60 (f. eo.) — 3) heftig, leidenschaftlich: acerrume victoriam exercere in alqm *J.* 16; alqm impugnare *J.* 29.

actĭo, ōnis, *f.* Amtshandlung, amtliche Maßnahme *C.* 43; *J.* 42; insb. gerichtliche Verhandlung *J.* 35.

actor, ōris, Verrichter, Ausführer: rerum *C.* 3; *absol.* actores, die Handelnden *J.* 1 (*Jordan:* auctores).

actum, i, f. ago 2, *b.*

actūtum, *adv.* alsbald, sogleich *J.* 102 (*Jordan*).

ăd, *praep.* mit *acc.*, zu, nach: ad portas festinare *J.* 69; aditus ad consulem *C.* 43; ad id loci, hierher *C.* 45; *J.* 75; bei Städtenamen, in die Gegend von: pervenire ad Zamam *J.* 57; ad Thalam *J.* 75; ad oppidum Suthul *J.* 37; iter constituere ad Cirtam *J.* 81; feindl. auf...zu, auf... los, gegen: exercitum ad urbem ducere *or. Phil.* 22; pergere ad oppida *J.* 92; procedere ad castra *J.* 52. — 2) von d. Richtung, nach...hin, gegen: ad Catabathmon prima Cyrene est *J.* 19; tendere manus ad caelum *C.* 31; alqd (alqm) ad caelum ferre *J.* 53. 92; *C.* 53; alqm tollere ad caelum *C.* 48. — 3) v. d. erreichten Nähe, bei: ad vigilias adesse *J.* 96; ad arcem praesidium hostium (*scil.* erat) *J.* 67; ad urbem esse, vor der Stadt *C.* 30. — 2) v. d. Zeit, bis zu, bis gegen: ad hoc tempus *J.* 85 (§ 45). 102; ad hoc aetatis, bis zu diesem Alter *J.* 85 (§ 7); ad id locorum (= ad id tempus), bis dahin *J.* 63; ad tempus venire, zur bestimmten Zeit *J.* 70. — 3) z. Bezeichn. d. Zweckes, zu, für: ad bellum mitti *J.* 65; tempus decernere ad rem *J.* 12; paratus ad caedem *J.* 35; hortari ad vindicandum *J.* 30; proficisci ad magistratus rogandos *J.* 29. — 4) in Bezug auf, in Hinsicht auf: ad cognoscundum *J.* 5; ad necessitudinem, nach Erforderniß *J.* 19; (quae) nihil ad vos (*sc.* pertinent), berühren euch nicht *J.*

24; ad ignaviam, eurer Feigheit gemäß *or. Lic.* 13. — 5) in Folge, auf: respondere (verba facere, disserere) ad alqd *C.* 34; *J.* 83. 111; ad ea (*sc.* respondet), hierauf *J.* 102. — 6) zu, außer: ad hoc, zudem, überdies *C.* 14. 17. 21. 26. 30. 31. 37. 44; *J.* 2. 6. 17. 31 (§ 28). 75. 85 (§ 4). 89. 91; *or. Phil.* 21.

*****ad-aequo**, 1. gleichkommend erreichen, gleichkommen: virtus famam adaequat *J.* 4 (eorum = majorum).

adc... f. acc...

ad-do, dĭdi, dĭtum, 3. „beigeben", daß. beibringen, verleihen, einflößen: alcui virtutem *C.* 58; *J.* 85 (§ 50); dignitatem *C.* 54; audaciam *J.* 94; formidinem *J.* 37; plus timoris (näml. vor der Gegenpartei) *J.* 42; favorem *J.* 73; sibi nomen gloriamque, sich erwerben *J.* 18. — 2) redend beibringen, mit anbringen: in sententiam *C.* 51 (§ 21). — 3) hinzufügen, hinzuthun: ad hoc maledicta *C.* 31; perfugas auxilio, zur Hilfe *J.* 56; praesidia, verstärken *J.* 50; multum reipublicae, viel zur Mehrung des Staates beitragen *J.* 42; multum animis eorum, ihren Mut bedeutend erhöhen *J.* 75.

ad-dūco, xi, ctum, 3. heranführen, herbeiführen, hinführen: pedites *J.* 101; copiam *C.* 56; copias in Numidiam *J.* 97; alqm ad senatum *C.* 48; Romam *J.* 114. — 2) übtr. jmd. wozu bringen, bestimmen: ad consilium *C.* 40; in spem adduci, zur Hoffnung angeregt werden *C.* 40; *J.* 29. 37. 48.

ădĕō, *adv.* „bis dahin", daß. bis zu dem Grade, so sehr: usque adeo *C.* 49; adeo non, so wenig *or. Lep.* 19. — 2) zur Hervorhebung, eben, gerade: id adeo *C.* 37; *J.* 65. 110. 111.

ăd-ĕo, ĭi (īvi), ĭtum, ire, zu etw. ob. jmd. herangehen, hingehen: quoquam *J.* 14 (§ 17); alqm *C.* 41; *J.* 21. 93; oppida, losrücken gegen *J.* 89.

adf... f. aff...

adg... f. agg...

Adherbal, ālis, Sohn des Micipsa J. 5. 10. 11. 13—16. 20—26.

adhĭbĕo, būi, bĭtum, 2. (habeo) „heranhalten, heranbringen", insb. als Beistand ob. Berater zuziehen, dazu nehmen: interpretes J. 109; amicos J. 113.

adhūc, adv., bis zur Stunde, bis jetzt noch, bisher J. 18; or. Lep. 6; or. Phil. 3. 7; ep. Mithr. 21; ep. Pomp. 1.

***adĭgo**, ēgi, actum, 3. (ago) „herantreiben", übtr. zu etw. treiben, nötigen: alqm ad jusjurandum, jmd. den Eid der Treue schwören lassen, in Eid nehmen C. 22.

adĭmo, ēmi, emptum, 3. (emo) wegnehmen, rauben: omnia sociis C. 12; alcui civitatem or Phil. 14; provincia adempta J. 82.

adĭpiscor, adeptus sum, 3. (ad u. apiscor), erreichen, erlangen: consulatum C. 23; or Phil. 4 (§. ex 5); magistratum J. 4; imperium J. 85 (§ 1); victoriam C. 11. 38. 61; gloriam C. 54; praemia J. 20; otium C. 41; *pass.* adepta libertate C.7; adepta victoria J. 101.

adĭtus, ūs, Zugang, Zutritt: ad consulem C. 43; locus aditu difficilis J. 91; als Ort: perangustus J. 92.

***adjūmentum**, i, Beförderungsmittel: ignaviae J. 45.

ad-jungo, xi, ctum, 3. „anknüpfen", übtr. *a)* vereinigen, hinzufügen: urbes imperio, mit seinem Reiche vereinigen J. 13. — *b)* mit jmd. sich verbinden, jmd. an sich ziehen, für sich gewinnen: alqm J. 10; sibi C. 24; alqm sociuni sibi J. 70.

***adjūtor**, ōris, Helfer: quis (= quibus) adjutoribus, unter deren Beistand J. 80.

adl... s. all...

admĭnister, tri, Beihelfer, Helfershelfer J. 74; consiliorum J. 29; opus et administri („Arbeiter") J. 76.

ad-mĭnistro, 1. handhaben, leiten, verwalten: imperium J. 11; rempublicam J. 85 (§ 2); oppida per magistratus J. 19; bellum J. 29; *absol.* thätig sein J. 92.

***ad-mīror**, 1. sich über etw. verwundern: pravitas admiranda est J. 2.

ad-mitto, mīsi, missum, 3. „zulassen", daß sich zu Schulden kommen lassen, verüben: facinus (admissum *sc.* fuit) J. 53. 91.

***admŏdum**, adv. überaus, sehr: iter admodum angustum J. 92.

ad-mŏnĕo, ŭi, ĭtum, 2. an etw. mahnen, erinnern: alqm egestatis C. 21; res tanti viri admonet J. 95; rem nos locus admonet J. 79; tempus de moribus C. 5. — 2) veranlassen, ermahnen: admonitus ab amicis J. 103.

***ad-mŏvĕo**, mōvi, mōtum, 2. heranbringen: exercitum or. Phil. 10.

ad-nītor, nisus u. nixus sum, 3. „sich anstemmen", übtr. sich anstrengen, sich beeifern, sich aus allen Kräften bemühen: ad ea patranda summo studio J. 43; mit folg. ut. J. 85 (§ 6); *absol.* mecum J. 85 (§ 47); adnitente alquo, unter eifriger Mitwirkung jmds. C. 19; nullo adnitente, da niemand etwas für mich that *ep. Mithr.* 14.

ad-nŭo, ŭi, 3. „zunicken", daß seine Beistimmung geben: legibus or Lep. 25.

ădŏlescens, adolescentia, adolē. centulus s. adulescens etc.

ăd-ŏlesco, lēvi, dultum, 3. heranwachsen J. 6; privignus adulta aetate, im blühenden Jugendalter C. 15. — 2) übtr. sich kräftig entwickeln, erstarken: adolevit respublica C. 51 (§ 40); res Persarum J. 18; ingenium, reifte heran J. 63.

***adoptātĭo**, ōnis, f. Annahme an Kindes Statt, Adoption J. 11.

ăd-opto, 1. „annehmen zu etw.", insb. an Kindes Statt annehmen, adoptieren: alqm J. 9; in regnum, durch Adoption zur Thronfolge berufen J. 22.

adp... s. app...

adquiro, s. acquiro.

adr... s. arr...

adsc... s. asc...

***ad-sentĭor**, sensus sum, 4. beistimmen: alcui verbo („ohne weiteres") C. 52 (§ 1).

ad-sĕquor, cūtus sum, 3. erreichen, erlangen: alqd C. 5; J. 4.

ad-sīdo, sēdi, sessum, 3. sich niedersetzen C. 31. 53; dextera alqm, jmdm. zur Rechten J. 11.

***ad-sisto**, stiti, 3. sich hinstellen: propter aquilam C. 59.

ad-stringo, strinxi, strictum, 3. „straff anziehen", übtr. fesseln: adstrictus studio („Teilnahme") J. 60; majoribus („von wichtigeren Geschäften") J. 70.

ad-sum (assum), adfui (affui), adesse, da sein, anwesend sein, zugegen sein: in agmine J. 45; in operibus J. 96; apud omnes J. 100. — 2) v. Zeit u. Verhältnissen, da sein, eingetreten sein: tempus adest J. 97; nox J. 53. 58. 97; vitae finis (exitium) alcui J. 9. 70; pestis J. 106. — 3) sich einstellen, erscheinen: cum exercitu J. 56; qui primi aderant J. 69; zum Angriffe bei der Hand sein, (feindlich) auftreten C. 52 (§ 18); advorsum hostes, gegenüber stehen J. 94; infensi adesse, griffen mit Erbitterung an J. 50. — 4) (thätig) zur Seite stehen, zur Hand sein, beistehen: alcui J. 103; in bellis J. 14 (§ 13); proeliantibus, am Kampfe teilnehmen J. 93; praesidio, schützend zur Seite stehen J. 85 (§ 4); absol. or. Lep. 27. — 5) als Teilnehmer zugegen sein, an etw. teilnehmen: in contione J. 34; in pugna J. 101; in proelio J. 85 (§ 47); pugnae J. 74. 87; proelio C. 59.

***ad-sūmo**, sumpsi, sumptum, 3. „an sich nehmen", insb. zur Teilnahme annehmen, heranziehen: alqm socium J. 29.

adt... s. att...

ădŭlescens, ntis, junger Mann, Jüngling C. 14; J. 21; homo C. 38; J. 6.

ădŭlescentĭa, ae, Jünglingsalter, Jugend: ab adulescentia C. 5. 31; J. 22; a prima adulescentia or. Cott. 4: ep. Pomp. 1.

ădŭlescentŭlus, i, ganz junger Mann C. 3; adject. (sehr) jung: Caesar C. 49; homo C. 52 (§ 26).

***ădulter**, ĕri, Ehebrecher C. 14.

***ădultĕrīnus**, 3. unächt, nachgemacht: clavis, Nachschlüssel J. 12.

ădultus, a, um, s. adolesco.

***advectītĭus**, 3. (adveho), aus dem Auslande eingeführt: vinum J. 44.

***ad-vĕho**, xi, ctum, 3. wohin bringen, pass. zu Schiffe wohin gelangen, wohin fahren: Uticam J. 86.

ad-vĕnĭo, vēni, ventum, 4. herankommen, ankommen J. 106; advenit dies J. 113; periculum C. 23. — 2) jmd. zufallen, zu Teil werden: amicitiam ultro adventuram J. 111.

advento, 1. (intens. v. advenio), (in Eile, mit Macht) herankommen, im Anzuge sein, anrücken J. 53; cum exercitu C. 56; Romam J. 28; adventat dies J. 36; lux J. 99.

adventus, ūs, Ankunft: alcjus J. 59. 104; or. Lic. 21; hostium J. 97; qua regis adventus erat, wo... stattfinden mußte J. 59; adventus lucis, Tagesanbruch J. 91.

ad-vŏco, 1. zur Beratung berufen: alqm C. 58; contionem C. 57; J. 33. 84; eo senatum C. 46.

***advorsārĭus** (adversarius), i, Gegner, Feind J. 58.

***advorsor** (adversor), 1. (intens. v. advorto), sich widersetzen J. 26.

advorsum, s. 2. advorsus.

1. **advorsus** (adversus), 3. mit der Vorderseite zugekehrt, gegenüber befindlich, vorder: cicatrices advorso corpore, vorn auf dem Körper J. 85 (§ 29); vulnus, auf der Brust C. 61; advorso colle, über die Vorderseite des Hügels, den Hügel hinan J. 52; advorsis equis, Roß gegen Roß J. 59. — 2) übtr. entgegen, feindlich J. 14 (§ 16). 84; alcui C. 51 (§ 5); J. 35; quieti, abhold J. 66; omnia advorsa facta sunt J. 14 (§ 16); voluntates ipsae sibi advorsae, mit sich selbst im

Widerspruch *J.* 113; *subst.* advorsus, Gegner, Widersacher *C.* 52 (§ 7); *J.* 97; partium populi *J.* 43. — 2) zuwider, widerwärtig, verhaßt: quis (= quibus) omnia regna advorsa sunt *J.* 81; ibi (= in ea) multa mihi advorsa fuere *C.* 3. — 3) ungünstig, widrig: locus *J.* 52. 55 (f. in B, 8); res *C.* 57; illa advorsa fient *C.* 58; res advorsae, Mißgeschick *J.* 41. 51. 62; *subst.* advorsa, ōrum, Widerwärtigkeiten *or. Cott.* 1. 13; certaminis *or. Lic.* 4; in advorsa mutari, zum Schlimmen umschlagen *J.* 104.

2. **advorsus** (adversus) u. **advorsum** *praep.* mit *acc.* gegenüber, angesichts: advorsus alqm *J.* 51. 105; advorsus tyrannidem *or. Lep.* 1; advorsum hostes adesse, den Feinden gegenüberstehen *J.* 94. — 2) gegen, wider: advorsum hostes pergere *J.* 74; quos advorsum ierat *J.* 101; advorsum alqm pugnare *J.* 107. 114; bellum incipere *J.* 80; advorsum divina et humana omnia, im Widerspruch mit *or. Phil.* 10; fines advorsum alqm tutari *J.* 110; munitus advorsum hostes (tela) *J.* 89. 105; cibus advorsum famem est *J.* 89; paratus advorsum omnia *J.* 101; animus invictus advorsum divitias, Geldverlockungen gegenüber *J.* 43.

ad-vorto (adverto), ti, sum, 3. „hinwenden": animum advortere (= animadvortere), (infolge hingerichteter Aufmerksamkeit) gewahr werden, bemerken: cocleas *J.* 93; mit *acc. c. inf. J.* 35. 48 *(Jordan:* animadvortit); *J.* 69; *or. Lic.* 13.

aecus, a, um, f. aequus.

aedēs u. **aedis,** is, *f.* „Gemach"; dah. Tempel: Concordiae *C.* 46. 49. — 2) *plur.* aedes, ium, Wohnhaus (als Komplex von Gemächern) *C.* 20; *J.* 12.

aedificium, i, Gebäude, Haus *J.* 16. 18. 20. 67.

aedifico, 1. (aedes u. facio), erbauen *C.* 2 (f. aro); *C.* 20.

*****aedīlis,** is, Ädil, städtischer Beamter in Rom, welchem die Sicherheitspolizei, die Überwachung des Getreidemarktes u. die Besorgung der öffentl. Spiele oblag, *C.* 47.

aeger, gra, grum, leidend, krank: pedibus *C.* 59; animus avaritiā aeger *C.* 29; animus, angegriffenes Gemüt *J.* 71.

aegerrŭmē, *adv.* (*superl.* v. aegre) mit großer Mühe, sehr schwer *J.* 83. — 2) sehr ungern: aegerrume rem ferre, über etw. viel Verdruß empfinden *J.* 85 (§ 10).

aegrĭtūdo, ĭnis, *f.* „Unwohlsein", dah. v. Gemüt, Mißstimmung, Unmut, *J.* 68. 82.

*****Aegyptus,** i, *f.* Ägypten *J.* 19.

Aemilius, 3. ämilisch: gens *or. Phil.* 6; *subst. a)* M. Aemil. Lepidus, Konsul 66 v. Chr. *C.* 18. — *b)* M. Aemil. Scaurus, triumphierte 115 v. Chr. über die Ligurier *J.* 15. 25. 27 ff. 32. 40. — *c)* M. Aemil. Lepidus, Vater des Triumvir, Konsul 78 v. Chr., wurde, als er ein zweites Konsulat beanspruchend von Etrurien aus bewaffnet gegen Rom zog, vom Pompejus u. Catulus besiegt *or. Lep.* 27; *or. Phil.* 3 ff. — *d)* Mamercus Aemil. Livianus, Konsul 77 v. Chr. *or. Lep.* 3; *or. Lic.* 10.

aemŭlus, 3. nacheifernd, *subst.* Nacheiferer *J.* 85 (§ 37). — 2) eifersüchtig, nebenbuhlerisch, *subst.* Nebenbuhler *ep. Mithr.* 18; Carthago aemula imperii Romani, Nebenbuhlerin *C.* 10.

*****Aenēās,** ae, Sohn des Anchises u. der Venus, Fürst der Dardaner am Ida in Mysien, führte nach Eroberung Troja's eine Kolonie Trojaner nach Latium und wurde durch seinen Sohn Ascanius od. Julus Ahnherr der Römer *C.* 6.

aequābĭlis, e, gleichförmig, sich gleichbleibend: pulvis *C.* 53; fama *J.* 43.

*****aequābĭlĭus,** *adv.* (*comp.* v. aequabiliter), gleichmäßiger *C.* 2 (f. constantius).

aequālis, e, gleich, flach, eben: loca *J.* 79. — 2) gleichmäßig, gleich:

aequaliter — **affecto**

genus *C.* 54; virtus *J.* 87. — 3) gleich=
alterig, *subst.* Altersgenoffe *J.* 6.
aequāliter, *adv.* gleichmäßig,
gleich *C.* 56; *J.* 91.
aequē, *adv.* auf gleiche Weife *C.*
11. — 2) in jedem Falle *J.* 101.
aequĭtās, ātis, *f.* „Ebenmäßigkeit",
dah. Mäßigung *C.* 2. — 2) billiges
Verfahren *C.* 9.
aequus (aecus), 3. gleich, flach,
eben: locus *C.* 57. 59; *J.* 52. — 2) v.
Gemüte, fich gleich bleibend, ge=
laffen: aequo animo, mit Gleichmut
J. 31 (§ 11). 68; mit Gleichgiltigkeit *C.*
3. — 3) der Beschaffenheit nach gleich:
aequa manu discedere, mit gleichem
Erfolge, ohne Entscheidung *C.* 39. —
4) billig denkend: *subst.* aequi
bonique *J.* 85 (§ 5); v. leblof. Dingen,
billig: conditio *J.* 79; aequum bonumque, Billigkeit und Rechtsgefühl *J.*
15; *or. Phil.* 17; ex aequo bonoque,
nach Recht und Billigkeit *J.* 35; alqd
gravius aequo habere, fchwerer, als
recht u. billig ift, aufnehmen *C.* 51 (§ 11).
aerārium, i, Schatzkammer,
Staatsfchatz *C.* 52 (§ 12); *J.* 31 (§ 9).
41. 85 (§ 3); *or. Lep.* 13; *ep. Pomp.* 3.
aerumna, ae, Mühseligkeit,
Drangfal, Trübfal *C.* 51 (§ 20);
J. 14 (§ 7). 24. 49.
aes, aeris, *n.* „Erz", insb. Kupfer=
geld: argentum solutum est, durch
die Bill des Konful L. Valerius Flaccus
i. J. 86, daß den Gläubigern nur der
vierte Teil der Schuldfumme oder, was
dasfelbe ift, ftatt der Silbermünze „Ses-
terz" nur die den vierten Teil derfelben
betragende Kupfermünze „As" zu zahlen
fei *C.* 33. — 2) überh. Geld: servi
aere parati *J.* 31 (§ 11); aes alienum,
Schulden *C.* 15. 20. 33. 41; aes alienum
meis nominibus, die auf meinen Namen
(durch meine Schuldverfchreibungen) ge=
machten Schulden *C.* 35; aere alieno
oppressus *C.* 40; grande aes alienum
conflare *C.* 14. 24; aes mutuum, Geld=
fchuld *J.* 96.
aestās, ātis, *f.* Sommer *J.* 61. 90;
Sommerhitze: aestatem pati *J.* 85 (§ 33).

*****aestīvus**, 3. fommerlich, *subst.*
aestiva, ōrum, Sommerlager, dah.
tempus aestivorum, Sommerzeit *J.* 44.
aestŭmo (aestimo), 1. dem Werte
nach fchätzen, anfchlagen, würdi=
gen: facta *C.* 58; vitam mortemque
juxta („gleich wenig") *C.* 2; libertatem
quinis modiis, auf fünf Maß Korn für
den Mann taxieren *or. Lic.* 19; amicitias ex commodo *C.* 10. — 2) er=
kennen, dafür halten: alqd nefandum *or. Lep.* 1 *(Jordan)*; alqd
carum, hochhalten *J.* 85 (§ 41); sicut
ego aestumo, nach meinem Dafürhalten
C. 8.
aestŭo, 1. „fchäumend wogen", übtr.
in leidenfchaftlicher Aufregung
fein *J.* 93; invidiā, vor Neid fchäumen
C. 23.
*****aestus**, ūs, Glut, Hitze *J.* 51.
aetās, ātis, *f.* Lebenszeit, Leben:
aetatem agere *C.* 37. 39. 51 (§ 12);
J. 2. 4. 56; procul a republica habere
(„verleben") *C.* 4. — 2) Lebensal=
ter, Lebensjahre, Alter *C.* 20.
54. 59; *or. Cott.* 2. 9; adulta *C.* 15;
extrema *C.* 49; militaris *J.* 85 (§ 47);
aetate prior, reifer an Jahren *J.* 10;
ex aetate, nach dem Alter *C.* 14; ad
hoc aetatis, bis zu diefem Alter *J.* 85
(§ 7). — 3) Jugendalter, Jugend:
animus aetate fluxus *C.* 14; contra
aetatem, ungeachtet meiner Jugend *ep.
Pomp.* 1. — 4) höheres Alter *C.* 6;
aetati concedere *J.* 11. 102; aetate
confectus *J.* 9.
aeternus, 3. ewig dauernd, un=
vergänglich: animus *J.* 2; virtus *C.*
1 (f. habeo 1, a); sollicitudo *J.* 31
(§ 22); gloriā aeternum fieri *J.* 1.
*****Aethĭŏpes**, um (*sing.* Aethiops),
die Aethiopier in Afrika: *acc.* Aethio-
pas *J.* 19.
*****aevum**, i, Lebensdauer: natura
aevi brevis *J.* 1.
affătim, *adv.* zur Genüge, hin=
länglich *J.* 43. 54.
affecto, 1. (*v. intens. v.* afficio), nach
etw. trachten: honorem *J.* 64; civitates, zu gewinnen fuchen *J.* 66.

affĕro, attŭli, allātum, afferre, herbeibringen, bringen: litteras *C.* 30; *J.* 71; scrinium eodem *C.* 46. — 2) übtr. beibringen, verursachen: cladem alcui *C.* 58; timorem *J.* 7.

affīnis, e, durch Heirat verwandt, *subst.* Verwandter, Verschwägerter *J.* 14 (§ 1. 15). 85 (§ 4).

*****affīnĭtās**, atis, *f.* Verwandtschaft durch Heirat, Verschwägerung *J.* 111.

*****afflicto**, 1. (*v. intens.* v. affligo), anschlagen: se, die Brust vor Betrübnis schlagen *C.* 31.

afflīgo, xi, ctum, 3. zu Boden schlagen, niederstrecken: *J.* 101; herabstürzen *J.* 60. — 2) „übel zurichten", dah. *part.* afflictus, zerrüttet, mißlich: res afflictas videre, seine Sache verloren sehen *J.* 76.

*****afflŭo**, xi, xum, 3. „heranfließen", übtr. zuströmen, in reichem Maße vorhanden sein: divitiae affluunt *C.* 36.

*****Āfri**, ōrum (*sing.* Afer), die Afern, Afrikaner *J.* 18.

Āfrĭca, ae, Afrika *J.* 17; insb. als römische Provinz das ehemalige Gebiet von Karthago, westl. an Numidien, östl. an Cyrenaica u. die große Syrte grenzend *J.* 19. 44. 96.

*****Āfrĭcānus**, 3. afrikanisch, *subst.* Africanus *J.* 5.

*****Āfrĭcus**, 3. afrisch, afrikanisch: mare, der Teil des Mittelmeeres an der Provinz Afrika *J.* 18.

ăger, gri, *m.* Land (in Rücksicht auf Bebauung), Boden *J.* 16. 17. 18; agrum colere *C.* 4; agri cultor *J.* 54; *prägnant*, fruchtbares Ackerland *J.* 16; *plur.* Felder, Grundstücke, Ländereien *C.* 11. 28; *or. Lep.* 24. — 2) Land im Gegensatz zur Stadt *C.* 37; *J.* 75; 3) Land, Gebiet *C.* 6; *J.* 48. 55. 87; Arretinus *C.* 36; Picenus *C.* 27. 30; Pistoriensis *C.* 57; cis Taurum *ep. Mithr.* 6.

agger, ĕris, *m.* Erdwall, Belagerungsdamm *J.* 92; aggerem jacere („aufwerfen") *J.* 37. 76.

aggrĕdĭor, gressus sum, 3. (gradior), „heranschreiten", dah. jmd. angehen, an jmd. sich wenden, sich machen: alqm *J.* 16. 46. 65. 80; pecunia, zu gewinnen suchen *J.* 28; pollicitationibus *J.* 61. — 2) feindl. angreifen, überfallen: alqm *C.* 19. 43. 60; *J.* 35; oppida *J.* 87; murum *J.* 59. 60; scalis *J.* 57; *absol. C.* 58. — 3) übtr. zu einer Thätigkeit schreiten, etw. in Angriff nehmen, unternehmen: rem *J.* 92; majora *J.* 89; mit *inf. J.* 9. 21. 75.

ăgĭto, 1. (*v. intens.* v. ago), hin u. her treiben ob. bewegen: corpora huc et illuc *J.* 60; humus vento agitatur, wird umhergewirbelt *J.* 53; harena magna vi agitata *J.* 79; übtr. *a)* beunruhigen, quälen: agitari inopia *C.* 5; metu *J.* 25. — *b)* beunruhigen, aufregen: rempublicam *C.* 38; seditionibus *J.* 37. — *c)* etw. vornehmen, betreiben, ins Werk setzen: nihil *J.* 39; multa *C.* 27; plura *C.* 24; omnia *C.* 42; cuncta, alles in Bewegung setzen *J.* 66; moras, länger zögern *J.* 81; gaudium, äußern *C.* 48; imperium, handhaben *C.* 9 (s. quam 3); pacem, halten *J.* 14 (§ 10); praecepta, zu erfüllen suchen *J.* 14 (§ 1); praesidium, Bedeckung bilden *J.* 55. 85 (§ 33); *pass.* walten, herrschen: pax agitatur *J.* 29; indutiae *J.* 29; luctus atque gaudia *C.* 61. — *d)* im Geiste hin u. her bewegen, überdenken, erwägen: alqd *J.* 93; multa *C.* 53; secum *J.* 113; dah. im Sinne haben, auf etw. ausgehen, etw. beabsichtigen: eadem illa *C.* 57; bellum *J.* 109; alqd mente *C.* 20; animo *J.* 63; aliter animo, andere Entwürfe hegen *J.* 11. — *e)* besprechen, verhandeln: rem *J.* 27; de facto *J.* 30; id modo agitari, es handle sich nur darum *J.* 70. — *f)* sich benehmen, sich (so u. so) zeigen, verfahren: varius agitat *J.* 74; ferocius *C.* 23; in potestatibus eo modo *J.* 63; *absol.* agitatur, man verfährt *J.* 41. — *g)* „irgendwo sein Wesen treiben", dah. sich (wo) aufhalten, sich befinden, weilen, hausen: apud aquam *J.* 98; in tuguriis *J.* 19; propius mare *J.* 18; pro castris, halten *J.* 59; pro muro, sich herumtreiben *J.* 94; quo statu, sich befinden *or. Phil.* 10; ubi gentium aut quid agitaret, wo er weile und was er treibe *J.* 54. — *h)* eine Zeit zubringen, verleben: vitam *C.* 2; acta aetate, nach vollendeter Lebensbahn *or. Cott.* 2; *absol.* leben *or. Lep.* 11 (s. inops); Gallia vix agitat, kann kaum noch bestehen *ep. Pomp.* 9.

agmen, inis, *n.* „das Sich-Bewegende", dah. Heereszug, Marsch: in agmine *J.* 45. 55. 85 (§ 47); concret: *a)* Marschkolonne, Heereszug: extremum *J.* 50; munitum *J.* 46; quadratum *J.* 100; agmen constituere *J.* 49. — *b)* Trupp, Schar: tanto agmine incedere *or. Lep.* 24.

ăgo, egi, actum, 3. treiben, in Bewegung setzen, bewegen: pecus *J.* 90; testudinem *J.* 94; vineas, vorschieben *J.* 37. 76. 92; in crucem, ans Kreuz schlagen *J.* 14 (§ 15); insb. als Beute wegtreiben, fortschleppen: praedas *J.* 20. 44; ex pacatis *J.* 32; ex sociis *J.* 88; übtr. *a)* treiben, leiten, führen: alqm transvorsum, auf Abwege führen *J.* 6. 14 (§ 20); praecipitem agi, dem Sturze zugetrieben werden *C.* 31; animus generis humani agit, ist der Leiter *J.* 2 (s. habeo 1, *b*). — *b)* eine Thätigkeit betreiben, etw. thun, verrichten: cuncta *C.* 42; ea *C.* 52 (§ 18); *J.* 33. 85 (§ 3); haec *C.* 20; res *or.* 45; *J.* 7. 30. 68; bellum, betreiben *or. Cott.* 11; quid agam, was soll ich thun? *J.* 14 (§ 15); hiberna agere, halten *J.* 100; joca atque seria cum alquo, mit jmd. in Ernst u. Scherz verkehren *J.* 96; morem, nachleben *or. Lic.* 14; pacem, halten *ep. Mithr.* 1; *absol.* handeln, zu Werke gehen, verfahren *C.* 21. 52 (§ 29); *J.* 55; pariter *J.* 60; lenius *J.* 60; tutius *or. Lic.* 3; *subst. part.* actum, i, das Geschehene, die That *J.* 53. 66. 85 (§ 12); fideliter acta, treu geleistete Dienste *J.* 71. — *c)* im Werke haben, beabsichtigen: id agi *J.* 27. — *d)* sich worüber besprechen, etw. verhandeln: res *J.* 103; alqd cum alquo *C.* 20; cum populo *C.* 51 (§ 43); in senatu *C.* 50; de pactionibus *J.* 29; agitur alqd, es handelt sich um etw., es gilt etw. *C.* 52 (§ 10); agitur de aliqua re, es steht etw. auf dem Spiele *C.* 52 (§ 6); gratias agere, Dank sagen *J.* 54. — *e)* v. d. Zeit, zubringen, verleben: hiemem castris *ep. Pomp.* 5; senectutem *J.* 85 (§ 41); aetatem (venando) *C.* 4. 37. 39; *J.* 2. 4; in artibus *J.* 85 (§ 9); in exsilio *C.* 58; in libertate *J.* 56; in excelso *C.* 51 (§ 12); tempora in venando *J.* 6; *absol.* leben *or. Lep.* 2; *or. Cott.* 4. 5; per ignaviam *J.* 85 (§ 1); per mollitiam *J.* 85 (§ 35); Africa, quae incultius agebat *(Dietsch:* qua agebatur) *J.* 89. — *f)* irgendwo sich umhertreiben, sich aufhalten, sich befinden, sein: in oppidis *J.* 100; cum primis, („in den vordersten Reihen") *J.* 101; in cervicibus Italiae *ep. Pomp.* 4; multum et familiariter cum alquo, viel u. vertraut mit jmd. verkehren *J.* 108. — *g)* es so u. so treiben, sich zeigen, etw. sein: pro victoribus, sich als Sieger geberden *J.* 98; civitas laeta agit, zeigt sich fröhlich *J.* 55.

agrestis, e, ländlich, *subst.* Landmann, Landbewohner *J.* 73; *or. Lic.* 27; Numidae agrestes *J.* 18. — 2) roh, ungebildet: genus hominum *C.* 6.

āio, ăis, ăit *etc., verb. defect.* sagen, behaupten, versichern: mit *acc. c. inf. C.* 48. 51 (§ 32); *J.* 31 (§ 7). 85 (§ 39). 100; uti ait *or. Lep.* 16.

*****ăla,** ae, Flügel des Vogels, übtr. Flügel des Heeres, Flügeltruppen (aus Truppen der Bundesgenossen, meist Reiterei, bestehend) *J.* 50.

*****ălăcer,** cris, cre u. **ălăcris,** e, aufgeregt, freudig entschlossen *C.* 21.

Albīnus, i, Spurius Postumius Albīnus, Konsul 110 v. Chr. *J.* 35. 36. 39. 44.

*****algor,** ōris, *m.* Kälte, Frost *C.* 5.

alias — alius

*aliās, *adv.* „ein ander mal", übtr. unter anderen Voraussetzungen sonst: optanda alias *C.* 10.

*alĭbi, *adv.* anderswo: alios alibi resistentes, die da u. dort Widerstand leistenden *C.* 60.

alĭēno, 1. entfremden, abwendig machen: voluntate alienatus *J.* 66; urbs alienata, in fremde Hände gefallen *J.* 48. — 2) zurücksetzen, verstoßen: alqm *C.* 35.

alĭēnus, 3. eines anderen, fremd; res *J.* 83; bona *C.* 52 (§ 11); instituta *C.* 51 (§ 37); opes („Hilfe") *C.* 58; *J.* 14 (§ 7); virtus *C.* 7; *J.* 85 (§ 25); superbia *C.* 20; aes, Schulden *C.* 11. 20. 33. 41; *subst.* alienum, i, fremdes Eigentum *C.* 5; *plur. C.* 12; *or. Lep.* 17; *or. Phil.* 14. — 2) fremd, nicht verwandt: *subst.* alieni, Fremde *J.* 10. — 3) übtr. *a)* jmdm. nicht zukommend: mens, verkehrt, verirrt *C.* 37. — *b)* nicht zugehörig zu etw., ungeeignet, ungünstig: suis rationibus, seinem Interesse nicht zuträglich *C.* 56; sententia aliena a republica, dem Staatswesen nicht angemessen *C.* 51 (§ 17); locus, ungünstig *J.* 54; *subst. neutr.* aliena, Unangemessenes *J.* 1. — *c)* fremd, abgeneigt: domus non aliena consilii, dem Plane nicht fremd *C.* 40.

alīmentum, i, Nahrung, Nahrungsmittel: servilia alimenta *or. Lep.* 11; carceris, Gefängniskost *or. Lic.* 19.

alĭō, *adv.* anderswohin: alius alio, der eine dahin, der andere dorthin *C.* 27; *J.* 12. 50; für ad alium *C.* 2. — 2) zu etwas anderem, zu einem anderen Gegenstande *J.* 19.

*alĭquamdĭu, *adv.* ziemlich lange, eine ziemliche Weile *J.* 74.

alĭquando, *adv.* irgend einmal *J.* 14 (§ 17). 110 (f. sum 1, c). — 2) doch irgend einmal, doch endlich einmal *C.* 52 (§ 5); *J.* 14 (§ 21). 62. 102.

alĭquantus, 3. ziemlich groß, nicht unbedeutend: numerus *J.* 74; timor *J.* 105; *subst.* aliquantum, i, ziemliche Menge: equorum *J.* 62; aliquantum als *adv.*, ziemlich *J.* 79; *abl.* aliquanto, um ein beträchtliches, um vieles *C.* 8; *J.* 79; numerus aliquanto major *J.* 86.

alĭqui, aliqua, aliquod, irgend ein, überhaupt ein: negotium *C.* 2; necessitudo *C.* 17 (*Jordan:* alia).

alĭquis, aliquid, irgend einer *C.* 51; *J.* 31 (§ 18); aliquis vostrum *or. Lic.* 14; ex populo *J.* 85 (§ 10); aliquid, irgend etwas: falsum *C.* 51; *plur.* aliqui, irgend einige *J.* 101.

alĭquot, *indecl.* einige, etliche *C.* 24; *J.* 28. 89.

*alis, alid, *gen.* alis, *dat.* ali, veraltete Form von alius: alis alibi stantes *C.* 61 (*Dietsch*).

alĭter, *adv.* auf andere Weise, anders *J.* 10. 11. 108; mit folg. ac ob. atque („als") *J.* 7. 72; aliter facere, dagegen handeln *C.* 51 (§ 43). — 2) anderen Falles, sonst *C.* 29. 44.

alĭus, a, ud, *gen.* alius, ein anderer: res *C.* 14; mit folg. quam *J.* 81. 82; mit atque („als") *C.* 37; *J.* 15; *plur.* alii, andere *C.* 3; et alia talia *J.* 85 (§ 41); et aliis talibus *J.* 44. 62; haec atque alia talia *J.* 64; illa et alia talia *J.* 40; alius atque alius, ein anderer und wieder ein anderer *J.* 72; alius deinde alius *J.* 18. 36; alius post alius *J.* 55. 63; alii…pars, f. pars; partim…alii, f. partim; alius alium invitant, der eine den, der andere jenen *J.* 66; alius alii assentiebantur *C.* 52 (§ 1); aliud alii iter ostendit *C.* 2; alii aliis licentia est *C.* 51 (§ 12); alium alia clade oppressit *J.* 14 (§ 15); alius ab alia parte (mit significabant z. verb.), der eine daher, der andere dorther *J.* 101; alios in alia loca praemittere *C.* 27; alium alio modo excitare, jeden auf eine andere Weise *J.* 49; alius alium appellant, einer den andern *J.* 53; alius alium exspectantes *C.* 52 (§ 28); alii alios increpantes („einander") *C.* 53; alia proelia aliis locis facere, bald da, bald dort *J.* 87. — 2) *plur.* alii, die anderen, die übrigen *C.* 27. 43; *J.* 58.

94; *neutr.* alia, das übrige *J.* 10; alia omnia *J.* 46. 52. 54. 63. 87. 89. 91.

*allĕvo, 1. emporheben, hebend nachhelfen: milites laqueis *J.* 94.

*allĭcĭo, lexi, lectum, 3. (lacio), anlocken, an sich ziehen: servitia *J.* 66.

Allŏbrŏges, um, keltisches Volk in der heutig. Dauphiné u. Savoyen mit der Hauptst. Vienna, waren 121 v. Chr. vom Q. Fabius Maximus unterworfen worden *C.* 40. 41. 49. 50. 52 (§ 36).

ălo, ălŭi, altum u. ălĭtum, 3. großnähren, großziehen: Arpini altus, aufgewachsen *J.* 63. — 2) ernähren, unterhalten: alqm *C.* 14; exercitum *or. Cott.* 7; *ep. Pomp.* 9; *pass.* seinen Unterhalt finden *C.* 37.

*Alpes, ium, *f.* die Alpen *ep. Pomp.* 4.

alter, tĕra, tĕrum, *gen.* altĕrius, der andere od. eine von zweien: pars *C.* 59; *J.* 11; ille alter *J.* 13. 16. 73; unus ... alter *C.* 58; *J.* 98; alter ... alter, der eine ... der andere *C.* 1. 42. 54; *J.* 7; alter alterum, der eine den anderen *C.*1; alteri alteros *J.* 42. 53. 60. 79. — 2) der andere od. ein anderer (als zweiter): unus atque alter *J.* 60. 93; *subst.* ein Anderer, ein Nebenmensch *J.* 52 (§ 8).

altĭtūdo, ĭnis, *f.* Höhe *J.* 93. — 2) „Tiefe", übtr. Verschlossenheit: ingenii *J.* 95.

altĭus, *adv.* (*comp.* v. alte), „höher", übtr. weiter, zu weit: liberius altiusque *J.* 4. — 2) tiefer: verbum in pectus altius descendit *J.* 11.

1. altus, 3. *partic.* v. alo.

2. altus, 3. hoch: machinatio *J.* 92; übtr. nimis alta cupere, das Unerreichbare *C.* 5. — 2) tief *J.* 78.

*alvĕus, i, bauchartige Vertiefung: navium *J.* 18.

ambĭo, ivi (ii), ĭtum, īre (amb u. eo), „herumgehen", besond. als Bittsteller, dah. jmd. um etw. angehen, bei jmd. um etw. werben: alqm *J.* 13. 14 (§ 20); ambiundo, durch persönliche Bitten *J.* 84.

ambĭtĭo, ōnis, *f.* „das Herumgehen", besond. als Bittsteller, dah. ehrgeizige Bestrebung, Ehrgeiz, Ehrsucht (im Streben nach Ehrenstellen) *C.* 3. 10. 11. 52 (§ 22); *J.* 63. 85 (§ 9); mala, leidiger Ehrgeiz *C.* 4. — 2) Streben nach Volksgunst *J.* 86. 96. 100; *ep. Pomp.* 5; Gunst suchende Milde *J.* 45.

*ambĭtĭōsus, 3. gunstbuhlerisch *J.* 64 (f. modo *b*).

*ambĭtus, ūs, das „Herumgehen", besond. als Bittsteller, dah. unrechtmäßige Bewerbung um Ehrenstellen, Amtserschleichung *C.* 18.

ambo, ae, o, beide (mit einander, zu gleicher Zeit) *J.* 21. 73. 81. 97. 109; *ep. Mithr.* 15.

*āmentĭa, ae, Sinnlosigkeit, Tollheit *J.* 38.

ămīcĭtĭa, ae, Freundschaft *C.* 10. 51 (§ 1); *J.* 64. 95; familiaris *J.* 7. — 2) zwischen Völkern, Freundschaftsbündnis *J.* 111; populi Romani *J.* 20. 88; amicitiam colere *J.* 14 (§ 12); amicitias parare *C.* 6; foedus et amicitiam petere *J.* 80; amicitiam cum populo Romano instituere *J.* 14 (§ 5); in amicitiam recipi *J.* 5. 14 (§ 5); repelli ab amicitia *J.* 102.

ămīcus, 3. freundlich gesinnt, befreundet: in alqm *J.* 103; amicior alcui *J.* 10; amicissumus alcui, innigst befreundet *J.* 10; *subst.* Freund *C.* 61; alqm in amicis habere *J.* 7; insb. *a*) Staatsfreund *C.* 6. 9; *J.* 113; socius atque amicus *J.* 14 (§ 2). 24. — *b*) Vertrauter, Günstling *J.* 9. 74. 102.

ā-mitto, misi, missum, 3. „von sich lassen", dah. fahren lassen, aufgeben: morem *or. Lic.* 14; libertatem *C.* 33; animam *C.* 58; pacem *or. Phil.* 5: scelus impunitum, ungestraft lassen *J.* 31 (§ 25). — 2) (wider Willen, durch Zufall) verlieren, einbüßen: bona *C.* 28. 58; patrimonium *C.* 33. 37; regnum *J.* 14 (§ 23); locum *J.* 52; parta *J.* 31 (§ 17); curiam *or. Phil.* 3; vitam *C.* 20; studia volgi *J.* 84; vera vocabula rerum *C.* 52 (§ 11); insb. durch Tod: alqm *J.* 10. 18. 56. 58. 74; *ep. Mithr.* 14.

ămo, 1. (sinnlich) lieben, buhlen

amoenus   animus   13

C. 11; *J.* 85 (§ 41). — 2) etw. lieben, an etw. Gefallen finden: quae res secundae amant *J.* 41; quae ira fieri amat, gern thut *J.* 34.

*ămoenus, 3. lieblich, anmutig: loca *C.* 11.

*ămor, ōris, *m.* Liebe: capi amore alcjus *J.* 15.

*ā-mŏvĕo, mōvi, mōtum, 2. fortschaffen, entfernen: alqm procul *C.* 20.

*amplector, plexus sum, 3. „umfassen", übtr. auf etw. ob. jmd. hohen Wert legen, hoch halten: alqm *J.* 7.

*amplexor, 1.(*intens.* v. amplector), „umfassen", übtr. auf etw. hohen Wert legen, etw. hochhalten: alqd *C.* 52 (§ 5).

amplĭus, *adv.* (*comp.* v. ample), mehr: amplius posse *J.* 69; *or. Lic.* 19; valere *C.* 111; nihil amplius scire *C.* 47; eo amplius (*sc.* uxores habent), desto mehrere *J.* 80; bei Zahlangaben: binas aut amplius domos *C.* 20; ohne quam *C.* 59; *J.* 58. 68. 91. 105; mit *abl. C.* 56. — 2) ferner, außerdem: et alia amplius, u. noch anderes mehr *J.* 44. — 3) noch fernerweit, länger *C.* 48; *or. Lic.* 17; morari *J.* 25. 67; amplius opinione, über Erwarten lang *J.* 53.

amplus, 3. umfangreich, bedeutend, groß: collis *J.* 98; exercitus numero amplior *J.* 54; numerus amplior vero,(„als wirklich") *J.* 105; commeatus amplior spe, als man erwartete *J.* 75; animus *J.* 40. 59; spes *J.* 105; *or. Lic.* 20; potestas *J.* 63; res gestae *C.* 8; honor, hohe Ehrenstelle *J.* 25; ingenium, quo neque melius neque amplius aliud est (f. qui) *J.* 2; nihil amplius statuere, nichts Härteres *ep. Pomp.* 1.

ăn, *conj.* in disjunkt. Frage oder: ne … an *C.* 1. 52 (§ 10); *J.* 14 (§ 17). 30. 54. 67. 70. 79. 85. 88. 93; *ep. Mithr.* 1; utrum … an *ep. Pomp.* 3; *ep. Mithr.* 16; ohne vorangehende Fragepartikel *C.* 25. 52; *J.* 24. 31 (§ 5). 38. 46. 67. 74. 85 (§ 14). 95. 108. 109 113; *or. Phil.* 3. 12. — 2) elliptisch (so daß aus dem Vorhergehenden ein erstes Glied der Frage zu ergänzen ist), etwa, oder etwa *or. Lep.* 21; *or. Phil.* 10; *or. Lic.* 8; *ep. Mithr.* 17; an uti vos infestos conjurationi faceret *C.* 51 (§ 10); an quia lex vetat *C.* 51 (§ 22).

anceps, cĭpĭtis (am u. caput) „doppelköpfig", dah. doppelt, von zwei Seiten her (kommend, drohend): periculum *J.* 38; malum *C.* 29; *J.* 67.

ancilla, ae, *f.* Magd: mulier, weiblicher Dienstbote *J.* 12; verächtl.: Fufidius, ancilla turpis, Sklavenseele *or. Lep.* 21.

*ango, ĕre, „würgen", übertr. ängstigen: alqm *or. Phil.* 11.

angustĭae, ārum, enger Raum, Enge *J.* 58; loci, Engpässe, Defiléen *C.* 58.

*angustus, 3. eng, schmal: iter *J.* 92.

ănĭma, ae, „Luft, Atem", dah. physische Lebenskraft, Leben *C.* 20. 52 (§ 6); anima frui *C.* 2; alcui animam concedere *or. Cott.* 5; eripere *C.* 51 (§.22); animam relinquere *J.* 14 (§ 15); amittere *C.* 58; *J.* 14 (§ 20); retinere *J.* 31 (§ 20). — 2) Seele, Geist *C.* 2; *J.* 2.

ănĭmadvorto, (animadverto), ti, sum, 3. (aus animum advorto), die Aufmerksamkeit auf etw. richten, etw. beachten: alqd *or. Phil.* 9; *ep. Pomp.* 8; *or. Lic.* 13; dah. *a)* wahrnehmen, bemerken, gewahr werden: alqd *J.* 53; alqm laetum *J.* 60 (animadvorteres, „man konnte wahrnehmen"); mit *acc. c. inf. J.* 48. 50. 58. — *b)* prägn. „mißfällig gegen jemd. vermerken", dah. strafen, züchtigen: in alqm verberibus *C.* 51 (§ 21); *J.* 39.

ănĭmal, ālis, *n.* „lebendes Wesen"; insbes. Tier *C.* 1; *J.* 17.

ănĭmus, i, Seele, Geist; dux atque imperator vitae animus est *J.* 1; animus rector humani generis *J.* 2. — 2) Seele als Inbegriff von Kräften, dah. *a)* Begehrungsvermögen, Herz, Wille, Verlangen *C.* 52 (§ 8);

cupiens *J*. 64; animus ardet *J*. 39; subigit *J*. 31 (§ 4); in animum inducere *C*. 54; animum gerere super fortunam, über seine Verhältnisse hinauswollen *J*. 64. — *b)* Neigung: animus fert (s. fero 3) *C*. 58; *J*. 54; distrahitur *J*. 80. — 2) Gefühlsvermögen, Seele, Herz: anxius animo *J*. 55; animo carissumus *J*. 14 (§ 22); lubido animi *C*. 51 (§ 4); timor animi, Herzensangst *C*. 58; *J*. 20. 57; deos in animo habere, Scheu haben vor *J*. 24; insb. *a)* Gemüt, Sinnesart, Charakter: fluxus *C*. 14; crudelis *C*. 31; ferox *C*. 5; infestus dis *C*. 15; ingens belli, hochstrebender Sinn im Kriege *J*. 63; virilis, Mannessinn *C*. 11; aequus, Gleichmut *J*. 31 (§ 11). 68. — *b)* Stimmung, Gesinnung: hostilis *J*. 102; alius *C*. 37; volens *J*. 73; *plur.* animi popularium *J*. 48. 111. — *c)* Mut *J*. 49; infirmus *C*. 52 (§ 18); validus *J*. 65; animus viget *C*. 20; torpescit *C*. 16; animum gerere *J*. 54; bonum animum habere *J*. 85 (§ 45); animum alcui augere *J*. 20; Entschlossenheit *or. Cott.* 1; *plur. J*. 34. 75; animos tollere *J*. 101. — *d)* Stolz, Übermut: contemptor animus et superbia *J*. 64; *plur. or. Lep.* 24; *or. Lic.* 11. — 3) Denkvermögen, Geist: ingens *J*. 95; animus me fallit *C*. 20; animo parum valere *J*. 11; animo agitare *J*. 11; gerere *J*. 72; alqd in animo habere, an etw. denken *J*. 24; *or. Cott.* 12; cum animo habere, im Geiste festhalten *J*. 11; cum animo reputare *J*. 13. 70. 85 (§ 10); cum animo volvere *J*. 6. 108; cum animo trahere *J*. 93; regnum animo invadere *J*. 20.

annītor, s. adnitor.

Annius, i, Lucius, ein Volkstribun *J*. 37. — 2) Gajus, Stadtpräfekt in Leptis *J*. 77. — 3) Quintus, Senator u. Mitverschworener des Catilina *C*. 17. 50

annŭo, s. adnuo.

aonus, i, Jahr: multos post annos *C*. 37; *J*. 42; paucis ante annis *J*. 41; his annis viginti *J*. 31 (§ 2); anni tempus *J*. 50; *plur.* die Jahre, das Alter *C*. 6. 20; *J*. 11.

annŭus, 3. ein Jahr dauernd; sumptus, für ein Jahr *ep. Pomp.* 2; imperia, jährlich wechselnde Oberbehörden *C*. 6.

antĕ, *adv.* „vorn, voran", dah. v. d. Zeit, vorher *J*. 50. 82; paucis ante diebus *C*. 47; *J*. 41; paulo ante, kurz vorher *C*. 20. 26; *J*. 14; multus ante labor, die vielen vorausgegangenen Anstrengungen *J*. 76. — 2) *praep. mit acc.*, vor: ante eos *J*. 106. — b) v. Vorzuge, vor: verba ante facta ponere *J*. 15; ante alqm esse, jemd. übertreffen *C*. 53; ante hos, mehr als diese d. i. ganz besonders *J*. 10. — c) v. d. Zeit, vor: ante comitia *J*. 36; ante me *C*. 51 (§ 9); ante benificia *J*. 85 (§ 7); ante Carthaginem deletam *J*. 41; ante te cognitum, bevor ich dich kennen lernte, *J*. 110; ante id tempus, bisher *J*. 43; ante tempus, zu früh *J*. 79; ante diem sextum Kalendas Novembres = die sexto ante Kalendas Nov. *C*. 30; insb. vor dem Verlaufe bis zu: diem, ante quam *C*. 36.

antĕā, *adv.* vorher, früher, vordem *C*. 18. 19. 20; *J*. 4. 11.

antĕ-căpĭo, cēpi, captum, 3. „vorher ergreifen", dah. sich im voraus einer Sache bemächtigen: locum castris, für das Lager *J*. 50; übtr. *a)* im voraus besorgen: quae bello usui sunt *C*. 32; famem luxu, vorweg erregen *C*. 13. — *b)* im voraus benutzen: noctem *C*. 55; tempus legatorum, den Gesandten in der Zeit zuvorkommen *J*. 21.

antĕ-ĕo, īvi u. ĭi, īre, „vorausgehen", übtr. zuvorkommen, übertreffen: alqm *or. Phil.* 13; omnes gloria *J*. 6.

antĕ-fĕro, tŭli, lātum, ferre, „vortragen", übtr. über etw. stellen, etw. höher stellen als: vero pretium *J*. 16; commodum famae fide = famae fideique *J*. 16 *(Jordan:* fama fide als *abl. comparat.)*.

*****antĕhāc**, *adv.* vor diesem, vordem *C*. 25.

*****antĕ-pōno**, pŏsŭi, pŏsĭtum, 3. „vor

etw. setzen", daß, den Vorzug geben, vorziehen: gloriam potentiae *J.* 41.

*antĕquam, conj. eher als, bevor: antequam signum accipere quivit *J.* 97.

antĕ-vĕnĭo, vēni, ventum, 4. zuvorkommen: alqm *J.* 56; exercitum *J.* 48; übtr. *a)* vereitelnd zuvorkommen, vereiteln: consilia *J.* 88. — *b)* sich vor jemd. hervorthun, jemd. übertreffen: alqm *J.* 96; nobilitatem per virtutem *J.* 4.

Antĭŏchus, i, Antiochus der dritte od. der Große, König von Syrien, vom L. Cornelius Scipio 191 v. Chr. bei Magnesia am Berge Sipylus (unweit Smyrna) besiegt *or. Lep.* 4; *ep. Mithr.* 6.

Antōnĭus, i, C Antonius Hybrida, Sohn des Redners M. Antonius, Oheim des Triumvir, zugleich mit Cicero Konsul 63 v. Chr. *C.* 21. 24. 36. 57. 59.

*anxĭē, adv. ängstlich: alqd anxie ferre, mit wenig Ruhe u. Fassung ertragen *J.* 82.

anxĭus, 3. ängstlich, beängstigt, beunruhigt *C.* 46; *J.* 55. 62; metu *J.* 11; mit folg. *ne* („daß") *J.* 6. 70 (socii *gen. subject.*).

ăpĕrĭo, pĕrŭi, pertum, 4. enthüllen, eröffnen, offenbaren: consilium *C.* 22; causam *C.* 58; conjurationem *C.* 40; rem *C.* 41. 45; omnia *C.* 47; verum *J.* 33; naturam et mores, darlegen *C.* 53; socios, entdecken *J.* 33; *part.* apertus als Adjekt., offenkundig, deutlich: in aperto esse, im deutlichen Lichte erscheinen *J.* 5. — 2) erschließen, öffnen: iter ferro *C.* 58.

ăpertē, *adv,* offen, unverhohlen *J.* 20. 40.

ăpertus, a, um, s. aperio.

*1. appello, pŭli, pulsum, 3. herantreiben, *pass.* wo landen: Uticam *J.* 25.

2. appello, 1. anreden: alqm *C.* 52 (§ 5). 59; *J.* 53. 96. 106. 112. — 2) jemd. ansprechen, angehen, sich an jemd. wenden: alqm *C.* 17. 20; *J.* 14 (§ 17). 22. 113. — 3) nennen: alqm *C.* 48; mit doppeltem *acc., or. Phil.* 12; alqm regem, jemdm. den Königstitel beilegen, ihn als König anerkennen *J.* 65; alqam reginam *ep. Mithr.* 9; *pass.* benannt werden *C.* 6. 51 (§ 14); *J.* 18.

appĕto, īvi, ītum, 3. nach etw. streben, trachten: consulatum *J.* 63; societatem *J.* 14 (§ 5); familiaritates *C.* 14; *part.* appetens als Adjekt., nach etw. trachtend, begierig, mit *gen.:* gloriae *J.* 7; alieni *C.* 5.

*Appĭus, i, Appius Claudius, Interrex i. J. 77; *or. Phil.* 22. — 2) s. Nero.

*apprĕhendo, di, sum, 3. ergreifen, festnehmen: hostes intra moenia *C.* 52 (§ 25).

apprŏbo, 1. genehmigen, billigen: consilium *C.* 51 (§ 8); *J.* 106; proscriptionem *or. Lep.* 17.

*apprŏpinquo, 1. herannahen, sich nähern *J.* 53.

ăpŭd, *praep.* mit *acc.* in der Nähe, bei: apud Numantiam *J.* 20; apud deos, im Tempel der Götter *ep. Mithr.* 7; apud primos esse (agere) *J.* 46. 101; apud dextumos *J.* 100; insb. *a)* bei Mitteilungen an eine Person, bei, vor, gegen: apud alqm loqui (verba facere) *J.* 64. 85 (§ 21). 102. 103. — *b)* bei d. i. in der Meinung, in den Augen jemds.: apud me *J.* 110; apud Numidas *J.* 11. 80; apud animum meum, in meinem Herzen *J.* 110. — *c)* v. Personen, welche als handelnd od. besitzend gedacht werden, bei: apud socios *C.* 51 (§ 38); apud illum *J.* 106 (s. inultus); apud plebem *J.* 30; apud vos (= in vobis) *J.* 24; apud majores *C.* 52 (§ 30); divitiae apud illos sunt, in ihrem Bereich *C.* 20.

Āpŭlĭa, ae, Landschaft im südöstl. Italien, durch den Fluß Aufidus in die Distrikte Daunia u. Peucetia geteilt *C.* 27. 30. 42.

ăqua, ae, Wasser: jugis *J.* 89; aquarum fontes *J.* 55; penuria aquarum *J.* 17.

*ăquĭla, ae, Adler, als Legionsstandarte (seit Marius) *C.* 59.

*ăquor, 1. Wasser holen *J.* 93.

āra, ae, viereckige Erhöhung von Holz, Stein ob. Rasen, bah. **Denkstein, Denkmal**: arae Philaenon *J.* 19. — 2) **Altar**: metonym. arae focique, Haus u. Herb d. i. die heiligsten Güter *C.* 52 (§ 3) 59.

****arbĭter**, tri, Ohrenzeuge *C.* 20.

****arbĭtrātus**, ūs, „freies Ermessen", bah. unbeschränkte Vollmacht *J.* 105.

****arbĭtrĭum**, i, freies Ermessen, Gutdünken *J.* 41.

arbĭtror, 1. (nach bestem Gewissen) der Meinung sein, glauben: mit *acc. c. inf.* or. *Lic.* 2; Jugurtham (esse) arbitrati *J.* 69.

arbor, ŏris, *f.* Baum *J.* 48; kollektiv. Baumwuchs *J.* 17.

arbustum, i, Baumwerk: *plur.* *J.* 48. 53.

arcesso, īvi, ītum, 3. (*v. causat.* v. accedo), kommen, lassen, herbeirufen: alqm (ex castris) *C.* 40. 60; *J.* 62. 109. 113; *or. Phil.* 6; auxilia ab alquo *J.* 39. 84; gentem ad bellum *C.* 52 (§ 24). — 2) inzb. vor Gericht ziehen, anklagen: alqm pecuniae captae, wegen Bestechungen *J.* 32; capitis, auf den Tod anklagen, heftig beschuldigen *J.* 73.

****Archĕlāus**, i, Feldherr des Mithridates, 86 v. Chr. vom Sulla bei Chäronea u. 85 bei Orchomenos geschlagen, floh, beim Könige des Verrats verdächtigt, i. J. 81 zum röm. Heerführer Murena *ep. Mithr.* 12.

ardĕo, si, sum, 2. in Brand sein, brennen: sulphur ardens *J.* 57 *(Jordan:* ardentia); übtr. *a)* leidenschaftl. brennen, glühen: animo („im Innern") mit *inf. J.* 39; ardens in cupiditatibus *C.* 5. — *b)* leidenschaftlich betrieben werden, Gegenstand leidenschaftlichen Strebens sein: cetera arsere *or. Lic.* 12.

ardor, ōris, *m.* brennende Hitze: solis ardores *J.* 19; *plur.* meton., die heiße Zone *J.* 18.

ardŭus, 3. steil: locus *C.* 7. — 2) übtr. schwer, schwierig: arduum videtur res gestas scribere *C.* 3.

ărēna f. harena.
ărēnōsus f. harenosus.

argentum, i, Silber *J.* 13. 76; Silbergeld *C.* 33 (f. aes); *J.* 62 (f. pondo).

ārĭdus, 3. trocken, dürr: humus *J.* 53; ager *J.* 90; loca *J.* 75; aridum humi, dürrer Boden *J.* 48.

****ărĭēs**, ĕtis, *m.* „Widder", bah. als Belagerungsmaschine, Sturmbock, Mauerbrecher, ein starker Balken mit eisenbeschlagenem Kopfe in Form eines Widderkopfes, welcher schwebend unter einem Dache hing u. am hintern Ende gegen die Mauer der belagerten Stadt in Bewegung gesetzt wurde *J.* 76.

****Arĭŏbarzānēs**, is, durch Sulla seit 92 v. Chr. König des dem Mithridates abgenommenen Cappodocien, ein treuer Anhänger Roms *ep. Mithr.* 15.

****Aristōnīcus**, i, unehelicher Sohn des Königs Eumenes II. von Pergamus, wurde im Testamente seines Halbbruders Attalus III. übergangen u. Rom als Erbe des pergamenischen Reichs eingesetzt *ep. Mithr.* 8.

arma, ōrum, Waffen (zum Schutz sowie zum Angriff:) arma atque tela, Schutz- u. Trutzwaffen, Wehr u. Waffen *C.* 42. 51 (§ 38); *J.* 101. 105; militaria *C.* 56; velitaria *J.* 105; arma parare *C.* 24; *J.* 43; capere *C.* 30. 33; *J.* 38. 53; sumere *J.* 21. 110; *ep. Phil.* 2; arripere *J.* 72; in armis esse *C.* 37. 51 (§ 19); *or. Phil.* 13; armis certare *J.* 48; armis contendere *J.* 13; arma abicere *J.* 38. 53; alqm armis exuere *J.* 88; metonym. *a)* Waffenmacht, Kriegsheer: armis obsessum teneri *J.* 24. — *b)* Waffengewalt, Krieg, Kampf: civilia *or. Phil.* 10; *or. Lic.* 11; rempublicam armis recipere (magnam facere) *C.* 11; *J.* 52; Cirtam armis expugnare, durch bloße Waffengewalt, durch Sturm *J.* 23.

Armĕnĭa, ae, Land in Asien zwisch. dem Taurus u. Kaukasus, durch den Euphrat in Armenia major u. minor geteilt *ep. Mithr.* 15; *abl.* Armenia, von Armenien her *ep. Mithr.* 21.

****Armĕnĭi**, ōrum, die Armenier *J.* 18.

armo, 1. bewaffnen: manus („den Arm") *J.* 107; *or. Phil.* 20; copias *J.* 13; hostis armatus *C.* 7; *subst.* armati, Bewaffnete *C.* 18; armati inermesque *J.* 94.

*****äro**, 1. pflügen, ackern: quae homines arant, navigant, aedificant, alles Thun der Menschen durch Pflügen, Schiffen, Bauen *C.* 2.

*****Arpīnum**, i, Stadt in Latium am Fibrenus unweit seiner Mündung in den Liris, Geburtsort des Marius u. Cicero *J.* 63.

*****Arrētīnus**, 3. zu Arretium (jetzt *Arezzo)*, einer der Zwölfstädte Etruriens, gehörig, arretinisch: ager *C.* 36.

arrĭgo, exi, ectum, 3. (rego), „emporrichten", übtr. ermuntern, anregen, anfeuern: alqm oratione *J.* 84; animum *C.* 39; *J.* 68. 86; Etruria arrecta (est), ist aufgeregt *or. Phil.* 8.

*****arrĭpĭo**, rĭpŭi, reptum, 3. (rapio), hastig ergreifen: arma *J.* 72.

*****arrŏgo**, 1. aneignen, anmaßen: sibi alqd *J.* 85 (§ 25).

ars, tis, *f*, Kunst, Wissenschaft: bona („edele") *C.* 2; übtr. *a)* artes, sittliche Eigenschaften *C.* 2 (§ 4). 9; *J.* 82. 96; bonae *C.* 10. 11; *J.* 1. 4; malae *C.* 13; pessumae *J.* 85 (§ 43). — *b)* Bestrebung, Verhalten, Verfahren: bonae artes *J.* 3. 28. 63; optimae *J.* 85 (§ 9); malae *J.* 41; animi, geistige Beschäftigungen *J.* 2; permanere in suis artibus, seinem bisherigen Verfahren treu bleiben *J.* 8; civitatem retinere in bonis artibus, bei guten Grundsätzen erhalten *J.* 41. — *c)* Mittel *C.* 3. 5; *J.* 85 (§ 1); listiges Mittel, Kunstgriff *J.* 48.

*****Arsăcēs**, is, Arsaces der zwölfte od. Phraates der dritte, König der Parther *ep. Mithr.* 1.

artē, *adv.* zusammengedrängt, dicht, eng: aciem arte statuere *J.* 52; signa (die Manipeln) artius collocare *C.* 59; quam artissume ire *J.* 68. — 2) übtr. eingeschränkt, knapp: ceteris arte modum statuere, die übrigen Übelstände auf ein beschränktes Maß setzen *J.* 45; alqm arte colere, schmal halten *J.* 85 (§ 34); artius habere, noch mehr einschränken *or. Lic.* 13 (erg. vos).

*****artĭfex**, fĭcis, kunstfertig, Meister in etw.: homines talis negotii, in derlei Geschäften *J.* 35.

*****artĭfĭcĭum**, i, Kunstmittel, Kunst *J.* 85 (§ 31).

artissŭmē, s. arte.

artĭus, s. arte.

*****artus**, 3. eingeengt, eng: loca *ep. Mithr.* 15.

ăruspex, s. haruspex.

*****arvum**, i, Saatland *J.* 90 (s. studeo).

arx, arcis, *f.* „höchste Spitze, Höhe", insb. Feste, Burg: oppidi *J.* 67. — 2) übtr. Schutzwehr, Bollwerk *or. Lic.* 6; regni *J.* 56.

ascendo, di, sum, 3. (scando), emporsteigen, ersteigen, besteigen: murum *J.* 7; navim *J.* 25; equum *J.* 97; *absol. C.* 55; eadem *J.* 94; qua *J.* 93.

*****ascensus**, ūs, der Aufstieg: asperior *J.* 94.

ascisco, scivi, scitum, 3. jemd. zu einer Gemeinschaft an sich ziehen, aufnehmen: homines sibi *C.* 24; alqm socium *C.* 47.

Āsĭa, ae, Asien; insb. als röm. Provinz, das ehemalige Reich des Königs von Pergamum *or. Cott.* 7; *ep. Mithr.* 8.

*****Aspar**, ăris, ein Numide *J.* 108. 112.

asper, ĕra, ĕrum, uneben, rauh: mons *C.* 57; locus *C.* 7; ascensus *J.* 95; *subst.* rupe aspera = loca propter rupem aspera *C.* 59. — 2) v. d. Witterung, rauh, unfreundlich: hieme aspera, trotz der rauhen Winterzeit *J.* 37. — 3) roh, wild: Gaetuli asperi incultique *J.* 18. — 4) schwierig, drückend, mißlich, gefährlich *C.* 26. 40; negotium *J.* 98; bellum *J.* 48; *or. Cott.* 10; res *C.* 52 (§ 28); *J.* 7. 89; dubiae atque asperae res *C.* 10; otium *J.* 41 (*sc.* quam advorsae res

18 aspere at-tero

fuerant); spes, trübe *C.* 20; fortuna, hart *or. Cott.* 8; maria terraeque, gefährdet *or. Cott.* 14; opinione asperius est, ſchwieriger als man glaubt *J.* 85 (§ 3); *subst.* magis aspera, Schwierigeres *J.* 89.

aspērē, *adv.* „uneben, rauh", daß. *a)* ſtreng *J.* 40. — *b)* v. d. Rede, mit bittern Ausfällen: aspere scribere, ungünſtig berichten *C.* 65.

aspĕrĭtās, ātis, *f.* Rauheit, Unebenheit: loci *J.* 50; übtr. *a)* Rauheit, Unwirtlichkeit *J.* 17. 89; locorum *J.* 75; *plur. J.* 75; belli, rohe Wildheit *J.* 29. — *b)* Schwierigkeit, Mißlichkeit *J.* 92; in ea tanta asperitate, in dieſer harten Bedrängnis *J.* 67.

*aspernor, 1. verſchmähen, verwerfen: alqd *C.* 3.

ass… ſ. ads…

astringo, ſ. adstringo.

*astūtĭa, ae, Schlauheit, Verſchlagenheit: *plur. C.* 26.

ăt, *conj.* beim Übergange auf etw. von dem vorigen Verſchiedenes, aber, andrerſeits aber *C.* 6. 8. 23. 31. 46; *J.* 20. 26. 28. 63. — 2) z. Anknüpfung eines Gegenſatzes, aber, dagegen *C.* 41; *J.* 2. 31 (§ 28); at contra *J.* 4. 15. 36; *or. Cott.* 1; at hi contra *C.* 12. — 3) bei Einwürfen, aber doch *C.* 51 (§ 22); *J.* 31 (§ 12); *or. Lep.* 18; at anim, ſ. enim.

Athēnĭenses, īum, die Athenienſer *C.* 2. 8. 51 (§ 28).

atque, verkürzt **ac**, *conj.* einen umfaſſenderen u. allgemeineren Begriff hinzufügend, und dazu, und ſogar, und: dux atque imperator *J.* 1; reges atque imperatores *C.* 2; tempus atque periculum *C.* 30; intra moenia atque in sinu urbis *C.* 52 (§ 35). — 2) bei Übergängen, und dazu: atque ego *C.* 51 (§ 35); *J.* 14 (§ 3). 31 (§ 21). 85 (§ 12); *or. Cott.* 9; *ep. Mithr.* 11; — 3) (= et quidem) und zwar: atque eo *J.* 31 (§ 17); *C.* 22; ac maxume occulte *J.* 35; ac plerisque *J.* 92; atque doctissume *J.* 98; atque id jure *ep. Phil.* 4; atque ea *J.* 89; — 4) z. Anfügung eines berichtigenden Satzgliedes, und vielmehr, und dagegen: atque acrius instare *J.* 98; u. gleichwohl, und doch *or. Lep* 18; atque omnes idem significabant *J.* 101; ac magis, ſondern vielmehr *J.* 107; ac non, und nicht vielmehr *J.* 4. — 5) Verwandtes u. Gleichartiges verbindend, und auch, und nicht minder, und: arma atque tela *C.* 42; *J.* 105; domos ac villas *C.* 12; equites ac pedites *J.* 7; honesta atque inhonesta *C.* 30; aequabilius atque constantius *C.* 2; bene ac strenue *J.* 22; unus atque alter *J.* 60. 93; alio atque alio loco *J.* 72; etiam atque etiam *J.* 85. — 6) bei Vergleichungen, wie, als: alius atque *C.* 37; *J.* 15; *ep. Pomp.* 4; aliter ac *J.* 7; aliter atque *J.* 72; pariter ac *J.* 100. 113; pariter ac si *J.* 46; par ac si *J.* 102; juxta ac *C.* 37; juxta ac si *J.* 45; haud secus atque *J.* 79. 100. 105; contra ac *C.* 60.

atquī, *conj.* nun aber, gleichwohl aber *or. Lep.* 18; *or. Lic.* 27 *(Jordan:* atque).

ătrōcĭtās, ātis, *f.* Gräßlichkeit, das Gräßliche einer Sache: sceleris *C.* 22; facti *J.* 27; rei *J.* 101.

*ătrōcĭter, *adv.* gräßlich, grimmig *J.* 37.

ātrox, ōcis, gräßlich, unheilvoll, furchtbar: negotium *C.* 29; res *C.* 51 (§ 10); bellum *J.* 5.

at-tendo, di, tum, 3. „hinſpannen", daß. auf etw. aufmerkſam achten, aufmerken: res *J.* 88; mit abhäng. Frage *C.* 53.

*attentĭus, *adv.* (*comp.* v. attente), „geſpannter", daß. aufmerkſamer, nachdrucksvoller: agere alqd *C.* 52 (§ 18).

at-tĕro, trīvi, tritum, 3. „abreiben", übtr. aufreiben, ſchwächen, hart mitnehmen: opes Italiae *J.* 5; alqm aliquantum, ſchwere Verluſte beibringen *J.* 79; famam, ſchädigen *C.* 16. — 2) aufreiben, vernichten: exercitum *J.* 85 (§ 46).

attĭnĕo, tĭnŭi, tentum, 2. (teneo), feſthalten: alqm in sollicitudine, fort und fort in Unruhe erhalten or. Phil. 16; alqm spe, hinhalten J. 108.

attingo, tĭgi, tactum, 3. (tango), „berühren", daß. an einen Ort angrenzen: pars Mauretaniam attingit J. 16. — 2) antreffen, auf jemd. ſtoßen: alqm 101. — 3) übtr. a) v. Vorkommniſſen, treffen: alqm or. Phil. 12. — b) handelnd berühren d. i. ſich mit etw. befaſſen, etw. unternehmen: bellum J. 44. — c) redend berühren, beſprechen, erwähnen: gentes J. 17.

*****at-trĭbŭo**, bŭi, būtum, 3. zuteilen: pecus equitibus agundum J. 90.

auctor, ōris (augeo), unmittelb. od. mittelb. „Förderer" einer Sache, daß. Urheber: rerum C. 3 (*Jordan*); suam culpam auctores (*sc.* culpae) ad negotia transferunt J. 1. — 2) Förderer, Unterſtützer: tribuniciae potestatis or. Lic. 23; insb. a) Ratgeber J. 30; or. Lep. 27. — b) Zuſtimmer: suffragia libera ab auctoribus patriciis, unabhängig von der Zuſtimmung der Patricier or. Lic. 15. — 3) Gewährsmann, Berichterſtatter C. 23; J. 17.

auctōrĭtās, ātis, f. Gutachten, Beſchluß J. 22. 31 (§ 25); or. Phil. 22; Genehmigung J. 43. — 2) Geltung, Gewicht, Anſehen: alcjus C. 20. 38; J. 13. 25. 28; auctoritas sermoni inest C. 40.

audācĭa, ae, Kühnheit, kühner Mut, Wagluſt C. 9. 51 (§ 37). 58; J. 7. 94. — 2) Keckheit, Verwegenheit, Vermeſſenheit C. 3. 18. 23. 32; J. 14 (§ 111); malarum rerum („zu ſchlechten Streichen") C. 52 (§ 11); exercitatus in audaciam, zu verwegenen Streichen C. 50.

*****audācĭus**, adv. (comp. v. audacter) kühner: aggredi C. 58.

audax, ācis, kühn: animus C. 5; verwegen, vermeſſen J. 31 (§ 16).

audĕo, ausus sum, 2. wagen: quantum or. Lep. 20; nihil J. 107; mit inf. C. 20; J. 31 (§ 21). 63. 84; absol. dreiſt ſein or. Lep 20 (quam „wie ſehr"). —

2) über ſich gewinnen: loco cedere C. 9.

audĭo, 4. hören, vernehmen: alqd ex alqo C. 49; audiri ab alqo J. 60; auditur de proelio facto J. 22; mit acc. c. inf. C. 47; J. 4. 21. 25. 108; mit acc. c. partic. C. 48; J. 14 (§ 12).

augĕo, auxi, auctum, 2. vermehren, vergrößern: exercitum C. 32. 51 (§ 43); animum J. 20; alcui ingenium or. Phil. 20; conscientiam scelerum C. 5; amentiam alcjus J. 38; licentiam or. Lic. 16; pass. zunehmen, wachſen, emporkommen: res civibus aucta C. 6; urbes auctae J. 19; alcui metus augetur J. 92; hostium opes auctae erant J. 43; omnia aucta senescunt J. 2; ilex aucta in altitudinem, in die Höhe geſchoſſen J. 93. — 2) insb. eine Perſon fördern: auctus, emporgehoben, zu Würden gefördert J. 86.

augesco, ĕre (inchoat. v. augeo), zu wachſen beginnen: ceteris animi augescunt J. 34; zunehmen or. Phil. 6.

Aulus, i, Aulus Poſtumius Albinus, Bruder und Legat des Konſul Spurius Poſtumius Albinus J. 36. 38. 39.

Aurēlĭa Orestilla, Gattin des Catilina C. 15. 35.

*****auris**, is, f. Ohr C. 58.

aurum, i, Gold J. 13. 76; auro corruptus J. 32.

aut, conj. oder (weſentlich verſchiedenes trennend) C. 2. 14; J. 1; nach vorhergehender Negation: aut arduus C. 3; aut astutiae C. 26; aut incruentam C. 61; aut bellum J. 6; aut mutandi J. 18; neque ... neque ... aut J. 18. 72. 74. or. Lic. 24; insb. a) oder überhaupt: inopia aut aliqua necessitudo C. 17. — b) oder doch, oder vielmehr, oder wenigſtens: aut in primis J. 6; aut deditio J. 31 (§ 19); aut magna pars J. 58; aut portendi J. 92; aut quis morabitur C. 51 (§ 36); aut quisquam ... potest J. 14. — 2) **aut ... aut**, entweder ... oder C. 33. 39. 61; J. 21. 23. 25; entweder ... oder doch J. 109.

autem, conj. dagegen, aber C. 19. 43. 46; J. 3. 10. 14. 18. 48. 90.

Autrōnĭus, i, P., Autronius Paetus, Cicero's Jugendfreund u. mit ihm Quästor 78 v. Chr. C. 17. 18.

auxĭlĭārĭus, 3. zur Hilfe dienend: equites, Reiterei der Hilfstruppen J. 46. 90. 100; cohortes J. 87. 93.

*****auxĭlĭor**, 1. Hilfe leisten, helfen: alcui J. 24.

auxĭlĭum, ii, Unterstützung, Hilfe: cum suo auxilio (= assumpto suo auxilio) J.65; auxilio noctis, unter dem Schutze J.53; auxilium petere ab alquo C. 34; J. 14 (§ 3); a pedibus J. 107; auxilio venire, zur Hilfe kommen J. 56. 81; auxilio accurrere J. 101; auxilio esse, Hilfe leisten, beistehen C. 6; *plur.* Hilfsmittel, Hilfe *or. Phil.* 13; deorum C. 52 (§ 29); *or. Cott.* 1; auxilia portare sociis C. 6. — 2) *plur.* auxilia, Hilfstruppen: equitum atque peditum J.7; auxilia accersere J. 39. 84; dimittere J 8.

ăvārītĭa, ae, Habsucht J. 13. 43; profunda J. 81; aeger avaritiā J. 29; caecus avaritiā J. 80.

*****Āventīnus**, i, der aventinische Hügel in Rom, südwestl. vom palatinischen u. cälischen Hügel J. 31 (§ 17); der erste Auszug der Plebejer auf den Aventinus 494 v. Chr. hatte das Tribunat zur Folge, der zweite i. J. 449 fand wegen der Decemvirn statt.

ăvĭdĭus, *adv.* (*comp.* v. avide), begieriger J. 60; *or. Phil.* 17; *or. Lep.* 19 (fecerit als *conjunct. futuri exacti*: „wird sofort thun").

ăvĭdus, 3. leidenschaftlich verlangend, begierig nach etw., mit *gen.*: imperii J. 6; potentiae J. 15; novarum rerum J. 19. 46; laudis C.7; gloriae J. 63. 94; belli gerundi J. 35; avidissimus pacis J. 111.

*****āvĭus**, 3. (via), abwegsam, abgelegen: itinera, Seitenmärsche J. 54.

ā-vorto (averto), ti, sum, 3. abkehren, abwenden, fortwenden: arma ab hostibus J. 58; *pass.* sich abwenden J.101; *part.* avorsus, abgekehrt, im Rücken: latus proeliantibus avorsum J. 93. — 2) übtr. abwenden, abwendig machen: alqm *ep. Mithr.* 6; animos popularium J. 111; oppida ab hostibus J. 89; *part.* avorsus, abgeneigt: ut ingenium avorsum (= si avorsum a pace esset) flecterent J. 102.

ăvus (avos), i, Großvater J. 9. 14 (§ 8). 24.

B.

Baebĭus, i, C., Volkstribun i. J. 111 v. Chr. J. 33. 34.

*****Bălĕāris**, e, zu den balearischen Inseln (Mallorca u. Minorca) im Mittelmeere bei Spanien gehörig, balearisch: funditores J. 105.

barbărus, 3. barbarisch d. i. ausländisch, fremd (im Sinne der Römer): lingua J. 18; *subst.* Barbar, Ausländer J. 102; *plur.* C. 19; J. 98. 102.

bellĭcōsus, 3. kriegsmutig, kriegerisch: gens C. 40; Libyes J. 18.

bellĭcus, 3. zum Kriege gehörig: praeda, Kriegsbeute J.41; res, Wechselfälle des Krieges J. 39.

*****bello**, 1. Krieg führen: causa bellandi *ep. Mithr.* 5.

bellum, i, (aus duellum) Krieg: Macedonicum C. 51 (§ 5); Hispaniae *ep. Pomp.* 10; civile C. 47; intestinum C.5; servile C.30; maritumum C.39; magnum diuturnumque J. 79; magnum et atrox variaque victoria J. 5; asperrumum J. 48; grave C. 43; in bello C. 2. 9. 58; J.43; animus belli, im Kriege J. 63; belli domique, im Krieg u. Frieden, daheim u. im Felde J.41; *or. Cott.*6; bellum est cum alquo J.17; bellum oritur J.6; desinit J.83; bellum parare J.75. 85 (§ 3); facere

belua   **bonus**   21

(alcui) *C.* 24. 26. 52 (§ 33); *J.*110; patrare *J.* 20. 75. 88; movere *C.* 30; incipere *C.* 51 (§ 5); *J.* 66. 80. 83; sumere *J.* 20. 62; *or. Phil.* 2; attingere *J.* 44; gerere *C.* 16. 29; agitare *J.* 109; trahere *J.* 23. 36; conficere *C.* 51 (§. 5); *J.*36; componere *J.* 97. 103; ponere *J.* 112; inferre *J.* 15; alqm bello lacessere *ep. Mithr.* 10; bellum ex bello serere *or. Phil.* 7; *ep. Mithr.* 20.

bēlua, ae, (plumpes) Tier *C.* 1.

běně, *adv.* gut, gehörig: consulere *C.* 52 (§ 29); *J.* 92; facere *J.* 22. 85 (§ 9); praedicare („rühmlich") *J.* 85 (§ 27); pollicerī („reichlich") *C.* 41; bene facere rei publicae (s. facio 2) *C.*3; bene factum, ruhmvolle That, Verdienst *C.* 8; *J.* 85 (§ 5); *or. Phil.* 4; melius habere (s. habeo 2, *e*) *or. Lic.* 5; optume mererē *J.* 62. — 2) glücklich: pugnare *J.* 107; res bene evenit *J.* 92.

běněfactum, i, s. bene.

běnĭficium, i, Wohlthat, Gunsterweisung, guter Dienst *C.* 9; *J.* 14 (§ 3); *J.* 104; in alqm *C.* 31; benificia dare *C.* 6; *J.* 96; alqm benificiis vincere *J.* 9. — 2) insb. vom Volke verliehene Auszeichnung, Gnadenerweis, Wahlamt *J.* 31 (§ 16); *J.* 85 (§ 3. 8); in maxumo vostro benificio (s. in *B*, 8) *J.* 85 (§ 26).

běnignē, *adv.* gütig, freundlich, wohlwollend: respondere *J.* 11; alqm appellare *J.* 96; habere, zuvorkommend behandeln *J.* 113. — 2) in reichem Maße: praedam ostentare *J.* 68.

běnignĭtās, atis, *f.* Güte, Wohlwollen, Zuvorkommenheit *J.* 103 (s. habeo 2, *e*). 104.

běnĭvolentĭa, ae, Wohlwollen *J.* 103 (s. sum 2, *a*).

Bestĭa, s. Calpurnius.

bestĭa, ae, Tier (als vernunftlos) *J.* 14 (§ 15). 17.

bĭdŭum, i (bis u. dies), Zeitraum von zwei Tagen, zwei Tage *J.*69.

Billiēnus, i, L., Prätor in Utika *J.*104.

bīni, ae, a, je zwei *C.* 6. 20.

bĭs, *adv.* zweimal *J.* 31 (§ 17); *or. Cott.* 3.

Bīthȳnĭa, ae, Landschaft Kleinasiens zwisch. der Propontis u. dem Schwarzen Meere *ep. Mithr.* 9.

Bocchus, i, König von Mauretanien, Schwiegervater des Jugurtha *J.* 19. 80. 81. 83. 101 ff.

Bŏmilcar, äris, Vertrauter des Jugurtha, welcher, von Metellus bestochen, den Jugurtha zu ermorden versuchte *J.* 35. 49. 61. 70. 72.

bŏnum, i, s. bonus.

bŏnus, 3. gut, trefflich, tüchtig: ager bonus pecori *J.* 17; bonus consilio *J.* 7; ars *C.* 2; fama *C.* 7; imperator *C.* 60; otium, edle Zeit *C.* 4; res, das Gute *J.* 1; meliores belli *(gen. relationis),* Kriegserfahrenere *J.* 49; optimum factu *C.* 32. 55. 57; *J.* 107; melius est mit *inf. J.* 82. 85 (§ 10. 25); insb. *a)* im Kriege tüchtig, brav, tapfer *J.*53; bello *J.*13; bonus (et) ignavus *C.* 11; *J.* 57; boni malique *J.* 67; optumus quisque *J.* 92; optumus quisque armatus (s. quisque *b*) *C.* 59. — *b)* begütert, wohlhabend *J.* 86. — 2) gutgesinnt, redlich, rechtschaffen: amicitia *J.* 5; voltus *C.* 10; *subst.* bonus *J.* 42. 96; boni *C.* 7. 20; *J.* 64; boni honestique *J.* 85 (§ 49); boni fidelesque *J.* 77; optumus quisque *C.* 2. 8; *J.* 22; insb. patriotisch: *subst.* boni, die Patrioten *J.* 85 (§ 48); die Optimaten, Konservativen *C.*19. 33. 37; *J.* 38; optimus quisque, alle angesehenen Männer der Optimatenpartei *C.* 34. — 3) gütig: boni di *or. Phil.* 3. — 4) *subst.* **bonum,** i, das Gute: jus bonumque, Recht u. Sittlichkeit *C.* 9; bonum et aequum, Recht u. Billigkeit *J.* 15. 35; verum bonumque, Recht u. Pflicht *J.* 30; bonum honestumque, Rechtlichkeit u. Ehrenhaftigkeit *J.* 8. 29. 82; pro bono facere (= bene facere) *J.* 22; *plur.* gute Eigenschaften, Vorzüge: bona aut mala *J.* 73; neque bona neque mala *J.* 85 (§ 23); bona ingeni *J.* 108; corporis et fortunae *J.* 2; insb. *a)* Vorteil, Nutzen *J.* 88 (s. contra); maxumum, Heil *C.* 43; publicum, das allgemeine Beste, das Staatswohl *C.* 38; *J.* 25; bona, Glücksumstände, Glück *C.* 31 (s. spes); *ep. Mithr.* 2; bona malaque, Wohl u. Wehe *C.* 20; optima reipublicae, die dem Staate nützlichsten Künste *J.* 85. — *b) plur.* Güter, Vermögen *C.* 28. 37. 58; patria *C.* 14.

brĕvis, e, kurz: vita *C.* 1; aevum *J.* 1; spatium *C.* 56; *J.* 87; brevi, in kurzem *C.* 7. 44; *J.* 2. 7. 12.

*brĕvĭter, *adv.* „kurz", mit wenig Worten: disserere *J.* 111.

*Bruttĭus, 3. bruttisch: ager, das Gebiet der Bruttier auf der Südspitze Italiens *C.* 42.

Brūtus, i, D. Junius, Konsul 77 v. Chr. *C.* 40; *or. Lic.* 10; *plur. or. Lep.* 3.

C.

C. als Abkürzung = Gajus.

*Cābēra, ae, Stadt im Pontus am Flusse Lykus, wo Mithridates 72 v. Chr. vom Lucullus geschlagen wurde *ep. Mithr.* 15.

cădāver, ĕris, *n.* (cado), Leichnam *C.* 51 (§ 9). 61; *J.* 101.

cădo, cĕcĭdi, casum, 3. „niederfallen", dah. im Kriege fallen, umkommen *C.* 60; *J.* 54. 92; übtr. *a)* sich zutragen, sich ereignen: opportuna res cecidit *C.* 20. — *b)* (irgendwie) ausfallen, ausschlagen: misericordia cadit in perniciem *J.* 31 (§ 21). — *c)* fallen, ins Verderben stürzen: pecunia praecipitem cadere *J.* 8.

caecus, 3. blind: nudum et caecum corpus, die ungeschützte u. blinde Körperseite, d. i. der Rücken *J.* 107; übtr. blind, verblendet: cupidine *J.* 25. 37; avaritiā *J.* 80.

caedēs, is, *f.* Ermordung, Mord *C.* 5; alcjus *C.* 48; *J.* 13. 31 (§ 7); caedem parare *C.* 32. 52 (§ 36); facere in alqm („veranstalten") *J.* 31 (§ 13); *plur. or Lep.* 17.

caedo, cĕcĭdi, caesum, 3. „fällen", dah. prügeln, durchbläuen: alqm *or. Lic.* 27. — 2) niederhauen, töten: alqm *J.* 50. 58. 69; *or. Cott.* 12.

*caelātus, 3. (*part.* v. caelo), mit erhabener Arbeit verziert, getrieben: vasa *C.* 11.

caelum, i, Himmel: manus ad caelum tendere *C.* 31: clamor ad caelum fertur *J.* 60; als Gipfel des Ruhmes: alqm ad caelum tollere (ferre) *C.* 48; *J.* 92; virtutem (facta) ad caelum ferre *C.* 53; *J.* 53.

Caepārĭus (Quintus), i, aus Terracina, Mitverschworener des Catilina *C.* 46. 47. 52 (§. 34). 55.

*Caepĭo, ōnis, Q. Servilius, kämpfte als Prokonsul mit dem Konsul C. Manlius Maximus i. J. 105 unglücklich gegen die Cimbern *J.* 114.

Caesăr, ăris, C. Julius Caesar, geb. 100 v. Chr., Triumvir mit Pompejus u. Crassus, nach Besiegung des Pompejus und der pompejanischen Partei dictator perpetuus, ermordet 44 v. Chr. *C.* 47. 49. 51. 53. 54. — 2) L. Julius Caesar Strabo, Bruder der Julia, der Mutter des Triumvir M. Antonius, bekleidete 64 v. Chr. das Konsulat *C.* 17.

călămĭtās, ātis, *f.* Unglück, Bedrängnis: in calamitate esse *C.* 44; insb. Kriegsunglück, Niederlage *C.* 39; *J.* 85 (§ 47).

*călămĭtōsus, 3. unheilbringend, verderblich: incendium *C.* 48.

*Calchēdon, ŏnis, *f.* Stadt in Bithynien am Bosporus, Byzanz gegenüber: *acc.* Calchedona *ep. Mithr.* 13.

Călendae, s. Kalendae.

*callĭdē, *adv.* klug, schlau: vitia sua occultare *J.* 15.

callĭdĭtās, ātis, f. „Gewandtheit", dah. Verschmitztheit, Schlauheit J. 107; prava ep. Mithr. 12.

callĭdus, 3. „gewandt", dah. klug, schlau J. 38. 81. 95; facundia or. Cott. 4.

cālo, ōnis, Troßknecht C. 59; or. Phil. 7.

*****călor**, ōris, m. Wärme, Hitze: plur. J. 17.

Calpurnĭus, i, L. Calpurnius Bestia, Konsul 112 v. Chr. J. 27. 29. 85 (§ 16). — 2) L. Calpurnius Bestia, Enkel des vorigen, Volkstribun C. 17. 43.

*****călumnĭa**, ae, ränkevolles Verfahren, Schikane C. 30.

*****cămĕra**, ae, gewölbte Decke, Gewölbe C. 55.

*****Camers**, tis, ein Cameriner, Einwohner der Stadt Camerinum in Umbrien (jetzt Camerino im Kirchenstaate) C. 27.

campus, i, offene Fläche, Ebene, Blachfeld J. 50. 57; campi patentes J. 101. 105; Campus sc. Martius, das Marsfeld in Rom in der Ebene längs des Tiber, wo außer den Waffenübungen auch die Centuriatcomitien abgehalten wurden C. 26.

*****cănis**, is, m. Hund C. 14.

căno, cĕcĭni, cantum, 3. „melodische Töne hervorbringen", dah. blasen: tubicines signa canunt, lassen ertönen J. 99; intrans. signa canunt, die Signalhörner ertönen, das Signal wird gegeben C. 59; J. 94; ne signa quidem canere (jubet) J. 99.

capesso, īvi, ītum, 3. (desiderat. v. capio), „nach etw. eifrig greifen", übtr. etw. ergreifen: libertatem or. Lic. 2; quietem or. Lep. 9; rempublicam, sich des Staates mit Eifer und Ernst annehmen C. 52 (§ 5); J. 85 (§ 47).

căpĭo, cēpi, captum, 3. nehmen, ergreifen: arma C. 27. 30; J. 38. 53; or. Phil. 6; cibum, zu sich nehmen J. 91; locum, besetzen J. 58; locum pugnando capere, für den Kampf einnehmen C. 61; übtr. a) etw. vornehmen: consilium,

Entschluß fassen C. 16. 41; J. 54. 76; poenas pro aliquo, jemd. rächen J. 68. — b) übernehmen: consulatum J. 63; magistratus, begehren J. 3. — 2) wegnehmen, in seine Gewalt bringen: mortales J. 20; capta militibus donare J. 87; rem publicam, das Staatsruder an sich reißen C. 5; fangen, gefangen nehmen: elephantos J. 53; alqm C. 61; J. 5. 14 (§ 15); einnehmen, erobern: urbes J. 5; pugnando C. 7; turres J. 69; summa, die Zinnen gewinnen J. 60; übtr. a) v. Zuständen, ergreifen: alqm capit cura J. 71; metus J. 85 (§ 47); insolentia J. 40; periculum, ereilt J. 51; capi somno J. 99; captus amore C. 15; metu or. Lep. 1; cupidinibus J. 1. — b) gewinnen, bestricken, überlisten: alqm J. 16; dolis (per dolum) C. 14; J. 14 (§ 11); capi, in die Schlingen (des Adels) fallen J. 85 (§ 6); quam (socordiam) captum ire licet, die man leicht überrumpeln kann or. Lep. 20 (Jordan: qua raptum ire licet). — 3) empfangend nehmen: pecuniam, Bestechungen annehmen J. 32. 37. — 4) empfangen, gewinnen, davontragen: consulatum J. 84 (s. spolium); honorem J. 85 (§ 18); magistratum or. Lep. 21; alqd ob bene facta or. Phil. 4; detrimentum, erleiden C. 29; or. Phil. 22.

căpĭtālis, e, den Kopf ob. das Leben betreffend: res, todeswürdiges Verbrechen, Kapitalverbrechen C. 36. 52 (§ 36). 55.

Căpĭto, s. Gabinius.

Căpĭtōlĭum, i, der von den Tarquiniern auf d. südwestl. Gipfel des capitolinischen Hügels erbaute Tempel des Juppiter, der Juno u. Minerva, welcher am 6. Juli 83 v. Chr. abbrannte C. 18. 47.

Capsa, ae, jetzt Gafsa, phönicische Kolonie im südl. Byzacium, früher den Karthagern unterthan, dann von den Römern dem Masinissa geschenkt J. 89. 91.

*****Capsenses**, ium, die Einwohner von Capsa J. 89.

captīvus, 3. gefangen, erbeutet: ager, erobert *ep. Mithr.* 8; *subst.* captivus, Kriegsgefangener *J.* 81.

*****capto**, 1. (*intens. v.* capio), eifrig nach etw. greifen, trachten: incerta pro certis *C.* 20.

*****Căpua**, ae, Hauptstadt Kampaniens am Vulturnus *C.* 30.

căput, ĭtis, *n.* Kopf, Haupt: dux supra caput est, sitzt uns auf dem Nacken *C.* 52 (§ 24); capite censi, die besitzlosen Bürger (die kein Vermögen, sondern nur ihre Person beim Censor anzugeben hatten) *J.* 86. — 2) das Leben: alqm capitis arcessere *J.* 73; capite poenas solvere *J.* 69.

carcer, ĕris, *m.* Kerker, Gefängnis *C.* 55; *J.* 31 (§ 7); *or. Lic.* 19.

cărĕo, ŭi, ĭtūrus, 2. von etw. frei sein, ohne etw. sein, mit *abl.*: lubidinibus *C.* 13. — 2) sich einer Sache enthalten: luxu *or. Phil.* 11.

*****cărīna**, ae, Kiel des Schiffes *J.* 18.

*****carmen**, ĭnis, *n.* „Gedicht", insb. Weissagespruch, Weissagung: vatum *or. Phil.* 3.

căro, carnis, *f.* Fleisch: ferina *J.* 18. 89.

*****carptim**, *adv.* teilweise, in einzelnen Partieen: res gestas perscribere *C.* 4.

Carthāgĭnĭenses, um, die Karthager *C.* 51 (§ 6); *J.* 5. 79; *ep. Mithr.* 6.

Carthāgo, ĭnis, *f.* Stadt auf einer Halbinsel in Zeugitana (dem nördl. Teile des jetz. Tunis), von der Phönizierin Dido gegründet, i. J. 146 von P. Cornelius Scipio dem Jüngeren zerstört *C.* 10; *J.* 19. 41.

cārus, 3. „hoch im Preise", übtr. teuer, wert, schätzbar: alcui *J.* 6. 7. 88; carus acceptusque, lieb u. wert *J.* 12. 70. 108; perfugae minume cari, an deren Erhaltung sehr wenig gelegen war *J.* 100; alqm carum habere, wert halten *J.* 10; alqd carum existumare, wertschätzen *J.* 85 (§ 41).

Cassĭus, i, L. Cassius Longinus, Mitverschworener des Catilina, war 66 v. Chr. mit Cicero Prätor, dann dessen Mitbewerber ums Konsulat *C.* 17. 44. 50. — 2) L. Cassius Longinus, wurde 107 v. Chr. von den Tigurinern, einer helvetischen Gaugenossenschaft, in der Nähe des Genfer See's geschlagen und getötet *J.* 32. 33.

*****cassus**, 3, „leer", übtr. nichtig: in cassum, ins leere, ins blaue hinein *or. Lic.* 11.

*****castellānus**, 3. zum Kastell gehörig, *subst.* Kastellbewohner: iter castellanorum, Weg zu den Kastellbewohnern *J.* 92.

castellum, i, auf einer Anhöhe gelegener befestigter Platz, Fort, Citadelle, Kastell *J.* 92. 93; oppida castellaque *J.* 87. 89.

castra, ōrum (*sing.* castrum, „Festung"), Kriegslager, Feldlager, Lager: castra metari *J.* 106; facere *J.* 106; facere *J.* 55; ponere *J.* 75. 91; munire *J.* 82. 100; movere, (mit dem Lager) aufbrechen, vorrücken *C.* 56. 57; *J.* 45; milites castris stativis habere *J.* 44; hiemem castris agere *ep. Pomp.* 5. — 2) *meton.* Kriegsdienst: in castris, im Felde *C.* 7.

cāsus, ūs, „das Fallen", übtr. Fall, Sturz (in ein niedrigeres Verhältnis): ex regno in servitium *J.* 62. — 2) der eintretende Fall: uterque, die Lage in beiden Fällen *J.* 97. — 3) zufälliges Ereignis, Vorkommnis, Zufall *C.* 56; *J.* 1. 87; casu, durch Zufall, von ungefähr *J.* 12. 79. — 4) prägn. *a)* günstiger Zufall, günstige Gelegenheit: victoriae *J.* 25; facinoris *J.* 56; casu *J.* 67. — *b)* Unfall, Mißgeschick, schlimme Lage *C.* 35. 40; *J.* 23; reipublicae *C.* 51 (§ 9). — *c)* Untergang: alcjus *J.* 14 (§ 22). 73.

Cătăbathmos, i, die Absenkung zwisch. Ägypten u. dem römischen Gebiete von Cyrenaica, jetzt Akabah *J.* 17. 19.

*****cătēna**, ae, Kette: alqm in catenis habere *J.* 64.

*****căterva**, ae, Haufe, Schar: flagitiorum (= hominum flagitiosorum) *C.* 14.

*catervātim, *adv.* truppweise, scharweise *J.* 97.

Catilīna, ae, L. Sergius, geb. 108 v. Chr., verwaltete 68—66 Afrika, wo er sich die größten Erpressungen erlaubte. Von Schuldenlast gedrückt nahm er i. J. 64, als er mit seiner Bewerbung ums Konsulat gescheitert war, seinen schon früher verfolgten Plan zu einem völligen Umsturze des Staates wieder auf. Der Konsul Cicero entdeckte jedoch die Verschwörung, u. Catilina wurde im März des Jahres 62 v. Chr. bei Pistoria in Etrurien mit seinen Scharen vom Legaten M. Petrejus vernichtet.

Cāto, ōnis, M. Porcius, aus Utica, Volkstribun i. J. 62 v. Chr., Prätor i. J. 54, trat im Bürgerkriege auf die Seite des Pompejus u. entleibte sich in Utica nach der Schlacht bei Thapsus i. J. 46, um den Fall der Republik nicht zu überleben *C.* 52—54.

Catŭlus, i, Q. Lutatius, Konsul i. J. 78 mit M. Aemilius Lepidus, Censor 65 v. Chr. *C.* 34. 35. 49; *or. Phil.* 6. 19; *or. Lic.* 9.

causa, ae, Grund, Ursache, Veranlassung: belli *C.* 2; *J.* 20. 81; consilii *C.* 58; peccandi *C.* 16; maturandi sceleris *C.* 15; nihil causae ad impetrandum habere *J.* 14 (§ 7); mit folg. quominus („Verhinderungsgrund") *C.* 51 (§ 41); sine causa *J.* 83; multis de causis, aus vielen Ursachen *C.* 37; qua de causa *C.* 47; ob eam causam, deshalb *J.* 65; ea causā (= ejus rei causa), deswegen *C.* 52 (§ 7); insb. *a)* erdichteter Grund, Vorwand: causas morae facere *J.* 36. — *b) abl.* causa, mit vorangestellt. *gen.* wegen, um... willen: rerum causa *C.* 33; praesidii causa *C.* 49; tumulti causa *C.* 59; fidei causa („zur Beglaubigung") *J.* 29. 85 (§ 29); vescendi causa *C.* 13; hortandi causa *J.* 84; itineris properandi causa *J.* 105. — 2) obwaltende Angelegenheit, Sache, um die es sich handelt *J.* 15; insb. *a)* Rechtssache: causam cognoscere, Untersuchung der Sache anstellen *C.* 42; incognita causa, ohne vorhergegangene Untersuchung *J.* 14 (§ 20); causam dicere, seine Sache führen, sich verantworten *J.* 69. — *b)* Sache, die man versicht, das Interesse: civium *C.* 56; miserorum (s. publicus) *C.* 35.

cavĕo, cāvi, cautum, 2. auf seiner Hut sein, sich hüten, sich vorsehen: mit *acc.* (vor, gegen etw.): malum caveri potest, man kann sich vor der Gefahr hüten *J.* 67; cavendus dolus est *or. Lic.* 20; cavere ab aliquo (vor, gegen jmd.) *C.* 52 (§ 3); ab insidiis *J.* 108; mit *inf. J.* 64; mit folg. ne *J.* 26. 55; mit bloß. Konjunktiv *C.* 58; *absol.* ad cavendum *C.* 26.

cēdo, cessi, cessum, 3. „einhergehen", übtr. von Statten gehen, Erfolg haben: prospere, nach Wunsch gelingen *C.* 26. 52 (§ 29); secus, übel ablaufen *J.* 20. — 2) sich wegbegeben, sich zurückziehen, weichen: alcui, vor jmd. *J.* 36; fortunae *C.* 34; loco, seine Stellung aufgeben *C.* 9; *absol. C.* 58; *J.* 38. 50. 51. 59.

cĕlĕbro, 1. zahlreich besuchen: forum maxume celebratum *J.* 47. — 2) (durch starken Zulauf) festlich begehen, feiern: diem *J.* 66. — 3) rühmend bekannt machen, preisen, feiern, verherrlichen: alqm *J.* 86; se remque publicam *J.* 85 (§ 36); res *C.* 8; virtutem in majus, mit Übertreibung preisen *J.* 73; facta pro maxumis (s. pro *b*) *C.* 8.

Cĕler, s. Metellus.

cĕlĕrĭtās, ātis, *f.* Schnelligkeit, Geschwindigkeit *C.* 43; *J.* 77.

*ceno, 1. Mahlzeit halten: *part.* cenatus mediał, gespeist habend: milites cenatos esse jubet, sollten abgekocht haben *J.* 106.

censĕo, sŭi, sum, 2. schätzen, abschätzen: capite censi *J.* 86 (s. caput). — 2) der Meinung sein, dafür halten, mit *acc. c. inf. ep. Pomp.* 3; insb. *a)* sich dahin aussprechen, für etw. stimmen, worauf antragen: sic *C.* 53; ita *C.* 51 (§ 43). 52 (§ 36); *or. Phil.* 22; quid censes *J.* 31 (§ 18);

or. Lic. 14; arma, auf Kampf antragen or. Lic. 17; mit gerund. C. 50. 51 (§ 8). 52 (§ 14); J. 15. 25; mit bloß. Konjunktiv or. Phil. 18; misereamini censeo („so lautet mein Spruch") C. 52 (§ 26). — b) v. Senate, beschließen, verordnen: mit acc. c. inf. J. 21.

*censor, ōris, der Censor, dessen Würde als fast ausschließlich an Konsulare übertragen wurde. Zu den Pflichten der früher auf 5, später auf 1½ Jahre gewählten Censoren gehörte die Abhaltung des Census d. i. die Aufzeichnung des Namens, Standes, Alters u. Vermögens der römischen Bürger, sowie die oberste Aufsicht über das gesamte Finanz- und Abgabenwesen des Staates u. die Ausübung des Sittenrichteramtes C. 23.

centŭrĭa, ae, Centurie, Abteilung der röm. Legion von ursprünglich 100, später 60 Mann J. 91; qui e centuriis erant d. i. Legionssoldaten J. 94 (Jordan).

centŭrĭo, ōnis, Anführer einer Legionscenturie, Centurio C. 59; J. 38. 66. 93; primi pili J. 38.

*cēra, ae, Wachs J. 4.

cerno, crēvi, crētum, 3. „sichten, scheiden", dah. mit den Augen unterscheiden d. i. deutlich sehen, wahrnehmen, erkennen: alqm J. 60; mit acc. c. inf. C. 2. 61 (cerneres, „man konnte sehen").

certāmen, ĭnis, n. Wettkampf, Wettstreit, Streit C. 39; J. 10; inter mortales C. 1; pro libertate or. Lic. 4; dominationis („um") J. 41; Wetteifer: gloriae C. 7. — 2) Kampf, Gefecht: cum alquo J. 49. 54; res venit ad certamen J. 13.

*certātim, adv. wetteifernd J. 67.

certē, adv. sicherlich, zuverlässig, gewiß J. 85 (§ 25); or. Lic. 15. — 2) restringierend, doch sicherlich, doch wenigstens J. 4. 31 (§ 5).

certō, adv. mit Bestimmtheit, zuverlässig: certo scire C. 51 (§ 16); J. 9.

certo, 1. wettkämpfen, wetteifern, streiten: cursu cum alquo J. 6; divitiis C. 54; de virtute C. 9; pro sua potentia C. 38; certantes, wetteifernd, um die Wette J. 44. 94. — 2) kämpfen, streiten: armis J. 48; proelio J. 81. 88; manu or. Cott. 6; pro patria C. 58. 59; pro gloria J. 94. 114; de dominatione or. Lic. 11; maxuma vi C. 60; J. 60; absol. J. 44. 94.

certus, 3. festgestellt, bestimmt: dies J. 79. — 2) gewiß, sicher, unzweifelhaft: praemia C. 41; pestis J. 106; vita or. Lep. 6; incerta pro certis malle C. 17; captare C. 20; mutare J. 83; pro certo habere, für gewiß halten C. 52 (§ 17); pro certo credere C. 15. — 3) von dem, der in Betreff einer Sache Gewißheit hat, sicher berichtet, sicher: alqm certiorem facere, jmd. vergewissern, benachrichtigen: de alqua re J. 46. 104; mit acc. c. inf. J. 82.

cervix, īcis, f. Nacken or. Lic. 21; in cervicibus Italiae agere, Italien auf dem Nacken sein ep. Pomp. 4.

cētĕrum, adv. beim Übergange zu einem neuen Gedanken, übrigens C. 17. 20; J. 4. 10. 13. 17. 18. 20. 22. 29. 41; ep. Mithr. 16. — 2) im übrigen aber, dagegen aber C. 51 (§. 26); J. 2. 12. 14 (§ 1. 12). 15. 46. 48. 52. 53. 70. 75. 76. 83. 87. 91. 108; or. Phil. 6. — 3) sondern J. 82; ceterum etiam, ja sogar J. 84.

cētĕrus, 3. übrig, sonstig: multitudo C. 36. 43; exercitus C. 59; J. 61; cultus C. 13; vita C. 52 (§ 32); inter ceteram planitiem, in einer sonst ebenen Gegend J. 92; cetera (sc. aqua) pluvia utebantur, im übrigen, sonst J. 89. — 2) plur. die übrigen alle, die anderen: propinqui J. 14 (§ 15); animalia C. 1; loca J. 19; subst. ceteri C. 3. 6; J. 40; proleptisch C. 44. 46; ceteri omnes C. 20; J. 74; neutr. cetera, das übrige J. 17. 54; de ceteris, was das übrige (weitere) anlangt J. 26; ignarus cetera (acc. relationis), im übrigen J. 19.

Cēthēgus, i, C. Cornelius, eine der Hauptpersonen der Verschwörung des Catilina C. 17. 32. 43. 46—49. 55. — 2) P. Cornelius, Anhänger des Marius,

cibus   **Cirta**   27

schloß sich später an Sulla an u. gewann nach dem Tode dieses durch schlaue Gewandtheit bedeutenden Einfluß *or. Phil.* 20.

cĭbus, i, Speise, Nahrung *J.* 18. 89; coctus *J.* 45; cibum capere *J.* 91.

*****cīcātrix**, tricis, *f.* Narbe *J.* 85 (§ 29).

Cicĕro, ōnis, M. Tullius, der berühmte röm. Redner, geb. 106 v. Chr., rettete i. J. 63 durch Aufdeckung der Verschwörung des Catilina Rom vom Untergange *C.* 22. 24. 26 ff.

*****Cĭlĭcĭa** ae, die Küstenlandschaft Cilicien im südl. Kleinasien *or. Cott.* 7.

Cimbrĭcus, 3. cimbrisch: bellum, der Krieg gegen die Cimbern, welche zu Ende des zweiten Jahrhunderts im Verein mit den Teutonen aus dem nördl. Deutschland in die Provinz Gallien einfielen und mehrere röm. Heere schlugen, bis Marius die Teutonen i. J. 102 v. Chr. bei Aquae Sextiae (Aix in der Provence), die Cimbern im J. 101 auf der raudischen Ebene bei Vercellae (jetzt Vercelli) im cisalpinischen Gallien vernichtete *C.* 59; praeda *or. Lic.* 17.

Cinna, ae, L. Cornelius, Genosse des Marius im röm. Bürgerkriege, Konsul in den Jahren 87—84 v. Chr. *C.* 47; *or. Phil.* 19.

circĭter, *adv.* ungefähr, gegen *C.* 55. 56; *J.* 64. 106; als *praep.* mit *acc.*: circiter horam tertiam *J.* 68 (*Jordan*: circiter horā tertiā); c. Kalendas *C.* 17; c. Nonas *C.* 18.

circŭĕo, s. circumeo.

circum, *adv.* ringsum *ep. Mithr.* 14. 15.— 2) als *praep.* mit *acc.*, ringsum, um... her, in der Umgegend, in der Umgegend von: circum murum *J.* 37; circum aedem *C.* 49; circum ea loca, in der Umgebung dieser Gegend *C.* 30; catervas (praesidia) habere circum se *C.* 14. 26.

circum-do, dĕdī, dătum, dăre, herumlegen, ringsum aufstellen: exercitum *J.* 25. — 2) mit etw. umgeben: moenia vallo atque fossa *J.* 23; collem multitudine *J.* 98.

circum-ĕo (circŭĕo), īvi (ĭi), ĭtum, īre, bei etw. reihumgehen, die Runde machen: turmas *J.* 49; vigilias *J.* 45. 100; *absol. C.* 49; *J.* 51; equo, umherreiten *C.* 59.

*****circum-fĕro**, tŭli, lātum, ferre, „rings herumtragen", dah. herumgehen lassen, herumreichen: sanguinem in pateris *C.* 22.

*****circum-fundo**, fūdi, fūsum, 3. „ringsherumgießen", übtr. *pass.* v. Personen, rings heranströmen, herandringen: hostes undique circumfusi erant *J.* 97.

*****cĭrcumgrĕdĭor**, gressus sum, 3. (gradior), umgehen, umringen: exercitum Armeniā („von... aus") *ep. Mithr.* 21.

*****circum-sĕdĕo**, sēdi, sessum, 2. umlagern: oppidum *J.* 21.

*****circumspecto**, āre (*v. intens.* v. circumspicio), (ängstlich) sich umsehen nach etw.: omnia *J.* 72.

circumspĭcĭo, exi, ectum, 3. (specio), ringsum betrachten: omnia *J.* 93; übtr. *a)* verlangend nach etw. sich umsehen, etw. ausfindig zu machen suchen: diem bello, lauern auf *or. Phil.* 8. — *b)* beachten, erwägen *or. Cott.* 10.

circum-vĕnĭo, vēni, ventum, 4. „herumkommen um etw.", dah. etw. rings umgeben: planities locis superioribus circumventa *J.* 68. — 2) umzingeln, einschließen, überfallen: moenia vallo fossaque *J.* 76; moenia exercitu *J.* 57; castra multitudine *J.* 38; alqm *C.* 16. 58; a tergo, jmd. in d. Rücken fallen *J.* 50. 56. 97; urbes, berennen *J.* 88; *pass.* circumveniri *J.* 53; ab equitibus *J.* 101. 103. — 3) übtr. umgarnen, bedrängen, gefährden: rem publicam *or. Lep.* 25; *pass. C.* 31. 51 (§ 40). 52 (§ 35); *or. Lic.* 8; insidiis *J.* 106; circumventus necessitudinibus *C.* 21; difficultatibus *J.* 7; falsis criminibus, durch ein Gewebe falscher Anschuldigungen umstrickt *C.* 34.

Cirta, ae, Hauptstadt Numidiens, jetzt Constantine in Algerien *J.* 21. 25. 26. 101. 102. 104.

*cīs, *praep.* mit *acc.* dieſſeit: cis Taurum *ep. Mithr.* 6.

citĕrĭor, us, *gen.* ōris, dieſſeitig: Hispania (dieſſeit des Ebro) *C.* 19. 21; *ep.Pomp.*9; Gallia=Gallia cisalpina *C.* 42.

citŏ, *adv.* eilig, ſchleunig *C.*45; *J.* 59.

citus, 3. eilig, ſchleunig: incessus *C.*15; speculatores undique citi, von allen Seiten heraneilend *J.* 101.

cīvīlis, e, bürgerlich, Bürger-: bellum *C.*47; arma *or. Phil.* 10; *or. Lic.* 11; discordia *C.* 5; *J.* 78; dissensio *J.*41; studia *J.*5; sanguis *C.* 14; victoria, im Bürgerkriege *J.* 95; praeda, Beraubung der Bürger *or. Lep.* 24. — 2) bürgerfreundlich, populär: imperium *J.* 85 (§ 34).

cīvis, is, Bürger: ex Latio *J.* 69; hostes atque cives *J.* 51. 72; socii atque cives *C.* 29.52. — 2) Mitbürger *C.*11; nostri *C.*25; vostri *J.* 31 (§ 27); sui *J.* 68.

cīvĭtās, ātis, *f.* Bürgerrecht *or. Phil.* 14; civitatem dare *or. Lep.* 12. — 2) Bürgerſchaft (als politiſcher Verein), Staatsgemeinde, Staat *C.*6.7.53; *J.*39.40; Rhodiorum *C.*51 (§ 5); maritima *ep.Pomp.*9; principes civitatum *C.* 40. — 3) Stadt *J.* 78.

clādēs, is, *f.* harter Verluſt, ſchweres Unglück, Verderben: magna *C.*39.51 (§ 33); cladem afferre alcui *C.*58; cladi esse, zum Verderben gereichen *J.* 85 (§ 40). — 2) insb. Kriegsunglück, Niederlage: exercitūs *J.* 44; *or. Lep.*5; magnam cladem facere *J.*59; Blutbad *J.*31 (§ 7).

clam, *adv.* heimlich, insgeheim *J.* 35. 61. 101. 106.

clāmor, ōris, *m.* Geſchrei, insb. Kriegsgeſchrei: hostilis *J.* 58; clamorem tollere *J.*99; maxumo clamore concurrere *C.*60; *J.*53; clamor oritur *J.*57; exoritur *C.*45; ad caelum fertur *J.* 60.

clārĭtūdo, ĭnis, *f.* Berühmtheit, Ruhm *J.* 2; in claritudinem pervenire *J.* 7.

clārus, 3. „hell"; übtr. *a)* bekannt *ep. Pomp.* 6· — *b)* glänzend, ausgezeichnet, angeſehen, berühmt: gens *C.* 55; studium *C.* 49; virtus *C.* 1 (ſ. habeo 1, *a*); homo *J.* 8. 16; clarus atque magnus, gefeiert *C* 53; *J.* 92. — *c)* als Titel der Konſuln, erlaucht *C.* 51 (§ 19).

classis, is, *f.* Bürgerklaſſe nach der Verfaſſung des Servius Tullius, welcher das geſamte Volk nach dem Vermögen der Einzelnen in 6 Klaſſen teilte, von denen nur die 5 erſten zum Kriegsdienſte verpflichtet waren, während die ſechſte Klaſſe, die der Beſitzloſen (capite censi od. proletarii), davon ausgeſchloſſen blieb *J.*86. — 2) Flotte (nebſt den darauf befindlichen Truppen) *J.*79; classe navigare *or. Cott.* 7.

Claudĭus, ſ. Appius.

*1. claudo, clausūrus. 3. „hinken", übtr. ſchief gehen: res claudit *or. Lic.* 25.

2. claudo, si, sum, 3. ſchließen, verſchließen: portas *J.* 67. 69; oppidum *J.* 67; clausa effringere, Schlöſſer u. Riegel erbrechen *J.* 12. — 2) einſchließen: claudi in tenebris *J.* 14 (§ 15); clausus montibus et copiis *C.* 75; alqm fame et ferro clausum tenere *J.* 38; alqm clausum obsidere *J.* 24; bildl. alqd clausum in pectore habere *C.* 10.

*clāvis, is, *f.* Schlüſſel: portarum claves adulterinae *J.* 12.

*clēmens, ntis, mild, glimpflich: rumor clemens erat, ließ die Sache in mildem Lichte erſcheinen *J.* 22.

clēmentĭa, ae, Milde, Gnade *J.* 33; *or. Lep.* 1.

clĭens, tis, Schutzgenoſſe, Klient *C.* 19. 26. 50. — 2) überh. Untergebener *J.* 71.

*clĭentēla, ae, Schutzgenoſſenſchaft, meton. Schutzgenoſſen, Klienten *J.* 85 (§. 4).

Cn. Abkürzung für Gnaeus.

*cō-aequo, 1. ebenen, applanieren: montes *C.* 20.

cŏ-ălesco, lŭi, lĭtum, 3. „zuſammenco-arguo　　　　　　　　　cogo　29

wachſen", daß. v. Parteien, verſchmel=
zen C. 6; J. 87. — 2) feſtwachſen,
einwachſen: ilex coaluerat inter saxa
J. 93.
*cŏ-argŭo, gŭi, gūtum, 3. jmb. einer
Schuld überführen: alqm C. 47.
*coclĕa (cochlea), ae, Schnecke
J. 93.
*cŏcus (coquus), i, Koch J. 85 (§ 39).
coepĭo, coepi, coeptum, 3. (nur in
den *tempp. perf. act.* u. *pass.* bräuchl.),
anfangen, beginnen: bellum *ep.
Mithr.* 13; mit *inf. act.* C. 2. 7. 10.
12; J. 20. 29. 35. 42. 50; mit *inf.
pass.* C. 12. 51 (§ 40); J. 41. 92;
bellum coeptum est J. 21; res agitari
coepta est J. 27; *absol.* uti coepisti
J. 102; uti coeperat J. 100. — 2)
intrans. den Anfang nehmen, an=
fangen: coepit silentium J. 33; deditio J. 62; dies J. 91; ex virtute
nobilitas, erwuchs J. 85 (§ 17).
*coepto, 1. (*v. intens.* v. coepio), an=
fangen, beginnen: perge, qua coeptas *or. Phil.* 16.
cŏërcĕo, cŭi, cĭtum, 2. (arceo), „ein=
hegen", daß. in Schranken (in Ord=
nung) halten: alqm C. 29; exercitum J. 100; genus ante … coërci-
tum, das ſich früher hatte zügeln laſſen
J. 91.
*cōgĭto, 1. bedenken, erwägen,
mit abhäng. Frage C. 44.
*cognātĭo, ōnis, f. Blutsfreund=
ſchaft, Verwandtſchaft J. 111.
cognātus, 3. blutsverwandt;
subst. C. 61; J. 9. 14 (§ 1). 85 (§ 4).
*cognōmen, ĭnis, n. Beiname J. 5.
cognosco, nōvi, nĭtum, 3. (com u.
gnosco = nosco), durch ſinnliche od.
geiſtige Wahrnehmung kennen lernen,
erkennen, in den *tempp. perfecti*
kennen, wiſſen: naturam alcjus J. 7;
mores C. 51 (§ 16); audaciam C. 32;
causam C. 23; insidias J. 71; alqm
J. 39. 82; alqm inimicum (als Feind)
C. 19; alqm fortem C. 20; alqm
sibi opportunum J. 46; satisfactionem veram C. 35; *pass.* J. 15; ante
te cognitum (ſ. ante 2, c.) J. 110;

amicitia parum cognita, durchſchaut
J. 14 (§ 20); *absol.* ad cognoscundum,
zum beſſeren Verſtändnis J. 5; insb.
a) wahrnehmen, bemerken, inne
werden, ſehen: domos in urbium
modum exaedificatas C. 12; insidias
J. 49; quod ubi Mario (*dat.* = a
Mario) cognitum est J. 60. — *b)* er=
fahren, vernehmen, wovon Kunde
erhalten, hören: promissa J. 93;
rem C. 41; mandata, Kenntnis nehmen
von J. 104; alqd ex aliquo C. 57;
J. 94; per alqm C. 41; de alqua re
J. 73. 82. 87. (ex aliquo) J. 73. 97;
litteris cognitis J. 73; cognita re J.
52; quibus rebus cognitis, auf die Nach=
richt hiervon J. 105; cognito indicio,
als er gehört, daß eine Anzeige gemacht
worden ſei C. 46; mit *acc. c. inf.* C. 50.
53; J. 9. 56. 75; Metello (*dat.* cognitum erat = a Metello) J. 46; vrgl.
J. 82. 106. 112; mit abhäng. Frage
C. 44; J. 59. — *c)* wiedererkennen,
erkennen: inimicos C. 61; signa C.
47. — *d)* (gerichtlich) unterſuchen:
causam C. 42. — *e) part.* cognĭtus,
bekannt; alcui J. 19. 48; fama J. 84;
prägn. bewährt, erprobt: fides
cognita re („durch die That") C. 35;
J. 103.
cōgo, cŏēgi, cŏactum, 3. (comu. ago),
zuſammentreiben, zuſammen=
bringen ob. =ziehen: amicos armis
J. 10; equites ex Latio et a sociis J.
95; exercitum J. 54. 66; in unum,
vereinigen J. 31 (§ 14). 80. — 2)
„hineinzwängen", übtr. *a)* in eine Lage
bringen, nötigen: alqm armis sub
imperium suum J. 18. — *b)* zu etw.
nötigen, zwingen, veranlaſſen:
alqm ad militiam J. 85 (§ 3); id res
cogit, dazu zwingt die Lage der Dinge
or. Cott. 6; mit *inf.* J. 44 (ſ. laboro);
J. 55. 84; milites (erg. armatos intentosque esse) J. 100; exercitum
supplicio cogere, durch Strafen zur
Pflicht zwingen J. 85 (§ 35); armis,
durch Waffengewalt Zwang ausüben
or. Phil. 14; *pass.* ſich genötigt
ſehen J. 14 (§ 4); mit folg. *ut* J. 91

(f. potestas); *absol. J.* 26; qua (*sc.* sedes habere) nox coëgerat *J.* 18; *part.* coactus, genötigt: rerum necessitudine *J.* 48; loci difficultate *J.* 98; imperitare coactis, über gezwungen Gehorchende gebieten *J.* 102.

cŏhors, tis, *f.* Kohorte, der zehnte Teil einer Legion, 3 Manipeln ob. 6 Centurien b. i. 300—360 Mann enthaltend *C.* 56. 59. 99; legionaria *J.* 51; Ligurum *C.* 38. 77. 100; Peligna *J.* 105; sociorum *J.* 58; auxiliaria *J.* 87. 93; praefecti cohortium *J.* 46; cohors praetoria, Leibkohorte, ein Elitekorps zum unmittelbaren Dienste in der Nähe des Feldherrn, teils aus Veteranen, teils aus jungen Leuten von vornehmer Familie und auserlesenen Reitern der Bundesgenossen bestehend *C.* 60. 61.

cŏ-hortor, 1. ermuntern, anfeuern: alqm *C.* 20. 45; *J.* 94. 101; mit folg. *ut. C.* 21.

collēga, ae, Amtsgenosse *C.* 21. 26; *J.* 37.

collĭbet, f. collubet.

collĭgo, lēgi, lectum, 3. (lego), zusammenbringen, sammeln: sarcinas *J.* 97; vasa ex tuguriis *J.* 75; illa ("Streitkräfte"), quae socordia nostra collecta sunt *or. Phil.*. 21.

collis, is, *m.* Höhenrücken, Hügel *J.* 38. 48. 54; adverso colle evadere *J.* 52.

collŏco, 1. hinstellen, wo aufstellen, postieren: suos *J.* 49; cohortes advorsum pedites *J.* 51; praesidia ("Posten") *C.* 45; signa in subsidio *C.* 59; exercitum in provinciam, stationieren *J.* 61.

collŏquĭum, i, Besprechung, Unterredung *J.* 38; diem colloquio delegere *J.* 108; dies colloquio decretus *J.* 113; in colloquium venire *J.* 112. 113.

*****collŏquor**, cūtus sum, 3. sich besprechen, sich unterreden *J.* 61.

*****collŭbet** (collĭbet), būit u. bĭtum est, 2. es beliebt: quae victoribus collubuissent *C.* 51 (§ 9).

cŏlo, cŏlŭi, cultum, 3. "hegen u. pflegen", dah. bebauen, bearbeiten: agrum *C.* 4. — 2) verpflegen: alqm arte, schmal halten *J.* 85 (§ 34). — 3) pflegen, auf etw. halten: artes *J.* 85 (§ 43); bonos mores *C:* 9; amicitiam alejus, aufrecht halten *J.* 8. 14 (§ 12). — 4) ehren, achtungsvoll behandeln: alqm *J.* 10. 14 (§ 18).

cŏlōnĭa, ae, Pflanzstadt, Kolonie *C.* 17. 58; veterum militum *or. Phil.* 21; Theraeon *J.* 19; Sullana *C.* 28; colonias deducere *J.* 42 (f. triumvir).

cŏlōnus, i, Pflanzbürger, Kolonist *C.* 28. 59 (f. jedoch calo).

*****cŏlōs**, (ältere Form für color), ōris, *m.* "Farbe", insb. Gesichtsfarbe *C.* 15.

*****cŏmēs**, ĭtis, Begleiter *J.* 35.

*****cŏmĭtātus**, ūs, Reisegesellschaft: *plur.* comitatus Allobrogum, die Allobroger mit ihrer ganzen Reisebegleitung *C.* 45.

cŏmĭtĭum, "das Komitium" d. i. der zur Abhaltung der Volksversammlungen bestimmte Teil des Forums in Rom; dah. *plur.* comitia, Volksversammlung, Wahlversammlung, die Komitien *C.* 26; *J.* 36. 37. 44; comitia habere *C.* 24.

com-mācŭlo, 1. (stark) beflecken: se miscendo cum Jugurtha *J.* 102; satellites commaculati, schmachbefleckt *or. Lep.* 21.

commĕātus, ūs, Transport *or. Cott.* 7. — 2) Zufuhr, Kriegsbedarf, Proviant *C.* 58 (abunde *sc.* erit); *J.* 36. 47. 86. 90. 100; commeatum parare *J.* 28. 43; portare (fortschaffen) *J.* 46.

*****com-mĕmŏro**, 1. anetw. erinnern, etw. erwähnen: facta *C.* 59.

*****commendātĭo**, ōnis, *f.* Empfehlung *C.* 35.

*****commendo**,1.(mando),anempfehlen: alqm *C.* 35.

*****commercĭum**, i, (merx), Handelsverkehr *J.* 18.

*****com-mercor**, 1. zusammenkaufen: arma *J.* 66.

com-mĭnŭo, nŭi, nūtum, 3. zer=
brechen, zertrümmern: scalas J.
60. — 2) übtr. gänzlich entkräften,
schwächen: opes civitatis J. 62.

*commĭnus, *adv.* (com u. manus),
handgemein, Mann gegen Mann
C. 60.

com-mitto, mīsi, missum, 3. „zu=
sammenbringen", übtr. *a)* zur Aus=
führung bringen: proelium, den
Kampf beginnen C. 60. — *b)* (Straf=
fälliges) verüben, begehen: facinus
C. 25.

*commŏdo, 1. „gehörig einrichten",
daß. (zum Gebrauch) herleihen, stel=
len: testes falsos C. 16.

commŏdum, i, Nutzen, Vorteil,
Interesse: alcjus J. 16. 102; commodum venit ex re J. 4; amicitias ex
commodo aestumare, nach dem Vor=
teil C. 10; ex commodo pugnam facere,
nach Bequemlichkeit, wie es ihm gelegen
sei J. 82.

*commŏnĕfăcĭo, fēci, factum, 3.
(commoneo u. facio), jmd. etw. zu Ge=
müte führen, ihn an etw. erinnern:
alqm benificii J. 49.

com-mŏror, 1. verweilen: paucos dies apud alqm C. 36; paululum
C. 59.

com-mŏvĕo, mōvi, mōtum, 2. „in
Bewegung setzen", übtr. *a)* leidenschaftl.
erregen: ira commotus C. 31. — *b)*
betroffen machen, beunruhigen:
commotus, betroffen J. 25. 64.

commūnĭco, 1. „gemeinsam machen",
daß. an etw. Teil nehmen lassen:
causam civium cum servis C. 56; consilium, gemeinschaftlich beraten C. 18.

*commūnĭo, 4. verschanzen, be=
festigen: locos J. 66 (s. suus 2).

commūnis, e, gemeinschaftlich,
gemeinsam: res J. 111; malum J.
64; communis omnium hostis J. 81;
natura una et communis omnium J.
85 (§ 15); communis utriusque populi
finis J. 79; alterum nobis cum dis
commune est C. 1.

*commūtātĭo, ōnis, f. Verände=
rung J. 13.

com-mūto, 1. verändern: ordines,
die Stellung der Züge J. 49. 101.

1. com-păro, 1. beschaffen, auf=
bringen, rüsten: exercitum C. 30;
J. 20; his rebus comparatis, nach diesen
Vorkehrungen C. 26; consilia legibus
comparata sunt, sind uns an die Hand
gegeben C. 51 (§ 8).

*2. compăro, 1. (compar), „zusam=
menpaaren", übtr. vergleichend zu=
sammenstellen, vergleichen: me
cum illorum superbia J. 85 (§ 13).

com-pĕrĭo, pĕri, pertum, 4. in Er=
fahrung bringen, (genau) erfahren:
alqd J. 22; de re, sichere Nachricht er=
halten J. 68; mit abhäng. Frage J. 67.
113; haec comperta sunt C. 36; J.
39; quae postquam Metello (*dat.* =
a Metello) comperta sunt J. 75; compertum est mit *acc. c. inf.* C. 2; *part.*
compertus, gewiß, zuverlässig:
alqd mihi compertum est, etw. beruht
mir auf sicherer Kunde C. 14. 22; compertum habere, zuverlässig wissen C.
29. 58; narrare compertum („auf
sicherer Kunde Beruhendes") J. 17.

compĕrĭor, pertus sum, 4. (Neben=
form v. comperio): mit *acc. c. inf.* J.
45. 108.

compertus, a, um, s. comperio.

com-plĕo, ēvi, ētum, 2. anfüllen:
omnia cruōre atque luctu C. 51 (§ 9);
omnia luctu atque caede J. 92. —
2) vollzählig machen: cohortes C.56.

*complexus, ūs, Umarmung: di-
velli a complexu parentum, aus den
Armen C. 51 (§ 9).

complūres, *neutr.* complūra (selten
compluria),ĭum, mehrere, sehr viele:
privati C. 13; nobiles C. 17; J. 8;
subst. C. 21. 23. 39. 42.

com-pōno, pŏsŭi, pŏsĭtum, 3. zu=
sammensetzen od. =fügen: genus
hominum compositum est ex corpore
et anima J. 2; exercitus compositus
ex variis gentibus J. 18; übtr. „zu
Stande bringen", daß. *a)* aussinnen:
dolum J. 111; supplicia in alqm *or.
Lep.*6. — *b)* verabreden, abmachen:
res inter se J. 66. — 2) zusammen=

bringen, konzentrieren: exercitum in hibernaculis *J.* 103. — 3) „zurechtlegen", dah. *a)* kunstvoll ordnen: verba *J.* 85 (§ 30); oratio composita, wohlgesetzt *J.* 85 (§ 26). — *b)* einrichten, ordnen: alqd recte *ep. Mithr.* 4; rebus compositis *J.* 56; rebus paratis compositisque *J.* 45. 94; *subst. part.* composita, ōrum, der geordnete Zustand *or. Lep.* 25. — *c)* Streitiges beilegen: bellum *J.* 97. 103.— 3) „zusammenstellen", dah. vergleichen: dicta cum factis *J.* 48.

com-porto, 1. zusammentragen, zusammenbringen: frumentum *J.* 47; aurum domum regiam *J.* 76.

composĭtē, *adv.* wohlgeordnet, in kunstgerechter Rede *C.* 51 (§ 9). 52 (§ 13).

*****com-probo**, 1. bewahrheiten, bestätigen: indicium *C.* 50.

con-cēdo, cessi, cessum, 3. „sich entfernen, abtreten", übtr. *a)* weichen: injuriae, unterliegen *J.* 14 (§ 24); naturae, dem Gesetze der Natur erliegen, sterben *J.* 14 (§ 15). — *b)* den Vorrang lassen, den Vorzug einräumen: aetati *J.* 11; facundiae *J.* 102. — 2) sich entfernen, sich wohin begeben: in Armeniam *ep. Mithr.* 15; in loca *J.* 12; übtr. in ein Verhältnis sich begeben ob. kommen: in dominationem alcjus *or. Lic.* 6; in paucorum jus atque dicionem respublica concessit, fiel unter *C.* 20; victi in gentem nomenque imperantium concessere, verloren sich *J.* 18; concessere illuc (= ad illos), haben sich jenen unterworfen *or. Lic.* 7. — 3) *transit.* jmb. etw. abtreten", übtr. *a)* etw. zugestehen, einräumen, gestatten: alcui alqd *J.* 85 (§ 25); impunitatem alcui *J.* 61; tempus quieti *J.* 61. — *b)* zu Gunsten jembs. etw. hingeben, opfern: animam alcui *or. Cott.* 5.

*****concessĭo**, ōnis, *f.* Zugeständnis, Bewilligung: Asiae *ep. Mithr.* 6.

concĭdo, cĭdi, 3. (cado), niedersinken, (im Kampfe) fallen *C.* 61; *J.* 101.

concĭto, 1. (*v. frequent. v.* concieo), „nachhaltig in Bewegung setzen", dah. *a)* (politisch) aufwiegeln: servitia *C.* 46. — *b)* aufbringen, aufreizen: injuriis concitatus *J.* 35. — *c)* hervorrufen, erregen: turbas alcui *or. Lic.* 11.

*****con-clāmo**, 1. ausrufen: mit *acc. c. inf. C.* 48.

concordĭa, ae, Eintracht, gutes Einvernehmen *C.* 9; *J.* 31 (§ 23); pax et concordia *or. Phil.* 5. 10. 13; concordia parvae res crescunt *J.* 10.

Concordĭa, ae, die Göttin der Eintracht, welche am capitolinischen Berge einen i. J. 367 v. Chr. vom Camillus geweihten Tempel hatte *C.* 46. 49.

concŭbīna, ae, Kebsweib *J.* 5. 108.

concŭpisco, pivi ob. pĭi, pitum, 3. (cupio), nach etw. Begehren tragen, begehrlich sein: pecuniam *C.* 11 (concupivit aoristisch: „pflegt Begehren zu tragen"); villam *C.* 51 (§ 33).

con-curro, curri, cursum, 3. eilig zusammenkommen, von allen Seiten herbeieilen *J.* 60; ad alqm *C.* 56; *or. Phil.* 7; prägn. *a)* zum Kampfe aufeinanderrennen: cum infestis signis *C.* 60; magno clamore utrimque concurritur *J.* 53. — *b)* anstürmen, angreifen: in nostros *J.* 97; adversis equis *J.* 59.

*****concŭtĭo**, cussi, cussum, 3. (quatio), „zusammenschütteln", übtr. in Bestürzung setzen, erschrecken: alqm *C.* 24.

condemno, 1. (damno), schuldig sprechen, verurteilen: condemnari rerum capitalium („wegen") *C.* 36; cives condemnati *C.* 51 (§ 22); *subst.* condemnati, die Verurteilten *C.* 51 (§ 39).

condĭtĭo, ōnis, *f.* (condo), „Aufstellung", dah. Stand, Lage, Los *ep. Pomp.* 7; vitae *C.* 20; quae conditio belli foret, wie es mit dem Kriege sein würde *C.* 21; non est conditio, ist nicht der zu erwartende Zustand (d. i. was ihr zu erwarten habt) *or. Lic.* 13. — 2) aufgestellte Bedingung, Vertrag *J.* 112; aequa *J.* 79; conditionem probare *J.* 79; per conditiones, auf Grund der Friedensbedingungen *J.* 61.

*conditor, ōris, Gründer: oppidi *J.* 89.

con-do, dĭdi, dĭtum, 3. „zusammen= thun", daf). gründen, anlegen: urbem *C.* 6; *J.* 19; oppidum *J.* 78; post conditam urbem Romam *C.* 18; Romani pesti orbis terrarum conditi, deren Macht zum Verderben des Erdkreises gegründet ist *ep. Mithr.* 17 *(Jordan:* peste); potestatem per arma, begründen *or. Lep.* 23.

con-dōno, 1. „schenkend überlassen", daf). zum Opfer bringen, aufopfern: se vitamque suam reipublicae *J.* 79. — 2) ungestraft hingehen lassen, nachsehen: alcui scelus *J.* 27; lubidini male facta *C.* 52 (§ 8).

con-dūco, xi, ctum, 3. zusammenführen, zusammenziehen: milites in unum *J.* 51. — 2) in Sold nehmen, anwerben: multitudo conducta *C.* 52 (§ 14).

*con-fero, contŭli, collātum, conferre, zusammenbringen: alqd in loca munita *J.* 90 (s. nascor).

*confertim, *adv.* zusammengedrängt, in geschlossenen Gliedern: se recipere *J.* 50.

confertus, 3. *(part.* v. confercio), dichtgedrängt: confertis equis invadere *J.* 101; confertissumi hostes *C.* 60; *J.* 98.

conficio, fēci, fectum, 3. (facio), „zusammenmachen", daß. zu Stande bringen, ausführen, vollenden: res *C.* 46; negotium *J.* 104; mandata *J.* 12; multa *J.* 35; bellum, gänzlich beendigen *C.* 51 (§ 5); *J.* 36. 37. 114; *ep. Mithr.* 16; proelium *C.* 61. — 2) „zusammenarbeiten", daß. aufreiben, gänzlich erschöpfen, entkräften: alqm fame *ep. Pomp.* 1; siti confici *J.* 50; confectus volneribus *J.* 60; morbo *J.* 9. 65; annis *J.* 11.

con-fido, fisus, sum, 3. auf etw. od. jmd. Vertrauen haben, fest vertrauen mit *dat.* (od. *abl.*): amicis *C.*

16; dis immortalibus *C.* 52 (§ 28); Mario *J.* 112; opibus *J.* 83; mit *acc. c. inf. C.* 17; *J.* 26; *absol.* seiner Sache sicher sein *J.* 13.

*confīnis, e, angrenzend, benachbart: alcui *J.* 41.

con-firmo, 1. „festmachen", übtr. *a)* befestigen: societatem, fest abschließen *C.* 44; civitatem, d. Bürgerrecht bestätigen *or. Phil.* 14; victorias, sichern, mit Erfolg krönen *J.* 49; opes, verstärken *C.* 32. — *b)* jmdm. Mut einflößen, ihn ermutigen: territos *J.* 38; confirmatus *J.* 33. 99; animum, sich ermannen *C.* 46; mit folg. *ut*, zu dem Entschlusse ermutigen *J.* 23. — *c)* in d. Gesinnung befestigen: exercitum, einen besseren Geist ins Heer bringen *J.* 45. — *d)* versichern, beteuern: mit *acc. c. inf. J.* 33.

confitĕor, fessus sum, 2. (fateor), bekennen, eingestehen: alqd *J.* 85 (§ 39); mit *acc. c. inf. C.* 52 (§36); *subst. part.* confessus, ein Geständiger *C.* 52 (§ 36).

*con-flīgo, xi, ctum, 3. „zusammenschlagen", daß. kämpfen: cum alquo *C.* 57.

con-flo, 1. „zusammenblasen", daß. aufhäufen: aes alienum grande *C.* 14. 24. — 2) anstiften, erregen: invidiam alcui *C.* 49.

*con-flŭo, xi, 3. „zusammenfließen", daß. zahlreich zusammenkommen, zusammenströmen: omnes Romam confluxerant *C.* 37.

con-fodio, fōdi, fossum, 3. durchbohren, niederstechen: alqm *C.* 28. 60.

*con-fŭgĭo, fūgi, 3. wohin seine Zuflucht nehmen, sich flüchten: ad alqm *J.* 14 (§ 4).

*con-glŏbo, 1. „zusammenballen", daß. zusammendrängen, zusammenscharen: milites *J.* 97.

*congrĕdior, gressus sum, 3. (gradior), zusammenkommen, zusammentreffen *J.* 109.

congressus, ūs, das Zusammentreffen, daf). der Angriff: primo

conicio

congressu pelli *J.* 74; cladem in congressu facere *J.* 59.

*cōnĭcĭo, jēci, jectum, 3. (jacio), wohin werfen ob. bringen: alqm in vincula *C.* 42.

con-jungo, nxi, nctum, 3. verbinden, vereinigen: si quos locus conjunxerat *J.* 97; amborum exercitu conjuncto *J.* 97; conjuncti eunt *J.* 106; übtr. *a)* durch ein Verhältnis verbinden: multos sibi amicitia *J.* 7; beneficiis alcuiconjunctus *J.*14(§14); sanguine conjunctus *J.* 10. — *b)* eine Verbindung schließen: societatem amicitiamque *J.* 83.

*conjunx, jŭgis, Ehefrau, Gattin *ep. Mithr.* 17.

conjūrātĭo, ōnis, *f.* „eidliche Verbindung", insb. Verschwörung, Komplot: extra conjurationem esse *C.*39; conjurationem aperire *C.* 40; patefacere *C.*36.46; indicare de conjuratione *C.* 30. 48. — 2) meton. die Verschworenen: multitudo conjurationis *C.*43; alii ex conjuratione *C.* 48; in ea conjuratione esse *C.* 23. 47.

con-jūro, 1. „sich eidlich verbinden", insb. ein Komplot stiften, sich verschwören *or. Phil.* 6; inter se *J.* 66; contra rempublicam *C.* 18; mit *inf. C.* 52 (§ 24); *subst. part.* conjuratus, ein Verschworener *C.* 52 (§ 17).

conl... f. **coll**...

connūbĭum, f. conubium.

cōnor, 1. unternehmen, versuchen: mit *inf. J.* 46. 71; *or. Phil.* 12.

conp... f. **comp**...

*conquīro, sīvi, situm, 3. (quaero), zusammensuchen, zusammenbringen: pecus ex agris *J.* 75.

conr... f. **corr**...

conscĭentĭa, ae, Bewußtsein, Erinnerung an etw.: scelerum *C.*5; *or. Phil.*7; delicti *J.* 27; de culpa *C.*35; insb. *a)* Gewissen: mala *J.* 62. — *b)* Schuldbewußtsein, schlechtes Gewissen *C.* 15; *J.* 32. 35; alqd in conscientiam ducere *J.* 85 (§ 26, f. duco, 1, *b*).

con-sido

conscĭus, 3. mitwissend um etw., mitbewußt: caedis *C.*25; conjurationis *C.* 37; mit *dat.* der Person: alius alii tanti facinoris conscii, jeder als Mitwisser des anderen um einen solchen Frevel *C.* 22; sibi tanti sceleris, sich bewußt *C.* 34 (f. quo 2, *d*). — 2) insb. schuldbewußt: animus, das böse Gewissen *C.* 14; conscius sibi, ein Schuldbewußter *J.* 40.

con-scrībo, psi, ptum, 3. „in eine Liste aufzeichnen", dah. Soldaten ausheben: cohortes *C.* 59. — 2) in die Senatorenliste eintragen, dah. patres conscripti, die verordneten Väter, Bezeichnung des Senates in seiner Gesamtheit (eigentl. „Väter und Verordnete", weil der Senat aus dem Ritterstande ergänzt worden war, nachdem Tarquinius Superbus viele der Senatoren hatte ermorden lassen) *C.* 51 (§ 1). 52 (§ 2); *J.* 14 (§ 1); *or. Phil.* 1.

*consĕcro, 1. (sacro), weihen, widmen: Philaenis aras *J.* 79.

*con-sĕnesco,sĕnŭi,3. „vergreisen", übtr. hinfällig werden, verkommen *C.* 20.

1. **con-sĕro**, sēvi, situm, 3. besäen, bepflanzen: loca consita arbustis, bewachsen *J.* 48. 53.

2. **con-sĕro**, sĕrŭi, sertum, 3. „zusammenreihen", dah. zum Kampfe aneinanderbringen: manum (cum alquo), ins Handgemenge kommen, handgemein werden *J.* 49. 50; manus inter se *or. Lep.* 19.

con-servo, 1. unversehrt erhalten, bewahren: libertatem *C.* 6. (f. sum 2, *a*); dignitatem *C.* 35.

consīdĕro, 1. anschauen, betrachten: alqm *C.* 58. — 2) übtr. in Betracht ziehen, erwägen: res *C.* 52 (§ 2); mit abhäng. Frage *C.* 20. 44. 51 (§ 26); *or. Phil.* 13; *ep. Mithr.* 1. 16.

con-sīdo, sēdi, sessum, 3. „sich niederseßen", dah. sich lagern, Posto fassen: in colle *J.* 49; sub radicibus montium *C.* 57; inter virgulta *J.* 49; prope Cirtam *J.* 21; superioribus locis

J.51; duum milium intervallo *J*.106; *absol. J.* 52. 91. 98.

consĭlium, i, Beratſchlagung, Beratung: nocturnum *C.* 42; daſ. *a)* meton. „beratende Verſammlung", insb. Kriegsrat: pro consilio, vor dem Kriegsrate *J*. 29; praesenti consilio *J.* 29; consilium habere *J.* 62. — *b)* Überlegung, Klugheit, kluge Berechnung *C.* 51 (§ 37); *J.* 96; *or. Phil.* 12; *ep. Pomp.* 4; bonus consilio *J.* 7; rem consilio gerere *J.* 92; consilio providere *J.* 90; nihil consilio agitur *J.* 51. — 2) gefaßter u. erteilter Rat, daſ. *a)* Beſchluß, Entſchluß, Plan, Maßregel *C.* 17. 40; *J.* 71; Catilinae 26. 48; caedis *C.* 18; pravum *J*.25; nefarium *C.* 52 (§ 36); novum *C.* 35 (ſ. in B, 8); publicum *or. Phil.* 6; consilium capere *C.* 16. 41. 51; *J.* 54. 76; quaerere *J.* 70; trahere ex re *J.* 98; cognoscere *C.* 41; approbare *J.* 106; consilia de republica habere *C.* 52 (§ 34); consilium communicare *C.* 18; aperire *C.*22; patrare *J.* 13; dirimere *C.* 18; alqm ad consilium adducere *C.* 40; consilium est, es iſt die Abſicht, mit *inf. C.*4.53; *or. Lep.* 18. 26; *or. Phil.* 2; *ep. Mithr.* 16; mit folg. *ut J.* 85 (§8); quid aut qua de causa consili habuisset, was er vorgehabt u. was ihn dazu veranlaßt habe *C.* 47; privato consilio, auf eigene Hand *C.* 29; acta consiliumque („Zweck") *J.* 66; quo consilio, in welcher Abſicht *C.* 29. 44; eo consilio, in der Abſicht *C.* 57. — 3) insb. *a)* Kriegsplan *J*.74.88.108.— *b)* Ratſchlag, Rat *or. Cott.* 4; vanum *C.*52 (§ 16); consilio alcjus, auf jmds. Rat *C.* 48.

con-sisto, stĭti, „ſich hinſtellen", daſ. Stellung nehmen, ſich poſtieren: pro castris *J.* 53; pro opere (erg. sine periculo) *J.* 92.

consĭtus, a, um, ſ. consero.

conspectus, ūs, „das Anſichtigwerden", daſ. der Anblick: conspectum alcjus fugere, jmds. perſönlicher Begegnung ausweichen *J.* 86; e conspectu abire, ſich dem Anblicke der Menſchen entziehen *J.* 68; in conspectu hostium, im Angeſicht der Feinde *J.* 100.

conspĭcio, spexi, spectum, 3. (specio), den Blick auf etw. richten, prägn. *pass.*, die Blicke auf ſich ziehen *C.* 7. — 2) zu Geſicht bekommen, anſichtig werden: alqm. *C.* 40.

***conspĭcor**, 1. anſichtig werden, erblicken: *pass.* Metellus conspicatur *J.* 49.

***constantĭus**, *adv.* (*comp.* v. constanter), ſtätiger, unwandelbarer: res aequabilius atque constantius sese habent, haben einen ſich mehr gleichbleibenden Gang u. mehr Beſtand *C.*2.

***constantĭa**, ae, „feſte Haltung", daſ. v. Charakter, unerſchütterliche Feſtigkeit *C.* 54.

con-sterno, stravi, stratum, 3. beſtreuen, bedecken: omnia constrata telis (erant) *J.* 101; maria (*sc.* molibus injectis), aufdämmen *C.* 13.

constĭtŭo, ŭi, ūtum 3. (statuo), „hinſtellen", militär. *a)* aufſtellen: cohortes in fronte *C.* 59. — *b)* Halt machen laſſen: agmen paulisper *J.* 49. — 2) übtr. *a)* begründen: majestatem *J.* 31 (§ 17). — *b)* feſtſetzen, beſtimmen: singulis fines imperii *J.*12; quae utilia visa *J.*111; diem (negotio) *J.* 13. 93; noctem *C.* 45; tempus et locum *J.* 113; iter, verabreden *J.* 81; *absol.* die Beſtimmung treffen: in diem tertium *J.* 66. — *c)* beſchließen: mit *inf. C.* 26. 28; mit folg. *ut C.*43; *absol.* uti constituerat *J.* 29.

con-sto, stĭti, statum, 1. „unbeweglich daſtehen", übtr. feſtſtehen, gewiß ſein: constat mihi, es bildet ſich mir die feſte Überzeugung *C.* 53; parum constabat (*sc.* patribus), ſie wußten nicht recht *J.* 30.

constrātus, a, um, ſ. consterno.

***consuēfăcĭo**, fēci, factum, 3. an etw. gewöhnen: alqm mit *inf. J.* 80.

consuesco, ēvi, ētum. 3. gewohnt werden, ſich gewöhnen, *perfect.* gewohnt ſein, pflegen: mit *inf. J.*

47; *absol.* uti consueverat *J.* 82. 84; unperſönl. sicut fieri consuevit *C.* 22; *part.* consuetus, *a)* an etw. gewöhnt *J.* 50 (verb. eā mit evadere). — *b) pass.* gewohnt: lubido *J.* 15; alqd consuetum habere, ſich an etw. gewöhnt haben *J.* 85 (§ 7). 100.

consuētūdo, ĭnis, *f.* Gewohnheit: ex consuetudine, nach Gewohnheit *J.* 71. 85 (§ 9); pro mea consuetudine *C.* 35; consuetudine, in Folge der Gewohnheit *J.* 31 (§ 25). — 2) vertrauter Umgang: stupri, unzüchtiges Liebesverhältnis *C.* 23.

consul, sŭlis, Konſul: designatus *C.* 50. 51; *J.* 43; alqm consulem declarare *C.* 24; *J.* 27; consulem fieri *J.* 82. 84. 85 (§ 12). 114; die Namen der consules ordinarii zur Bezeichnung des Jahres *C.* 17. 18. 38.

consŭlāris, e, konſulariſch: imperium *C.* 55; *subst.* geweſener Konſul, Konſular *C.* 34. 53; *J.* 25.

consŭlātus, ūs, Konſulamt, Konſulat *C.* 26; *J.* 4; *plur. J.* 31 (§ 10). 85 (§ 29); consulatum petere *C.* 16. 18. 21; *J.* 64. 65; appetere *J.* 63; mandare alcui *C.* 23; *J.* 73; adipisci *C.* 23; *or. Phil.* 4; capere *J.* 63. 84. gerere *J.* 35.

consŭlo, sŭlŭi, sultum, 3. zu Rate gehen, überlegen: consulto opus est, Überlegung iſt nötig *C.* 1; insb. *a)* consulere alcui, jmd. beraten, für jmd. ſorgen, ihm helfen, auf jmd. ob. etw. bedacht ſein: civibus *C.* 33; militibus *J.* 98 (ſ. manus *b*); vadibus *J.* 35; ambobus *J.* 112; sibi *J.* 62. 83; *ep. Pomp.* 8; reipublicae *C.* 37; *or. Cott.* 13; regno, im Intereſſe des Reiches handeln *J.* 14 (§ 23). 24; auf ſeinen Thron bedacht ſein *J.* 35. 83; irae, Rechnung tragen *C.* 51 (§ 7); dignitati, auf die Forderung der Ehre Rückſicht nehmen *J.* 33: — *b)* „zu Rate ziehen", insb. den Senat befragen, abſtimmen laſſen: senatum (de re) *J.* 15. 28. 39; senatus consultus *(sc.* a consule) *J.* 62; *absol.* consulente Cicerone *J.* 48. — 2) prägn. ſich beraten, beſchließen, Maßregeln ergreifen: in alqm *J.* 13; de alquo *C.* 51 (§5); *J.* 25; de negotiis *J.* 105; alqd occulte *C.* 52 (§ 35); quae reges male consuluerint, worin ſich übel beraten haben *(Jordan:* qui reges) *C.* 51 (§ 4); bene *C.* 52 (§ 29); *J.* 92; de uxore potuit honestius consuli *(sc.* ab eo), in betreff ſeiner ehelichen Verhältniſſe hätte er ſich anſtändiger beraten können *J.* 95; *absol.* animus in consulundo liber *C.* 52 (§ 21).

*****consultātĭo**, ōnis, *f.* Beratung *J.* 27.

1. **consulto**, *adv.*, ſ. consultum.

2. **consulto**, 1. (*v. intens.* v. consulo), beratſchlagen, zu Rate gehen, erwägen: de rebus *C.* 51 (§ 1); mit abhäng. Frage *C.* 52 (§ 3). — 2) für etw. Rat ſchaffen, Sorge tragen: reipublicae *C.* 6.

consultor, ōris, Ratgeber, Berater *J.* 85 (§ 47). 103; *or. Phil.* 1; appoſitiv zu feminin. *J.* 64.

consultum, i, Verhandlung, Beſchluß *J.* 11. 108 (ſ. integer 5); senatūs, vollgültiger durch Beiſtimmung der Volkstribunen ſanktionierter Senatsbeſchluß *C.* 42; consulto, mit Abſicht, abſichtlich, gefliſſentlich *J.* 60. 64. 92.

con-sūmo, sumpsi, sumptum, 3. „verbrauchend wegnehmen", dah. aufbrauchen, aufwenden: opes *ep. Pomp.* 2; rem familiarem *ep. Pomp.* 9; multam orationem, viel Worte verſchwenden *J.* 25. — 2) *pass.* v. d. Zeit verſtreichen *J.* 93. 98; multis diebus per dubitationem consumptis *J.* 62. — 3) prägn. *a)* durchbringen, verpraſſen: *absol. C.* 12. — *b)* aufreiben, wegraffen: alqm *or. Lep.* 5.

*****contactus**, ūs (contingo), „Berührung", dah. Anſteckung, verderblicher Einfluß *or. Phil.* 9.

*****contāgĭo**, ōnis, *f.* (contingo) „Berührung", dah. Anſteckung, anſteckendes Beiſpiel *C.* 10.

con-temno, tempsi, temptum, 3. nicht beachten, unbeachtet laſſen, mißachten: alqm *J.* 85 (§ 37); *or.*

Lep. 24; honores *J.* 85 (§ 19); imperium *J.* 14 (§ 2); verba *C.* 52 (§ 35); jussa *J.* 31 (§ 19); novitatem alcjus *J.* 85 (§ 14); contemptus, verachtet *J.* 14 (§ 24); or. *Phil.* 3. — 2) insb. sich geringschätzig äußern über etw., etw. als nicht beachtenswert darstellen: dicta *J.* 15.

*contemptor, ōris, Geringschätzer, animus, ein alles geringschätzender Stolz *J.* 64.

con-tendo, tendi, tentum, 3. „anspannen", übtr. *a)* sich anstrengen, seine Kräfte aufbieten: dolis atque fallaciis *C.* 11. — *b)* „sich beeilen", dah. schleunig aufbrechen, wohin eilen: in castra *C.* 36; Romam *J.* 13. — 2) mit jmd. sich messen, wetteifern, kämpfen: cum alquo probitate *J.* 4; cum legionibus parva manu *C.* 53; armis *J.* 13.

contentio, ōnis, *f.* Wettstreit, Streit, Kampf *C.* 34. 38; *J.* 5.

*con-tĕro, trivi, tritum, 3. „zerreiben", übtr. eine Zeit hinbringen, verstreichen lassen: otium socordia *C.* 4.

*continentia, ae, „das Ansichhalten", dah. Selbstbeherrschung *C.* 2.

contĭnĕo, tinŭi, tentum, 2. (teneo), „zusammenhalten", übtr. zurückhalten, enthalten: animum a lubidine *J.* 15.

contĭnŭo, 1. „zusammenhangend machen", dah. an einander fügen: domos, an einander bauen *C.* 20. — 2) „ununterbrochen fortsetzen", dah. v. Ämtern, auch das folgende Jahr fortführen, fortbehalten: magistratum *J.* 37.

contĭo, ōnis, *f.* (aus conventio), Versammlung des Volkes od. Heeres: contionem advocare *C.* 57; *J.* 33. 84; habere *C.* 43; pro contione alqm laudare *J.* 8; contionibus populum hortari *J.* 30; alqm omnibus contionibus capitis arcessere *J.* 73.

contrā, *adv.* „gegenüber", dah. *a)* dagegen, im Gegenteil *C.* 20; *J.* 1. 97; at contra *C.* 12; *J.* 4. 15. 36; *or. Cott.* 1; sed contra *or. Phil.* 1; contra ac, anders als *C.* 60; quid boni aut contra esset, was vorteilhaft oder das Gegenteil sei *J.* 88; quod contra est, aber gerade das Gegenteil ist der Fall *J.* 85 (§ 21). — *b)* feindl., entgegen: contra ferire *J.* 50. — 2) *praep.* mit *acc.: a)* im Widerspruch mit, gegen, wider: contra faciem *J.* 46; contra naturam *C.* 2; contra opinionem *J.* 75; contra spem *J.* 88; nuntius contra spem, wider Erwartung, anders als er gehofft hatte *J.* 28; contra imperium *C.* 9. 52 (§ 30); contra jus fasque *C.* 15; contra jus belli *J.* 91; contra aetatem, ungeachtet meiner Jugend *ep. Pomp.* 1; contra decus regium, wider alle königliche Würde *J.* 33. 72; mihi videtur contra ea (= quod contra ea est), mir scheint das Gegenteil richtig *J.* 85 (§ 2). — *b)* feindl., gegen: conjurare contra rempublicam *C.* 18; facere contra rempublicam *C.* 50. 51 (§ 43); arma capere contra patriam *C.* 33; certare (pugnare) contra alqm *C.* 59; *J.* 97; contra verum niti *J.* 35; firmus contra pericula *J.* 28; munitus contra jus *J.* 33; contra ea (haec), gegen diese Angriffe *J.* 57. 76; nuntios mittere contra postulata, mit Einwendungen gegen *J.* 83; venire contra inceptum, zur Hintertreibung des Vorhabens *J.* 25.

con-trăho, xi, ctum, 3. zusammenziehen: milites in unum („auf einen Punkt") *J.* 98; maria, einengen *C.* 13. — 2) übtr. v. Übeln, herbeiführen, verwirken: haec socordia nostra contracta sunt *or. Cott.* 8; rabie contracta *(acc. plur.)* tolerare *or. Lep.* 19.

*con-trĕmisco, trĕmŭi, 3. erzittern, erbeben: metu *J.* 114.

*contrōversĭa, ae, Streitigkeit, Streitfrage *J.* 21.

*contŭbernĭum, i (taberna), „Zeltgenossenschaft", dah. im weiteren Sinne der nähere Verkehr der vornehmen jungen Römer mit dem Feldherrn, die sich zu ihrer militärischen Ausbildung frei-

38 contumelia — copia

willig an ihn angeschlossen hatten: contubernio patris militare, im Gefolge (in der Suite) des Vaters *J.* 64.

contūmēlia, ae, Ehrenkränkung, Beschimpfung, Schmach *J.* 58. 82; contumeliam alcui imponere *C.* 48; *plur. C.* 35; *J.* 65 (s. peto 3); *or. Lep.* 19.

contūmēliōsus, 3. ehrenrührig, schmachvoll: dicta *J.* 20; contumeliosum est in alqm („für") *J.* 65 (in eos = in equites Romanos).

*****con-tundo**, tŭdi, tunsum u. tūsum, 3. „zerstoßen", übtr. brechen, schwächen: opes contusae sunt *J.* 43.

con-turbo, 1. in Unordnung (Verwirrung) bringen: ordines *J.* 50; conturbatis omnibus, bei der allgemeinen Verwirrung *J.* 98; neque minus hostibus conturbatis, und zwar indem d. Feinde in nicht geringerer Verwirrung waren *J.* 98. — 2) übtr. verwirren, zerrütten: rempublicam *C.* 37. 48; rem, den ganzen Handel verrücken *J.* 79.

cōnūbĭum, i, Eheverbindung *J.* 18. 74.

*****convēnae**, ārum, *m.* zusammengelaufenes Volk *ep. Mithr.* 17.

con-vĕnĭo, vēni, ventum, 4. zusammenkommen, sich versammeln *C.* 18. 20; in locum *J.* 81; in una moenia *C.* 6; in unum *J.* 11; eo *C.* 17; alqm, mit jmd. zusammenkommen od. =treffen *C.* 44; *J.* 25. — 2) prägn. „zusammen passen", dah. *a)* zukommen, zupassen: labor viris convenit *J.* 85 (§ 40); qui convenit (s. 4 qui), wie läßt es sich vereinigen *C.* 51 (§ 24). — *b)* alqd convenit, etw. kommt durch Übereinkunft zustande, man einigt sich über etw.: pax convenit *J.* 38; pax conventa (= quae convenerat), vereinbart *J.* 112; omnia conventura, man werde sich über alles vergleichen *J.* 83; uti conveneret, wie man überein gekommen war *J.* 39.

conventus, ūs, Zusammenkunft: primo conventu („bei"). — 2) meton. Versammlung *C.* 21; *J.* 30.

converto, s. convorto.

con-vinco, vīci, victum, 3. jmd. einer Schuld überführen: indicio alcjus convinci *C.* 52 (§ 36); homines facinoris convicti *C.* 51 (§ 23).

convīvium, i, Gastgebot, Gastmahl *C.* 7; *J.* 85 (§ 39); gratiam quaerere conviis, durch Volksbewirtungen *J.* 4.

con-vŏco, 1. zusammenrufen, versammeln: omnes in unum *C.* 17; principes *C.* 27; senatum *C.* 50.

con-vorto (converto), vorti, vorsum, 3. umkehren, umwenden: equum *J.* 58; dah. *a)* wohin wenden, richten: os in alqm *J.* 85 (§ 5); arma huc *ep. Mithr.* 17; vim suam in alqm *or. Lic.* 5. — *b)* übtr. umändern, umwandeln: praemia in perniciem *J.* 70; lingua convorsa est *J.* 78; rerum natura convorsa est *or. Phil.* 13; animus convorsus est *J.* 29. — 2) *reflex.* sich wohin wenden: ad pedites *J.* 101; in regnum suum, umkehren *J.* 20. — 3) übtr. sich in etw. verkehren, in etw. umschlagen: imperium convortit in dominationem *C.* 6; mansuetudo in miseriam *C.* 52 (s. 1. ne).

coöpertus, a, um, s. copertus.

*****cŏ-ŏrĭor**, ortus sum, 4. sich erheben, losbrechen: ventus coortus *J.* 79.

cōpertus, 3. (aus coopertus, *part. v.* cooperio), „ringsbedeckt", übtr. überschüttet, umringt: miseriis *J.* 14 (§ 7); flagitiis atque facinoribus, versunken in *C.* 23.

cŏpĭa, ae (com u. ops), hinlänglicher Vorrat, Fülle, Menge *C.* 11; sociorum *C.* 52 (§ 20); rerum *C.* 2; *plur.* Mittel: parvae *C.* 53; rex copiis potens *J.* 14 (§ 7). — 2) prägn. Vermögen, Reichtum *C.* 35; alcui omnes copiae in usu cotidiano sunt, jmds. Reichtum besteht in dem, was er zum täglichen Bedarf und zur Bekleidung braucht *C.* 48. — 3) v. lebend. Wesen, Masse, Anzahl: latronum *C.* 28; militum *J.* 44; tubicinum *J.* 93; necessariorum *J.* 103; servitiorum (cujus, „wovon, von welcher Gattung") *C.* 56. —

4) insb. **Truppenmasse, Mannschaft**
C. 56. 61; *plur.* **Truppen, Streitkräfte** *C.* 7. 59. 60; *J.* 103; magnae
C. 56; parvae *C.* 53; pedestres *J.* 49.
52; copias parare *J.* 21. 39. 48; armare *J.* 13. — 5) übtr. **Möglichkeit,
Gelegenheit**: populo nunquam ea
copia fuit, das Volk hatte nie dieses Glück
(nämlich so vorzügliche Schriftsteller zu
erlangen) *C.* 8; copiam pugnandi facere, **Gelegenheit zum Kampfe bieten**
J. 52. 56. 82; copia facta (*sc.* mittendi
legatos), nach erhaltener Erlaubnis *J.*
102; alicui eadem copia fit, wird das
Gleiche gewährt *J.* 83; habere copiam
rei, Gelegenheit zu etw. haben: societatis conjungundae *J.* 83; alicujus,
jmd. in seiner Gewalt haben *J.* 111;
magna copia memorandi, reicher Stoff
C. 51 (§ 4); copia est, Gelegenheit
bietet sich dar, es ist möglich zu...:
memorandi *C.* 51 (§ 4); emundi *J.* 18;
feriundi *J.* 50; fallundi *J.* 61; alcjus
appellandi *J.* 22; mit *inf. C.* 17; ex
copia rerum od. bloß ex copia, nach
den sich darbietenden Möglichkeiten, der
Lage der Dinge gemäß *J.* 39. 54. 76.
98; pro rei copia *J.* 90; locis ex copia
maxume idoneis, nach der Beschaffenheit, welche sich darbot *J.* 76.

*cŏquo, xi, ctum, 3. kochen: cibus
coctus *J.* 45.

cŏquus, i, s. cocus.

cōram, *praep.* mit *abl.*, in Gegenwart von, vor *J.* 9. 109.

cŏrĭum, i, dickes Fell, Leder
J. 91. 94.

Cornēlĭus, 3. Bezeichnung eines der
bedeutendsten römischen Geschlechter:
plur. Cornelii *C.* 47. 55; insb. *a)* C.
Cornelius, röm. Ritter u. Mitverschworener des Catilina *C.* 17. 28. — *b)*
ein Schreiber zur Zeit des Sulla *or.
Lep.* 17.

*cornĭcen, cĭnis (cornu u. cano),
Hornbläser, Hornist *J.* 93.

*Cornĭfĭcĭus, i, O., bewarb sich zu-
gleich mit Cicero um das Konsulat *C.* 47.

*cornu, ūs, „Gehörn, Horn", übtr.
Flügel des aufgestellten Heeres *J.* 49.

corpus, ŏris, *n.* Körper, Leib: corporis bona *J.* 2; nudum et caecum
corpus (s. caecus) *J.* 107; insb. *a)*
Leichnam *C.* 61; occisorum corpora
J. 94. — *b)* Person *C.* 33; per nostra
corpora, mit Daransetzung unsrer eigenen Person *ep. Mithr.* 16.

corrĭgo, rexi, rectum, 3. (rego),
„gerade richten", übtr. *a)* zurecht-
weisen, bessern: re corrigi, durch
Erfahrung gewitzigt werden *C.* 52 (§ 35).
— *b)* wieder gut machen, ausgleichen: temeritatem *J.* 94; delicta,
Gebrechen heilen *J.* 3.

*corrĭpĭo, ripŭi, reptum, 3. (rapio),
„anpacken", dah. sich einer Sache gewaltsam bemächtigen, sich etw. aneignen: fasces *C.* 18.

cor-rumpo, rupi, ruptum, 3. „ganz
zerreißen", dah. verderben, vernichten: pabulum et fontes *J.* 55; oppida
igni *J.* 92; vineas igni aut lapidibus
J. 92; domum et semet igni, ver-
brennen *J.* 76; opportunitates, vereiteln *C.* 43; res familiares, mit dem
Vermögen herunterkommen *J.* 64; se
suasque spes, sich und seinen Aussichten
schaden *J.* 33; nomen, verfälschen *J.*
18; nobilitatem acceptam, entehren *J.*
85 (§ 25); consilium publicum, schlechte
Maßnahmen veranlassen *or. Phil.* 6;
opes corruptae, verkommene *or. Lep.*
20; res corrupta, schlecht gelöste Aufgabe *J.* 79. — 2) verderben, verführen: alqm *J.* 39; luxu *C.* 53;
J. 6; superbia corruptus *J.* 85 (§ 19);
animus ab ignavia corruptus *J.* 31
(§ 2); aetas ambitione corrupta tenetur (s. teneo 2, *a) C.* 3; *part.* corruptus als Adjekt., (moralisch) verdorben,
verderbt: civitas *C.* 14; mores *C.*
5. 11; homines corruptissumi *or. Phil.*
7. — 3) insb. (durch Geld) bestechen:
alqm *J.* 29. 38; pecunia *J.* 34; auro
J. 32; donis *J.* 97. 102.

cŏtīdĭānus (quotidianus), 3. täglich: usus *C.* 14. 48.

cŏtīdĭē (quotidie), *adv.* täglich *J.*
45. 91.

Cotta, ae, L. Aurelius, Konsul i. J. 65 v. Chr. C. 18. — 2) C. Aurelius, ging 91 v. Chr. ins Exil, als eine Untersuchung gegen diejenigen beantragt wurde, durch deren Schuld der Bundesgenossenkrieg veranlaßt worden war. Im Jahre 82 kehrte er mit Sulla nach Rom zurück, wurde im J. 75 Konsul u. ging nach Ablauf seines Amtsjahres als Prokonsul nach Gallien, wo er starb *or. Cott.* 10; *or. Lic.* 8. — 3) M. Aurelius, Bruder des Vorigen, Konsul i. J. 74, wurde vom Mithridates bei Calchedon zu Wasser u. zu Lande besiegt *ep. Mithr.* 13.

Crassus, i, M. Licinius Crassus Dives, Besieger des Spartacus im Sklavenkriege 71 v. Chr., Konsul mit Pompejus i. J. 70, schloß 60 v. Chr. mit Pompejus u. Cäsar das Triumvirat u. fiel i. J. 54 im Kampfe gegen die Parther *C.* 17. 19. 38. 47 ff.

crēber, bra, brum, dicht nebeneinander, häufig: ignes *J.* 98. 106; vigiliae *J.* 45. — 2) häufig, fortgesetzt: impetus *J.* 50.

crēdĭbĭlis, e, glaublich, glaubhaft: alcui *C.* 13; supra quam cuiquam credibile est *C.* 5.

crēdĭtum, i, s. credo.

crēdo, dĭdi, dĭtum, 3. „(zur Obhut) übergeben, anvertrauen", insb. als Darlehn anvertrauen, darleihen; *subst. part.* creditum, i, Darlehn *C.* 25. — 2) Vertrauen schenken, vertrauen, trauen: virtuti alcjus *J.* 74. 106; neque loco neque homini *C.* 31; *J.* 72. — 3) Glauben beimessen, für wahr halten: alqd *J.* 107; falsum pro vero *C.* 51 (§ 36); de alquo *C.* 31; *or. Lep.* 1; dah. *a)* glauben, dafür halten: mit *acc. c. inf. C.* 17. 23. 24; *J.* 4. 36. 46. 85 (§ 16). 92; *pass.* mit *nom. c. inf.:* pro certo creditur *C.* 15; *absol.* credo, glaub' ich, vermutlich, wohl *C.* 52 (§ 13); *J.* 90. — *b)* mit Prädikatsakkusativ, wofür halten: alqm idoneum *C.* 39; se munitum *J.* 75; se proditum *J.* 106.

crĕo, 1. „schaffen", insb. eine Behörde erwählen *J.* 40; creati pro jure vestro („zur Beschützung eurer Rechte") *or. Lic.* 4.

cresco, crēvi, crētum, 3. wachsen, zunehmen: crescit potentia *C.* 39; fuga atque formido latius *J.* 55; cupido *C.* 10; flamma in pectore *J.* 4; licentia *C.* 51 (§ 30); opes *C.* 17. — 2) insb. an Macht u. Ansehn wachsen, emporkommen, sich heben: crescit civitas *C.* 7. 51 (§ 5); regnum *J.* 14 (§ 7); respublica *C.* 10; homo magis magisque *J.* 6; malo reipublicae *C.* 51 (§ 32); concordiā parvae res crescunt *J.* 10.

*****Crētensis,** e, aus Creta (Insel im Mittelmeer, jetzt Kandia): *subst.* Cretenses, die Cretenser *ep. Mithr.* 10.

*****Crētĭcus,** 3. cretisch *C.* 30 (s. Metellus 3).

*****crīmen,** ĭnis, *n.* Beschuldigung, Anklage: falsis criminibus circumventus *C.* 34.

crīmĭnor, 1. „beschuldigen", dah. verunglimpfen, verleumden: alqm *C.* 38; *or. Lic.* 17. — 2) sich beschweren, sich beklagen: mit *acc. c. inf. J.* 79.

*****crīmĭnōse,** *adv.* verunglimpfend, verleumderisch, gehässig: loqui de bello *J.* 64.

*****Crŏtōnĭensis,** e, aus Croton, einer Stadt am tarentinischen Meerbusen, jetzt Crotone in Calabrien *C.* 44.

crŭcĭātus, ūs, martervolle Strafe, Qual *C.* 51 (§ 15); *J.* 70; corporis *J.* 24.

crūdēlis, e, unbarmherzig, schonungslos, grausam *C.* 16. 31; imperium *C.* 10. 19; facinus *C.* 11. 52 (§ 36); *J.* 30; incendium *C.* 48; sententia *C.* 51 (§ 17).

crūdēlĭtās, ātis, *f.* schonungslose Härte, Grausamkeit *C.* 10. 33. 51 (§ 14).

*****crūdēlĭter,** *adv.* mit schonungsloser Härte, mit Grausamkeit: victoriam exercere *C.* 58.

*crŭento, 1. mit Blut beflecken: gladium *J.* 101.

crŭentus, 3. blutbefleckt: manus *J.* 31. (§ 12). — 2) mit Blutvergießen verbunden, blutig: victoria *C.* 38; annus bello civili *C.* 47.

*crŭor, ōris, *m.* (gewaltsam vergossenes) Blut *C.* 51 (§ 9).

*crux, crŭcis, *f.* Marterholz, Kreuz: alqm in crucem agere *J.* 14 (§ 15).

culpa, ae, Verschuldung, Schuld *J.* 24. 94; conscientia de culpa *C.* 35; a culpa vacuus *C.* 14; culpam suam ad negotia transferre *J.* 1.

cultor, ōris, „Abwarter, Pfleger", dah. Landbebauer, Pflanzer *J.* 46. 48. — 2) Bewohner: terrae *J.* 17. — 3) „Verehrer", dah. Liebhaber, Freund von etw.: exercitus agri ac pecoris magis quam belli cultor („welches mehr Sinn hatte für") *J.* 54.

cultus, ūs, „Abwartung, Pflege", dah. Anpflanzung, Anbau: vastus ab natura et humano cultu, wüſt von Natur und ohne Anbau durch Menſchenhand *J.* 48. — 2) die auf das äußere Leben gerichtete Pflege, Lebenseinrichtung, Lebensweise *J.* 78; alqm eodem cultu quo liberos suos habere, auf gleichem Fuße mit seinen Kindern erziehen *J.* 5; cultus pueritiae, zum Unterhalt der königlichen Knaben Gehöriges *J.* 75. — 2) prägn. Üppigkeit, Gepränge: regius *C.* 37; üppige Genüſſe *C.* 13. — 3) die auf den äußern Schmuck gerichtete Pflege, Aufzug, Kleidung *C.* 48 (ſ. copia); miserabilis *J.* 33. — 4) Pflege des Geiſtes, Bildung *J.* 95.

1. cum, *praep.* mit *abl.*, mit, zuſammen mit, nebſt: mortales cum pecore capere *J.* 20; cum exercitu adventare *C.* 56; cum alquo esse *J.* 50. 54. 61; otium cum libertate (servitio), verbunden mit *or. Lep.* 9. 25. — 2) v. Dingen, die man mit ſich (bei ſich) führt, mit: cohors cum velitaribus armis *J.* 105; alqm cum auro mittere *J.* 13; alqm cum litteris dimittere *J.* 9; scrinium cum litteris *C.* 46; cum telo esse *C.* 27. 49; cum infestis signis concurrere *C.* 60; cum equitibus („bei ſich habend") *J.* 46; vergl. cum funditoribus *J.* 100. — 3) z. Ang. des gemeinſchaftl. Wirkens, mit, in Verbindung mit: cum praedatoria manu bellum gerere *J.* 20; cum magna multitudine arma capere *C.* 30; omnia sibi cum collega ratus, hält für gemeinſam mit, d. i. glaubt, daß ſein Kollege die Sorge dafür mit ihm zu teilen habe *J.* 43; una vobiscum *C.* 20. 52; *J.* 14 (§ 8). 52. — 4) z. Ang. des Verkehrs, mit: cum alquo verba habere (facere) *J.* 9. 38; disserere *J.* 102; agere *C.* 20. 51 (§ 43); *J.* 29; reputare secum *C.* 52 (§ 2); *J.* 62; volvere secum *C.* 32; *J.* 6; alqd cum animo habere (ſ. animus *B*, 3) *J.* 11; trahere cum animo *J.* 93; vom feindl. Verkehr: cum alquo certare *C.* 9. 54; contendere *C.* 53; *J.* 4; bellum gerere *C.* 51 (§ 5); *J.* 5; causam belli habere cum alquo *J.* 81; certamen est cum alquo *J.* 49. 54. — 5) gleichzeitig mit: simul cum occasu solis *J.* 91; pariter cum occasu (ortu) solis *J.* 68. 106; pariter cum capta Thala *J.* 77. — 6) z. Ang. gleichzeitiger Nebenumſtände, mit, unter, nicht ohne: cum summo studio exsequi *C.* 51 (§ 38); cum summa turpitudine aetatem agere *C.* 58; cum magna gloria in exercitu esse *C.* 59; cum maerore vitam exigere *J.* 14 (§ 15); cum (magna) cura omnia parare *J.* 54. 66; cum ingenti periculo vineas agere *J.* 92; cum magno gaudio procedere *J.* 69; omnia cum pretio honesta videntur, wenn es nur Geld bringt *J.* 86.

2. cum, *conj.*, *A)* v. d. Zeit (dann) wann, wenn, (damals) als, mit Indikat.: cum considero *C.* 20; cum aestumo *C.* 58; cum verba faciunt *J.* 85 (§ 21); cum regna penes paucos erant *J.* 31 (§ 20); cum jussit *C.* 51 (§ 32); cum ventum est *J.* 91; cum litterae allatae (sunt) *J.* 71; cum

42 cunctor — cura

statuetis *C.* 52 (§ 17); cum inibitis *C.* 58; cum cognoveris *C.* 12; cum meruerit *J.* 104; in obliquen Sätzen mit *conjunct. plusqpf.* für das *fut. exact.*: cum venisset *C.* 43; cum habuisset *J.* 112; insb. *a)* in der Erzählung b. h. in Nebensätzen, deren Hauptsatz ein historisches Tempus enthält, da, als, mit *conjunct imperfect.* u. *pluspqf.*: cum nuntiarentur *C.* 29; cum adderet *C.* 31; cum cognovissent *C.* 47. — *b)* im logischen Hauptsatze, da, während: cum eventus in incerto erat *J.* 51; cum interim operitur (conspicatur) *J.* 12. 49; cum concurrunt *J.* 60; cum nuntiant *J.* 106; cum incurrit *J.* 101; vergl. *or. Phil.* 17; *or. Lic.* 6; mit *inf. histor.*: cum tamen barbari nihil remittere *J.* 98. — 2) dadurch daß, indem: cum emunt *C.* 20; cum jussit *C.* 51 (§ 32). — 3) z. Bez. einer wiederholten Handlung, wenn etwa, so oft als: cum subegerat *J.* 44; cum processerant *J.* 92. — 4) (= quod): laetitia nobis est, cum te di monuere *J.* 102. — *B)* z. Ang. der Ursache, da, weil, mit Konjunktiv: cum persolveret *C.* 35; cum laceret *J.* 85 (§ 26); cum duceret *J.* 62; cum posset *J.* 74; cum venerit *C.* 52; cum praesertim *C.* 51 (§ 19); *J.* 2. 3. — 2) da doch, obgleich, während dagegen, mit Konjunktiv: cum dissentirem *C.* 3; cum servaret *C.* 31; cum parerent *C.* 36; cum anteiret *J.* 6; cum judicatus sit *C.* 44; cum fecissent *C.* 51; cum habuisset *C.* 56. — *C)* cum . . . tum, sowohl . . . als auch, einmal . . . und dann *J.* 9. 49. 61. 64. 89; cum . . . tum maxume *J.* 43. 104.

cunctor, 1. zögern, zaudern *C.* 52 (§ 25); *J.* 62. 97. 113; mit *inf. C.* 44; *J.* 13; mit Fragesatz *C.* 52 (§ 31).

cunctus, 3. (aus conjunctus), gesamt, ganz, *plur.* alle insgesamt: civitas *J.* 69; maria *C.* 10; mortales *C.* 51 (§ 12); divina et humana *J.* 5; *subst.* cuncti *C.* 61; *J.* 55; cuncti senatorii ordinis *J.* 62; *neutr.* cuncta, alles *C.* 45. 53; *J.* 2; cuncta gignentium *J.* 79.

*****cŭpĭdissŭmē**, *adv. (superl.* v. cupide), sehr begierig, sehr gern: facere alqd *C.* 40.

cŭpĭdĭtās, atis, *f.* Begierde, Leidenschaft *C.* 21; ardens in cupiditatibus *C.* 5. — 2) insb. Habsucht *C.* 2.

cŭpĭdo, ĭnis, *f.* (u. *m.*), Begierde, Leidenschaft: animi *J.* 6. 64; mit *gen. object*: gloriae *C.* 7; somni *C.* 13; consulatus *J.* 63; honoris („Ehrgeiz") *C.* 3; imperii *C.* 10; *J.* 19; victoriae *J.* 42; oppidi potiundi *J.* 37; difficilia faciundi *J.* 93; *absol. J.* 20. 25; captus pravis cupidinibus *J.* 1. — 2) insb. ehrsüchtiges Streben, Ehrsucht *J.* 64.

cŭpĭdus, 3. nach etw. begierig, mit *gen.*: pacis *J.* 102; gloriae *J.* 95; novarum rerum *C.* 28. 48; *J.* 66; incepta patrandi *J.* 70.

cŭpio, ĭvi (ĭi), ĭtum, 3. nach etw. gelüsten, etw. begehren, wünschen: agros *C.* 11; pacem *J.* 83; novas res *J.* 70; bellum *or. Lep.* 16; aliena *C.* 12; immoderata *C.* 5; eadem *J.* 31 (§ 14); mit *inf. C.* 27; *J.* 57. 101. 112; *part.* cupiens als Adjekt.: cupientissuma plebe consul factus, auf dringendes Begehren des Volkes *J.* 84; cupiundus, wünschenswert: imperia minume cupiunda *J.* 3.

cūra, ae, sorgsame Bemühung, Sorgfalt, Fürsorge, Teilnahme *or. Lic.* 28; mit *gen. object.*: libertatis *J.* 31 (§ 16); *or. Lep.* 1; reipublicae *J.* 40; rerum humanarum *J.* 14 (§ 21); bonarum rerum *J.* 1; alqd (de alqua re) alcui curae est, etw. ist für jmd. ein Gegenstand der Fürsorge, jmd. ist auf etw. bedacht, läßt sich etw. am Herzen gelegen sein *J.* 14 (§ 16). 26. 75; *or. Phil.* 15; alqd curae habere, für etw. Sorge tragen, sich etw. angelegen sein lassen *C.* 21; cum cura reficere *C.* 54; cum magna cura parare *J.* 66; majore cura administrare *J.* 85 (§ 2); cum maxuma cura *J.* 68; rerum publicarum, Teilnahme an der Politik *J.* 3. — 2) meton. Mühwaltung, Geſchäft *C.* 6. — 3) Sorge, Beſorgnis, Unruhe *C.* 51 (§ 20); familiaris *or. Lic.* 19; cura animum capit *J.* 71; occupat alqm *C.* 46; sine cura *C.*·37.

cūrātor, ōris, Beſorger: negotiorum, Geſchäftsführer *J.* 71; reipublicae, Vertreter *J.* 110.

cūrĭa, ae, Gebäude für die Sitzungen des Senates, Kurie, namentl. die curia Hostilia auf der Nordſeite des Komitium *C.* 18. 32. 43; *J.* 15. — 2) meton. der Senat: curiam amittere *or. Phil.* 3 (*Kritz*: omissa cura).

***Cūrĭo**, ōnis, C. Scribonius, Konſul 76 v. Chr. *or. Lic.* 10.

Cūrĭus, i, Q., wurde, ſeines anſtößigen Lebenswandels wegen aus dem Senate geſtoßen, der Verräter der Catilinariſchen Verſchwörung *C.* 17. 23. 26. 28.

cūro, 1. für etw. Fürſorge tragen, etw. ſich angelegen ſein laſſen: alienam rem *J.* 83; omnia *J.* 85 (§ 3); rempublicam *or. Phil.* 19; injurias alejus, beachten *J.* 14 (§ 19); seque remque publicam, das eigene und des Staates Intereſſe wahren *C.* 9; utres uti fierent, dafür ſorgen *J.* 91. — 2) befehligen, kommandieren: cohortes *J.* 100; *absol.* in dextera parte *C.* 59;

in ea parte *J.* 60; in postremo *J.* 46; apud dextumos *J.* 100; ubi *J.* 60.

cursus, ūs, (raſcher) Lauf: cursu certare *J.* 6; cursu tendere, im Sturmſchritt losrücken *J.* 91.

custōdĭa, ae, Wache, Bewachung: custodiae causa *J.* 65; alqm habere custodiae agri captivi, zum Hüter des eroberten Gebietes ſetzen *ep. Mithr.* 8. — 2) Haft, Gewahrſam: libera (in Häuſern von Vertrauensmännern): in (liberis) custodiis haberi *C.* 47. 52 (§ 14); in custodiis teneri *C.* 50; alqm in custodiam tradere *C.* 50.

***custōs**, ōdis, Hüter, Wächter: cum custodibus, unter Bedeckung *C.* 46.

***Cyrēnē**, es, Hauptſtadt der Landſchaft Cyrenaica oder der Nordoſtküſte Afrikas (das jetz. Plateau Barka), von Griechen im 7. Jahrhundert v. Chr. gegründet *J.* 19.

***Cyrēnenses**, ium, die Cyrenenſer *J.* 79.

***Cyrus**, i, Sohn des Achämeniden Kambyſes u. der Mandane, der Tochter des mediſchen Königs Aſtyages, Stifter der perſiſchen Monarchie um 555 v. Chr. *C.* 2.

Cyzĭcum, i, Stadt in Myſien an der Propontis *ep. Mithr.* 14.

D.

D., Abkürz. des Vornamens Decimus.

Dabar, bāris, ein Verwandter des Maſiniſſa *J.* 108. 109. 112.

Damasippus, i, Beiname des Marianers L. Junius Brutus, welcher als praetor urbanus i. J. 82 die angeſehenſten Senatoren von Sulla's Partei in der curia Hostilia töten ließ und nachher in der Schlacht vor Rom fiel *C.* 51 (§ 32); *or. Phil.* 7.

***damno**, 1. ſchuldig ſprechen, verurteilen: alqm *C.* 51 (§ 40).

damnum, i, Einbuße, Verluſt, Schaden *J.* 31 (§ 19); egestas facile habetur sine damno, Dürftigkeit kommt leicht ohne Schaden durch *C.* 37.

dē, *praep.* mit *abl.*, bezeichn. Abtrennung von einem Gegenſtande, von ... weg, von ... aus: de castris procedere *C.* 61; dah. bei Verben, die ein Entnehmen bezeichnen: supplicium sumere de alquo *C.* 50. 51 (§ 39); *J.* 33. 35. — 2) die veranlaſſende Urſache, wegen, um ... willen, aus: multis de causis *C.* 37; qua de causa *C.* 47. — 3) in betreff, hinſichtlich, anlangend: in colloquium de pace venire *J.* 112. 113; legatos mittere de re *J.* 22; certare de virtute *C.* 9; fama est de alquo *J.* 32. 55; quid de iis fieri placeat *C.* 50. — 4) bei *verbis sentiendi* u. *declarandi*, über: audire de re

debeo

J. 22; accipere *J.* 21. 110; certiorem fieri *J.* 46; cognoscere *J.* 87. 97; credere *C.* 31; narrare *C.* 23; dicere *C.* 18; absolvere *C.* 4; consultare *C.* 51 (§ 1); agere *J.* 29; queri *C.* 27; scribere *J.* 24; de ceteris, was das Übrige anbelangt *J.* 26. — 5) die Art u. Weise, wie etw. geschieht: de improviso, unversehens, unvermutet *C.* 28; *J.* 38. 99. 107; de integro, von neuem *J.* 62.

dēbĕo, bŭi, bĭtum, 2 (für dehibeo v. de u. habeo), „von jmd. etw. weghaben", daß. schuldig sein, schulden: pecuniam *C.* 49; *absol.* ut illi (für sibi) quam plurimi deberent, seine Schuldner wären *J.* 96. — 2) zu etw. verpflichtet sein: gratiam alcui, zu Danke *J.* 110; *or. Lic.* 20 (vostrarum rerum, „für euer Eigentum"); debentur mihi beneficia ab alquo, jmd. ist mir zu Diensten verpflichtet *J.* 14 (§ 3); (uti debitis uterer, „daß ich mich ihrer als einer Schuldigkeit bedienen könnte"); alcui plurimum debetur, man ist jmdm. sehr verpflichtet *J.* 111; *part.* debitus, gebührend: honores *J.* 85 (§ 37). — 3) (pflichtmäßig) sollen, müssen, mit *inf. J.* 64. 83. 85 (§ 2); *ep. Mithr.* 1.

dē-cēdo, cessi, cessum, 3. weggehen, abreisen, abziehen: Africa *J.* 20. 23; Italia *J.* 28. 35; Numidia *J.* 38; Romam *J.* 36. — 2) übtr. vergehen, schwinden: decessit invidia *J.* 88; formido mentibus *J.* 41.

*Dēcember, bris, bre, zum Dezember gehörig: Nonae *C.* 18.

dĕcĕo, cŭi, 2. „zieren", übtr. wohl anstehen, sich geziemen: unpersönl. decet mit *acc.* der Person u. *inf.* (als Subjekt) *C.* 1. 51 (§ 1); *J.* 10. 68. 85 (§ 48). 107; *or. Phil.* 1; (is) quem minume decuit, propinquus („einer, der es am wenigsten hätte thun sollen, ein Verwandter") *J.* 14 (§ 15); unde (= a quo) minume decuit *J.* 14 (§ 22); ohne *acc.* der Person *C.* 51 (§ 13); *J.* 30. 31; quae ab imperatore decuerint (*sc.* provideri) *J.* 49.

decretum

dē-cerno, crēvi, crētum, 3. durch ein Votum entscheiden, sich erklären (namentl. v. Behörden): de alquo *C.* 52 (§ 17); ferocius, für härtere Maßregeln stimmen *J.* 104; daß. *a)* etw. beschließen, bestimmen, für etw. stimmen: genus poenae *C.* 51 (§ 18); stipendium *J.* 27; supplementum *J.* 84; tempus ad rem *J.* 12; diem colloquio *J.* 113; legatos, für Gesandtschaften stimmen *or. Phil.* 5; mit folg. *ut C.* 30. 36. 47; *J.* 28; mit bloß. Konjunktiv *C.* 29; mit *acc. c. inf. C.* 48. 50; *J.* 39. — *b)* durch Beschluß zuerkennen, bestimmen, bewilligen: praemium alcui *C.* 30. 50; dis supplicia *J.* 55; provinciam alcui *J.* 27. 62. 73. 114; alqd in alqm, gegen jmd. verhängen *C.* 51 (§ 25). — 2) den Entschluß fassen, beschließen: aetatem mihi habendam *J.* 4; mit *inf. C.* 35. 58; *J.* 4. 8. 20. 44. 100.

*dēcĭpĭo, cepi, ceptum, 3. (capio), „wegfangen", daß. hintergehen, betrügen *or. Lic.* 20.

dē-clāro, 1. „deutlich machen", daß. verkündigen, bekannt machen: alqd per nuntios *C.* 46. — 2) insb. jmd. als zu einem Amte gewählt erklären: alqm consulem *C.* 24; *J.* 27 (tribunum) *J.* 63. — 3) übtr. klar vor Augen stellen, ersichtlich machen: verba quanti fecerit *J.* 24.

*dēclīvis, e, abhängig, abschüssig: latitudo, breite Absenkung *J.* 17.

*dĕcōrē, *adv.* geziemend, würdig: respublica decore gesta *J.* 100.

*dĕcŏro, 1. (decus), schmücken: zieren: delubra pietate *C.* 12.

dĕcōrus, 3. (decor), „anständig", daß. stattlich, schön: arma *C.* 7; facies *J.* 6.

dēcrētum, i (decerno), Bescheid, Beschluß, Verordnung (einer Behörde): senati *C.* 30. 51 (§ 36); *J.* 28. 40; duobus senati decretis (*abl. abs.* in konsessiv. Sinne) *C.* 36; decretum consulis *J.* 30; consili *J.* 62; decretum fit *C.* 53; *J.* 16. 25; labor non deest decretis, bei Ausführung d. Verordnungen *or. Cott.* 1.

děcŭmus (decĭmus), 3. der zehnte J. 97. 109.

děcus, ŏris, n. Anstand, persönliche Würde, Ehre C. 20.58; contra decus regium, wider alle königliche Würde J. 33. 72; sine decore, ohne Zeichen ihrer Würde J. 103; decori esse, zu höherem Glanze dienen, zur Zierde gereichen J. 19. 73. 85 (§ 40). — 2) v. Personen, Zierde, Stolz: hujus ordinis or. Phil. 19. — 3) sittliche Ehre C. 25. 54; J. 3. 31 (§ 12).

*dēděcŏro, 1. (dedecus), entehren: se flagitiis J. 85 (§ 42).

dēděcus, ŏris, n. Unehre, Schande J. 39; mori sine dedecore J. 14 (§ 24); vitam per dedecus („schmachvoll") amittere C. 20; dedecus est parta amittere J. 31 (§ 17); plur. Schande aller Art J. 31 (§ 19); patrimonia per dedecora amittere, auf schimpflichen Wegen C. 37.

*dēdĭtīcĭus, 3. (deditio), der sich auf Gnade u. Ungnade ergeben hat J. 31 (§ 19).

dēdĭtĭo, ōnis, f. das Sich-Ergeben, die Übergabe, Unterwerfung J. 29. 31 (§ 19). 36. 46. 75 (s. novus); deditionem omittere J. 66; deserere J. 70; facere, sich unterwerfen J. 26. 46. 91; alqm in deditionem accipere, jmds. Unterwerfung annehmen J. 29.

dē-do, dĭdi, dĭtum, 3. (dem Feinde) ausliefern, übergeben: regnum J. 28; omnia alcui J. 46. 47; dedita Cirta J. 35; mortales Romanis dediti obsides J. 54; se alcui, sich auf Gnade und Ungnade ergeben C. 45; J. 32. — 2) übtr. hingeben, zu eigen geben: se pro republica, sich weihen or. Cott. 10; part. deditus, einer Sache ergeben, beflissen, fröhnend: quaestui C. 13; ventri atque somno C. 2; J. 85 (§ 41); corporis gaudiis J. 2.

dē-dūco, xi, ctum, 3. hinabführen, hinabrücken lassen: ordines (suos) in aequum locum C. 59; J. 52; aciem in planum J. 49. — 2) abführen, wohin führen: praesidia or. Phil. 17; alqm ad alqm J. 113; in carcerem C. 55; exercitum Numidiā J. 39; vigiliae deducuntur, ziehen auf J. 44; colonias, Kolonisten abführen d. i. ansiedeln J. 42 (s. triumvir).

*dēfectĭo, ōnis, f. (deficio), Abfall, Abtrünnigkeit: sociorum or. Cott. 6.

dēfendo, di, sum, 3. verteidigen, schützen: moenia J. 56; munitionem J. 38; sua loca J. 54 (s. suus 2); jura populi C. 38; pacem or. Phil. 3; ab alquo, ab alqua re, vor, gegen jmd. od. etw.: se a multitudine C. 45; alqm ab injuria C. 35; regnum ab Romanorum avaritia J. 49; quid aliud defensum est a Pyrrho or. Lep. 4; opes ad defendundum, Verteidigungsmittel C. 52 (§ 15).

*dēfensĭo, ōnis, f. Verteidigung C. 35.

dēfenso, āre (v. intens. v. defendo), eifrig verteidigen, schützen: moenia J. 26. 60; alqm ab hostibus, vor den Feinden J. 97.

dēfensor, ōris, Verteidiger J. 31 (§ 2); moenium J. 23.

dēfessus, 3. (part. v. defetiscor), erschöpft, ermattet: malis J. 14 (§ 24); bello J. 111; absol. C. 39; J. 79; hostibus defessis J. 99.

dēfĭcĭo, fēci, fectum, 3. (facio), „sich wegmachen", dah. abtrünnig werden, abfallen: ab alquo J. 56. 66; ad alqm J. 61. — 2) übtr. „abnehmen", dah. a) nicht ausreichen, ausgehen, mangeln: opes familiares defecerant C. 13. — b) den Mut verlieren J. 51.

*dē-formo, 1. (forma), verunstalten, entstellen: deformatus aerumnis J. 14 (§ 7).

dēgrĕdĭor, gressus sum, 3. (gradior), herabschreiten, herabsteigen: monte J. 49; colle J. 50.

*dē-gusto, 1. von etw. kosten: inde (= ex ea potatione) C. 22.

dĕhinc, adv. von da an, weiter hin: dehinc loca exusta J. 19. — 2) „von nun an", dah. hierauf, alsdann: primum ... dehinc C. 3, J. 5.

*děhŏnestāmentum, i, Entehrung, Schimpf: Fufidius, honorum omnium dehonestamentum *or. Lep.* 21.

dě-hortor, 1. abmahnen, jemdm. abraten: mit *inf. J.* 24; multa me dehortantur a vobis, von der Sorge für euch *J.* 31 (§ 1).

děin, ſ. deinde.

*děinceps, *adv.* hintereinander, nacheinander *J.* 19.

děinde u. děin, *adv.* von da an, weiterhin *J.* 19. — 2) in d. Zeit: *a)* künftighin, fernerhin *J.* 31 (§ 22); *or. Cott.* 10. — *b)* hierauf, alsdann *C.* 32. 40. 56; *J.* 27; alia deinde alia loca *J.* 18. 36; primo ... dein *C.* 10; *J.* 42. 60. 61; initio ... deinde *J.* 24; olim ... post ... dein ... nunc *or. Phil.* 7. — *c)* in d. Reihenfolge v. Thatsachen u. Argumenten, hierauf, alsdann, ferner *J.* 85 (§ 45); primum ... deinde *C.* 3. 37; *J.* 13.

dēlectus, ūs (delego), „Auswahl", dah. Aushebung der Soldaten; delectum habere *C.* 36; *or. Phil.* 17.

dē-lěgo (deligo), lēgi, lectum, 3. auslesen, auswählen: ex copia quinque *J.* 93. 103: ex eis duos *J.* 23; diem colloquio *J.* 108; delecti *C.* 6. — 2) ausheben, detachieren: delecta manus, ein Detachement *J.* 46; delecti pedites (equites) *J.* 49. 54. 56; delecti *J.* 51.

*dēlēnīmentum, i. Beschwichtigungsmittel: *or. Lic.* 21.

dēlěo, lēvi, lētum, 2. zerstören, vernichten: ante Carthaginem deletam *J.* 41; Numantia deleta *J.* 8; dux cum exercitu deleti, vernichtet *ep. Pomp.* 6.

*dēlīběro, 1. (libra), in Erwägung ziehen, erwägen: deliberari non potest, es kann nicht in Frage kommen *or. Phil.* 3.

*dēlĭcĭae, arum, Ergötzlichkeit *C.* 31.

dēlictum, i, Vergehen, Schuld *C.* 9; *J.* 39. 102 (pro, „zur Entschuldigung); delicto obnoxius *C.* 52 (§ 21); delicti conscientia *J.* 27; delicta (*sc.* aliorum) corrigere *J.* 3; alqm a delictis prohibere *J.* 45.

dēlĭgo, ſ. delogo.

dē-linquo, liqui, lictum, 3. ſich etw. zu Schulden kommen laſſen, etw. verſehen *C.* 52 (§ 26); *J.* 85 (§ 4); *or. Lic.* 5; si quid deliquere *C.* 51 (§ 12); quae deliquisset, bei etwaigen Vergehungen *J.* 28.

dēlūbrum, i (deluo), Heiligtum, Tempel (als Sühnort) *C.* 11. 12.

dēmentia, ae, Tollheit, Unverstand *C.* 42. 58; *or. Phil.* 12; extremae dementiae est, es zeugt von der größten Tollheit *J.* 3.

dē-mitto, mīsi, missum, 3. hinabschicken, hinunterlassen: alqm in locum *C.* 55; vultum, ſenken, niederschlagen *C.* 31; alqd in pectus, ſich tief in die Seele prägen *J.* 102; *part.* demissus als Adjekt., „geſenkt, niedrig", dah. übtr. *a)* entmutigt, niedergebeugt: animus *J.* 98. — *b)* in niedriger Stellung: qui demissi in obscuro vitam habent *C.* 51 (§ 12).

dēmo, dempsi, demptum, 3. (emo), wegnehmen, entziehen, benehmen: alcui incommodum *or. Cott.* 9; metum *or. Lic.* 21; servitium *ep. Mithr.* 11; alcui necessitudinem, jmd. der Notwendigkeit entheben *J.* 102.

dēmum, *adv.* wenn ein Fall nur nach mehreren anderen eintritt, erſt: tum demum, da erſt, jetzt erſt *C.* 2; *J.* 46. — 2) zur nachdrückl. Hervorhebung, erſt, gerade, nur: is demum *C.* 2; ea demum *C.* 20; id demum *C.* 12.

*dē-nĕgo, 1. (rund) abſchlagen, verweigern: nihil *C.* 54.

*děni, ae, a, je zehn *J.* 80.

dēnīque, *adv.* endlich, zuletzt *J.* 18. 38. 51. 52. 60. 62. 91. — 2) (= demum), endlich, erſt: quarto denique die *J.* 101. 105. — 3) überhaupt, kurz, mit einem Worte *C.* 20; *J.* 15. 39. 43. 76. 79. 97. 110.

dē-nuntĭo, 1. anzeigen, ankündigen: mit *acc. c. inf. J.* 112.

*dē-pello, pŭli, pulsum, 3. forttreiben, vertreiben: alqm inde *J.* 58.

de-pono / detrimentum 47

*dē-pōno, pŏsŭi, pŏsĭtum, 3. „ablegen", übtr. aufgeben, beilegen: bellum *J.* 83.

*dēprāvo, 1. (pravus), „verunstalten", übtr. verderben, verführen: pars gratia depravata *J.* 15.

dē-prěcor, 1. „wegbitten", daß durch Bitten abzuwenden suchen, um Abwendung von etw. bitten: mortem *J.* 24; non deprecor (*sc.* mortem) *or. Cott.* 9. — 2) „abbitten", daß. zur Abbitte erklären: mit *acc. c. inf. J.* 104.

dē-prĕhendo u. dēprendo, di, sum, 3. ergreifen, aufgreifen, festnehmen: alqm *C.* 50. 52 (§ 25, f. facio 1); *J.* 35; comitatus Allobrogum *C.* 45; Lentulus aliique … deprensi, die Festnahme des Lent. *C.* 48. — 2) überraschen, ertappen: alqm in scelere *C.* 46.

*dēprīmo, pressi, pressum, 3. (premo), „hinabdrücken", daß. in d. Baukunst, nach der Tiefe führen, tief graben: locus humi depressus, in den Boden vertieft, unterirdisch *C.* 55.

*dē-rĕlinquo, liqui, lictum, 3. zurücklassen, hinterlassen: alqm privatum (s. privatus) *J.* 5.

dēscendo, di, sum, 3. (scando), hinabsteigen: eadem *J.* 94. — 2) v. Truppen, hinabmarschieren, hinabziehen: monte *J.* 50; qua *J.* 50. — 3) übtr. eindringen: verbum in pectus alicus descendit *J.* 11.

*dēscensus, ūs, *m.* das Herabsteigen: qua illi descensus erat, wo jener hinabsteigen mußte *C.* 57.

dē-sĕro, sĕrŭi, sertum, 3. „von sich abreißen", daß. verlassen: oppida *J.* 92; castellum *J.* 94; *part.* desertus als Adjekt., unbebaut, wüst: planities *J.* 48. — 2) prägn. im Stich lassen, verlassen: alqm *C.* 45; rempublicam *J.* 30; locum („Posten") *J.* 38; cuncta me deseruere *or. Cott.* 2; res me deserit, der Stoff geht mir aus *J.* 42. — 3) von etw. abstehen, etw. aufgeben: deditionem *J.* 70; ea *J.* 85 (§ 8).

dēsertus, a, um, f. desero.

*dēsīdĕro, 1. nach etw. verlangen, etw. begehren: beneficia *J.* 14 (§ 3).

dēsīdĭa, ae, *f.* (desideo), „das Müssigsitzen", daß. Unthätigkeit, Müssiggang *C.* 2. 4. 53.

dē-signo, 1. „bezeichnen", insb. jmd. zu einem Amte bestimmen: *part.* designatus, designiert (von dem zu einem Amte Gewählten vor dem Antritte desselben): consul *C.* 18. 26. 50. 51 (§ 18); *J.* 43; tribunus plebis *J.* 27.

*dē-sīno, sīi, sĭtum, 3. „von etw. ablassen", *intrans.* aufhören, ein Ende nehmen: bellum desinit *J.* 83.

*dē-sisto, stĭti, stĭtum, 3. von etw. abstehen, ablassen: ab oppugnatione *J.* 25.

dēspĭcĭo, spexi, spectum, 3. (specio), „auf etw. herabblicken", übtr. auf etw. mit Verachtung herabsehen, etw. gering schätzen, verachten: alqm *J.* 14 (§ 8). 85 (§ 17); ignobilitatem alejus *J.* 11; despectus, verachtet *or. Lep.* 11; *or. Phil.* 5.

*dēstīno, 1. „feststellen", übtr. jmd. zu einem Amte bestimmen, ausersehen: sibi alqm dominum *or. Lic.* 6.

dē-sum, fŭi, esse, fehlen, mangeln (v. Dingen, an denen viel gelegen ist): deest frumentum alcui *ep. Mithr.* 14; industria naturae *J.* 1; animus negotio *or. Cott.* 1; res familiaris ad necessaria *C.* 20; dolus ad cavendum *C.* 26; alcui bonae artes *C.* 11.

dē-terrĕo, ŭi, ĭtum, 2. abschrecken, zurückschrecken: alqm ab persequendo *J.* 50; proelio deterreri *J.* 98.

*dētĭnĕo, tĭnŭi, tentum, 2. (teneo), „aufhalten", übtr. jmd. von einer Thätigkeit abhalten, abziehen: ab incepto *C.* 4.

*dē-trăho, xi, ctum, 3. „herabziehen", übtr. entziehen, benehmen: alcui dignitatem *or. Phil.* 4.

*dē-trecto (detracto), 1. herabsetzen, in Schatten stellen: alqm *J.* 53.

dētrīmentum, i (dētĕro), Verlust, Schaden: minore detrimento vinci *J.* 54; detrimentum capere, Schaden erleiden, zu Schaden kommen *C.* 29; *or. Phil.* 22; detrimento esse, zum Schaden gereichen *C.* 48.

dĕus, i, Gottheit, Gott: *plur.* di *J.* 102; boni *or. Phil.* 3; pro deûm (= deorum) hominumque fidem *C.* 20; dis *C.* 1. 15; *J.* 63. 90; dis immortalibus *C.* 52 (§ 28); *J.* 55. 75; dis volentibus *J.* 14 (§ 19); dis juvantibus *J.* 85 (§ 48); *or. Lep.* 27.

de-vinco, vici, victum, 3. (völlig) besiegen: alqm *C.* 51 (§ 28); bonum publicum privata gratia devictum est, unterlag durch Parteieinfluß *J.* 25.

dexter, tra, trum u. tĕra, tĕrum, rechts befindlich, recht: pars *C.* 59; latus *J.* 49; *subst.* dextra (dextera), ae, rechte Hand, rechte Seite: libertatem in dexteris portare *C.* 58; per hanc (= meam) dexteram moneo te *J.* 10; ab dextera, auf der rechten Seite *C.* 59; a sinistra ac dextera *J.* 50; dextrā, zur Rechten *J.* 11; dextera sinistra, rechts u. links *J.* 101; dextumi, ōrum, die rechte Flanke *J.* 100.

dextŭmus, a, um, f. dexter.

*.**dīcĭo**, ōnis, *f.* (dico), „Spruchrecht", das. Botmäßigkeit, Gewalt: jus atque dicio, völlige Abhängigkeit *C.* 20.

dīco, xi, ctum, 3. sprechen, sagen, vortragen: haec atque alia talia *J.* 32. 64. 81; orationem *J.* 30; facta *J.* 85 (§ 24); sententiam *C.* 51 (§ 9); causam (f. causa 2, *a*) *J.* 69; de alqua re *C.* 19; *J.* 19. 95; mit *acc. c. inf. C.* 22; *J.* 62; quae se audisse dicerent (Konjunktiv durch Attraktion) *C.* 49; *pass.* dicor mit *nom. c. inf.* („man sagt, daß ich..., ich soll"...) *C.* 24. 43. 59; *J.* 9. 17. 113; mit folg. *ne J.* 64; mit abhäng. Frage *J.* 17. 31 (§ 2); *subst. part.* dictum, i, Äußerung, Wort: dicta mea *ep. Mithr.* 13; contumeliosa *J.* 20; dicta cum factis componere *J.* 48; facta exaequare dictis („Darstellung") *C.* 3; haruspicis dicta, Ausspruch *J.* 64; insb. *a)* eine Rede halten, reden: bene *C.* 3; finem dicendi facere *C.* 52 (§ 1); *J.* 34. — *b)* bestimmen, festsetzen: uti dictum erat *J.* 113. — *c)* nennen: quae apud alios iracundia dicitur *C.* 51 (§ 14).

*.**dictĭto**, 1. wiederholt ob. mit Nachdruck sagen *J.* 84; atque eo dictitare fecisse, und zwar habe er, sagten sie, es deshalb gethan *C.* 22.

dictum, i, f. dico.

*.**dī-dūco**, xi, ctum, 3. „auseinanderziehen", militär., Streitkräfte teilen, zersplittern: manum hostium *J.* 25.

dĭēs, ēi, *m.* u. *f. (plur.* nur *mascul.)*, Tag: eo die *C.* 18; postero die *J.* 29. 38; die certo *J.* 79; die constituto *J.* 13; paucis diebus *J.* 24. 35. 46; in diebus proxumis decem („innerhalb") *J.* 28; paucis ante (post) diebus *C.* 47; *J.* 11; post eum diem, Tags darauf *C.* 48; dies noctisque, Tag u. Nacht *C.* 27; *J.* 94; in dies, von Tag zu Tag, täglich *C.* 5. 20. 24; *J.* 7. 74; *or. Lic.* 28; *ep. Mithr.* 12; dies advenit *J.* 113; coepit *J.* 91; consumptus est *J.* 98; multum diei processerat *J.* 51; decuma pars die (= diei) *J.* 97; die (diei) vesper erat *J.* 52. 106; die (diei) extremum erat *J.* 21; prägn. *a)* bestimmter Tag, Termin: comitiorum *C.* 26; *J.* 36; insidiarum *J.* 70; alcui diem statuere (f. ante 2, *c*) *C.* 36; diem colloquio delegere (decernere) *J.* 108. 112; diem negotio constituere *J.* 93; dies prolatare *C.* 43. — *b)* Zeitpunkt, Zeit: diem bello circumspicere *or. Phil.* 8; tempus et dies, Umstände u. Zeit *C.* 51 (§ 25); in tali die *J.* 66.

diffĕro, distŭli, dīlātum, differre (dis u. fero), „auseinandertragen", übtr. der Zeit nach aufschieben, verschieben: proelium *ep. Mithr.* 13; alqm in adventum alcjus, verweisen, vertrösten *or. Lic.* 21.

difficĭlis, e, schwierig, schwer: res *J.* 92. 93; casus *J.* 97; difficilia facere *J.* 93; alcui difficile est mit *inf. J.* 85 (§ 9); quod difficillumum in primis erat (f. primus) *J.* 7. — 2) v. Örtlichkeiten, schwer zugänglich: locus *J.* 87; locus aditu difficilis *J.* 91.

diffīcultās, ātis, *f.* Schwierigkeit, schwierige Lage *J.* 45; rerum *C.* 57; *plur. J.* 90; difficultatibus circumventus *J.* 7. — 2) v. Örtlichkeiten, Unzugänglichkeit: loci *J.* 98.

***diffīculter**, *adv.* schwierig, schwer: haud difficulter, unschwer *C.* 14.

diffīdentĭa, ae, Mangel an Vertrauen, Mißtrauen: rei („auf Erfolg") *J.* 60; futurum (esse), quae imperavisset, („daß geschehen werde") *J.* 100.

diffīdo, fisus sum, 3. (dis u. fido), kein Vertrauen zu etw. haben, die Hoffnung auf etw. aufgeben, an etw. verzagen, mit *dat.:* exercitui *J.* 43; virtuti militum *J.* 52; vitae *C.* 45; sibi patriaeque *C.* 31; armis *J.* 50; suis rebus („Lage") *J.* 32. 46. 75; *absol.* verzagen *J.* 36.

***diffluo**, xi, xum, 3. (dis u. fluo), „auseinanderfließen", übtr. in nichts verschwinden, zerrinnen *J.* 1.

dignĭtās, ātis, *f.* Würdigkeit, Verdienst *J.* 33; meton. *a)* Würde, Ansehen *C.* 51 (§ 7). 52 (§ 33). 54. 60; *J.* 33 (f. consulo); *or. Lep.* 26; dignitatem conservare *C.* 35; obtinere statum dignitatis („Stufe der Ehre") *C.* 35; Gefühl der Würde *J.* 41. — *b)* Amtswürde, Ehrenstelle *or. Cott.* 4.

dignus, 3. einer Person od. Sache wert, würdig, wozu berechtigt, mit *abl.:* avo *C.* 9; ampliore potestate *J.* 63; memoria, der Überlieferung würdig *C.* 4; *absol.* non digni homines, dessen nicht würdige *C.* 35; *subst.* digni, Strafwürdige, Schuldige *C.* 51 (§ 27). — 2) würdig, angemessen, entsprechend, geziemend: alquo *C.* 51 (§ 6); *J.* 21. 110; exitium dignum moribus factisque *C.* 55; dono dignum, des Verschenkens wert *C.* 54; poena digna pro factis *C.* 51 (§ 8); *absol.* timere digna, verdiente Strafe *J.* 62.

dīgrĕdĭor, gressus sum, 3. (dis u. gradior), von einander scheiden,

sich trennen *J.* 22. 111. — 2) weggehen, sich entfernen: domo *J.* 79; in castra *J.* 109; a parentibus *J.* 18; *absol.* bei Seite treten *J.* 94.

dījunctus, a, um, f. disjungo.

dī-lābor, lapsus sum, 3. „auseinandergleiten", v. Truppen, auseinanderlaufen, sich verlaufen, sich unvermerkt fortmachen *C.* 57; *J.* 18; *or. Phil.* 21 (f. colligo). — 2) übtr. *a)* sich in ein nichts auflösen, in Verfall geraten, vergehen: invidia dilapsa foret *J.* 27; divitiae dilabuntur *J.* 2; discordia maximae res dilabuntur *J.* 10. — *b)* v. d. Zeit, verfließen: dilapso tempore *J.* 36.

***dī-lăcĕro**, 1. zerreißen, zerfleischen: rempublicam *J.* 41.

dīlectus, ūs, f. delectus.

dīlĭgenter, *adv.* sorgfältig, gewissenhaft *J.* 14 (§ 12); diligentissime *J.* 95.

***dīlĭgentĭa**, ae, Achtsamkeit, Umsicht *C.* 51 (§ 19).

***dīmĭdĭus**, 3. (dis u. medius), halb: pars exercitus *J.* 64.

dī-mitto, misi, missum, 3. nach verschiedenen Seiten hin ausschicken, entsenden *C.* 42; alium alio *C.* 27. — 2) von sich fortschicken, entlassen: auxilia *J.* 8; conventum *C.* 21; alqm domum *C.* 40; *J.* 73; alqm impunitum *C.* 51 (§ 5); armatos *C.* 52 (§ 26); alqm cum litteris *J.* 9. — 3) übtr. auf etw. verzichten, etw. aufgeben: occupata *or. Lep.* 4.

***dī-mŏvĕo**, mōvi, mōtum, 2. „auseinander bewegen", übtr. entfernen, abwendig machen: alqm a plebe *J.* 42.

dīrĭmo, ēmi, emptum, 3. (dis u. emo), „auseinander nehmen", übtr. *a)* eine Handlung unterbrechen: proelium nox diremit *J.* 60. — *b)* eine Handlung vereiteln, scheitern machen: consilium *C.* 18.

dīrĭpĭo, rĭpŭi, reptum, 3. (dis u. rapio), „auseinander reißen", dah. plündern, rauben: Bithyniam *ep. Mithr.* 9; praedas bellicas *J.* 41.

*dī-rŭo, rŭi, rŭtum, 3. einreißen, zerstören: nova *C.* 20.

*dīs, ditis, *neutr.* dite, reich: dominus *or. Lic.* 26.

dis-cēdo, cessi, cessum, 3. auseinandergehen, sich trennen: in duas partes („Parteien") *J.* 13; profugi discedunt, fliehen auseinander *J.* 56. — 2) weggehen, sich entfernen: ex contione *J.* 34; Africa *J.* 20; domum *J.* 28; ex castris, entweichen *C.* 36; *absol.* frustra („ohne etw. erreicht zu haben") *J.* 25; insb. *a*) v. Truppen, sich entfernen, abziehen, abmarschieren: ab Zama *J.* 61; in colles *J.* 54; in loca occulta *J.* 56; eo *J.* 54; ab armis, die Waffen niederlegen *C.* 34. 36; *J.* 21. — *b*) irgendwie aus dem Kampfe hervorgehen, davonkommen: discedit superior („als Sieger") *C.* 39; vulneratus *C.* 61; ab Caesare victus discesserat, war vom C. (bei seiner Bewerbung) aus dem Felde geschlagen worden *C.* 49. — *c*) übtr. v. Abstimmenden im Senate: in sententiam alcjus discedere, jmds. Antrage beitreten *C.* 55.

discepto, 1. (capto), über etw. verhandeln, etw. zur Entscheidung bringen: de negotiis *J.* 11; de controversiis jure *J.* 21.

dis-cerno, crēvi, crētum, 3. absondern, abgrenzen: mons fines discernit *J.* 79. — 2) übtr. unterscheiden: discerneres, man hätte unterscheiden können *C.* 25.

*disciplīna, ae, „Unterweisung", insb. Kriegszucht *J.* 44.

disco, dĭdĭci, 3. lernen, erlernen: militiam *C.* 7; litteras graecas *J.* 85 (§ 32); alqd militando *J.* 85 (§ 13); latine loqui *J.* 101.

discordĭa, ae, Uneinigkeit, Zwietracht *J.* 10; civilis *C.* 5; *plur.* Zwistigkeiten *C.* 9; *or. Phil.* 14; civiles *J.* 78.

*discordiōsus, 3. zwietrachtliebend, händelsüchtig: volgus *J.* 66.

*discrīmen, ĭnis, *n.* (discerno), Unterschied: inter bonos et malos *C.* 52 (§ 22).

dīsīcĭo, jēci, jectum, 3. (jacio), „auseinander werfen", dah. Truppen auseinander sprengen, versprengen *C.* 61 (f. medius); disjecti *J.* 50. 53.

dis-jungo (dijungo), nxi, nctum, 3. „auseinander knüpfen", dah. trennen, scheiden: flumen regnum Jugurthae Bocchique disjungit *J.* 92; dijunctus regnis ab imperio *ep. Mithr.* 10.

dispār, pāris, ungleich, verschieden: genus *C.* 6; opes *J.* 52.

dispergo, si, sum, 3. (spargo), zerstreuen: dispersi milites *J.* 98; a suis *J.* 51; vis plebis dispersa in multitudine, zersplittert bei (wegen) der großen Menge *J.* 41.

dispertĭo, 4. (partio), verteilen: funditores inter manipulos (in die Gassen zwischen die einzelnen Manipeln) *J.* 49. — 2) mit *dat.* der Person, zuteilen: equites tribunis *J.* 46; portas tribunis (zur Bewachung) *J.* 59.

dis-pōno, pŏsŭi, pŏsĭtum, 3. an verschiedenen Orten aufstellen: praesidia *C.* 50. 55.

dissensĭo, ōnis, *f.* Uneinigkeit, Spaltung *J.* 12. 37; civilis *J.* 41; regum *J.* 35.

*dis-sentĭo, sensi, sensum, 4. „verschiedener Meinung sein", dah. mit etw. nicht übereinstimmen, wesentlich von etw. abweichen: a moribus *C.* 3.

dis-sĕro, sĕrŭi, sertum, 3. „auseinander reihen", dah. sich über einen Gegenstand verbreiten, etw. besprechen, worüber ausführlich sprechen: instituta *C.* 5; alqd hujusce modi verbis *J.* 30; multa de administrando imperio *J.* 11; de alqua re *C.* 51 (§ 15). 52 (§ 3); *J.* 42. 102; pro se *J.* 111 (f. pro 2, *a*); quomodo habuerint *C.* 5; quae fecerit *J.* 95; *absol.* hoc modo *J.* 84; multis, mit vielen Worten *or. Lic.* 1.

dissĭmĭlis, e, unähnlich, ungleichartig: lingua *C.* 6; moribus dissimilis *J.* 85 (§ 37).

*dissĭmĭlĭter, *adv.* unähnlich, verschieden: oppidum haud dissimiliter situm *J.* 89.

dissimulator   divorsus   51

*dissĭmŭlātor, ōris, Verhehler, Verleugner: animus C. 5 (f. simulator).

dis-sĭmŭlo (dissimilo), 1. „unähnlich machen", dah. so thun, als ob etw. nicht sei, was ist, etw. verhehlen, verleugnen: omnia C. 31; negotia J. 95 (f. simulo); de conjuratione, sich in Betreff der Verschwörung unwissend stellen C. 47; *absol.* dissimulandi causa, um sich nichts merken zu lassen C. 31.

dis-solvo, solvi, sŏlūtum, 3. „auflösen", übtr. auflösen, vernichten: plerosque senectus dissolvit J. 17; mors mala, hebt auf C. 51 (§ 20).

*dis-trăho, xi, ctum, 3. „auseinanderziehen", dah. trennen, teilen: animus distrahitur, die Neigung teilt sich J. 80.

dis-trĭbŭo, bŭi, būtum, 3. verteilen, austeilen, zuteilen: pecuniam J. 12; copias in partes J. 101; pecus exercitui per centurias aequaliter J. 91 (f. per 2); familias Capuam et in cetera municipia C. 30.

dis-turbo, 1. „stürmisch auseinander werfen", übtr. stören, hintertreiben: pacem et concordiam *or. Phil.* 13. 15.

dītĭo, ōnis, f. dicio.

dīu, *adv.* (alter *abl.* v. dies), bei Tage: diu noctuque, Tag u. Nacht J. 38. 44. 70 (*Jordan:* die noctuque). — 2) eine geraume Zeit hindurch, lange C. 1. 41; J. 94. 113; *comp.* diutius C. 39. 58; all zu lange J. 59.

*dĭurnus, 3. täglich: merces, Taglohn *or. Phil.* 7.

dĭūtĭus, f. diu.

*dĭŭturnĭtās, atis, f. lange Dauer: belli J. 64.

dĭūturnus, 3. lange dauernd, anhaltend: quies C. 31; bellum J. 79.

*dī-vello, velli (vulsi), vulsum, 3. losreißen: liberos a parentum complexu, aus den Armen der Eltern C. 51 (§ 9).

dīversus, a, um, f. divorsus.

dīvĕs, ĭtis, reich C. 27; *ep. Mithr.* 10.

dīvĭdo, vīsi, vīsum, 3. teilen, abteilen: regnum J. 20. — 2) teilen, verteilen: thesauros J. 12; regnum inter Jugurtham et Adherbalem J. 16; praedam militibus J. 91; negotia hoc modo C. 43. — 3) trennen, scheiden: locus Aegyptum ab Africa dividit J. 19; Medi freto divisi ab Hispania J. 18.

dīvīnus, 3. göttlich: mens J. 92; divina atque humana (omnia), alle sittliche Ordnung C. 12; J. 5. 31 (§ 9. 20); *or. Phil.* 10; *ep. Mithr.* 17; *subst.* divina, göttliche Rechte *or. Lep.* 11.

dīvīsĭo, ōnis, f. Teilung, Einteilung J. 16; orbis terrae J. 17.

dīvĭtĭae, ārum, Reichtum: magnae J. 2. 31 (§ 9); honestae C. 7; homo maxumis divitiis C. 48; divitias quaerere J. 87; petere C. 33; profundere C. 20; vincere C. 20.

di-volgo (divulgo), 1. ausbreiten, veröffentlichen: res fama divolgat J. 30; fama facinoris divolgatur J. 13.

*divorsē (diverse), *adv.* nach verschiedenen Seiten: paulo divorsius, etwas entfernter C. 61.

dīvorsus (diversus), 3. „auseinander gewendet", dah. nach verschiedenen Seiten hin (gewendet), der eine da, der andere dort J. 12. 55. 87; divorsi redeuntes, in verschiedenen Richtungen zurückkehrend J. 101; alius alio quam maxume divorsi, in möglichst verschiedenen Richtungen J. 50; divorsis itineribus, in verschiedenen Richtungen C. 50; legatos alium ab alio divorsum aggreditur, den einen vom andern getrennt d. i. jeden für sich J. 46; divorsi audistis, jeder besonders C. 20. — 2) „anderswohin gewendet", dah. in entgegengesetzter Richtung, entgegengesetzt: divorso itinere a bonis, auf entgegengesetztem Pfade als die Guten C. 52 (§ 13). — 3) übtr. der Beschaffenheit nach abweichend, ganz verschieden, entgegengesetzt: mores C. 53; mentes J. 31 (§ 24, f. in B, 8); divorsa inter se mala C. 5; divorsus agitabatur, in verschiedener Weise J. 25; divorsissumae res J. 85 (§ 20); ab his longe divorsae litterae

4*

52 divus — domus

C. 34; ab ea fama divorsum est *J.* 17; exercebant divorsi, in entgegengesetztem Streben *C.* 2.

*dīvus, 3. göttlich: *subst.* divi, die Götter: bene juvantibus divis *(Jordan) or. Lep.* 27.

do, dĕdi, dătum, dăre, geben: alqd dono *J.* 5; alcui litteras ad alqm *C.* 44; jusjurandum („schriftliche Eidesversicherung") *C.* 44; mandata *C.* 44; alcui negotium *C.* 40; locum hostibus introeundi *J.* 38; occasionem pugnandi *C.* 56; signum *C.* 18; *J.* 21; fidem *C.* 44. 48; *J.* 61. 81; virtuti honorem *J.* 3; vades, stellen *J.* 35. 61; foedus et amicitiam, gewähren *J.* 104; senatum („Audienz im Senat") *J.* 13; provinciam alcui, übertragen *C.* 19; *J.* 82; *absol.* schenken *C.* 54; *insb. a)* zahlen: poenas dare, Strafe erleiden, gestraft werden *C.* 18. 22. — *b)* widmen: operam dare, Mühe aufwenden, dahin wirken, darauf hinarbeiten *C.* 29. 41; *J.* 51. 112. — *c)* überlassen, übergeben: se luxu (= luxui) corrumpendum *J.* 6; se alcui, sich ergeben *J* 32. 75. — *d)* verursachen, machen: hostes victos dare (= vincere) *J.* 59; ambitione praecepes datus est *J.* 63.

dŏceo, cŭi, ctum, 2. lehren, unterrichten, instruieren: doctus sum hostem ferire *J.* 85 (§ 33); uti doctus erat *J.* 12; multa alia doctus („bewandert in") *C.* 25; quomodo verba facerent *J.* 103; *part.* doctus als Adjekt., gelehrt: eruditus juxta atque doctissumi *(Jordan) J.* 95. — 2) unterrichten, in Kenntnis setzen, mitteilen, schildern: opes suas *C.* 17; alqm (de alqua re) *C.* 48; *J.* 13; mit *acc. c. inf. C.* 27. 47; *J.* 40. 49. 68; docendi (erg. fuistis) *or. Lic.* 1.

*doctor, ōris, Lehrmeister: litterae nihil profuerant doctoribus, d. i. der griechischen Nation *J.* 85.

*doctissŭmē, *adv.* (*superl. v.* docte), sehr gelehrt: atque doctissume eruditus, und zwar sehr gründlich *J.* 95.

*dŏcŭmentum, i, Beweis: rerum *C.* 9.

dŏleo, ui, ĭtūrus, 2. wehe thun, schmerzen: alia illis dolentia. — 2) sich über etw. betrüben, etw. schmerzlich empfinden, betrauern: alqd *J.* 110; casum *C.* 40; *J.* 14 (§ 22); pro gloria, schmerzlich besorgt sein *J.* 39.

dŏlor, ōris, *m.* Schmerz, Unwille, Kränkung: injuriae *C.* 28; dolore permotus *J.* 20; impeditus eo dolore (= ejus rei dolore) *J.* 83.

dŏlus, i, Truglist, hinterlistige Handlung, Täuschung *C.* 26; *J.* 46. 53; dolum quaerere *J.* 70; parare *C.* 28; componere *J.* 111; alqm per dolum capere *J.* 11; dolis capere *C.* 14; *J.* 14 (§ 11); interficere *J.* 6; temptare *J.* 23; fatigare *J.* 56; dolis vitae insidiari *J.* 22; dolis atque fallaciis contendere *C.* 11.

dŏmĭnātĭo, ōnis, *f.* Oberherrschaft, Gewaltherrschaft *C.* 20 (f. manus 1, *d*); *J.* 31 (§ 20); Sullae *C.* 5. 28; paucorum *or. Lic.* 6; in alqm *or. Lep.* 2; in alquo *or. Lic.* 11; certamen dominationis *J.* 41; ad dominationem accensus *J.* 31 (§ 16); alqm dominatione pellere *or. Lic.* 3.

dŏmĭnor, 1. der Herr spielen, herrschen *J.* 31 (§ 23); *or. Lic.* 10; lubido (studium) dominandi *C.* 2. 33; übtr. lubido dominatur *C.* 51 (§ 3); fortuna dominatur in omni re *C.* 8.

dŏmĭnus, i, Eigentümer *or. Lep.* 18. — 2) Herr, Hausherr: imperia dominorum *J.* 31 (§ 11). — 3) Oberherr, Herrscher, Gebieter *J.* 85 (§ 35); *or. Lic.* 6.

dŏmo, mŭi, mĭtum, 1. zähmen: domitum pecus, zahmes Vieh *J.* 75. — 2) übtr. bezwingen, überwältigen: alqm bello *C.* 10; omnia domita armis parent *C.* 36; virtus domuerat omnia, war über alles Herr geworden *C.* 7.

dŏmus, ūs u. (als Lokativform) i, *f.* Haus: domo egredi *C.* 46; alqm in domum alcjus perducere *C.* 40; domo alcjus uti, bei jmd. Wohnung nehmen

dono   **dum**   53

J. 12; domi, im Hauſe, zu Hauſe *J*. 5; *or. Phil*. 15; domi … hic (= in senatu) *C*. 52 (§ 23); im Hausweſen *C*. 9; *J*. 63; domi suae, in ſeinem eigenen Hauſe (a. L. domui suae) *C*. 28; domum, nach Hauſe: ire *J*. 12; alqm domum dimittere *C*. 40; aurum domum regiam comportare *J*. 76; centuriones domos suas invitare *J*. 66. — 2) Heimat: procul ab domo *ep. Mithr*. 16; domi, daheim, in der Heimat *C*. 17. 36; *J*. 19. 79; domi … foris *C*. 20. 52 (§ 21); domi forisque *J*. 85 (§ 3); belli domique, daheim u. im Felde, im Krieg u. Frieden *J*. 41; *or. Cott*. 6; domi militiaeque *C*. 5. 6. 53; *J*. 14 (§ 1). 31 (§ 11); *or. Cott*. 1; domum, in die Heimat, nach Hauſe: pergere *C*. 44; dimittere *J*. 47. 73; discedere *J*. 28; reverti *J*. 8; domo, aus der Heimat: expellere *C*. 37; proficisci *J*. 79; digredi *J*. 79; exsul *J*. 14 (§ 17); extorris *J*. 14 (§ 11).

dōno, 1. ſchenken: alcui alqd *J*. 87; alqm, beſchenken *J*. 8. 54.

dōnum, i, Gabe, Geſchenk: militare *J*. 85 (§ 29); dono dignum, des Verſchenkens wert *J*. 54; alqm donis corrumpere *J*. 97. 102; dono dare, zum Geſchenk geben *J*. 5. 85 (§ 38); *or. Lep*. 17; *or. Lic*. 27; animam dono dare, zum Opfer *or. Cott*. 12.

dormĭo, 4. ſchlafen *C*. 13; *J*. 12. 71.

dŭbĭē, *adv*. zweifelhaft, ungewiß: haud dubie, ohne Zweifel, unſtreitig *J*. 102; *ep. Mithr*. 9.

dŭbĭtātĭo, ōnis, *f*. Unſchlüſſigkeit, Bedenken *J*. 30. 62.

dŭbĭto, 1. Zweifel hegen, ungewiß ſein: quid facto opus esset *C*. 46; virtuti an fide (= fidei) minus crederet *J*. 74; fortior an felicior esset *J*. 95.— 2) v. Entſchluſſe, ſchwanken, unſchlüſſig ſein, Bedenken tragen: quid faciatis *C*. 52 (§ 25); mit *inf*. *C*. 15; *absol*. *C*. 28. 43.

dŭbĭus, 3. zweifelhaft, ungewiß: quidnam facies ostenderet *J*. 49. — 2) unſchlüſſig, unentſchloſſen *J*. 97. 107; hostes, ſchwankend *J*. 51. — 3) objektiv von dem, wobei man ungewiß iſt: *a*) zweifelhaft, unentſchieden: quae si dubia aut procul essent *J*. 85 (§ 48); dubium habere, für fraglich halten *or. Lic*. 8. — *b*) bedenklich, mißlich, gefährlich: nisu dubia *(Jordan*: nisui) *J*. 94; res dubiae *C*. 10. 51 (§ 1); *J*. 14 (§ 5); dubiis rebus *(abl. abs.)*, in Folge der bedenklichen Umſtände *C*. 39; in dubio esse, auf dem Spiele ſtehen, gefährdet ſein *C*. 52 (§ 6).

dūco, xi, ctum, 3. „ziehen", insb. die Summe ziehen, berechnen, daß. *a*) unter etw. rechnen, zählen: alqm cognatorum loco, als Blutsfreund betrachten *J*. 14 (§ 1). — *b*) für etw. erachten, für etw. halten, *pass*. für etw. gelten: alqm idoneum *J*. 82; alqd hostile *ep. Mithr*. 17; periculosum *J*. 74; primum *J*. 41. 76; omnia bello potiora *J*. 62; id flagitium ducitur *J*. 54; necessitudo levis ducitur *J*. 80; ficta pro falsis *C*. 3; innocentiam pro malevolentia *C*. 12; alqd minoris, geringer achten *J*. 32; necessaria post honorem, nachſetzen *J*. 73; verba ante facta *J*. 15; honori duci, als Ehre gelten *J*. 11; modestiam in conscientiam ducere, als Schuldbewußtſein auslegen *J*. 85 (§ 26); mit *acc. c. inf*. glauben: quae mox usui fore ducebat *J*. 93. — 2) führen: alqm Romam *J*. 32; in vincula *J*. 33; per triumphum *ep. Mithr*. 8. — 3) v. Feldherrn, anführen, befehligen: partem exercitus *J*. 55. 106.— 4) mitnehmen, entwenden: sibi quisque ducere, trahere, rapere coepere *J*. 41.

ducto, 1. *(v. intens*. v. duco), führen, mit ſich führen: equites *C*. 19; exercitum per loca *J*. 38. — 2) anführen, befehligen: exercitum *C*. 11. 17; *J*. 70.

*****ductus**, ūs, Führung, Anführung *ep. Pomp*. 1.

dum, *conj*. v. der Gleichzeitigkeit zweier Handlungen, während, indem: mit *praes. indicat*. *C*. 50. 52 (§ 12). 58; *J*. 4. 22. 52. 58. 101; dum haec geruntur *C.* 56; *J.* 32. 95; in *orat. obliq.* mit Konjunkt. *C.* 7. — 2) die Dauer einer Handlung an die Dauer einer andern knüpfend, so lange als *C.* 36; *J.* 14 (§ 10); tantummodo dum, nur so lange als *J.* 53. — 3) wenn d. Handlung bis zum Eintreten einer andern dauert, bis daß: mit Konjunktiv *or. Phil.* 10. — 4) z. Beschränkung im Bedingungssatze, wenn nur, wofern nur, mit Konjunktiv *C.* 5. 14. 40; *J.* 68.

dŭo, ae, o, zwei: duos *J.* 23. 28. 102; duum milium *J.* 50. 91. 106. —

2) die zwei, die beiden: imperatores *J.* 52; reges *J.* 21; Hispaniae *C.* 18; decreta *C.* 36.

*dŭplĭco, 1. verdoppeln: curam *or. Cott.* 2.

*dūrĭtĭa, ae, „Härte", übtr. Abhärtung, rauhe Lebensweise *J.* 100.

dux, dŭcis, Führer, Leiter *J.* 94; *or. Lep.* 27; multitudinum *C.* 50; itineris periculique *J.* 93; dux atque imperator vitae animus est *J.* 1. — 2) Anführer, Feldherr: hostium *C.* 52; turmarum *C.* 38; aliquo duce, unter jemds. Anführung *C.* 6.

E.

ē, *praep.* s. ex.

eā, *adv.* daselbst, da: irrumpere *J.* 38; evadere *J.* 50.

ĕādem, *adv.* ebenda, auf demselben Wege: regredi *J.* 93; ascendere *J.* 94; ingredi *J.* 42.

*eccĕ, *adv.* siehe da *J.* 14 (§ 11).

ecfĕro s. effĕro.

ē-dīco, xi, ctum, 3. aussagen, entdecken: quae sciret *C.* 48. — 2) „öffentlich bekannt machen", *subst. part.* edictum, i, Verordnung, Edikt (einer Behörde) *J.* 45.

ē-do, dĭdi, dĭtum, 3. „herausgeben", dah. eine Schrift veröffentlichen, herausgeben: orationem scriptam *C.* 48. — 2) „emporheben", *part.* editus als Adjekt. sich erhebend, hoch: mons in immensum editus *J.* 92; collis magna parte editus *J.* 92; locus editior *J.* 58 (quam alii, näml. ceperant); *J.* 98.

ē-dŏcĕo, cŭi, ctum, 2. gründlich lehren, in etw. genau unterweisen: juventutem mala facinora *C.* 16; omnia venalia habere *C.* 10. — 2) jmd. über etw. genau unterrichten, instruieren, worüber genaue Auskunft geben, etw. auseinandersetzen: (alqm) acta *J.* 53. 83; alqm mit Relativsatz *J.* 49. 56. 109; id agi *J.* 27; edocti a nobilitate, genau instruiert *J.* 66; cuncta edoctus, von allem genau unterrichtet *C.* 45; *J.* 112.

ē-dūco, xi, ctum, 3. herausziehen: gladium *C.* 51 (§ 36). — 2) „herausführen", dah. Truppen ausrücken lassen, aufbrechen lassen: expeditos *J.* 68.

*effēmĭno, 1. „zum Weibe machen", übtr. unmännlich machen, entnerven: avaritia corpus animumque effeminat *C.* 11.

effĕro, extŭli, ēlātum, efferre, „emporheben", übtr. erheben: alqm pecunia aut honore, auszeichnen *J.* 49; sese, sich überheben *J.* 14 (§ 11).

*effētus, 3. durch Gebären geschwächt: sicuti effeta aetate parentum, „wie im unfruchtbaren Greisenalter der Eltern" (*Jordan:* sicuti effeta parente, „wie wenn eine Mutter durch Gebären geschwächt ist") *C.* 53.

effĭcĭo, fēci, fectum, 3. (facio), zu Stande bringen, ausrichten, ausführen, bewirken: utres *J.* 91; jussa *J.* 24; mandata *J.* 58; alqd pretio *J.* 29; quod intenderat *J.* 25; mit folg. *ut C.* 26; *J.* 40. 61; insb. *a)* bewirken, verursachen, erregen: plus timoris *C.* 42; zeugmatisch: numerum ampliorem et metum efficiebant, ließen die Anzahl größer erscheinen und erregten Furcht *J.* 105. — *b)* mit Prädikatsakkusat. wozu machen: alqm similem *C.* 14; extorrem *J.* 14 (§ 11); decretum ratum *or. Lic.* 16; memoriam nostri quam maxume longam *C.* 1; se e contempto metuendum *or. Phil.* 3; ex rege miserrumum servorum *ep. Mithr.* 8.

*effringo, frēgi, fractum, 3. (frango), aufbrechen, erbrechen: clausa (s. claudo) *J.* 12.

effŭgĭo, fūgi, fŭgĭtum, 3. entkommen, entgehen: manus impias *J.* 14 (§ 14); tanta mala *C.* 40.

effundo, fūdi, fūsum, 3. „ausgießen", dah. v. lebend. Wesen, in Menge ausströmen lassen, *pass.* medial, herausströmen: volgus oppido effusus *J.* 69. — 2) „auseinandergießen", *part.* effusus als Adjekt., zerstreut, nicht in Reih' u. Glied: effuso exercitu praedari *J.* 55; effusos hostes invadere *J.* 87; effusos consedere *J.* 98.

*effūsē, *adv.* zerstreut, nicht in Reih' u. Glied: equites effuse euntes *J.* 105.

ĕgĕo, ŭi, 2. „Mangel leiden, darben", *part.* egens als Adjekt., dürftig, sehr arm *C.* 18. 33. 37; egentissumus quisque *J.* 86. — 2) einer Sache bedürftig sein, etw. nötig haben, bedürfen: auxilio *C.* 1; fortuna *J.* 1; beneficiis *C.* 14 (§ 3); auxilii *J.* 14 (§ 23). 31 (§ 29); aquae *J.* 89; alienae opis *or. Cott.* 4; omium (multarum) rerum egens *J.* 14 (§ 17). 43; *absol. J.* 110 (s. pretium). — 3) (= carco) ermangeln, entbehren: consilii *C.* 51 (§ 37); nullius rei *J.* 57.

ĕgestās, ātis, *f.* Dürftigkeit, (bittere) Armut *J.* 14 (§ 23); *or. Phil.* 15; *ep. Pomp.* 6. — 2) Mangel an etw.: frumenti *C.* 58; pabuli *J.* 44.

ĕgo, ich: ego infelix *J.* 14 (§ 23); equidem ego sic existumo *J.* 51; verstärkt durch met: egomet *J.* 85 (§ 13. 47). 110; memet *J.* 4. 85 (§ 4); nosmet *C.* 20; *or. Lep.* 10; memoria nostri *C.* 1; proditor nostri *or. Phil.* 15; misereri nostri *J.* 14 (§ 26); quisquam nostrum *C.* 53.

ēgrĕdĭor, gressus sum, 3. (gradior), herausgehen, sich entfernen: ex senatu *C.* 49; castris aquatum *J.* 93; curia *J.* 15; domo *C.* 46; oppido *J.* 91; provinciā *J.* 44; Romā *J.* 35; extra vineas *J.* 94; ordine, aus Reih' u. Gliedtreten *J.* 45. — 2) ausrücken, abziehen: ad oppugnandum *J.* 59; *absol. J.* 56. 91 (s. paro 3); *J.* 106. — 3) hinaufsteigen, emporsteigen: ad summum montis *J.* 93; scalis *J.* 60. — 4) *transit.* über eine Örtlichkeit hinausgehen, sie überschreiten: flumen *J.* 110.

ēgrĕgĭus, 3. (grex), „aus der Herde auserlesen", dah. ausgezeichnet, vorzüglich, trefflich: adulescens *C.* 52 (§ 31); homo *C.* 36; in aliis artibus *J.* 82; factum *J.* 63 (s. sum 2, *c*); *or. Lep.* 12; facinus *J.* 2. 79; fama *ep. Mithr.* 2; virtus *C.* 53; liberalitas *C.* 49; merces *or. Lep.* 23; *subst.* magna et egregia tua, deine großen und ausgezeichneten Thaten *J.* 10.

*ēgressus, ūs, Ausgang: itinera egressusque, Wege und Stege *J.* 35.

*ēheu, Ausruf des Schmerzes, o, ach! eheu me miserum *J.* 14 (§ 9).

ēĭcĭo, jēci, jectum, 3.(jacio), „herauswerfen, dah. vertreiben: alqm finibus *J.* 14 (§ 8); ex Africa *J.* 14 (§ 10).

ejusmodi, s. modus 2.

*ēlĕgantĭus, *adv.* (*comp.* v. eleganter), kunstgerechter: saltare *C.* 25.

ĕlĕphantus, i, Elefant *J.* 29. 32. 40. 49. 52. 53. 62.

ēlŏquentĭa, ae, Beredsamkeit *C.* 5. 45.

*ēmentĭor, 4. erlügen, erdichten: alqd *C.* 49.

*ē-mĕrĕo, ŭi, ĭtum, 2. ausdienen: homines emeritis stipendiis, ausgediente Krieger *J.* 84.

ē-mĭnĕo, ŭi, 2. hervorragen, hervorstehen: radices eminent *J.* 94; eminentia saxa *J.* 93.

ēmĭnus, *adv.* (e u. manus), aus der Ferne, von fern: tela (jacula) mittere

e-mitto — equester

J. 58. 101; pugnare *J*. 51. 57; sauciare *J*. 50; terrere *J*. 94.

ē-mitto, mīsi, missum, 3. entsenden, absenden: cohortes eo *J*.77. — 2) abwerfen, schleudern: jacula manu aut tormentis *J*. 57; jacula eminus *J*. 101.

ĕmo, ēmi, emptum, 3. kaufen: tabulas *C*. 20; imperium *or. Phil.* 7; alqd ab alquo *J*. 8; copia emundi *J*. 18.

ē-mŏrĭor, mortuus sum, 3. sterben *C*. 20 (s. per 7); *J*. 14 (§ 24).

*emptor, ōris, Käufer *J*. 35.

ēn, *interject.,* siehe (sehet), da ist, da hast du (habt ihr): adsum en *or. Cott.* 10; en illa libertas *C*. 20; en habes virum *J*. 9.

ĕnim, *conj.,* begründend u. erklärend, denn, nämlich: quid enim crudele fieri potest *C*. 51 (§ 17); non enim *C*. 14; neque enim *J*. 95; at enim, aber freilich *C*. 51 (§ 24).

***ĕnim-vēro,** *conj.,* in der That, allerdings: verum enimvero *C*.2.20.

***ēnĭtesco,** 3. (*v. inchoat.* v. eniteo), hervorleuchten, sich in vollem Glanze zeigen: ubi virtus enitescere posset *C*. 54.

ē-nītor, nīsus (nixus) sum, 3. „stemmend sich herausarbeiten", dah. sich anstrengen, sich bemühen, eifrig wonach streben: mit folg. *ut J*. 22; mit *ne J*. 10; mit *inf. J*. 14 (§ 1); *passiv.* ab fautoribus enisum est, wurde darauf hingearbeitet *J*. 25.

ē-nŭmĕro, 1. aufzählen, anführen: proelia *ep. Pomp.* 6; quae victis acciderent *C*. 51 (§ 9).

***ē-nuntio,** 1. „aussagen", dah. mitteilen, verraten: dolum alcui *C*.28.

1. **ĕo,** īvi, ĭtum, īre, gehen: domum *J*. 12; ad alqm *J*.103; bildl. viā ire, einen Pfad betreten *or. Lic.* 2; ire in alqm (contra injurias), auftreten gegen *or.Lic.*11 (s. animus 2,*d*); *J*.31 (§ 6); superbiae obviam itum est *J*.5. — 2) marschieren, ziehen: late *J*. 68; equites effuse euntes *J*. 105; hostibus obviam ire *C*. 6; *J*. 95; mit *supin.,* worauf ausgehen: ereptum *J*. 85 (§ 42); ultum *J*. 69; captum *or. Lep.* 20 (s. capio 2,*b*); perditum, zu Grunde zu richten suchen *C*. 36. 52 (§ 12); *J*. 31 (§ 27); venum, verkauft werden *J*.28.

2. **ĕō,** *adv.,* dahin: venire *C*. 44. 60; *J*. 39; convenire *C*. 17; advocare *C*. 46; mittere *J*. 77; eo (= in pecus) imponere, darauf *J*. 75; eo acerrume niti, nach dem Ziele hin (d. i. nach der zu erstürmenden Stelle der Mauer) arbeitete er mit aller Kraft *J*. 60. — *b*) bis zu dem Punkte, bis zu dem Grade, so weit: eo processum (esse) *J*. 21; mit *gen.*: eo magnitudinis procedere, bis zu einer solchen Stufe der Größe sich aufschwingen *J*. 1; eo vecordiae, einen solchen Grad von Wahnsinn erreichen *J*. 5; eo miseriarum venturus eram, ich sollte in solches Elend geraten *J*. 14 (§. 3). — 2) als *abl. neutr.* von es, a) dadurch: eo fit *C*. 52 (§ 23). 53. — *b*) deshalb, deswegen *or. Phil.*13; quia . . . eo *C*. 20. 52 (§ 11); eo . . . quia *J*. 89; eo . . . quo *C*. 22. 48; eo magis honesti *J*. 3; eo natus, dazu bestimmt *J*. 24. — *c*) beim Komparat., um so, desto: eo magis *C*. 4. 52 (§ 16). 54; *J*. 22; eo profusius *C*.13; eo intentior *J*.55; eo amplius *J*. 80; eo acrius *J*. 94; eo minus *J*. 22; eo vehementius *J*. 31 (§ 17).

eōdem, *adv.* ebendahin *C*.46; *J*. 35. 90. 113; eodem regressus *C*. 4; dicta eodem intendunt *J*. 64.

***ĕpistŭla** (epistŏla), ae, Zuschrift, Brief *J*. 71.

ĕpŭlae, ārum, die Speisen: vino et epulis onerati *J*.76. — 2) Mahlzeit, Schmaus *J*. 85 (§ 41); inter epulas *J*. 66.

ĕquĕs, ĭtis, Reiter, *plur.* Reiterei: auxiliarii *J*. 46. 90; Romani *J*. 65; Hispani *C*. 19; Mauri *J*. 97. 106; Numidae *J*. 68. 69; equitum auxilia *J*. 7. — 2) Ritter (als zweiter Stand des röm. Volkes): Romanus *C*. 28; *plur. C*. 49; *J*. 65.

ĕquester, tris, tre, die Reiterei betreffend: proelium, Reitertreffen

equidem   etiam   57

J. 59. 60. — 2) die Ritter be=
treffend: ordo, Ritterstand *C.* 17.

ĕquĭdem, *adv.* (verstärktes quidem),
allerdings, fürwahr, doch wohl,
gewiß: scitis equidem *C.* 58; vanum
equidem hoc consilium est *C.* 52 (§ 16);
equidem ego („ich für meine Person")
C. 51 (§ 15); *J.* 10. 85 (§ 26); equidem fateor *ep. Pomp.* 4; putabam *or.
Phil.* 6; scio equidem *or. Mithr.* 16;
possum equidem *C.* 51 (§ 20); equidem cum intellegerem *ep. Mithr.* 13;
equidem nos jam pridem amisimus
C. 52 (§ 11).

ĕquĭtātus, ūs, Reiterei *J.*49.95;
plur. Reiterscharen *J.* 46.

*ĕquĭto, 1. reiten *J.* 6.

ĕquus, i, Pferd: militaris, Streit-
roß *C.* 7; equum escendere *J.* 95;
equo circumire *C.* 59. — 2) meton.
Reiter: equi atque viri, Reiter= u.
Fußvolk *J.* 101. 51.

ergō, *adv.* infolgedessen, da=
her *J.* 63. — 2) also, demnach
J. 85 (§ 18); in unwilliger Frage:
numquam ergo familia nostra quieta
erit *J.* 14 (§ 9).

ērĭpĭo, rĭpŭi, reptum, 3. (rapio),
„herausreißen", dah. entreißen, be=
freien: alqm *C.* 50. 52 (§ 14); alqm
manibus impiis *J.* 24; ex periculo
C. 48; ex servitute *C.* 48; civitatem
periculis *C.*46.—2)(gewaltsam,wider-
rechtlich) entreißen, rauben: pecuniam alcui *J.* 31 (§ 25); bona *C.*37;
praemia *C.* 85 (§ 42); beneficia *J.* 14
(§ 8); alqd victis *C.* 12; animam *C.* 51
(§ 22); vitam *J.* 14 (§ 15); victoriam
ex manibus *J.* 82; legis praesidium
C. 33; faciundi licentiam *J.* 31 (§ 22);
fortuna probitatem neque dare neque
eripere potest *J.* 1.

errātum, i, s. erro.

erro, 1. „umherirren", übtr. *a)* im
Irrtum sein, sich irren: procul
(„sehr") *J.*85; *subst. partic.* erratum, i,
Verirrung *J.* 102. — *b)* aus Irr=
tum fehlen *J.* 102. 104.

*ērūdĭo, 4. (rudis), „entrohen", dah.
ausbilden, unterrichten: grae-
cis litteris eruditus *J.* 95 (s. doctissume).

ē-rumpo, rūpi, ruptum, 3. hervor=
brechen, einen Ausfall thun: por-
tis *J.* 99; ad alqm, sich durchschlagen
*C.*43; inter tela („mitten durch")*J.*101.

escendo, di, sum, 3. (scando), hin=
aufsteigen, emporsteigen *J.* 93. 94;
equum, besteigen. *J.* 97.

et, *conj.* verbindet Begriffe u. Sätze,
die als gleichwichtig gedacht werden sollen,
und: cognati et affines *J.* 85; privatim et publice *C.* 11; et ... et,
sowohl ... als auch, einerseits ...
andererseits: vis et animi et corporis *C.* 5; et haec et illa *J.* 24; et
haec et multa praeterea *C.* 22; et qui
fecere et qui scripsere *C.* 3; que ...
et, s. que; neque ... et, s. neque;
insb. *a)* explikativ, und zwar *or. Cott.*
6; *or. Lic.* 15; et jam tum *C.*19; et
vos parati estis *C.* 20; et disserunt
C. 51 (§ 15); et opes contusae sunt
J. 43; et jam die vesper erat *J.*52;
et eos caedere *J.* 58; scelus et par-
ricidium, verbrecherischer Mord *or. Lep.*
24; et is, s. is. — *b)* und noch da=
zu: et ea agere *J.* 85 (§ 3); et advorsum eos *J.* 105; et ab iis *or. Phil.*
1; et multo paucioribus *ep. Pomp.* 5.
— *c)* et non (= et non potius), und
nicht vielmehr: et non per totam
Italiam *C.* 52 (§ 15). — 2) auch:
et alienis nominibus *C.* 35; simul et
J. 20. 25. 84. 92. 97. — 3) nachdem,
wie, als: non eadem nobis et illis
necessitudo impendet *C.* 58.

ĕtĕnim, *conj.* nämlich, denn *C.*
20; *J.* 85 (§ 49).

ĕtĭam, *conj.* (= et jam) z. Bezeichn.
der Dauer in der Zeit, noch: etiam a
culpa vacuus *C.* 14; paululum etiam
spirans *C.* 61; nondum etiam, noch
immer nicht *J.* 31 (§ 20); etiam nunc,
auch jetzt noch, noch immer *C.*52 (§ 25).
31 (§ 3); etiam tum, damals noch, noch
immer *C.* 2; *J.* 21. 40. 51. 54. 63.
103; *or. Phil.* 6; etiam atque etiam,
aber= und abermals, immer wieder *J.* 85
(§ 28). — 2) ein neues Urteil beifügend,

58 etiam-nunc

auch, noch dazu: atque etiam *J.* 85 (§ 21); *C.* 52 (§ 26); non modo ... verum etiam *J.* 89. — 3) steigernd, auch sogar, selbst: etiam ad necessaria *C.* 20; etiam ab infimis *C.* 44; etiam timidos *C.* 58; multum etiam periculosa *J.* 1; mulieres etiam *C.* 24; periculis etiam *J.* 85 (§ 18); etiam bonos *J.* 4; ac naturam etiam vincere *J.* 75; etiam si, auch wenn, selbst wenn *J.* 10. 106; ceterum etiam, ja sogar *J.* 84.

ĕtiam-nunc, etiam-si, etiam-tum, s. etiam.

Etrūrĭa, ae, Landschaft Mittelitaliens, jetzt Toskana *C.* 28. *or. Phil.* 6.

*****Eumĕnēs,** is, Eumenes der Zweite, Sohn des Attalus II, König von Pergamus 197—159 v. Chr. *ep. Mithr.* 8.

*****Eurōpa,** ae, Europa *J.* 17.

ē-vādo, si, sum, 3. (eilends) herausgehen, hervorbrechen: oppido *J.* 56; adverso colle, den Hügel gerade hinanstürmen *J.* 52. — 2) prägn. entrinnen, entkommen: ea *J.* 50. — 3) übtr. einen Ausgang nehmen, ablaufen: hucine beneficia evasere, haben einen solchen Ausgang genommen *J.* 14 (§ 9).

ē-vĕnĭo, vēni, ventum, 4. „herauskommen", übtr. *a)* erfolgen, eintreten, sich ereignen, geschehen: pax evenit *C.* 9; maleficium *C.* 52 (§ 4); id *J.* 54. 65. 67; quicquid evenerit *C.* 51 (§ 25); die furcumque evenit *J.* 85 (§ 11). — *b)* einen Ausgang gewinnen, ablaufen, ausfallen: res bene evenit *J.* 92; aliter *J.* 7. 10; omnia prospere *J.* 63; quae temptaverat aspera evenerant *C.* 26. — *c)* (durchs Los) zufallen, zu Teil werden: provincia alcui evenit *J.* 35. 43.

ēventus, ūs, Ausgang, Erfolg: belli *C.* 37; *J.* 44. 55; pugnae *J.* 51; malos eventus habere *C.* 11.

ē-vŏco, 1. „hervorrufen", v. Truppen: *a)* abrufen, ausrücken lassen: milites ex hibernis in expeditionem *J.* 37. — *b)* zum Dienste aufrufen, aufbieten: *subst. part.* evocati, freiwillige Veteranen, die nach Vollendung ihrer Dienstzeit weiter dienten, deshalb beim Heere mancherlei Vorzüge besaßen u. im Rang u. Sold den Centurionen gleich standen *C.* 59.

ex od. **e,** *praep.* mit *abl.* aus, aus ... heraus, von ... aus: ex castris abire *J.* 107; ex proelio profugere *J.* 13. — 2) von ... aus, von ... her: ex lateribus aggredi *C.* 60; ex altera parte *C.* 59; ex occulto *J.* 59; ex insidiis *J.* 61. 113; ex itinere, unmittelbar vom Marsche aus, unterwegs *C.* 34. 39. 48; *J.* 56; ex fuga, auf der Flucht *C.* 47; *J.* 54. — 2) übtr. *a)* bei den Begriffen des Entnehmens, Empfangens, Fragens, Vernehmens: praedas agere ex sociis (ex pacatis) *J.* 88. 32; praedator ex sociis *J.* 44; jumenta ex flumine onerare *J.* 75; persolvere ex possessionibus *C.* 35; liberalis ex sociorum fortunis *C.* 52 (§ 12); ex copia quinque delegere *J.* 93; ex alquo quaerere *J.* 85 (§ 16); audire (cognoscere, accipere) *C.* 47. 57; *J.* 20. 85 (§ 40). — *b)* z. Bezeichn. des Stoffes, aus: scuta ex coriis *J.* 94; rempublicam ex parva magnam facere *C.* 52 (§ 19); ex amicis amicissumos facere *J* 10; ex ignavo strenuus exercitus fit *C.* 58; ex gregrariis militibus alios senatores videbant („sahen ... geworden") *C.* 37; exercitus compositus ex variis gentibus *J.* 18. — *c)* z. Bezeichn. des Ganzen, von welchem ein Teil genommen wird, aus, von, unter: multi ex Romanis *J.* 7; pauci ex amicis *C.* 6; pleraque ex Punicis oppida *J.* 19; ex praesentibus mittere *J.* 93; ex rapinis nihil reliqui facere *C.* 28; ex omnibus maxume tutos esse *J.* 14 (§ 12). — 3) v. d. Zeit *a)* von ... an, seit: ex eo tempore *J.* 11. — *b)* (sogleich) nach: requiescere ex miseriis *C.* 4; bellum ex bello serere *or. Phil.* 7; ex laetitia *C.* 31; ex tanta properantia *J.* 36; ex perfidia *J.* 69; ex invidia venit in gratiam nobilitatis, an Stelle des bisherigen Hasses gelangte er bei dem Adel

ex-aedifico   ex-cito   59

zur Gunst *J.* 13. — 4) z. Bezeichn. des Ursprungs, aus, von: ortus ex alqua *J.* 5; ex stirpe (gente) alcjs *J.* 35. 108; oritur invidia ex opulentia *C.* 6; seditio ex contentione *C.* 34; multi ex coloniis *C.* 17. 28; nomen ex re indere *J.* 78; cognomen ex virtute fuit *J.* 5. — 5) z. Bezeichn. des Gegenstandes, aus dem etw. als Folge hervorgeht, aus, infolge, wegen, durch: ex divitiis luxuria invasit *C.* 12; commodum ex otio venit *J.* 4; gloriam ex culpa invenire *J.* 94; periculum ex alquo metuere *C.* 52; ex anni tempore *J.* 50; ex aetate *C.* 14; ex conscientia *C.* 35; *J.* 32. 62; ex prodigiis *C.* 47; ex negotiis *C.* 48; ex petitione *C.* 49; ex difficultate *C.* 57; ex providentia *J.* 7; ex delicto *J.* 39; ex secundis rebus *J.* 40; ex malis moribus *J.* 44; ex opportunitate *J.* 48. 76; ex inopia *J.* 50; magnificus ex socordia *J.* 55; ex calamitate *J.* 85 (§ 47); ex rapinis *or. Phil.* 4; ex ambitione, nach Eingebungen des Ehrgeizes *ep. Pomp.* 5; ex quibus anxius erat („infolge deren") *J.* 6; ex quo, infolge dessen *J.* 70. — 6) nach, gemäß: ex copia *J.* 54. 76; ex copia rerum *J.* 39. 98; ex praecepto *C.* 44; *J.* 13. 94; ex rogatione *J.* 40; ex senati consulto (decreto) *C.* 42; *J.* 28; ex rumore et lubidine plebis *J.* 40; ex consuetudine *J.* 71. 85 (§ 9); ex more *J.* 61; ex merito, nach Verdienst *J.* 85 (§ 37); ex commodo, nach Vorteil *C.* 10; ex aequo bonoque, nach Recht u. Billigkeit *J.* 35; ex re, nach dem wahren Wesen *C.* 10; nach der natürlichen Beschaffenheit *J.* 78; ex lubidine, nach Belieben, nach Laune *C.* 8; *J.* 42. 54; ex vero, der Wahrheit gemäß *C.* 8; ex sententia, nach Wunsch *J.* 38. 43; ex animi mei sententia, nach meiner innersten Überzeugung *J.* 85 (§ 27); ex volumtate, nach Willen, nach Wunsch *C.* 26; *J.* 111; ex tempore, nach den Umständen *J.* 70.

*****ex-aedĭfĭco**, 1. aufbauen, erbauen: villas in urbium modum *C.* 12.

ex-aequo, 1. „völlig gleich machen", übtr. in ein gleiches Verhältnis setzen, ausgleichen: periculum, gleich verteilen *C.* 59; exaequatus cum imperatore labor *J.* 100; facta dictis *(abl.)* sunt exaequanda, die Darstellung muß den Thaten (d. i. ihrer Bedeutsamkeit) entsprechen *C.* 3.

ex-ăgĭto, 1. „aufscheuchen", übtr. *a)* in Unruhe versetzen, beunruhigen, quälen: conscius animus exagitat alqm *C.* 14; cupido *J.* 63; quaestio *J.* 34; exagitari formidine *J.* 72; conscientiā scelerum *or. Phil.* 7; senatus rumoribus exagitatus *C.* 29 *(Jordan:* exagitatum, „vielfach besprechen"). — *b)* in Aufruhr versetzen, aufreizen: plebem *C.* 38; volgum *J.* 73; tantam vim hominis („den so mächtigen Mann") *C.* 48; rempublicam seditionibus *C.* 51 (§ 32). — *c)* durchhecheln, mit Worten heftig angreifen: nobilitatem *J.* 84.

exanguis, s. exsanguis.

*****ex-cēdo**, cessi, cessum, 3. herausgehen, sich entfernen: proelio *C.* 9.

*****excelsus**, 3. hoch, erhaben: aetatem agere in excelso, auf hohem Standpunkte im Leben stehen *C.* 51 (§ 12).

*****excīdĭum**, i, Untergang, Vernichtung *ep. Mithr.* 12.

*****excīdo**, cīdi, cīsum, 3. (caedo), „abhauen", prägn. zerstören, vernichten: oppida excisa *ep. Pomp.* 6.

ex-cĭĕo, cīvi, cītum, 2. „hervorbewegen", dah. herbeirufen: juventus largitionibus excita, herbeigelockt *C.* 37; übtr. *a)* aufregen, reizen: mens excita *C.* 15. — *b)* aufscheuchen, aufschrecken: excitus somno *J.* 72; sonitu *J.* 99.

excindo, s. exscindo.

*****excĭpĭo**, cēpi, ceptum, 3. (capio), aufnehmen, empfangen: alqm laetissumis animis *J.* 88.

ex-cĭto, 1. sich erheben machen, auftreiben: harenam humo *J.* 79. — 2) übtr. anregen, antreiben: alqm *C.* 58; *J.* 49.

*ex-clāmo, 1. laut ausrufen *J.* 101.

ex-crŭcĭo, 1. martern, foltern: necare alqm excrutiatum („unter Martern") *J.* 26. — 2) übtr. peinigen, quälen: excrutiatus omnibus malis, von Unglück aller Art *J.* 14 (§ 21, f. 1 ne); honore alcjs *J.* 82.

*ex-cŭbo, bŭi, bĭtum, 1. „im Freien lagern", dah. Wache halten, wachen *J.* 100.

exēcrātĭo, f. exsecratio.

exēcror, f. exsecror.

exemplum, i, (exĭmo), „was von etw. abgenommen ist", dah. Abschrift, Kopie *C.* 34. 44. — 2) „wovon man etw. abnimmt", dah. (gutes od. böses) Beispiel: homines optumis majorum exemplis *or. Lep.* 2; exemplum praebere *ep. Mithr.* 4; tradere *or. Lep.* 25; hoc exemplo, auf dieses Beispiel hin *C.* 51 (§ 36). — 3) Vorgang, Vorkommnis *C.* 51 (§ 27).

exĕquor, f. exsequor.

exercĕo, cŭi, ĭtum, 2. „tummeln", dah. üben, ausbilden: corpus *C.* 2; ingenium *C.* 8; *or. Cott.* 4; juventutem suam *C.* 5; se stipendiis faciundis *J.* 63. — 2) anstrengen: fessus exercito corpore, durch körperliche Anstrengung *J.* 71; ambitio animos exercet, erhält in thätiger Bewegung *C.* 11. — 3) handhaben, ausüben, betreiben: negotia *J.* 4; quaestio aspere exercetur *J.* 40; simultates (inimicitias) cum aliquo, gegen jmd. walten lassen, unterhalten *C.* 9. 49; gratiam, Gunst geltend machen *C.* 51 (§ 16); victoriam crudeliter (in alqm), verfolgen, ausbeuten *C.* 38; *J.* 16.

*exercĭto, 1. (*v. intens.* v. exerceo), tüchtig üben, einüben: exercitatus in audaciam („zu verwegenen Streichen" *C.* 50.

exercĭtus, ūs, (taktisch geübtes) Heer, Kriegsheer: exercitum scribere *J.* 27; cogere *J.* 54. 66; comparare *C.* 30; *J.* 20; parare *C.* 29; *J.* 28; instruere *C.* 59; *J.* 97; exercitui praeesse *J.* 32; magno exercitu sequi *C.* 57.

exīgo, ēgi, actum, 3. (ago), „hinaustreiben, zu Ende führen", übtr. *a)* eine Zeit zubringen, verleben: vitam *J.* 14 (§ 15). 85 (§ 49). — *b)* einen Zeitraum vollenden: jam aestas exacta est *J.* 61; exacta sua aetate, während sein Leben zur Neige ging *J.* 6.

*exĭgŭĭtās, ātis, *f.* Knappheit, Spärlichkeit *or. Lic.* 19 (*abl. caus.*).

exĭlĭum, i, f. exsilium.

*exĭmo, ēmi, emptum, 3. (emo), „herausnehmen", übtr. benehmen, entreißen: alcui curam *or. Lep.* 1.

existŭmo (existimo), 1. urteilen: de aliquo *or. Lep.* 20; dah. mit Prädikatsakkusativ, etw. so u. so beurteilen, für etw. erachten, ansehen, halten: alqd memorabile *C.* 4; verum *C.* 48; falsum *C.* 52 (§ 13); nefandum *or. Lep.* 1; alienum *C.* 56; se parem *J.* 20; naturam communem omnium *J.* 85 (§ 15); aliquid gravius (f. gravis) *J.* 24. — *b)* der Ansicht sein, glauben, meinen: eadem *J.* 107; mit *acc. c. inf. C.* 14. 31. 48; *J.* 4. 6. 10. 14. 20. 29. (ohne esse) *C.* 22; *C.* 36. 89; ego sic existumo *C.* 51 (§ 15); ut ego existumo *J.* 110. — *c)* beurteilen, ermessen: vera, die Wahrheit in Betracht ziehen *ep. Mithr.* 3; mit abhäng. Frage *J.* 31 (§ 19). 85 (§ 14).

exĭtĭum, i, Ausgang, Ende: vitae *C.* 55. — 2) prägn. Untergang, Sturz *J.* 70; *or. Lic.* 10; *plur. or. Lep.* 25.

exĭtus, ūs, Ausgang, Ende: sperare exitum malis *(dat.) C.* 40; emori fortunis meis honestus exitus est *J.* 14 (§ 24).

ex-opto, 1. sehnlich wünschen, herbeiwünschen: sibi gloriam *C.* 11; bellum *C.* 16; imperium *C.* 54; nova *C.* 37.

ex-ŏrĭor, ortus sum, 4. „hervorkommen", dah. plötzlich entstehen, sich erheben: exoritur clamor *C.* 45; gaudium *J.* 53.

ex-orno, 1. ausrüsten: vicinitatem armis *C.* 36; convivium scite, anordnen *J.* 85 (§ 39); aciem, das Heer in Schlachtordnung stellen *J.* 52; *absol.* Anstalten treffen *J.* 90. — 2) ausschmücken, verschönern: pars aedificiis ornata *J.* 16.

expecto, s. exspecto.

expēdio, 4. (pes), „entfesseln", dah. zurecht machen: se, sich schlagfertig machen *J.* 105; *part.* expeditus, *a)* schlagfertig *C.* 57. — *b)* leicht bewaffnet, ohne Gepäck: cohortes *J.* 46. 50. 90. 103; manipuli *J.* 100; pedites, leichte Fußtruppen *J.* 59; Numidae equites *J.*68; *subst.* expediti, leichte Truppen, Leichtbewaffnete *C.* 60. — 2) „auseinander wickeln", übtr. *a)* auseinander setzen, berichten: initium rei *J.* 5. — *b)* ermöglichen, ermitteln: cetera res expediet, das übrige wird sich von selbst machen *C.* 20.

expedītĭo, ōnis, *f.* Unternehmung gegen den Feind, Feldzug *J.* 37. 103; hiberna *ep. Pomp.* 6.

expedītus, a, um, s. expedio.

ex-pello, pŭli, pulsum, 3. verjagen, vertreiben: alqm domo *C.* 37; regno *J.* 24; regno fortunisque („Besitztum") *J.* 14 (§ 2); agris *or. Lep.* 24 (s. maneo); Africa *J.* 97; Asia *ep. Mithr.* 11; unde *J.* 14. (§ 8). 102.

expergiscor, perrectus sum, 3. aufwachen, erwachen: experrectus *J.* 71; somno *J.* 72 *(Jordan:* excitus). — 2) übtr. aus der Unthätigkeit erwachen, sich ermuntern (zum Handeln) *C.* 20. 52 (§ 5).

***expĕrīmentum**, i, „Probe", dah. Erfahrung *J.* 46.

expĕrĭor, pertus sum, 4. mit etw. die Probe machen, es auf etw. ankommen lassen, es mit etw. versuchen: fidem alcjus *J.* 74; fortunam *J.* 63; misericordiam *J.* 32; libertatem, geltend machen *J.* 31 (§ 5); extrema omnia, jedes Äußerste wagen *C.* 26. — 2) erproben, erfahren: vim et gratiam *J.* 102; id *J.* 110; mit *acc. c. inf. J.* 24. 108.

experrectus, a, um, s. expergiscor.

expers, tis (pars), einer Sache unteilhaftig, beraubt: patriae, famä, fortunis *C.* 33; consilii, ratlos *or. Phil.* 11.

***expīlo**, 1. ausplündern, berauben: aerarium *J.* 31 (§ 9).

***explāno**, 1. (planus), „ausebnen", übtr. genau darstellen, darlegen: pauca de moribus *C.* 4.

explĕo, plēvi, plētum, 2. „ausfüllen", dah. vollzählig machen, ergänzen: legiones *C.* 56; *J.* 87. — 2) sättigen, befriedigen: cupidinem *J.* 6; alqm divitiis (muneribus) *C.* 51 (§ 34); *J.* 13. 20.

explōro, 1. ausspähen, auskundschaften, recognoscieren: iter *J.* 35. 48. 88. 100; omnia *J.* 46. 93; rem *J.* 53. — 2) erkunden, erforschen: omnibus (rebus) exploratis *C.* 60; *J.* 90; mit abhäng. Frage *J.* 52. 54; parum exploratum est, es ist nicht gehörig ausgemittelt *J.* 88; prägn. *part.* exploratus als Adjekt. sicher, zuverlässig *C.* 17.

***ex-pōno**, pŏsŭi, pŏsĭtum, 3. „offen hinstellen", übtr. darstellen, beschreiben: situm paucis *J.* 17.

ex-pugno 1. durch Sturm einnehmen, erobern: oppidum vineis turribusque *J.* 21; armis, in Sturm *J.* 23; villas, einbrechen in *J.* 44.

ex-purgo, 1. „reinigen", dah. rechtfertigen, entschuldigen: sese *J.* 69; sui expurgandi causa *C.* 31.

exquīro, sivi, situm, 3. (quaero), nach etw. forschen, etw. ausforschen: terra marique omnia *C.* 13; sententiam *J.* 29. 112. — 2) ausfragen: alqm *C.* 50.

exsanguis, „blutlos", dah. leichenblaß: colos *C.* 15. — 2) übtr. entkräftet, erschöpft: defessi et exsangues *C.* 39.

***ex-scindo**, scĭdi, scissum, 3. „ausreißen", prägn. ausrotten, vernichten: socios *ep. Mithr.* 17.

exsecratio

*exsĕcrātĭo, ōnis, *f.* Verwün=
schung: post exsecrationem, nach Ver=
wünschung gegen sich selbst (wenn sie
dem Plane untreu würden) *C.* 22.

*exsĕcror, 1. (sacer), verfluchen,
verwünschen: consilia *C.* 48.

ex-sĕquor, cūtus sum, 3. „nach=
gehen", übtr. etw. zur Ausführung
bringen, vollziehen: mandata *J.*
35; decreta *or. Lic.* 16; officia *C.* 60;
negotium *C.* 43; omnes res *J.* 70;
quod idoneum videtur *C.* 51 (§ 38).

exsĭlĭum, (exilium), i (exsul), „Auf=
enthalt im Auslande", dah. (freiwillige
ob. als Strafe zuerkannte) Verban=
nung, Exil *C.* 51 (§ 22). 58; *J.* 14;
in exsilium proficisci *C.* 34.

*exspectātĭo, ōnis, *f.* (gespannte)
Erwartung: eventūs *J.* 44.

ex-specto, 1. nach etw. „ausschauen",
dah. etw. abwarten, auf etw. warten:
promissa legatorum (s. promitto) *J.*
47; mit folg. dum *or. Phil.* 10; alqm,
auf jmd. warten *C.* 52 (§ 28). — 2)
einer Sache gespannt, d. i. mit Hoff=
nung ob. Furcht entgegensehen, ge=
wärtig sein, auf etw. harren: belli
eventum *C.* 37; alienas opes *C.* 58;
J. 14 (§ 7); diversissumas res *J.* 85
(§ 20); alqm consultorem, nach jmd.
als seinem Ratgeber ausschauen *or. Lic.*
15; mortem, sehnlich wünschen *C.* 40;
befürchten: nihil minus quam vim *J.* 14
(§ 11); omnia magis quam proelium
J. 58.

*exstinctor, ōris, „Auslöscher", dah.
Vernichter, Vertilger: generis
J. 14 (§ 9).

ex-stinguo, stinxi, stinctum, 3.
„auslöschen", übtr. familia exstincta,
deren Glanz erloschen ist *J.* 95. — 2)
aus dem Wege räumen, vertil=
gen, vernichten: alqm *J.* 24; multos ferro aut fuga *J.* 42 (s. fuga);
omnia *ep. Mithr.* 21; generis praesidia exstincta sunt *J.* 14 (§ 15).

ex-strŭo, xi, ctum, 3. „aufschichten",
dah. aufbauen, errichten: turres
J. 23; mare, aufdämmen, auf dem
Meere Bauwerke errichten *C.* 20.

extremus

exsul (exul), ŭlis (ex u. solum),
Verbannter *or. Lic.* 18; patria,
domo *J.* 14 (§ 17).

*exsulto, 1. (*v. frequent. v.* exsilio),
„aufspringen", dah. vor Freude aus=
gelassen sein *J.* 98.

*ex-sŭpĕro, 1. „über einen Punkt
hinausgehen", übtr. etw. übersteigen,
übertreffen: magnitudo exsuperat
omnium ingenia, übersteigt alles Denken
C. 51.

*ex-surgo, surrexi, surrectum, 3.
„sich in die Höhe richten", übtr. politisch
sich erheben, auf stehen *J.* 31 (§ 3).

*ex-tĕnŭo, 1. „schmal machen", dah.
ausdehnen: aciem *J.* 49.

*externus, 3. auswärtig, fremd:
subst. externi *or. Lep.* 5.

extinctor, s. exstinctor.

extinguo, s. exstinguo.

ex-tollo, ĕre, „emporheben", übtr.
a) dem Range, der Macht nach erhe=
ben, heben: alqm *J.* 65. — *b)* das
Selbstgefühl jmds. erhöhen, ihn
sich fühlen machen: alqm oratione
J. 65; se, sich fühlen *C.* 7. — *c)* er=
heben, preisen, rühmen: alqm
C. 37; oratione *J.* 85 (§ 21). 103;
se *J.* 4; bene facta *or. Phil.* 5: facta
verbis *C.* 8; virtutem laudibus *J.* 15.

ex-torquĕo, torsi, tortum, 2. aus
den Händen winden, entreißen:
alcui imperium *C.* 39; sibi jura *or.
Lep.* 23 pecunias, erpressen *or. Phil.* 17.

*extorris, e (ex u. terra), landes=
flüchtig, vertrieben: patria *J.* 14
(§ 11).

extrā, *praep.* mit *acc.* außerhalb:
extra moenia *J.* 91 (s. potestas); extra
vineas egredi *J.* 94; nonnulli extra
conjurationem, einige nicht zur Ver=
schwörung Gehörige *C.* 39.

extrēmus, 3. (*superl. v.* exter ob.
exterus), der äußerste, entfern=
teste, letzte: terra *C.* 16; Africa,
das äußerste Ende Afrikas *J.* 78;
agmen, die letzten Glieder des Heeres
J. 50; tribunos primos extremos locare, an die Spitze u. ans Ende *J.* 100;
extremum montis, der äußerste Rand

ex-trudo   **facio**   63

des Berges *J.* 37; v. Zeit u. Alter: extremum aestatis, Ende des Sommers *J.* 90; extremum die (= diei) *J.* 21; extrema aetate, im hohen Alter *C.* 49.— 2) übtr. *a)* der äußerste, höchste: dementia *J.* 3. — *b)* von dem, was in schlimmer Lage allein noch übrig bleibt, der äußerste: necessitas *or. Lep.* 15; experiri omnia extrema *C.* 26. — *c)* der schlimmste, gefahrvollste: in extremo situm esse, am Rande des Verderbens schweben, in der größten Gefahr sein *C.* 52 (§ 11); *J.* 23.

*ex-trūdo, si, sum, 3. herausdrängen, zurückdrängen: mare *C.* 20 (*Jordan:* extruendo).

extrŭo, f. exstruo.
exul, ŭlis, f. exsul.
exulto, f. exsulto.
ex-ŭo, ŭi, ūtum, 3. „ausziehen, entblößen", übtr. berauben: alqm classe *ep. Mithr.* 13; exutus omnibus *or. Lic.* 6; imperio *or. Lep.* 11; hostem armis, dem Feinde die Waffen abnehmen, ihn nötigen die Waffen wegzuwerfen, ihn zur schleunigen Flucht nötigen *J.* 88.

exŭpero, f. exsupero.
exurgo, f. exsurgo.
*ex-ūro, ussi, ustum, 3. ausbrennen, austrocknen: loca exusta solis ardoribus *J.* 19.

F.

Făbĭus, i, Q. Fabius Maxumus Verrucosus, mit d. Beinamen Cunctator, Diktator gegen Hannibal 217 v. Chr. *J.* 4. — 2) Q. Fabius Sanga, Patron der Allobroger *C.* 41.

*făcētĭa, ae, drolliger Witz: *plur. C.* 25.

făcĭēs, ēi, äußere Gestalt, äußere Erscheinung, das Äußere *C.* 15; decora *J.* 6; praeclara *J.* 2; faciem alcjus ignorare, jmb. von Person nicht kennen *J.* 63; v. leblos. Dingen: urbis *C.* 31; loci *C.* 55; locorum („Meeresstellen") *J.* 78. — 2) Bild, Erscheinung, Anblick: insolita *J.* 49; negotii *J.* 51; contra belli faciem, im Widerspruch mit den sonstigen Erscheinungen d. Krieges *J.* 46.

făcĭlĕ, *adv.* leicht, ohne Mühe: haud facile, nicht leicht, schwerlich, kaum *C.* 13. 25. 44. 52 (§ 8); *or. Phil.* 9; facile notus, ziemlich bekannt *J.* 63; eo facilius *J.* 78. 89; quo (= ut eo) facilius *C.* 48; *J.* 32. 102; facilius mit dem Prädikat esse *J.* 94 (f. sum 1, *b*). — 2) ohne Bedenken, gut u. gern *C.* 52 (§ 35).

făcĭlis, e, „thunlich", dah. leicht, nicht schwierig: res *J.* 93; aditus *C.* 43; facilis factu *C.* 3. 14; visu *J.* 98. 113. — 2) übtr. nachsichtig: amicitia („im Umgang mit Freunden") *J.* 95.

*făcĭlĭtās, ātis, *f.* „Leichtigkeit", übtr. Gefälligkeit, gefälliges Wesen *C.* 54.

făcĭnus, ŏris, *n.* auffallende gute ob. böse Handlung, That: praeclarum *C.* 2. 53; *J.* 56; militare *J.* 49; rei militaris *J.* 5; maxumum atque pulcherrumum *C.* 20; egregium atque mirabile *J.* 79; miserabile *J.* 53; malum *C.* 16; pessumum *C.* 18; impium *J.* 14 (§ 21); nefarium *C.* 51 (§ 6); foedum *C.* 11. 52 (§ 36); facinus suscipere *C.* 28; *J.* 31 (§ 9); parare *C.* 32; patrare *C.* 18; admittere *J.* 53. 91; committere *C.* 25; facere *C.* 7. 11. 19. 53; *J.* 32; incipere *C.* 20. — 2) prägn. verbrecherische Handlung, Übelthat *C.* 4. 13. 11. 22; *J.* 13; flagitium aut facinus *C.* 14. 23. 37; belli, Greuel *C.* 32. 48; konkret: Missethäter: flagitiorum atque facinorum catervae *C.* 15.

făcĭo, fēci, factum, 3. thun, machen, verrichten: facinus *C.* 7. 11; imperata *J.* 62. 77; militaria *J.* 80; difficilia *J.* 93; hostilia *J.* 107; initium *C.* 4. 21; finem *C.* 52 (§ 1); *J.* 15; iter *C.* 19. 56; *J.* 91; fugam, fliehen *J.* 53.58; verba, ſprechen *C*.·52 (§ 7); *J.* 33. 38; foedus, ſchließen *J.* 38.112; pactionem *J.* 40; deditionem, ſich er= geben *J.* 27. 46; modum, Ziel ſetzen *C.* 24; imperatores sibi, wählen *C.* 6; alqd alcui, mit jemb. etw. thun *C.* 52 (§ 25); *J.*85 (§17); idem fit ceteris, geſchieht mit *C.* 55; fac zur Verſtärk. des *conjunct. adhort.*: fac cogites, bedenke ja *J.* 44; insb. *a)* veranlaſſen, anſtiften, anrichten: conjurationem *C.* 30; caedem (in alqm) *J.* 31 (§ 13). 59; insidias *C.* 26; tumultum *J.* 72; timorem (metum) *or. Lep.* 1. 10; (alcui) bellum, jmb. bekriegen *C.* 24. 26. 52 (§ 33); *J.* 110; proelium, ein Treffen anfangen, ſich in einen Kampf einlaſſen *J.* 55. 57; pugnam *J.* 56. 61. — *b)* geben, gewähren: copiam pugnandi (alcui) *J.* 52. 82; potestatem *C.* 48; *J.* 104; delicti gratiam *C.* 52 (§ 8); nihil reliqui, nichts übrig laſſen, alles rauben *C.* 11. 28. — *c)* thun, zufü= gen: injuriam *C.* 12; *J.* 10. 15. 31 (§ 23); periculum alcui *C.* 33; ea *or. Phil.* 18. — *d)* erleiden: vitae finem, den Tod finden, aufhören zu leben *or. Cott.* 9 (fecerim, *conjunct. potential.* „ich dürfte finden"). — *e)* mit *gen.* b. Perſon, etw. zum Eigen= tum jmbs. machen: optionem alcjus (ſ. optio) *J.* 79; gloriam meam, laborem illorum, mir den Ruhm u. jenen die Mühe zulegen *J.* 85 (§ 34). — *f)* mit präbikat. *acc.*: zu etw. machen: regnum praedam *J.* 14 (§ 11); alqm infestum *C.* 51 (§ 10); alqm sibi fidum *C.* 11. 14; timidos fortes *C.* 58; rempublicam ex parva magnam *C.* 52 (§ 19); alqm ex amico amicissumum *J.* 10; ex parvis opibus tantum imperium *C.* 51 (§ 42). — *g)* mit *gen.* der Wertbeſtimmung, ſo u. ſo viel ſich aus etw. machen, etw. ſo u. ſo achten, ſchätzen: alqd parvi („gering") *J.* 85 (§ 31); pluris („höher") *C.* 52 (§ 5); quanti („wie hoch") *J.* 24. — 2) *in-*

transit. thun, handeln, Thaten verrichten *J.* 6; qui fecere *C.* 3; facere quam dicere malle *C.* 8; facere recte *J.* 31 (§ 27); *or. Lep.* 18; *or. Phil.* 14; male *J.* 31 (§ 22); perperam *J.* 31 (§ 27); pessume *J.* 31 (§ 14); aliter *C.* 51 (§ 43); pro bono, gut handeln *J.* 22; contra rempublicam, Hochverrat begehen *C.* 50. 51 (§ 43); bene reipublicae, im Staats= dienſte gute Thaten verrichten *C.* 3.

factio, ōnis, *f.* das Handeln auf der Seite jmbs. ob. gegen ihn, daß. Par= teigeiſt, politiſche Umtriebe *C.* 54; *J.* 31 (§ 15); Parteimacht *J.* 41. — 2) politiſche Partei, Faktion *C.* 32. 51 (§ 40); *or. Lic.* 8 (ſ. medius); senatūs *J.* 41; die oligarchiſche Partei *J.* 29; opes factionis *J.* 31 (§ 1). — 3) Rotte, Clique: inimicorum *C.* 34; noxiorum *or. Lic.* 3.

factiōsus, 3. parteiſüchtig: *subst.* Rottierer *C.* 18. 51 (§ 32). 54; *J.* 8. 77. 85 (§ 3). — 2) parteimächtig, von großem Anhang *J.* 15. 27. 28.

factum, i, That, Handlung, Ver= fahren: forte *C.* 59; *J.* 53. 85 (§ 4); turpe *J.* 85 (§ 31); egregiis factis esse (ſ. sum 2, *c*) *J.* 83; mit Partici= pialkraft: mature factum, raſches Han= deln *C.* 1; bene factum, ruhmvolle That, Verdienſt *C.* 8; *J.* 85 (§ 5); *or. Phil.* 4; male factum, Übelthat *C.* 52 (§ 8). — 2) Ereignis *C.* 24.

fācundĭa, ae, Redefertigkeit, Beredſamkeit *C.* 53; *J.* 30. 102; Graeca *J.* 63.

fācundus, 3. redefertig, beredt *J.* 95; oratio, geläufig *J.* 85 (§ 26).

faenerātor, ſ. fenerator.

*****Faesŭlae**, ārum, Stadt im nördl. Etrurien, jetzt Fieſole *C.* 24. 30.

Faesŭlānus, 3. fäſulaniſch: ager *C.* 23; *subst.* Fäſulaner *C.* 59. 60.

*****fallācĭa**, ae, Täuſchung, Ver= ſtellung: *plur.* Verſtellungskünſte *C.* 11.

fallo, fefelli, falsum, 3. hinter= gehen, täuſchen: animus me fallit, ich täuſche mich *C.* 20; copia fallundi

falso — fatigo

J. 61; *absol.* treulos werden J. 56; *part.* falsus, der sich getäuscht hat: ea res falsum me habet, hierin täusche ich mich J. 10; illi falsi sunt, sind im Irrtum J. 85 (§ 20, f. 1 ne). — 2) unpersönl. fallit me, es entgeht mir J. 85 (§ 3).

falsō, *adv.* fälschlich C. 49; J. 1.

falsus, 3. 1) *partic. v.* fallo (J. 10. 85). — 2) als Adjekt. *a)* falsch, unwahr, unbegründet: crimen C. 34; suspicio C. 35; indicium C. 48; fama J. 103; *subst. plur.* falsa vita moresque superant J. 85 (§ 27). — *b)* falsch, trügerisch, voll Trug C. 10; index C. 48; testis C. 16.

fāma, ae, Sage, Gerücht, Ruf C. 14; fama res divolgat J. 30; fama facinoris divolgatur J. 13; fama, quae plerosque obtinet J. 17; fama est mit *acc. c. inf. ep. Mithr.* 10; alqd famā accipere J. 9; cognitus famā („vom Hörensagen") J. 84. — 2) öffentliche Meinung, öffentliches Urteil, Ruf, in welchem jmd. steht: avaritiae J. 103; de alquo J. 32; bona C. 2. 7; integra J. 67; inviolata J. 43; praeclara J. 55; mala J. 35; turpis J. 85 (§ 33); fama atque fortuna C. 51 (§ 12); famā ferri, f. fero 2. — 3) prägn. *a)* guter Ruf, guter Name, Ruhm C. 33; J. 4. 14 (§ 7). 16 (f. antefero). 57; famae consulere C. 51 (§ 7); famae parcere C. 25. 52 (§ 33); famam alcjus atterere C. 16; laedere J. 96. — *b)* übler Ruf: fama atque invidia, gehässige Nachrede C. 3.

famēs, is, *f.* Hunger C. 13; fame urgueri J. 24; fame et ferro claudi J. 38.

famĭlĭa, ae, Dienerschaft, Sklaven C. 50; gladiatoria, Fechterbande C. 30; übtr. *a)* Hausgenossenschaft, Familie: matres familiarum, Familienmütter C. 51 (§ 9); filii familiarum, die (noch unter der Gewalt des Vaters stehenden) Familiensöhne C. 43. — *b)* Familie, als Teil eines Geschlechts J. 10. 14 (§ 5). 63; familiā ortus C. 31; familia exstincta esse J. 95; quod in familia nostra fuit (f. in B, 5) J. 14 (§ 13).

famĭlĭāris, e, zur Familie gehörig, häuslich: lar C. 20; cura *or. Lic.* 19; opes, Familiengut, die eigenen Mittel C. 13; res, Vermögen C. 5. 20; J. 64; *ep. Pomp.* 9. — 2) übtr. vertraut, befreundet: amicitia J. 7; homo C. 21; *subst.* Vertrauter C. 14; J. 28; familiarissumus, vertrautester Freund J. 98.

*****famĭlĭārĭtās**, ātis, *f.* vertraute Freundschaft, vertrauter Umgang: adulescentium familiaritates C. 14.

*****famĭlĭārĭter**, *adv.* freundschaftlich, vertraut: cum alquo agere (f. ago 2, *f*). J. 108.

*****fāmōsus**, 3. „viel besprochen", daher berüchtigt: largitio J. 15.

*****fānum**, i, Heiligtum, Tempel C. 51 (§ 9).

*****fās**, *indecl. n.* göttliches Gesetz, göttliche Ordnung: contra jus fasque, gegen menschliche und göttliche Ordnung C. 15.

fascis, is, *m.* „Bündel", insb. *plur.* die Fasces d. i. die Rutenbündel mit einem hervorragenden Beile, welche als Symbole der Strafgewalt von den Lictoren den höchsten römischen Beamten vorgetragen wurden C. 36; fasces corripere, die konsularische Gewalt an sich reißen C. 18.

fătĕor, fassus, sum, 2. bekennen, gestehen, einräumen: inopiam J. 85 (§ 24); eadem C. 47; mit *acc. c. inf.* J. 40 (f. quin); *ep. Pomp.* 4.

fătīgo, 1. abmatten, abmüden, ermüden: fatigari labore C. 27; J. 76; dolis J. 56; fatigatus diu multumque J. 94. — 2) quälen, erschöpfen: animum, sich abmühen J. 70; animos sapientium, schwach machen C. 11 (f. 3. ne, *b*); suppliciis fatigatus, erweicht J. 66; odium quaerere se fatigando, sich abmühend (für das Wohl des Staates) J. 3. — 3) durch Bitten unablässig angehen, bestürmen:

alqm *J.* 14 (§ 20); de profectione *J.* 73; mit folg. *ut J.* 11; *absol. J.* 111.

*fātum, i (for), „Götterspruch", daß. Bestimmung, Schickung: fatum est, es ist vom Schicksal beschieden *C.* 47.

fautor, ōris (faveo), Gönner: alcjus *J.* 15. 25; petunt ut fautor sibi adsit *J.* 103.

*faux, cis, gewöhnl. *plur.* fauces, ium, *f.* Kehle: faucibus urguet, würgt uns schon an der Kehle, sitzt uns schon auf dem Nacken *C.* 52 (§ 35).

făvĕo, favi, fautum, 2. geneigt sein, für jmd. ob. etw. günstig gestimmt sein, mit *dat.: J.* 85 (§ 5, erg. mihi); inceptis *C.* 17; bello *C.* 48.

făvor, ōris, *m.* Gunst *J.* 73; in favorem alcjus venire *J.* 13.

*Fēbrŭārĭus, 3. zum Februar gehörig: Nonae *C.* 18.

*fēlīcĭter, *adv.* glücklich *J.* 55.

felix, licis, glücklich *J.* 85 (§ 75). 95.

*fēnĕrātor (faenerator), ōris, Geldverleiher, Wucherer *C.* 33.

fĕra, ae, f. ferus.

fĕrē, *adv.* so ziemlich, beinahe: eisdem fere temporibus *C.* 42; eadem fere *C.* 48; omnes fere res *J.* 7. — 2) in der Regel, meist *C.* 61.

*fĕrentārĭus, i (fero), Wurfschütz, Plänkler *C.* 60.

fĕrīnus, 3. vom wilden Tiere: caro, Wildpret *J.* 18. 89.

fĕrĭo, īre, stoßen, schlagen, treffen: murum arietibus *J.* 67; contra ferire, seinerseits wieder einhauen *J.* 50. — 2) niederstrecken, erlegen: hostem *C.* 7. 60; *J.* 85 (§ 33); leonem *J.* 6.

fermē, *adv.* (= fĕrĭme, *superl.* v. fere), ungefähr, beinahe: ferme milia viginti *J.* 48. 74.

fĕro, tüli, lātum, ferre, tragen, bringen: opem alcui *J.* 110; alqm (alqd) ad caelum, bis in den Himmel erheben *C.* 53; *J.* 53. 92; aliud alio (= ad alium) fertur, geht über *C.* 2. — 2) übtr. *a)* etw. irgend wie ertragen, aufnehmen: alqd anxie *J.* 82; aegerrume *J.* 85 (§ 10). — *b)* mit sich bringen, zur Folge haben: uti fors tulit *J.* 78; quae bellum fert *C.* 21. — *c)* mündlich umhertragen: fama ferri, vom Rufe dargestellt werden *C.* 8; alqm auctorem, bezeichnen als *J.* 30; se vindicem, sich ausgeben für *or. Lic.* 22; fertur mit *nom. c. inf.,* man sagt: fertur dixisse, er soll gesagt haben *J.* 35. 64. — 3) (rasch) führen, treiben: clamor ad caelum fertur, steigt *J.* 60; übtr. quo cujusque animus fert, wohin jeden die Neigung treibt *J.* 54; quo natura fert cuncta gignentium *J.* 93; si maxume animus ferat, wenn noch so sehr die Lust sich regte, wenn es noch so erwünscht wäre *C.* 58; studio ad rempublicam ferri, aus Neigung sich dem Staatsdienste widmen *C.* 3.

*fĕrōcĭa, ae, Wildheit, Trotz: animi *C.* 61.

fĕrōcĭus, *adv. (comp.* v. ferociter), ungestümer, trotziger, übermütiger: agitare *C.* 23; decernere, stolzere Anträge stellen *J.* 104.

fĕrox, ōcis, mutig, kühn, kriegerisch: animus *C.* 11; *J.* 106. — 2) trotzig, unbezähmt, leidenschaftlich, übermütig *C.* 43. 52 (§ 18); *J.* 98; animus *C.* 5. 38; *J.* 11. 54; sceleribus *J.* 14 (§ 21); secundis rebus *J.* 94.

ferrum, i, „Eisen", metonym. *a)* Schwert: ferro minari *C.* 23; necare *J.* 42; exstinguere *J.* 42; iter aperire *C.* 58; alqm fame et ferro clausum tenere *J.* 38; ferro urgueri *J.* 24. — *b)* Kampf: in ferro versari *J.* 14 (§ 9).

fertĭlis, e, fruchtbar, ergiebig: ager (frugum) fertilis *J.* 17. 87.

fĕrus, 3. ungezähmt, wild: *subst.* fera, ae, wildes Tier *J.* 6. 89. — 2) übtr. wild, roh: natio *C.* 10; genus hominum *J.* 80.

fessus, 3. (fatiscor), müde, ermüdet, erschöpft: itinere *J.* 53. 68. 106; bellis *or. Cott.* 13; exercito corpore *J.* 71; scribundo *ep. Pomp.* 2.

festīno, 1. eilen, hasten, sich sputen *C.* 6. 27. 42; *J.* 66; omnibus

festus — finis

modis *J.* 39. 55; ad portas *J.* 69. —
2) *transit.* beeilen, beschleunigen: id
J. 77; id modo, nichts eiligeres zu thun
haben als *J.* 81; cuncta parat festinat-
que, trifft eilig alle Vorbereitungen *J.*
73; vergl. *J.* 76; mit *inf. J.* 21. 64.
68; alcui nihil satis festinatur, geht
nichts eilig genug von statten *J.* 64.

*festus, 3. festlich: dies *J.* 66.

fictus, a, um, s. fingo.

fidēlis, e, treu, zuverlässig: homo *J.* 70. 77; in amicos *C.* 9; fidelissimus *J.* 89.

*fidēliter, *adv.* treu: acta, treu
geleistete Dienste *J.* 71.

fidēs, ëi (*dat.* kontrahiert fide *J.* 16.
74), Zutrauen, Vertrauen *J.* 31
(§ 23); per fidem (*sc.* hominum) alqm
violare, durch Mißbrauch des Vertrauens
or. Phil. 15; in Geldsachen, Kredit *ep.
Pomp.* 9; amicorum *C.* 24; res fidesque, Vermögen u. Kredit *J.* 73. — 2)
meton. Treue, Zuverlässigkeit, Redlichkeit *C.* 10. 16. 20. 35; *J.* 14 (s.
peto 3); *J.* 31 (§ 12). 103; fluxa *J.*
111; Punica („Treulosigkeit") *J.* 108;
fidem alcjus experiri *J.* 74; per amicitiae fidem, um der Freundschaftstreue
willen *J.* 24; pro deum atque hominum fidem (s. 1. pro) *C.* 20; insb. *a)*
Gewissenhaftigkeit, Pflichttreue
J. 16 (s. antefero). 26; regni, die einem
König zukommt *J.* 10. — *b)* gegebenes
Wort, Zusage, Treuegelöbnis:
fidem prodere, d. gegebene Wort brechen
C. 25; mutare, wortbrüchig werden *J.*
56; fidem suam interponere, sich mit
seinem Worte verbürgen *J.* 32; data
atque accepta fide, nach Angelobung
gegenseitiger Treue *C.* 44; *J.* 81. —
c) Zusicherung der Straflosigkeit: publica, von Seiten des Staates
J. 33; fidem publicam dare *C.* 48;
interponere *J.* 32; fide publica, unter
staatlicher Garantie der Straflosigkeit
C. 47; unter staatlicher Zusage des
sicheren Geleites *J.* 35. — *d)* getreuer
Schutz: parum fidei *J.* 24; alqm in
fidem accipere *ep. Mithr.* 7; se in
fidem alcjus tradere *J.* 62; alqm fidei

alcjus tradere *C.* 35. — *e)* Gewährleistung, Bürgschaft: fides rei est
penes alqm *J.* 17. — *f)* Glaublichkeit, Glaubwürdigkeit: nuntii *J.*
101; verbis fidem facere („verschaffen")
J. 24; fidei causa, zur Beglaubigung
J. 29. 85 (§ 29); alcui parum fidei
est, jmd. findet wenig Glauben *J.* 24.

*Fīdius dius (Ζεὺς Πίστιος), der
Gott der Bündnisse: ne dius Fidius
(= ita me dius Fidius juvet), so wahr
mir Gott helfe! bei Gott! *C.* 35.

*fīdo, fisus sum, 3. trauen: alcui
J. 112.

fidūcia, ae, Vertrauen, Zuversicht *C.* 35; fiduciam parere *or. Lep.* 22.

fīdus, 3. zuverlässig, treu ergeben, treu: alcui *C.* 20; *J.* 108;
fidi inter se *C.* 22; maxume fidus *J.*
35; duo quam fidissumi *J.* 102; alqm
sibi fidum facere, sich jmds. Treue versichern *C.* 11. 14.

*Fīgulus, i, C. Marcius, Konsul 64
v. Chr. mit L. Julius Cäsar *C.* 17.

*figūra, ae, Gestalt (als äußerer
Umriß), Bild *J.* 4.

fīlia, ae, Tochter *C.* 35; *J.* 80.

fīlius, i, Sohn *C.* 15. 39; filii familiarum *C.* 43.

fingo, finxi, fictum, 3. bilden, gestalten: pecora natura prona finxit
C. 1; übtr. *a)* sich etw. denken, vorstellen: probra *J.* 44. — *b)* ersinnen, erdichten, erlügen: multa
C. 22; alia *C.* 27; verba, erdichtete
Aussagen machen *J.* 14 (§ 20); *part.*
fictus, erdichtet, erlogen *C.* 3;
ficta loqui *J.* 11.

fīnis, is, *m.* Grenze: imperii *J.*
12. 19; populi *J.* 79; finem facere
(„setzen") *ep. Mithr.* 17; *plur.* Gebiet, Land: Carthaginiensium *J.* 19;
fines invadere *J.* 20; armis tutari *J.*
110; finibus eici *J.* 14 (§ 8). — 2) übtr.
a) Grenze, Schranke: alcui finem
statuere *C.* 51 (§ 36). — *b)* Ende:
belli *J.* 83; imperii *J.* 5; jugulandi
C. 51 (§ 34); vitae *J.* 9; studiis finem
facere *J.* 5; finem cladis facere *J.* 31

5*

68 finitumus

(§ 7); finem dicendi (loquendi) facere *C.* 52 (§ 1); *J.* 15. 34; finem vitae facere (f. facio 1, *d*) *or. Cott.* 9.

fīnītŭmus, 3. angrenzend, benachbart: reges populique *C.* 6; *subst.* Grenznachbar *J.* 18. 75.

fīo, factus, sum, fĭĕri, „werden", daß. als *pass. v.* facio, gemacht werden, bewirkt werden: ex coriis utres fiunt *J.* 91; quae ira fieri amat (f. amo) *J.* 34; conjuratio facta erat *C.* 30; fit senati decretum *C.* 53; foedus *J.* 39. 112; pax cum alquo *J.* 61; idem fit ceteris, geschieht mit *C.* 55; quid in illos fieri posset *C.* 51 (§ 6); in tales homines *C.* 51 (§ 17); quid de iis fieri placeat *C.* 50. — 2) geschehen, sich ereignen: eo fit ut *C.* 52 (§ 23). 53; jure factum sit, möge mit Recht geschehen sein *J.* 31 (§ 8). — 3) etw. werden, zu etw. gemacht (ernannt) werden: consulem fieri *J.* 82. 84. 85 (§ 12); hostem populo *J.* 83; clarum *C.* 3. 54; certiorem *J.* 46. 82; pars sua fit, wird sein Eigentum *J.* 102; fortis fit ex timido *C.* 58; respublica fit pessuma ex pulcherruma *C.* 5; quae ex necessariis advorsa facta sunt *J.* 14 (§ 16); pro mortalibus aeterni fiunt *J.* 1; *absol.* gerere quam fieri posterius est (f. prior) *J.* 85.

*firmo, 1. „befestigen", übtr. decken, sichern: turres praesidiis *J.* 23.

firmus, 3. „fest, stark", übtr. *a)* standhaft, zuverlässig, unerschütterlich, fest: animus *J.* 50; genus *J.* 56; contra pericula et insidias *J.* 29; amicitia *C.* 20. — *b)* prägn. stark, kräftig, widerstandsfähig *J.* 51; ad resistundum *ep. Mithr.* 16; respublica *C.* 52 (§ 9); *J.* 10; nihil satis firmum contra alqm *J.* 80. — *c)* sicher, gewiß: quae illis eo firmiora videbantur *J.* 64.

Flaccus, f. Fulvius u. Valerius.

flăgĭtĭōsus, 3. lasterhaft, schmachvoll, mit Schande beladen: socordia flagitiosior *J.* 85 (§ 22); respublica flagitiosissuma *C.* 5; flagitiosissuma facinora *J.* 32; flagitiosum est mit *inf. J.* 31 (§ 21). 110; *subst.* flagitiosi *or. Phil.* 3.

fluxus

flăgĭtĭum, i, entehrende Handlung, Schandthat, Schande: flagitium aut (atque) facinus *C.* 14. 23. 37; scelus et flagitium *J.* 15; se flagitiis dedecorare *J.* 85 (§ 42); alqd flagitium militiae ducere, für eine Verletzung der Kriegerehre halten *J.* 54; flagitii plenus, schmachvoll *J.* 38; konkret, Schandmensch: catervae flagitiorum atque facinorum („Missethäter") *C.* 14. — 2) Schandbarkeit, Lasterhaftigkeit: quos flagitium exagitabat *C.* 14.

flagro, 1. „auflodern", übtr. (leidenschaftl.) entbrannt sein: ut cujusque studium flagrat, wie gerade einer eine glühende Neigung hegt *C.* 14; inopia et cupidinibus flagrantes, wild aufgeregt *or. Phil.* 7.

*Flāmĭnĭus, i, C., ein Veteran des Sulla *C.* 36.

flamma, ae, (hell loderndes) Feuer, Flamme *or. Phil.* 10. — 2) übtr. heftiger Trieb, Ehrbegierde: flamma egregiis viris in pectore crescit *J.* 4.

flecto, xi, xum, 3. beugen, krümmen: ilex flexa *J.* 93. — 2) übtr. ändern, umstimmen: ingenium *J.* 10 (f. avorsus); animum, anderen Sinnes werden *J.* 9. 62; animus alcjus flectitur *J.* 64.

flōrĕo, ŭi, 2. (flos), „blühen", bildl. in glänzenden Verhältnissen sein: florentes res, glänzende Verhältnisse *J.* 83; ipsi florentes, in blühenden Umständen *C.* 39; *subst.* florentes *ep. Mithr.* 4.

*fluctus, ūs, Flut, (hochgehende) Woge *J.* 78.

flūmen, ĭnis, *n.* Fluß, Strom: flumen Mulucha *J.* 19. 92. 110; Tana *J.* 90.

fluxus, 3. *(part. v.* fluo), „flüssig", übtr. wandelbar, haltlos, unbeständig: gloria *C.* 1; res humanae *J.* 104; fides *J.* 111; animus, charakterlos *C.* 14.

focus, i, der (den Laren geweihte) Herd: arae focique (ſ. ara) C.52 (§ 3). 59.

*****foedē**, adv. gräßlich, ſchmählich: perire J. 31 (§ 2).

foedus, 3. greulich, abſcheulich, gräßlich: homo C. 19; loca C. 52 (§ 13); facies C.55; J.51; oculi ("ſtier") C. 15; foeda crudeliaque facinora C. 11. 52 (§ 36). — 2) ſchmählich, ſchimpflich C. 26; fuga J. 38. 43; illa foeda videntur C. 58.

foedus, ĕris, n. Übereinkunft, Vertrag J. 43; foedus facere cum alquo J. 38; foedus fit J. 39. 112. — 2) Bündnis: foedus et amicitia J. 80. 104; foedus accipere J. 14 (§ 18); foedus intervenit J. 111.

fons, tis, m. Quelle J. 55. 92. 98.

fōre, ſ. forem. 2.

fōrem, es, et (aus fuerem v. veralteten fuo, „ich bin") = essem, a) in hypothet. Sätzen: ni sibi obnoxia foret C. 23; si in animis foret C. 37; in Absichtsſätzen: ut corpora tuta forent C. 33; ne medius foret J. 11; quo magis fidi forent C. 22; qui praesidio forent J. 93; in abhäng. Fragſätzen: quid se dignum foret C. 51 (§ 6); fugere an manere tutius foret J. 38; quam gravis casus foret J. 62; qualis foret J. 14 (§ 4); in zuſammengeſetzten Zeitformen: facinus patratum foret C.18; invidia dilapsa foret J. 27; si adeptus foret C. 23; si occisus foret J. 65; pacem an bellum agitaturus foret J. 109. — 2) infin. fore = futurum (am, os, as, a) esse: principem se fore C. 17; inviolatos se fore J. 26; virtutem gloriae fore J. 6; facinora praedae fore C. 48; credo fore qui imponant J. 4; fore ut, es werde geſchehen, daß J. 8. 61. 110. 111. 112.

fŏris, adv. draußen, auswärts C. 52 (§ 21); domi forisque, daheim u. auswärts J. 85 (§ 3); aes alienum foris, außer dem Hauſe C. 20.

forma, ae, „Geſtalt", prägn. ſchöne Geſtalt, Schönheit C. 1. 15. 25.

formīdātus, a, um, ſ. 2. formido.

formīdo, ĭnis. f. Grauſen, Schrecken, Furcht: formidini esse alcui, furchtbar ſein C. 20; alcui formidinem addere („einflößen") J. 37; formidinem facere J. 53; formidine exagitari J. 72; alqm formido capit J. 99; formido mentibus decessit J. 41; ex formidine, infolge der dadurch erregten Furcht J. 54. — 2) meton. Schrecken Erregendes, Schreckbild: formidinem ostentare J. 23; formidine, durch Androhung von Schrecknissen J. 66.

*****formīdo**, 1. Grauſen empfinden, ſich ſehr fürchten: part. formidatus als Adjekt., furchtbar or. Lep. 24.

formīdŏlōsus, 3. grauenhaft, furchterregend, furchtbar: hostis C. 7; loca C. 52 (§ 13); potentia C. 19; virtus C. 7.

*****fornix**, ĭcis, m. Wölbung, Schwibbogen C. 55.

fors, tis, f. (nur nom. u. abl. sing. gebräuchl.), Ungefähr, (blinder) Zufall J. 1. 92. 94. 97; fors omnia regit J. 51; uti fors tulit („mit ſich brachte") J. 78. — 2) abl. forte, zufällig, von ungefähr, es trifft (traf) ſich zufällig daß C.53; J. 12. 63. 71. 93; nisi forte, wenn nicht etwa, außer wenn etwa, es müßte denn etwa ſein daß C. 20; J. 3. 14. 31 (§ 20); or. Lep. 23. 24; or. Phil. 2; or. Lic. 8. 19; nisi forte quem vos jussissetis (ſ. jubeo) J. 14 (§ 10); ne forte, damit nicht etwa J. 50.

*****forsĭtan**, adv. vielleicht J. 106.

forte, ſ. fors.

fortis, e, „kraftvoll, tüchtig", übtr. brav, mutvoll, unerſchrocken, tapfer: exercitus C. 58; animus C. 58; J. 107; vir fortis atque strenuus C. 51; facta C. 59; J. 53. 85 (§ 4).

fortĭtūdo, ĭnis, f. Unerſchrockenheit, Tapferkeit C. 52 (§ 11. 30).

fortūna, ae, Schickſal, Verhängnis, Geſchick: fortunae cedere C.34; fortunae lubido gentibus moderatur C. 51 (§ 25); fortuna in omni re dominatur C. 8; pleraque regit J. 102;

fortunatus — frumentum

fortunam experiri, d. Glück versuchen J. 63; fortunam belli temptare C. 57; J. 7. 62; insb. a) glückliche Fügung, glückliches Geschick, Glück: maxuma C. 51 (§ 13); bona fortunae J. 2; fortuna alcui super industriam est (s. super) J. 95; fortuna reipublicae, der Schutzgeist des Staates C. 41. — b) Mißgeschick, schlimme Lage J. 24; maris („zur See") or. Cott. 11; fortunae violentiam tolerare C. 53; plur. J. 13. — 2) Schicksal, äußere Lage, Glücksstand, Lebensstellung C. 51 (§ 12); J. 14 (§ 5, s. peto 3); miseranda J. 14 (§ 7); animum gerere super fortunam (s. animus B, 1) J. 64; fortuna mutatur J. 14 (§ 18); immutatur C. 2; niedriger Stand J. 85 (§ 14); zerrüttete Verhältnisse C. 39; plur. fortunae, Geschick, Schicksal J. 14 (§ 24). 23. 62. 83. — 3) plur. Glücksgüter, Vermögen, Hab u. Gut C. 16. 33; or. Cott. 5; sociorum C. 52 (§ 12); expellere alqm regno fortunisque omnibus („Besitztum") J. 14 (§ 2). — 4) Schicksalsgöttin J. 102.

*fortūnātus, 3. glücklich, gesegnet: genere atque forma C. 25.

fŏrum, i, Marktplatz, Forum C. 40; Vaga, forum rerum venalium, Handelsplatz J. 47.

fossa, ae (fodio), Graben: moenia vallo atque fossa circumdare J. 23; munire J. 45; circumvenire J. 76.

*frăgĭlis, e (frango), „zerbrechlich", übtr. hinfällig, vergänglich: gloria C. 1.

frango, frēgi, fractum, 3. zerbrechen: laqueo gulam, zuschnüren C. 55. — 2) bildl. jmds. Macht brechen, ihn überwältigen: alqm ep. Mithr. 6.

frāter, tris, Bruder J. 5. 10.

*frāternus, 3. brüderlich: invidia, auf dem Bruder lastend J. 39.

fraus, dis, f. Hinterlist, Betrug: honos alcui per fraudem fuit, ist durch Schliche zuteil geworden J. 3. — 2) meton. Schaden, Beeinträchtigung: sine fraude, ohne Gefährde C. 36.

frĕquens, ntis, in Menge versammelt, vollzählig, zahlreich: senatus C. 48. 50; populus J. 73; frequentes armati convenerant C. 18; ut frequentes incederent J. 45. — 2) v. Lokalitäten, wohlbewohnt, volkreich: Numidia J. 78.

frĕquentĭa, ae, große Anzahl, Menge: negotiatorum J. 47; magna frequentia (abl. abs.) ejus ordinis, bei zahlreicher Versammlung C. 46.

frĕquento, 1. jmdm. scharenweis zulaufen: alqm J. 73. — 2) einen Ort beleben machen: loca pecore et cultoribus frequentantur, sind belebt J. 48; part. frequentatus, bevölkert J. 17. — 3) einen Ort häufig od. gewöhnlich besuchen: domum C. 14.

frĕtum, i, „Brandung", dah. Meerenge, Sund J. 18; nostri maris et Oceani, die Meerenge v. Gibraltar J. 17.

frētus, 3. auf jemd. od. etw. bauend, sich verlassend, im Vertrauen auf etw., mit abl.: opibus C. 56; largitione J. 15; amicitia J. 20; multitudine militum J. 13; alquo J. 18. 59; dis J. 63. 90; quis (= quibus majorum egregiis factis) nobilitas freta J. 85 (§ 37).

*frīgus, ŏris, n. Kälte C. 13.

*frons, tis, f. „Stirn", übtr. vordere Linie des Heeres, Front C. 59.

fructus, ūs, Ertrag: malis fructibus, bei schlechter Ernte ep. Pomp. 9. — 2) übtr. Frucht, Gewinn or. Lic. 18; laboris C. 35.

frūges, um, s. frux.

*frūmentārĭus, 3. zum Getreide gehörig: lex, die von den Konsuln M. Terentius Varro Lucullus u. C. Cassius Varus i. J. 73 v. Chr. erlassene Getreidebill or. Lic. 19.

*frūmentor, 1. Getreide holen: fouragieren: frumentatum mittere J. 56.

frūmentum, i, Getreide: dierum decem J. 75; frumenti magna vis J. 92; inopia frumenti J. 90. 91; frumentum imperare J. 29.

frŭor, frŭĭtus u. fructus sum, 3. Genuß an etw. haben, etw. genießen, mit *abl.*: otio *or. Lic.* 13; vita, qua fruimur, unser leibliches Dasein *C.* 1; anima, einen Genuß am Leben haben *C.* 2; se alcui habendum fruendumque praebere, jmd. mit sich schalten u. walten lassen *or. Lic.* 6.

frustrā, *adv.* irrig, im Irrtum: frustra esse, sich sehr irren, sich im Erfolge getäuscht sehen *J.* 85 (§ 6). — 2) ohne Erfolg, nutzlos, vergeblich *C.* 28. 52 (§ 4); *J.* 3. 31 (§ 5). 84; legati frustra discessere, ohne etw. ausgerichtet zu haben *J.* 25; frustra esse *C.* 20 (f. manus *d*); *J.* 7. 61. 71. 73. 93. 112; *or. Lic.* 9.

frustror, 1. (in der Erwartung) täuschen, vergeblich hinhalten, irre führen: spem *or. Lic.* 19; spes alqm frustratur *J.* 101. — 2) fehlschießen, fehlen: pauci in pluribus minus frustrati, indem die Wenigen bei der größern Anzahl der Gegner das Ziel weniger verfehlten *J.* 58.

frux, frūgis, *f.* Feldfrucht: ager frugum fertilis *J.* 17; frugum vacuus *J.* 90.

*****Fūfĭdĭus,** i, ein Centurio des Sulla *or. Lep.* 21.

fŭga, ae, Flucht: foeda *J.* 38. 43; turpis *J.* 106; per montes *or. Cott.* 6; fugam facere, fliehen *J.* 53; fuga fit *J.* 58; in fuga salutem sperare (spem salutis habere) *C.* 58; *J.* 55. 74; in fuga *C.* 57 (f. expedio); *C.* 61; ex fuga, von der Flucht aus, auf der Flucht *C.* 47; *J.* 54. — 2) Flucht aus dem Vaterlande, Verbannung *J.* 3. 42; *or. Lep.* 17. — 3) bildl. völlige Mutlosigkeit *J.* 40.

fŭgĭo, fūgi, fŭgĭtum, 3. fliehen *J.* 38. 51; fugientes *J.* 87. — 2) *transit.* einer Sache entfliehen, zu entgehen suchen: judicium *J.* 61; conspectum alcjus, meiden *J.* 86.

*****fŭgĭtīvus,** 3. flüchtig geworden, entlaufen: servus *C.* 56.

fŭgo, 1. zur Flucht nötigen, in die Flucht schlagen: alqm fundere et fugare, werfen u. in d. Flucht treiben, total schlagen *J.* 52. 58. 79. 99; fugare et fundere *J.* 21; pellere et fugare *J.* 74.

*****fulmen,** ĭnis, *n.* Blitzstrahl, Blitz *or. Phil.* 12.

*****Fulvĭa,** ae, eine Römerin *C.* 23. 26. 28.

Fulvĭus, i, M. Fulvius Flaccus, Mitglied der Kommission, die mit Vollziehung des vom Tib. Gracchus durchgesetzten Ackergesetzes beauftragt war *J.* 16. 31 (§ 7). 42. — 2) A. Fulvius, Mitverschworener des Catilina *C.* 39. — 3) M. Fulvius Nobilior, Mitverschworener des Catilina *C.* 17.

fundĭtor, ōris, *m.* (funda), Schleuderer: funditores Baleares *J.* 105; funditores et sagittarii *J.* 46. 49. 94. 100.

fundo, fūdi, fūsum, 3. fließen lassen, vergießen: sanguinem ob rempublicam *ep. Pomp.* 2. — 2) „niederstrecken", dah. aus dem Felde schlagen, überwältigen: copias *C.* 7. 60; hostes *J.* 101. 106; *ep. Pomp.* 1; fundere et fugare, f. fugo; per legem fundi, eine Niederlage erleiden *J.* 65.

*****fūr,** furis, Dieb: aerarii *C.* 52 (§ 12).

*****fŭrĭbundus,** 3. wutersüllt, wütend *C.* 31.

*****Fūrĭus,** i, P., ein Mitverschworener des Catilina *C.* 50.

*****fŭror,** ōris, *m.* Wut, Raserei *C.* 24.

*****furtim,** *adv.* verstohlen, auf Schleichwegen: niti ad imperia *J.* 4.

*****fŭtĭlis,** e (fundo), „was sich leicht ausschüttet", dah. übtr. unzuverlässig, hinfällig: opes *or. Lep.* 20.

fŭtūrus, a, um, f. sum.

G.

Găbīnĭus, i, P. Gabinius Capito, ein Mitverschworener des Catilina C. 17. 43. 44. 46. 47. 52 (§ 34). 55.

Gaetūli, ōrum, Volk in Libyen, südl. bis zum Niger J. 18. 19. 80. 88. 97. 99; Gaetuli latrones J. 103.

Gallĭa, ae, Gallien, eingeteilt in Gallia ulterior (transalpina, Frankreich mit Einschluß der Niederlande) und citerior (cisalpina, die von Galliern bewohnte Ebene des Po in Oberitalien), zerfiel wieder in Gallia cispadana und transpadana C. 40. 42. 56. 57; *ep. Pomp.* 5.

Gallĭcus, 3. gallisch: gens C. 40; bellum C. 52 (§ 30).

Gallī, ōrum, die Gallier C. 52 (§ 24). 53; die Allobroger C. 45; die Cimbern J. 114.

*****gānĕa**, ae, „Garküche", meton. Schlemmerei, Völlerei C. 13.

*****gānĕo**, ōnis, Schlemmer C. 14.

*****Gauda**, ae, Sohn des Mastanabal, Enkel des Masinissa J. 65.

*****gaudĕo**, gāvīsus sum, 2. an etw. Freude haben, Wohlgefallen finden, mit *abl.*: imperio J. 64.

gaudĭum, i, (innere) Freude: cum magno gaudio procedere J. 69; gaudio esse, zur Freude gereichen J. 9; gaudium oritur J. 55; exoritur J. 53; gaudium atque laetitiam agitare C. 48; *plur.* Äußerungen der Freude C. 61. — 2) metonym. Gegenstand der Freude, Genuß: gaudia corporis, Sinnengenüsse J. 2.

*****gĕmĭtus**, ūs, das Seufzen, Ächzen J. 60.

*****gĕnĕrōsus**, 3. edel, adelig: generosissumus J. 85 (§ 15).

gens, ntis, *f.* Geschlecht (als eine durch gemeinschaftl. Namen verbundene Gesamtheit Verwandter): Aemilia *or. Phil.* 6; Corneliorum C. 55; Masinissae J. 108; patricia J. 95. — 2) Volksstamm (als Inbegriff kleiner Völker mit gemeinschaftl. Stammnamen), Völkerschaft: Numidarum J. 62; Gallorum C. 52 (§ 24); Gallica C. 40; jus gentium J. 22. 35; ubi gentium, wo in der Welt J. 54.

gĕnus, ĕris, *n.* Geschlecht (als Inbegriff derer, die durch Gleichartigkeit zusammengehören): hominum J. 2; humanum J. 1; Italicum J. 47. — 2) Geschlecht, Stamm C. 6. 54. 60; J. 10; genere potens J. 14 (§ 7); fortunatus genere, rücksichtlich der Familie J. 25. — 3) Geschlecht, Gattung, Art: hominum C. 6; J. 4. 17. 80. 91; arborum J. 48; poenae C. 51 (§ 18); infirmissumum (Weiber und Kinder) J. 67; cujusque generis homines (latrones) C. 24. 28; copiae omnium generum J. 48; cujusque modi genus hominum, Leute jeden Schlages C. 39; animalia malefici generis, bösartige J. 17; *absol.* Menschenschlag J. 86.

gĕro, gessi, gestum, 3. „tragen", insb. in sich tragen, hegen, zeigen: parem animum J. 54; animum fortem J. 107; animum super fortunam (s. animus B, 1) J. 64; pacem, Friedensgesinnungen an den Tag legen J. 46; invictum animum, hegen J. 43; animo gerere, im Herzen tragen, gesinnt sein J. 72; *übtr.* se gerere, sich betragen, sich verhalten J. 54 (uti, „wie"); se tanta mobilitate J. 56; se et exercitum more majorum, sich u. das Heer halten J. 55; meque vosque juxta geram, werde mich und euch gleich halten J. 85 (§ 47). — 2) ausführen, betreiben, verrichten: rem J. 92. 108 (s. quo 4); mediocria J. 89; alia egomet gessi J. 85 (§ 13); *pass.* vorgehen, geschehen: dum ea res geritur J. 95; dum es geruntur C. 56; J. 32; res gestae, Thaten: Atheniensium C. 8; populi Romani C. 4; die geschehenen Dinge, das Geschehene J. 4. 30; Geschichte C. 3; insb. *a)* v. kriegerischen Unternehmungen: rem gerere, kämpfen, den Kampf führen: gladiis C. 60; J. 58; bellum gerere, Krieg führen C. 16.

gigno — gratia

29; *J.* 15. 20; zeugmatisch: pacem an bellum gerens, Frieden haltend oder Krieg führend *J.* 46. — *b*) v. Ämtern, führen, bekleiden, verwalten: consulatum *J.* 35; imperium *J.* 85 (§ 1); *or. Lic.* 18; potestatem *J.* 63 (quam gerebat = quam ea erat, quam gerebat); res publica bene gesta (s. res g) *J.* 100; *absol.* gerere quam fieri tempore posterius est (s. prior) *J.* 85.

gigno, gĕnŭi gĕnĭtum, 3. erzeugen: alqm *J.* 10; ex se *J.* 5. 85 (§ 16); *part.* genitus, geboren: alqua *ep. Mithr.* 9; ad alqd *or. Lep.* 3. — 2) *pass.* v. Gewächsen, entstehen, wachsen *J.* 48; *subst.* gignentia (keimtreibende) Pflanzen, Gewächse *J.* 79; cuncta gignentium *J.* 93.

***glădĭātōrĭus,** 3. gladiatorisch: familia, Fechterbande *C.* 30.

glădĭus, i, Schwert (zwei Fuß lang u. zweischneidig, zu Hieb u. Stoß) *C.* 45. 49; *J.* 94. 101; gladium educere *C.* 51 (§ 36); gladiis rem gerere *C.* 60.

***glans,** dis, *f.* „Eichel", übtr. Schleuderkugel (von Blei, mit einer Spitze): glande pugnare *J.* 57.

***glŏbus,** i, „Kugel", übtr. Masse, Clique: nobilitatis *J.* 85 (§ 10).

glōrĭa, ae, Ruhm: divitiarum et formae *C.* 1; militaris *J.* 7; belli *C.* 53; adulescens tantae gloriae *or. Lic.* 23; gloriam quaerere *C.* 1; *J.* 87; petere *C.* 54; adipisci *C.* 54; invenire *J.* 70. 94; nomen gloriamque sibi addere *J.* 18; gloria alqm sequitur *C.* 3. 12. 54; cum magna gloria in exercitu esse *C.* 59; *plur.* Ruhmesehren *J.* 41; gloriae esse, zum Ruhme gereichen *J.* 6. — 2) meton. Ruhmesthat *C.* 3. — 3) Ruhmsucht, Ehrgeiz: gloriae certamen *J.* 41.

glōrĭor, 1. sich rühmen *J.* 53; glorians, großthuend *C.* 23.

***glōrĭōsē,** *adv.* „mit Ruhm", dah. ruhmredig *ep. Mithr.* 8.

glōrĭōsus, 3. ruhmvoll, rühmlich *J.* 88; *ep. Mithr.* 1; *or. Lep.* 8.

Gracchus, i, Name einer zur gens Sempronia gehörenden Familie, von der die beiden Brüder Tiberius und Cajus Sempronius Gracchus (Söhne des durch seine Siege über die Celtiberer in Spanien und über die Sardinier berühmten Tib. Sempronius Gracchus und der Cornelia, der Tochter des älteren Scipio Africanus) als Volkstribunen, jener i. J. 133, dieser 121 mit Gesetzesvorschlägen gegen die Aristokratie auftraten und in den deshalb entstandenen Unruhen ihren Tod fanden *J.* 16. 31 (§ 7). 42.

***grădus,** ūs, Schritt: plenus, Geschwindschritt *J.* 98.

Graecĭa, ae, Griechenland *C.* 2. 51 (§ 39); *ep. Mithr.* 11.

Graecus, 3. griechisch: litterae *C.* 25; facundia *J.* 63; *subst.* Graeci *C.* 53; *J.* 79. 85.

grandis, e, groß: ilex *J.* 93; pecunia, bedeutend *C.* 49; aes alienum *C.* 14. 24.

grassor, 1. (gradior), schreiten: ad gloriam via virtutis *J.* 1. — 2) übtr. (ungestüm) zu Werke gehen, verfahren: cupidine atque ira *J.* 64.

grātĭa, ae, Gunst, die man erweist, Gunstbezeigung, Gnade *J.* 102; gratiam exercere, walten lassen *C.* 51 (§ 16); in gratiam alcjus venire, sich jmds. Gnade erwerben *J.* 13; insb. *a*) Erkenntlichkeit, Dank: alcui gratiam debere *J.* 110; *or. Lic.* 20 (s. debeo); gratias agere, Dank abstatten, sagen *J.* 54; gratiam reddere, abtragen *J.* 110; in gratiam habere, zu Dank aufnehmen *J.* 111. — *b*) Erlassung einer Sache: gratiam delicti facere, einen Fehltritt nachsehen *C.* 52 (s. qui 2, *d*); *J.* 104 (*Kritz*: delicta gratiae facit = condonat, ignoscit). — *c*) *abl.* gratiā mit voranstehend. *gen.* „zu Gunsten", dah. um...willen, wegen *C.* 23. 45; *J.* 76. 94; *or. Phil.* 14; mit *gen. gerundii* u. *gerundivi C.* 6; *J.* 19. 31 (§ 17). 37. 47. 61. 64. 71; eā gratiā (= ejus rei gratiā), deswegen *J.* 54. 80. — 2) *object.* Gunst, Beliebtheit *J.* 9. 13 (s. ex 5); gratiam quaerere *J.* 4; ab alquo parere *or. Phil.* 5; dah. *a)* freundschaftliches Verhältnis, Freundschaft *or. Lic.* 5; privata *or. Cott.* 4. — *b)* Einfluß, Ansehen *C.* 20; *J.* 27; gratia et pretium (pecunia) *C.* 49. 52 (§ 23); *J.* 16. 29. 35; privata, Privateinfluß *J.* 25; *or. Cott.* 4; depravatus gratia, durch Einfluß, durch Gunstrücksichten *J.* 15.

*grātifĭcor, 1. (gratus und facio), „sich willfährig zeigen", dah. willig aufopfern: alcui alqd *J.* 3.

*grātis, *adv.* (zusammengz. aus *abl.* gratiis v. gratia), unentgeltlich, ohne Vergeltung *or. Lic.* 5.

grātūĭtō, *adv.* ohne Lohn, ohne Absicht auf Gewinn *C.* 16; *J.* 85 (§ 8); *or. Phil.* 9.

*grātŭlor, 1. seine frohe Teilnahme zu erkennen geben, Glück wünschen: alcui *J.* 9 (s. pro 2, *d*).

grātus, 3. dankenswert, angenehm, erwünscht: alcui *C.* 23; fides *C.* 35; bella *C.* 5. — 2) dankbar *ep. Pomp.* 6; pro beneficiis *or. Cott.* 5.

grăvis, e, „schwer von Gewicht", dah. hart, drückend, schmerzlich, schwer: casus *J.* 62; servitium *ep. Mithr.* 11; senectus *or. Cott.* 2; morte gravi *C.* 51 (§ 31); gravius est verberari *C.* 51 (§ 23); vita morte gravior („bitterer") *J.* 14 (§ 15); quae quamquam gravia erunt („drückende Bedingungen") *J.* 38. — 2) heftig, bedeutend, schwer: bellum *C.* 43; invidia *J.* 30; inimicitiae *C.* 49; quae quamquam gravia sunt („schwere Vergehungen") *J.* 31 (§ 25). — 3) hart, streng: quid nimis grave est in homines *C.* 51 (§ 23). — 4) gewichtvoll, bedeutend: alqd gravius existumare, mehr Gewicht auf etw. legen *J.* 24; quo improvisus gravior accideret, um ihm unerwartet desto empfindlicher über den Hals zu kommen *J.* 88.

*grăvĭtās, ātis, *f.* „Schwere", übtr. Härte, Strenge: injuria gravitate tutior est *or. Lic.* 13.

grăvĭter, *adv.* „schwer, wichtig", dah. heftig, schwer: graviter volneratus *C.* 61. — 2) hart, streng: gravius in alqm consulere *J.* 13. — 3) mit Verdruß, empfindlich: graviter habere injurias, schwer aufnehmen *C.* 51 (§ 11).

grĕgārĭus, 3. (grex), „zur Herde gehörig", übtr. v. Soldaten, gemein: miles *C.* 37 (s. ex *c*). 59; *J.* 38. 45.

grex, grĕgis, *m.* „Herde", übtr. Schar: grege facto, in geschlossenem Haufen *C.* 50; *J.* 58.

gŭla, ae, Kehle: gulam laqueo frangere *C.* 55; irritamenta gulae, Reizmittel des Gaumens *J.* 89.

Gulussa, ae, Sohn des Masinissa *J.* 5. 35.

H.

hăbĕo, ŭi, ĭtum, 2. haben, besitzen: imperium *C.* 6. 29; copiam („Gelegenheit") *J.* 83; circum se catervas (praesidia) *C.* 14. 26; divitias honeste *C.* 13; in gratiam habere, zu Dank aufnehmen *J.* 111; consulatus habentur, wird besessen *J.* 4; sicuti pleraque mortalium habentur, wie es vom meisten menschlichen Besitz die Folge ist *C.* 6; pax habita *or. Phil.* 5; insb. *a*) als ob. zu etw. haben, mit *acc.* des Prädikates: lubidinem causam, als Grund *C.* 2; alqm adversum, zum Gegner *C.* 52 (§ 7); alqm carum, lieb haben *J.* 10; omnia venalia, mit allem feil halten *C.* 10; incertum habere, ungewiß sein *J.* 95; virtus clara habetur, man hat an der Tugend ein herrliches Besitztum *C.* 1; audacia pro muro habetur, Kühnheit dient als Schutzmauer *C.* 58; alqd honori, non praedae habere, zur Ehre, nicht als Raub besitzen

habeo — **haereo**

J. 31; habitus custodiae agri *ep. Mithr*. 8. — *b)* besitzen, beherrschen: urbem *C*. 6; fines *J*.19; animus habet cuncta neque ipse habetur *J*. 2; se alcui habendum praebere (f. fruor) *or. Lic*. 6. — *c)* bewohnen: loca taetra *C*.52 (§ 13).— *d)* halten = sich aufhalten lassen: milites in castris *J*.44; exercitum inter hiberna *J*.70; festhalten: alqm in custodiis *C*. 47. 52 (§ 14); in vinculis *C*. 51 (§ 43); in catenis *J*. 64; übtr. spem in alqua re *J*. 13. 55. 60. 74; lubidinem in armis *C*. 7; egestatem (f. damnum) *C*.37; modum, fennen *C*. 11; omnia bona in spe, in Aussicht stehend haben *C*. 31; alqd cum animo habere, Gedanken an etw. haben *J*. 11; alqm in animo habere, sich um jmd. kümmern, Scheu vor ihm haben *J*. 24; in incerto habetur, es ist unentschieden *J*.46; sic habere, der Ansicht sein *J*. 114; insb. *α)* etw. zum Wesen haben: avaritia pecuniae studium habet *C*. 11; id quod res habet, wie es auch in Wirklichkeit ist *C*.51 (§ 20). — *b)* halten, abhalten, vornehmen: comitia *C*.24; contionem *C*.43; delectum *C*.36; consilium *C*. 52 (§ 34); *J*.62; quaestiones in plebem *J*.31; vigilias *C*.30. — *c)* mündlich, halten, vortragen: orationem *C*. 20. 22; *J*. 86; sermones *C*. 47; verba cum alquo, an jemd. richten *J*. 9.— *d)* halten, beobachten, ordines („Reih u. Glied") *J*.80; silentium *J*. 99. — *e)* eine Zeit hinbringen, verbringen: adulescentiam *J*. 85 (§ 41); aetatem procul a republica *C*.4; vitam in obscuro *C*.51 (§ 12). — *f)* für etw. halten, ansehen, mit *acc*. des Prädikates: alqd vile *C*. 16; *or. Cott*. 3; melius *or. Lic*. 5; dubium *or. Lic*. 8; primum, für das Wichtigste erachten *J*. 84; nihil (non quicquam) pensi *C*. 5. 12. 23; *J*. 41; alqd pro certo *C*. 52 (§ 17); alqd graviter, schwer aufnehmen *C*. 51 (§ 11); satis habere, f. satis; parum habere f. parum; habere alqm in amicis (in inimicis), zählen unter *J*. 7. 16; alqd probro, für Schmach halten *C*.12; alqd voluptati, an etw. seine Lust finden *J*. 100; alqm ludibrio, zum Besten haben, verspotten *J*. 34; alqd curae, sich etw. angelegen sein lassen *C*. 21; *pass*. wofür gehalten werden, wofür gelten *C*. 53. 54; *J*. 4. 63. 92; virtus tanta habetur, wird so hoch gestellt *C*. 8; pro nihilo haberi *J*. 31 (§ 25); dona in benignitate habebantur, galten als Beweise von Wohlwollen *J*. 103. — *g)* in einem gewissen Zustande haben, halten: res eos in magno bello inter se habuit, hielt sie verwickelt *J*. 79; alqm manifestum *C*. 41; periculum haud occultum *J*. 23; Numidas intentos proelio habere, auf den Kampf gespannt halten *J*. 94; res falsum me habet, hierin täusche ich mich *J*. 10. — *h)* halten, behandeln: alqm benigne *J*. 113; accurate *J*. 103; exercitum luxuriose, üppig halten *C*. 11; pudicitiam parum honeste, es mit der Keuschheit nicht sonderlich streng halten *C*.14; milites laxiore imperio, unter schlaffer Mannszucht halten *J*. 64; milites modesto imperio habiti *J*. 92; quomodo rem publicam habuerint, mit d. Staate umgegangen sind *C*. 5; exercitus sine imperio et modestia habitus, nicht in Zucht und Ordnung gehalten *J*.44; cives apud Jugurtham immunes, levi imperio, et ob ea fidelissumi habebantur, „waren abgabenfrei, wurden gelind regiert, u. er besaß deshalb an ihnen seine getreuesten Unterthanen" *J*. 89. — *i)* se habere, sich verhalten, beschaffen sein: (ita) res se habet *J*. 17. 85 (§ 23); ita res humanae sese habent *J*. 53; res se habent constantius *C*. 2; ita se mores habent *C*. 52 (§ 12); *J*. 54.

*hăbĭtus, ūs, „das Sich-Gehaben", übtr. das Verhalten *J*. 28.

*Hadrūmētum, i, Hauptstadt der Landschaft Byzacium in Africa propria, jetzt Souza in Tunis *J*. 19.

*haerĕo, haesi, haesum, 2. festhangen: alcui in animo haesit, bei jmd. hat sich die Meinung festgesetzt *J*. 28.

haesito

*haesĭto, 1. (*v. intens.* v. haereo), hangen bleiben, stocken, übtr. unentschlossen sein, schwanken *J.* 107.

*Hāmilcăr, ăris, ein Leptitaner *J.* 77.

Hannĭbăl, ălis, Sohn des Hamilcar Barkas, Feldherr d. Carthager gegen Rom im zweiten punischen Kriege (218—202 v. Chr.) *J.* 5; *or. Lep.* 4; *ep. Pomp.* 4.

hărēna, ae, Sand *J.* 78. 79.

hărēnōsus, sandig: ager *J.* 79; harenosum humi, sandiger Boden *J.* 48.

hăruspex, Opferschauer *J.* 63. 64.

*hasta, ae, Speer *J.* 85 (§ 29).

haud, *adv.* nicht eben, nicht: haud facile *C.* 13; haud dubie *J.* 102; haud longe *J.* 21; haud procul *J.* 18; haud secus *J.* 70; haud saepe *J.* 17; haud sane, ganz u. gar nicht, durchaus nicht *C.* 37. 53; haud absurdum *C.* 3. 25; haud ignarus *J.* 28. 36; haud timidi *C.* 60; haud repulsus *J.* 110.

*haudquāquam, *adv.* auf keine Weise, ganz u. gar nicht *C.* 3.

*hāveo, (aveo), ēre, gesegnet sein: haveto, sei gegrüßt *C.* 35.

*hĕbĕs, ĕtis, „stumpf", dah. ungeübt: exercitus *J.* 54.

*hĕbesco, ĕre, „stumpf werden", dah. ermatten, ersterben: virtus hebescit *C.* 12.

Hērāclēa, ae, Stadt in Bithynien am Schwarzen Meere *ep. Mithr.* 14.

Hercŭlēs, is, Sohn des Jupiter u. der Alkmene *J.* 14; *vocat.* me hercule (mehercle) ob. me Hercules als Beteuerung: beim Herkules! wahrlich! *C.* 52 (§ 35); *J.* 85 (§ 45). 110; *ep. Phil.* 17. — 2) ein libyscher Heros, identisch mit dem tyrischen Melkarth, dem Kriegsgott der Numidier *J.* 89.

*hērēdĭtās, ātis, *f.* Erbschaft *J.* 85 (§ 30).

*Herennĭus, i, C., Legat des Sertorius, fiel in der Schlacht bei Valentia in Spanien 75 v. Chr. gegen Pompejus *ep. Pomp.* 6.

hērēs, ēdis, Erbe: alqm testamento heredem instituere *J.* 9; alqm heredem scribere *J.* 65.

hiemo

*hībernācŭlum, i, „Wintergemach", *plur.* hibernacula, Winterlagerstätten *J.* 103.

hībernus, 3. winterlich: expeditio *ep. Pomp.* 6; *subst.* hiberna, ōrum, Winterquartiere *J.* 62. 64. 70. 97. 103; milites ex hibernis evocare *J.* 37.

1. hīc, haec, hŏc, dieser (von dem, was in Raum, Zeit u. Vorstellung dem Redenden gegenwärtig ist): hoc (= vostrum) imperium *J.* 14 (§ 18); per hanc (= meam) dextram *J.* 10; hic … ille, dieser … jener, ersterer … dieser *J.* 94; ille … hic *C.* 11. 12. 54; haec et illa *or. Phil.* 11; haec atque talia *J.* 62 (§ 36); haec atque alia hujusce modi *J.* 32; ad hoc, zudem, überdies (s. ad 6); hoc est, das heißt *J.* 31 (§ 20); insb. *a)* gegenwärtig, jetzig: hae miseriae *J.* 14 (§ 21); haec arma *or. Lic.* 11; ad hoc tempus *J.* 85 (§ 45); ad hoc aetatis, bis zu diesem Alter *J.* 85 (§ 7); hac tempestate *J.* 3; his annis quindecim, in den letzten funfzehn Jahren *J.* 31 (§ 2); his moribus, beim heutigen Zeitgeiste *J.* 4; hi, die jetzt Lebenden *C.* 12; haec sequi decrevistis, diesen gegenwärtigen Kampf *C.* 58; haec talia sunt, die gegenwärtige Lage *J.* 31 (§ 4). — *b)* auf folgendes hinweisend, dieser, folgender: his artibus *C.* 9; sententia haec erat *J.* 9. 24; hoc modo loqui *J.* 13. 84. 104.

2. hīc, *adv.* hier *or. Cott.* 3. — 2) übtr. unter diesen Umständen, und nun: hic mihi quisquam mansuetudinem nominat *C.* 52 (§ 11).

hīce, haece, hoce (verstärktes hic), dieser: consilii hujusce *C.* 17; alia hujusce modi *C.* 15. 51 (§ 40); *J.* 2. 4. 32. 84; oratio (verba) hujusce modi *C.* 20. 50. 52 (§ 1). 57; *J.* 9. 30. 86. 102; mandata hujusce modi *C.* 32.

*hĭĕmālis, e, winterlich: aquae *J.* 37 *(Jordan).*

hĭĕmo, 1. überwintern: aquae hiemantes, im Winter sich sammelnd *J.*

Hiempsal — **hortor** 77

37. — 2) Winterquartiere halten: in provincia *J.* 39; cum legione *J.* 68; hiemandi gratia *J.* 61.

Hiempsăl, ălis, Sohn des Micipsa, Enkel des Masinissa *J.* 5. 9—12. — 2) König von Numidien mit Hiarbas nach Besiegung des Jugurtha *J.* 17.

hĭems, ĕmis, *f.* Winter: aspera *J.* 37 (f. asper); hiemem castris agere *ep. Pomp.* 5; hiemem et aestatem pati, Kälte und Hitze *J.* 85 (§ 33).

*hinc, *adv.* von hier *ep. Pomp.* 10.

*Hippo, ōnis, *m.* mit dem Beinamen Zarytus, Stadt im nördl. Teile der Provinz Afrika, jetzt Biserta in Tunis *J.* 19.

Hispānĭa, ae, Spanien d. i. die pyrenäische Halbinsel, durch die Flußscheide des Iberus (Ebro) eingeteilt in Hispania citerior (später Tarraconensis, der östliche Teil) u. ulterior (Lusitania u. Baetica, südl. u. westl. Teil) *C.* 19. 21; *J.* 7. 10. 18. 19; (duae) Hispaniae *C.* 18; *or. Phil.* 8.

Hispānus, 3. hispanisch: equites *C.* 19; *subst.* Hispani *C.* 19; *J.* 18.

*histrĭo, ōnis, Schauspieler *J.* 85 (§ 39).

hŏmo, ĭnis, Mensch, Mann: nobilis *C.* 48; patricius *C.* 31; militaris *C.* 45. 49; privatus *J.* 110; novus *C.* 23; adulescens *C.* 38; *J.* 6; adulescentulus *C.* 52 (§ 26); homines nominis Latini *J.* 40; emeritis stipendiis *J.* 84.

hŏnestē, *adv.* anständig, ehrbar, mit Ehren: vivere *J.* 85 (§ 19); habere divitias, auf ehrbare Art gebrauchen *C.* 13; parum honeste habere pudicitiam *C.* 14 (f. habeo 2, *h*); *compar.* honestius *J.* 95 (f. consulo); *or. Cott.* 9.

*hŏnesto, 1. ehren, auszeichnen: alqm honore *C.* 35.

hŏnestus, 3. anständig, ehrenhaft, ehrenwert: amicitia *J.* 5; exitus *J.* 14 (§ 24); mors *or. Cott.* 2; spes *C.* 35; nomen („Vorwand") *C.* 38; suffragatio *J.* 65; res, standesmäßige Mittel *J.* 14 (§ 17); divitiae, zum anständigen Leben hinreichend *C.* 7; bonum honestumque, Rechtlichkeit und Ehrenhaftigkeit *J.* 8. 29; supra bonum atque honestum, mehr als Recht u. ehrenhaft ist *J.* 82; honesta atque inhonesta, Ehre u. Schande *C.* 30; *J.* 31 (§ 12). 80. — 2) in Ehre stehend, geachtet *J.* 3; boni honestique *J.* 85 (§ 49); clari magis quam honesti *J.* 8.

*hŏnōro, 1. ehren, verherrlichen: alqm gloria *J.* 10.

hŏnōs (hŏnŏr), ōris, *m.* Ehrenbezeigung, Ehre: avidus honoris *J.* 15; honoris cupido *C.* 3; honoris causa, um Aufmerksamkeit zu erweisen *J.* 113; honori esse, zur Ehre gereichen *C.* 12; honori duci, als Ehre gelten *J.* 11; alqd honori habere (f. praeda) *J.* 31 (§ 10); honore alqm efferre *J.* 49; honores alcui instituere *J.* 79. — 2) Auszeichnung, Ehrenstelle, Ehrenamt *J.* 63; virtuti honorem dare *J.* 3; maxumis (amplis) honoribus uti („bekleiden") *C.* 49; *J.* 25; honores petere *J.* 85 (§ 19); repetere *J.* 85 (§ 37, f. meritum); honorem affectare *J.* 64; ad imperia et honores niti *J.* 4; summum honorem alcui imponere *J.* 85 (§ 28).

*hōra, ae, Stunde: tertia, die neunte des Morgens, da die Römer in jeder Jahreszeit zwölf gleich lange Tagesstunden von Sonnenaufgang bis Sonnenuntergang zählten *J.* 68.

horrĭbĭlis, e, schaudervoll, entsetzlich: sonitus *J.* 99; spectaculum *J.* 101.

*hortāmentum, i, Aufmunterung, Ermunterung: hortamento esse, zur Ermunterung dienen *J.* 98.

*hortātĭo, ōnis, *f.* Aufmunterung, Ermunterung *J.* 60.

hortor, 1. antreiben, aufmuntern, zu etw. ermuntern, anfeuern: alqm *C.* 6. 17. 20. 58. 59; milites praeceptis *J.* 85 (§ 34); milites pauca („mit wenigen Worten") *J.* 49; ad vindicandum *J.* 30; mit folg. *ut C.* 27; *J.* 31 (§ 6). 56. 65. 106. 107; *ep. Mithr.* 23; mit *ne J.* 31 (§ 25). 51; mit bloß. Konjunktiv *J.* 54. 56. 93;

hospes — idem

or. Phil. 16; mit Supinum *or. Lic.* 17; *absol. J.* 35. 60. 84. — 2) v. leblos. Subjekten, auffordern: res hortari videtur supra repetere *C.* 5.

hospĕs, ĭtis, Gaſtfreund *C.* 61; *J.* 13. 67.

hostĭa, ae, Schlachtopfer: humana *or. Lep.* 14; per hostias dis supplicare *J.* 63.

hostīlis, e, feindlich, des Feindes: cadavera *C.* 61; clamor *J.* 58; metus, vor dem Feinde *J.* 41. 105; monumenta, die auf Feinde hinweiſen *J.* 14 (§ 17); in rebus hostilibus, wo er es mit dem Feinde zu thun hatte *J.* 45. — 2) feindſelig: animus *J.* 102; hostile quid, etwas Feindſeliges *J.* 88; nihil hostile *J.* 91; *subst.* hostilia, um, Feindſeligkeiten *J.* 3; hostilia facere *J.* 107.

*hostīliter, adv. feindlich: loca hostiliter accedere *J.* 20.

hostis, is, Feind (namentl. in Kriegsverhältniſſen): bonorum *or. Phil.* 15; reipublicae *or. Phil.* 22; hostem alcui esse (fieri) *J.* 10. 14 (§ 17). 81. 83; alqm hostem judicare *C.* 36. 44; alqm hostem atque parricidam vocare *C.* 31; in hostem pugnare *C.* 9. 52 (§ 30); socii atque hostes, Freund und Feind *J.* 92.

hūc, *adv.* hierher, dahin *J.* 47. 110; *ep. Mithr.* 17; huc et (atque) illuc *J.* 60; *or. Lic.* 26. — 2) hierzu: huc accedebat *C.* 11; *J.* 7.

*hūcĭne, adv. dahin: hucine beneficia evasere *J.* 14 (§ 9).

hūjuscĕmŏdi, ſ. hice.

hūjusmŏdi, ſ. modus.

hūmānus, 3. menſchlich: corpus *C.* 22; hostia *or. Lep.* 14; animus *C.* 6; genus *J.* 1. 2; cultus *J.* 48; res humanae, die menſchlichen Dinge, die irdiſchen Verhältniſſe, der Lauf der Welt *C.* 2; *J.* 14 (§ 21). 38. 53. 102. 104; *subst.* divina atque humana (ſ. divinus) *C.* 12; *J.* 5. 31 (§ 9. 20); *ep. Mithr.* 17; *subst.* humana, die menſchlichen Rechte *or. Lep.* 11.

*hūmĭlis, e, „niedrig, nicht hoch", übtr. v. Range, tiefgeſtellt, niedrig: *subst.* humillumi *J.* 96.

hŭmĭlĭtās, atis, *f.* Niedrigkeit, geringe Höhe: humilitate arborum (*abl. caus.*) *J.* 49. — 2) übtr. v. Stande, Niedrigkeit: generis *J.* 73.

hŭmus, i, *f.* Erdboden, Erdreich *J.* 18; arida *J.* 53; aridum atque harenosum humi, dürrer u. ſandiger Boden *J.* 48; harenam humo excitare *J.* 79; humi requiescere, auf dem Erdboden *J.* 85 (§ 33); locus humi depressus, in den Boden vertieft, unterirdiſch *C.* 55.

I.

ĭbi, *adv.* daſelbſt, dort: ibique et in Africa *J.* 89; ibi…ubi *C.* 52 (§ 15); ubi…ibi *J.* 51. 85 (§ 41); qua in parte…ibi *J.* 74; quos fines …ibi (= in iis) *J.* 79; ibique = in eaque *C.* 3; = in iisque artibus *C.* 5; ibi = apud eos *C.* 8. — 2) bei dieſer Gelegenheit, alsdann *C.* 11. 27; *J.* 11. 56. 112; ibi vero, dann erſt recht *J.* 58; ibique, und damals *J.* 114.

ĭbīdem, *adv.* ebendaſelbſt *J.* 64. 101. 103. 107.

*idcircō (iccirco), *adv.* deswegen, deshalb *J.* 46.

īdem, ĕadem, ĭdem, ebenderſelbe, der nämliche: eodem tempore *C.* 18; isdem temporibus *C.* 39. 42; idem hic, eben dieſer *J.* 14 (§ 21); haec eadem *or. Lic.* 27; idem ille, eben jener *C.* 31. 57. 58; *J.* 25. 27; eodem illo tempore *C.* 51 (§ 39); *abl.* eadem, ebenda, auf demſelben Wege *J.* 42. 93. 94; für das deutſche „als" od. „wie" folgt *a)* das *pron. relativ.:* eādem qua ceteros famā *C.* 3; vobis eadem quae mihi bona *C*. 20; eadem quae Volturtius docet *C*. 48; eodem cultu quo liberos *J*. 5; eandem causam quam secum *J*. 81; eadem asperitate qua *J*. 92. — *b)* et ob. que: eadem nobis et illis necessitudo *C*. 58; non in ejusdem potestate initium et finem esse *J*. 83; isdem artibus imperium petere et gerere *J*. 85 (§ 1); imperii vitaeque finis idem fuit *J*. 5. — 2) zugleich auch *J*. 9; frater atque idem propinquus *J*. 14 (§ 11); consultor idem et socius *J*. 85 (§ 47); nocentissumi et iidem superbissumi *J*. 31 (§ 12).

idōnĕus, 3. zu etw. geeignet, tauglich, tüchtig: dux *or. Phil*. 8; res, geeignetes Verteidigungsmittel *J*. 57; mit *dat*. (wozu): rebus novis *C*. 39; alia aquae idonea, andere Wasserbehältnisse *J*. 75; idoneum visum est dicere, nicht unpassend *J*. 95; *absol. C*. 51 (§ 18); *J*. 73. — 2) insb. zur Bestrafung geeignet, straffällig *C*. 51 (§ 27).

ĭgĭtur, *adv*. (bei Sallust stets zu Anfang des Satzes, außer in der Aufforderung [*C*. 20 § 14] u. Frage), somit, sonach, also *C*. 7. 10. 11. 12. 28; *J*. 5. 7. 13. 25. 46; insb. *a)* nach Digressionen zur Wiederanknüpfung, also *C*. 4. 9. 54; *J*. 19. 42. 95. 96. — *b)* in Fragesätzen, also denn: placet igitur eos dimitti *C*. 51 (§ 43); quid igitur censes *J*. 31 (§ 18).

ignārus, 3. in etw. unerfahren, einer Sache unkundig, etw. nicht kennend, mit *gen*.: belli *J*. 28. 96; humanarum rerum *J*. 104; loci *J*. 12; omnium (= omnium rerum) *J*. 85 (§ 10); populi *J*. 19; nominis Romani *J*. 80; hostium, vom Feinde nichts wissend *J*. 49; *absol*. omnibus ignaris, ohne daß jmd. etw. ahnte *J*. 91; prägn. unfähig: imperium ad ignaros pervenit *C*. 51 (§ 27; a. L. ignaros ejus *sc*. imperii). — 2) unbekannt: lingua *J*. 18; regio hostibus ignara *J*. 52.

ignāvĭa, ae, Mangel an Thatkraft, Trägheit, Schlaffheit *C*. 27. 43; *J*. 4. 44. 45. 95; aetatem agere per ignaviam, in Trägheit *J*. 2. 85 (§ 1). — 2) insb. Feigherzigkeit, Feigheit *C*. 58; *J*. 31 (§ 2, f. a 1, *b*); *J*. 112; per ignaviam, mit Hilfe Feiger *C*. 20.

ignāvus, 3. ohne Thatkraft, untüchtig: bonus et ignavos *(nom.) C*. 11. — 2) insb. feigherzig, feig: animus *or. Lic*. 14; ignavior *or. Phil*. 3; ignavissumi homines *C*. 12; *subst*. Feigling, Feiger *C*. 58; *J*. 53. 57.

ignis, is, *m*. Feuer: alqd igni corrumpere *J*. 76. 92; vastare *J*. 55; *plur*. Wachfeuer: ignes facere *J*. 98. 106.

*****ignōbĭlis**, e, „unbekannt", dah. v. Geburt, unadelig, niedrig: nobiles atque ignobiles *J*. 20.

*****ignōbĭlĭtās**, atis, *f*. unedle Geburt, niedrige Abkunft *J*. 11.

*****ignōmĭnĭa**, ae, Beschimpfung, Schmach (namentl. in Folge bürgerlicher Strafen) *J*. 21.

*****ignōrantĭa**, ae, Unkunde, Unkenntnis *or. Lic*. 25.

ignōro, 1. keine Kenntnis von etw. haben, etw. nicht kennen: acta *J*. 66; faciem alcjus, jmd. von Person nicht kennen *J*. 63; mit *acc. c. inf*. nicht wissen *ep. Mithr*. 17; non ignorare, recht wohl wissen *J*. 85 (§ 26); *part*. ignoratus *a)* unbekannt: largitio multis ignorata *J*. 103. — *b)* unbemerkt *J*. 54.

ignosco, nōvi, nōtum, 3. (in u. gnosco = nosco), „etw. nicht wissen wollen", dah. verzeihen: alcui *J*. 31 (§ 21); alcjus adulescentiae *C*. 52 (§. 33); *absol. C*. 9. 54; *or. Phil*. 5.

ignōtus, 3. unbekannt: sonitus *J*. 99; largitio multis ignota *J*. 103.

*****īlex**, ĭcis, *f*. Steineiche *J*. 93.

*****īlĭco** (illĭco), *adv*. (= in loco), auf der Stelle, sogleich *J*. 108.

ille, a, ud, jener (von dem, was dem Redenden im Raum, Zeit u. Vorstellung entfernter liegt): ille alter *J*. 13. 16. 73; ille ... hic *C*. 11. 12. 54; hic ... ille *J*. 94; idem ille, eben jener *C*. 31; *J*. 25; illoque aliisque temporibus *J*. 100; insb. *a)* in *oratio*

80 illecebra — im-muto

obliqua für hic: illum esse ... annum, das gegenwärtige *C.* 47; illum diem *J.* 49; von der angeredeten Person *J.* 8. 11. 33. 51. 56. 61. 62. 64. 65. 77. 106. — *b)* prägn. von dem, was bedeutsam ob. bekannt ist: en illa, illa libertas *C.* 20. — *c)* illud bei Ankündig. von etw. Folgendem, dieses, das: illud vereor *J.* 14 (§ 20); illud intellego *J.* 85 (§ 5); illa piget dicere *J.* 31 (§ 2).

*illĕcĕbra, ae (illicio), Anlockung, lockende Verführung: illecebris capi *C.* 14.

illĭcĭo, lexi, lectum, 3. (lacio), verlocken, verleiten, verführen: alqm *C.* 16; ad bellum *C.* 57; ad proditionem *J.* 47; praemio illectus *J.* 97.

*illīco, s. ilico.

*illim, *adv.* seit jener Zeit *J.* 114.

illūc, *adv.* dorthin, dahin: huc et (atque) illuc *J.* 60; *or. Lic.* 26; = ad illos *or. Lic.* 7.

il'ustris, e, „im Lichte befindlich", übtr. *a)* lichtvoll, deutlich: ad cognoscundum *J.* 5. — *b)* ausgezeichnet, berühmt: vir *or. Lep.* 17.

īmāgo, gĭnis, *f.* Bildnis, insb. *plur.* Ahnenbilder, d. i. Wachsmasken der Vorfahren, welche mit Aufschriften versehen im Atrium der vornehmen Römer hingen und durch Laubgewinde dergestalt verbunden waren, daß sie einen Familienstammbaum bildeten. Doch hatten nur diejenigen das Recht, sie aufzustellen, deren Vorfahren ein curulisches Amt bekleidet hatten. Bei Leichenbegängnissen wurden diese Masken von Personen in angemessener Tracht vor das Gesicht genommen und so zur Schau getragen *J.* 4; homo multarum imaginum *J.* 85 (§ 10); cum imaginibus suis, nur von ihren Ahnenbildern begleitet (d. i. ohne euch) *or. Lic.* 18.

imbēcillus, 3. schwach, kraftlos: natura *J.* 1; regnum *J.* 10. — 2) energielos, unselbständig: aetas *C.* 3.

imbellis, e, unkriegerisch *J.* 20; exercitus *J.* 44. — 2) feig: strenui et imbelles *J.* 67.

im-bŭo, bŭi, būtum, 3. „womit tränken", übtr. womit beflecken: avaritia quasi venenis imbuta *C.* 11; animus malis artibus imbutus, vergiftet *C.* 13.

īmĭtor, 1. nachahmen: instituta *C.* 51 (§ 37); morem *C.* 51 (§ 39); virtutem *J.* 10.

*immānis, e, ungeheuer, unermeßlich: avaritia *J.* 31 (§ 12).

*immānĭtās, ātis, *f.* Ungeheuerlichkeit, Entsetzlichkeit: sceleris *or. Lep.* 6.

*immātūrus, 3. unreif, unzeitig: alicui immaturo vita erepta est, vor der Zeit *J.* 14 (§ 22).

*immĕmor, ŏris, uneingedenk: beneficii *J.* 31 (§ 28).

immensus, 3. unermeßlich groß: collis pertingens in immensum, sehr weit *J.* 48; mons in immensum editus, sehr hoch *J.* 92.

im-mĭnŭo, ŭi, ūtum, 3. vermindern: tempus aestivorum, beschränken *J.* 44; prägn. *a)* schwächen, entkräften: opes plebis *C.* 39; mens paulum imminuta, schwachsinnig *J.* 65. — *b)* schmälern, beschränken, verkümmern: jus libertatis *C.* 37; id (näml. dieses stolze Gefühl) *J.* 110; pacem, stören *J.* 81.

*im-mitto, mīsi, missum, 3. „losschicken", übtr. heimlich anstiften: alqm *C.* 48.

immo, *adv.* (berichtigend) ja vielmehr, o nein vielmehr *or. Phil.* 5; immo vero maxume *C.* 52 (§ 28).

immŏdĕrātus, 3. maßlos, ungemäßigt: fortitudo *C.* 52 (§ 31); incendium *C.* 48; immoderata cupere *C.* 5.

immortālis, e, unsterblich: di *C.* 52 (§ 28); *J.* 24. 75; übtr. facinora *J.* 2; immortalem fieri *J.* 85 (§ 49).

*immūnis, e, abgabenfrei *J.* 89 (s. habeo 2, *g*).

im-mūto, 1. verändern, umgestalten, umwandeln: immutatur urbis facies *C.* 31; civitas *C.* 10; respublica *C.* 5; fortuna simul cum moribus *C.* 2; immutato more *C.* 6; immutata voluntate *J.* 113.

impār, päris, ungleich: sinus impares magnitudine *J.* 78; fama *J.* 57. — 2) nicht ebenbürtig: materno genere *J.* 11. 108.

imparātus, 3. unvorbereitet, ungerüstet: respublica *C.* 17; alqm imparatum confodere, wehrlos *C.* 28.

impedīmentum, i, Hindernis: rogationi impedimenta parare *J.* 40; nox est nullo impedimento (*abl. qualit.*) *J.* 97. — 2) *plur.* impedimenta, Heeresgepäck (insofern es den Marsch hemmt) *J.* 81.

impĕdĭo, 4. (pes) „in Fußfesseln legen", dah. verwickeln, verstricken: elephanti ramis impediti *J.* 53. — 2) hindern, verhindern, hemmen: incepta *ep. Mithr.* 12; comitia *J.* 37; rem *J.* 70. 80; prospectum *J.* 79; fugam *J.* 99; alqm *J.* 35; mit folg. *ne C.* 30; *J.* 39; alqm a vero bonoque, von Recht u. Pflicht abhalten *J.* 30; *part.* impeditus, *a*) gehemmt, gehindert: munimento *J.* 58; dolore *J.* 83. — *b*) übtr. mißlich: impeditissumā republica, in der verwickeltsten Lage des Staates *or. Cott.* 6.

im-pello, püli, pulsum, 3. „anstoßen", übtr. zu etw. antreiben, hinreißen, bewegen, verleiten: alqm ad societatem belli *C.* 40; ad deditionem *J.* 62; ad facinus *C.* 49; ad negotium *C.* 44; mit folg. *ut C.* 49; *J.* 12. 65. 80; impulsus ira *C.* 51 (§ 4); magnitudine periculi *C.* 49.

im-pendĕo, ēre, „herüberhangen", übtr. über jmds. Haupte schweben, ihn bedrängen: periculum impendet alcui *C.* 28; necessitas *C.* 58.

impensĭus, *adv.* (*comp.* v. impense), „kostspieliger", übtr. angelegentlicher, eifriger *J.* 47. 75 (s. modo 1, *c*).

impĕrātor, ōris, Herrscher, Gebieter: gentium *J.* 31 (§ 20); bini *C.* 6; reges atque imperatores *C.* 6; dux atque imperator vitae animus est *J.* 1. — 2) Feldherr: bonus *C.* 60; novus *J.* 44; Romanus *J.* 56; qui Romanis imperator erat *J.* 7;

Eichert, Wörterbuch z. Sallust. 4. Aufl.

alqm imperatorem poscere *J.* 65; jubere *J.* 85; als Ehrentitel, welchen das Heer seinem Anführer nach einem bedeutenden Siege erteilte *C.* 30.

impĕrātum, i, s. impero.

impĕrītĭa, ae, Unerfahrenheit, Ungeschicklichkeit *J.* 38.85 (§ 45). 99.

impĕrīto, 1. (*v. intens.* v. impero), beherrschen, gebieten: alcui *J.* 19. 81. 102; natura ceteris imperitans *J.* 76; *absol.* herrschen *J.* 81; *or. Lep.* 10; pleraque Africa *J.* 79.

***impĕrītus**, 3. „unerfahren", dah. nichtsahnend, unvorbereitet *J.* 49.

impĕrĭum, i, Befehl: consulum *or. Lic.* 16; magistratuum *J.* 77; contra imperium *C.* 9. 52 (§ 30); imperium accipere *J.* 97; observare *J.* 80; nihil imperio agere *J.* 51. — 2) Herrschaft: animi imperio uti, den Geist zum herrschenden Organ haben *C.* 1; insb. *a*) Herrschergewalt, obrigkeitliche Gewalt, Amtsgewalt, Regiment *C.* 2.6; populi Romani *J.* 18; Numidiae *J.* 65; regium *C.* 6; intolerandum *C.* 6; justum *C.* 52 (§ 21); magnum *C.* 51 (§ 12); summum *C.* 29; *or. Cott.* 3. 13; consulare *C.* 55; cupido imperii *C.* 10; *J.* 19; imperium penes alqm est *J.* 14 (§ 1); imperium petere *C.* 33; *J.* 20; sibi exoptare *C.* 11; alcui extorquere *C.* 39; alqm sub imperium suum cogere, *J.* 18; sub imperio alcjus esse *J.* 13; genus sine imperio, ohne Regierungsform *C.* 6; natus imperio, zum Herrschen geboren *J.* 31 (§ 11; *Dietsch:* in imperio, „in der Herrscherwürde, als Herrscher"); in imperio vostro, unter eurer Oberherrlichkeit *J.* 14 (§ 11); crudelius appellatur in imperio („bei Machthabern") *C.* 51 (§ 14); procul ab imperio, fern von der Gewalt des Königs *J.* 78. 31; *plur. J.* 31 (§ 11); *or. Lic.* 5; saeva, grausames Regiment *C.* 19; injusta, ungerechte Ausübung der Amtsgewalt *C.* 19; annua, jährlich wechselnde Oberbehörden *C.* 6. — *b*) Heeresbefehl, Feldherrngewalt, Kommando *or. Phil.* 22; saevum

impero

J. 100; civile *J*. 85 (§ 34); magnum *C*. 54; insignia imperii *C*. 36; imperium (sibi) petere *J*. 18. 85 (§ 1); gerere *or. Lic*. 18; in imperio esse, im Oberbefehle stehen *J*. 44; proconsul cum imperio *or. Phil*. 7; imperia et honores, Militär- u. Civilämter *J*. 4; magistratus et imperia, Staatsämter im Frieden u. Krieg *J*. 3; qui in imperiis pecunias accepissent, mit Kommandos betraut, als Befehlshaber *J*. 40; imperium observare, sich nach d. Kommando richten *J*. 80; sine imperio, ohne Kommando *J*. 66. — *c)* Disciplin, Mannszucht: laxius *J*. 64; leve *J*. 89 (s. habeo 2, *h*); modestum *J*. 92; exercitus sine imperio habitus (s. habeo 2, *g*); *J*. 44; imperium solvitur *J*. 39. — 3) meton. Herrschaft, Reich, Staat: magnum *C*. 2; *J*. 5 (s. valeo); tantum *C*. 51 (§ 42); Romanum *C*. 10; fines imperii *J*. 12. 19; gloria imperii *J*. 39; urbes imperio adjungere *J*. 13.

impĕro, 1. anbefehlen, befehlen: alqd *J*. 46. 100; leges *or. Phil*. 17; mit folg. *ut C*. 45; mit bloß. Konjunktiv *J*. 35. 75; mit folg. Relativsatze *J*. 57; mit *inf. C*. 16; *J*. 47; *absol*. Befehle erteilen *J*. 98; vocari ad imperandum, um Befehle entgegenzunehmen *J*. 62; *subst. part*. imperatum, i, Befehl: imperata facere, Gehorsam leisten, sich unterwerfen *J*. 62. — 2) insb. *a)* über jmd. gebieten, herrschen: omni Numidiae *J*. 13; *absol. C*. 20; imperantes, die Herrschenden *J*. 18. — *b)* zu liefern anbefehlen: alcui frumentum *J*. 29; argenti pondo ducenta milia *J*. 62.

impĕtro, 1. (durch Vorstellungen, Bitten) auswirken, erlangen: alqd *J*. 77. 104; *absol*. Gehör finden *J*. 14 (§ 7).

impĕtus, ūs, das Andrängen, der Angriff *J*. 34, *ep. Pomp*. 5; creber *J*. 50; impetum facere in curiam *C*. 43; bildl. in rempublicam, gewaltsam Besitz ergreifen vom Staate *C*. 52 (§ 23).

*****impĭĕtās**, atis, *f*. Pflichtvergessenheit: in alqm *J*. 14 (§ 21).

importuosus

impĭger, gra, grum, rührig, rastlos, thätig: homo *J*. 15; lingua *or. Lic*. 14; ingenium *J*. 7; duo maxume impigri *J*. 23.

impĭgrē, *adv*. unverdrossen, rastlos *J*. 88; satis impigre, tapfer genug *J*. 101.

impĭus, 3. pflichtvergessen, ruchlos, verrucht: homo *C*. 51 (s. in B, 6); facinus *J*. 14 (§ 21); manus *J*. 14 (§ 14). 24; testamentum *ep. Mithr*. 8.

*****im-plĕo**, ēvi, ētum, 2. anfüllen: harena ora oculosque implet *J*. 79.

*****im-plĭco**, ŭi, ĭtum u. āvi, atum, 1. verwickeln, verwirren: aciem *J*. 59.

im-plōro, 1. (um Beistand) anrufen, anflehen: alqm *J*. 14 (§. 16); deos *C*. 52 (§ 29); judicia *C*. 52 (§ 4).

*****impollūtus**, 3. unbefleckt, unentweiht: divina *or. Lep*. 11.

im-pōno pŏsŭi, pŏsĭtum, 3. hineinlegen, einlegen: praesidia (in urbibus) *J*. 61; *or. Phil*. 47; huc *J*. 47; quo *J*. 103; quo = apud quos *J*. 66. — 2) auf etw. setzen, legen, stellen: turres super aggerem *J*. 76; eo (= in pecus) vasa *J*. 75; übtr. *a)* als Aufseher u. dgl. einsetzen, bestellen: triginta viros *C*. 51 (§ 28); quasi nullo imposito, als wenn niemand zur Aufsicht bestellt worden wäre *J*. 100. — *b)* auferlegen, aufbürden: servitium *or. Lic*. 10; leges *or. Lep*. 25; alcui necessitudinem *C*. 33; invidiam belli *C*. 43; contumeliam alcui, Schimpf verhängen *C*. 48; labori nomen inertiae, mit dem Namen der Trägheit belegen *J*. 4; negotium, übertragen *J*. 85 (§ 28).

*****importūnĭtās**, atis, *f*. "Ungeeignetheit", insb. Unverschämtheit *J*. 31 (§ 22, s. quantus).

importūnus, 3. "unzugänglich", daher ungünstig, unbequem: locus aggeribus (*dativ*.) *J*. 92. — 2) mißlich, bedenklich: vi regere patriam importunum est *J*. 3.

*****importŭōsus**, 3. hafenlos: mare *J*. 17.

*impŏtens, tis, nicht mächtig, machtlos *or. Lic.* 3.

imprŏbus, 3. unreblich, schlecht, nichtswürdig *J.* 67; malus improbior fit *J.* 31 (§ 28).

imprīmis, f. in primis unter prior.

imprōvīsus, 3. nicht vorausgesehen, unvermutet *J.* 88; malum *J.* 91; metus *J.* 67. 97; de (ex) improviso, unversehens, unvermutet *C.* 28; *J.* 38. 99. 107; *J.* 14 (§ 11. 16). 20. 53. 58.

imprūdentĭa, ae, Unwissenheit *J.* 53. — 2) Unvorsichtigkeit *J.* 53; *ep. Mithr.* 15.

impŭdens, tis, unverschämt, schamlos: largitio *J.* 15; impudentissumus omnium *or. Phil.* 15.

impŭdentĭa, ae, Unverschämtheit *J.* 33. 44.

*impŭdīcus, 3. unzüchtig *C.* 14.

im-pugno, 1. (feindlich) angreifen: alqm *ep. Mithr.* 12. — 2) übtr. anfeinden, bekämpfen: alqm acriter *J.* 29.

*impulsus, ūs, „der Stoß", übtr. Anregung, Antrieb: impulsu alcjus *J.* 70.

impūnĕ, *adv.* ohne Strafe, ungestraft *J.* 31 (§ 9. 26); impune injuriam accipere, ohne daß Bestrafung stattfindet *J.* 31 (§ 21).

impūnĭtās, ātis, *f.* Ungestraftheit, Straflosigkeit *C.* 30. 46; scelerum *J.* 31 (§ 19); impunitatem concedere *C.* 61.

impūnītus, 3. ungestraft, straflos: alqm impunitum dimittere *C.* 51 (§ 5); scelus impunitum omittere *J.* 31 (§ 25).

*impūrus, 3. „unrein", übtr. befleckt, lasterhaft: animus *C.* 15.

in, *praep.* mit *acc.*, in, nach, auf: perfugere in Galliam *C.* 57; incurrere in hostes *C.* 60. — 2) v. der Dimension, in: auctus in altitudinem *J.* 93; in immensum *J.* 48. 92; celebrare in majus, mit Übertreibung *J.* 73. — 3) z. Bezeichnung des Zeitpunktes für etwas, auf: consilium in Nonas transferre *C.* 18; consulatum petere in proxumum annum *C.* 26; in praesens, für die Gegenwart *C.* 16; in reliquum, für die Folge *J.* 42; in dies, von Tag zu Tag, täglich *C.* 5. 24; *J.* 7. 44. 74. — 4) z. Bezeichn. der Richtung des Thuns u. Denkens in freundl. u. feindl. Sinne, gegen: munificentia in alqm *J.* 103. 110; studium in rempublicam *C.* 49; beneficia in populum *C.* 31; impietas in parentem *J.* 14 (§ 21); scelus in patrem *J.* 33; pugna in hostem *C.* 52 (§ 30); caedem facere in alqm *J.* 31 (§ 18); facinora in cives parare *C.* 52 (§ 36); in alqm animadvertere *C.* 51 (§ 21); consulere *J.* 13; decernere *C.* 51 (§ 25); statuere *C.* 52 (§ 26); quaestionem habere *J.* 31 (§ 7); victoriam in plebem exercere *J.* 16; amicus (fidelis) in alqm *J.* 103; *C.* 9; contumeliosum est in alqm, für jemd. *J.* 65. — 5) z. Bezeichn. des Überganges, in etwas anderes, in: in adversa mutari *J.* 104; in lubidinem (superbiam) vortere *J.* 41; 82; in conscientiam ducere *J.* 85 (§ 26); in virtutem trahere *J.* 92. — 6) z. Bezeichn. des Zweckes, zu, für: exercitatus in audaciam *C.* 50; evocare (proficisci) in expeditionem *J.* 37. 103; in colloquium venire *J.* 112; in gratiam habere, zu Dank aufnehmen *J.* 111. — 7) z. Bezeichn. der Art u. Weise, gemäß, nach: in modum, nach Art *C.* 12; in rem esse, nach Maßgabe der Sache sein d. i. zweckdienlich sein *C.* 20.

B) mit *abl.* auf die Frage „wo", in, an, auf: in omni Africa *J.* 89; in montis extremo *J.* 37; in proxumo *J.* 59; in primo *J.* 68; in postremo *J.* 46; in spatio milium quinquaginta („innerhalb eines Raumes") *J.* 75; in armis esse *C.* 37. 51; in manu alcui est, es steht in jmds. Macht *J.* 14. — 2) v. d. Zeit, im Verlauf, während: in diebus proxumis *J.* 28; in paucis tempestatibus *J.* 96; in bello *C.* 2. 9. 58; *J.* 43; in pace *C.* 2. 9; in itinere, auf dem Marsche, unterwegs *J.* 88. 104. 105; in fuga *C.* 61; in tempore, zur rechten Zeit

6*

J. 56. — 3) z. Bezeichn. d. Klasse od. Anzahl, unter: in his C. 25; in iis C. 39; in quibus C. 18; in quis J. 25; in primis, unter den vordersten, ersten C. 60; J. 6. — 4) v. Ämtern: in: in imperio esse J. 44; in potestatibus J. 63. 85 (§ 9); in imperio (s. imperium 2, a) C. 51; in legationibus aut imperiis J. 40. — 5) z. Bezeichn. der Person od. Sache, in od. an welcher etw. als Eigenschaft sich zeigt od. welcher etwas angehört, in, an, bei: in consule bonae artes sunt J. 28; in alqo est virtus C. 51 (§ 42); vis C. 61; J. 33; dolus J. 46; perfugium C. 54; praesidium in alqo putare C. 19; inest in facie vecordia C. 15; praesidia in amicitia sunt J. 14 (§ 18); praestitit (id), quod in familia nostra fuit, was unser Haus vermochte J. 14 (§ 13). — 6) z. Bezeichn. der Person, an welcher eine Handlung sich äußert, an, gegen: misericors in furibus C. 52 (§ 12); foeda facinora in civibus facere C. 11; dah. inbetreff, hinsichtlich: ardens in cupiditatibus C. 5; magnificus in suppliciis deorum C. 9; alqd in alquo vereri C. 51 (§ 35); in hominibus impiis („wo es sich handelt um") C. 51 (§ 15). — 7) zur Bezeichnung des Zustandes: esse in calamitate C. 44; in aperto J. 5; in incerto J. 38; in dubio C. 52 (§ 6); res in invidia est, ist mißliebig J. 25. — 8) z. Bezeichn. des Falles, einer Handlung bestimmend ist, in, bei: in tali re C. 30. 57; J. 15; in negotio C. 29. 51 (§ 24); J. 107; in metu C. 52 (§ 16); J. 107; in luctu C. 51 (§ 20); in magna copia C. 2; in fuga C. 57 (s. expedio); in novo consilio C. 35; in ea difficultate J. 45; in divisione J. 16. 48; in deditione J. 75 (s. novus); in tam diversis mentibus J. 31 (§ 24); in imperio vostro J. 14 (§ 11); in maximo vostro beneficio, bei der von euch mir verliehenen so großen Auszeichnung durch das Konsulat J. 85 (§ 26); in tali tempore, bei so gefährlichen Zeitverhältnissen C.

48; alia in tempestate, bei anderer Witterung J. 78; in tali die, an einem solchen Tage J. 60; in pluribus, bei der großen Zahl der Gegner J. 58; in adverso loco, trotz des ungünstigen Terrains J. 55; in quo, wobei J. 102.

inānis, e, „leer", übtr. ohne inneren Gehalt, gehaltlos: homo J. 64. — 2) leer, nichtig: species or. Lic. 3.

inb... s. imb...

in-cēdo, cessi, cessum, 3. (gemessenen Schrittes) einhergehen or. Lep. 24 (s. animus 2, d); incedunt per ora vostra magnifici, stolzieren an euren Augen vorüber J. 31 (§ 10). — 2) marschieren, heranziehen, anrücken: paulatim C. 60; cum signis J. 45; munito agmine J. 46; quadrato agmine J. 100; in alqm J. 101. — 3) übtr. v. Zuständen u. Affekten, ankommen, anwandeln, ergreifen: alcui timor incedit C. 31 (magnitudine, abl. caus.); inopia ambos incessit, überfiel ep. Mithr. 15; absol. eintreten, platzgreifen: incedit cupido C. 7; lubido C. 13; commutatio J. 13; lascivia J. 41.

incendĭum, i, Brand, Feuersbrunst C. 32. 43. 48; incendia parare C. 27. 32. 48. 52 (§ 36); facere C. 51 (§ 9). — 2) übtr. äußerste Gefahr, Verderben: incendium meum, der Brand, der mich bedroht C. 31.

incendo, di, sum, 3. in Brand stecken, anzünden: Capitolium C. 47; urbem C. 24; patriam C. 52 (§ 24); vineas J. 94. — 2) übtr. entflammen, erregen, reizen: alqm ad facinora C. 13; plebem largiundo C. 38; alqm morando J. 25; odio incensus C. 49.

inceptum, i, s. incipio.

incertus, 3. unsicher, unzuverlässig, ungewiß: spes C. 41; vita J. 106; vectigalia or. Cott. 7; vultus, verstört J. 106; sedibus incertis (abl. abs.) vagari, ohne feste Wohnsitze C. 6; subst. incerta, ōrum, Unsicheres C. 17. 20; J. 83. — 2) unbestimmt: facies J. 51; proelium J. 50; Numidae incerti quidnam esset, nicht recht zu unterincessus · inde

scheiden, was es eigentlich wäre *J*. 49; incertum est (*sc.* mihi), ich weiß nicht *J*. 24; in incerto habere, unentschlossen sein *C*. 41; in incerto esse, ungewiß sein *J*. 38. 51; in incerto habetur, es ist unentschieden *J*.46; incertum habere, ungewiß sein *J*. 95. — 3) v. Personen: *a)* in der Erkenntnis ungewiß, incertus sum, ich weiß nicht *J*. 24. — *b)* im Entschlusse schwankend, unschlüssig, ratlos, mit abhäng. Fragsatze *J*. 14 (§ 23). 67. 101; *absol. J*. 74.

*incessus, ūs, das Einhergehen, der Gang: citus *C*. 15.

*incīdo, cĭdi, casum, 3. (cado) „hineinfallen" übtr. in etw. hineingeraten, in etw. kommen: in amicitiam alcjs *C*. 14.

incĭpĭo, cēpi, ceptum, 3. (capio), etw. anfangen, beginnen, unternehmen: facinus *C*. 20; bellum *J*. 83; prava *J*. 64; indigna *or. Cott.* 8; deditionem, einleiten *J*. 70; mit *inf. or. Lic.* 3; proelium incipitur *J*. 21. 57. 74.; inceptum scelus *J*. 25; *absol. C*. 1; *subst.* part. inceptum, i, Unternehmen, Vorhaben: inceptum frustra est *J*. 7. 93; videt frustra (esse) inceptum *J*. 61; inceptum omittere *J*. 93; perficere *J*. 11; alqm ab incepto retinere *J*. 55; detinere *C*. 4; trahere *C*. 7; ad inceptum redire *J*. 4. 42; incepta patrare *C*. 56; *J*. 70; impedire *ep. Mithr.* 12; inceptis favere *C*. 17; venire contra inceptum alcjs *J*. 25 (s. contra 2, b). — 2) insb. zu reden beginnen: sic. *J*. 109.

in-cĭto, 1. „rasch bewegen", übtr. antreiben, anreizen: alqm *C*. 5; studio rerum incitatus *J*. 66.

*inclŭtus, (inclĭtus), 3. weitbekannt, berühmt *ep. Mithr.* 19.

*incognĭtus, 3. „nicht kennen gelernt", daß. gerichtl. nicht untersucht: incognitā causā, ohne vorangegangene Untersuchung *J*. 14 (§ 20).

incŏla, ae, Einwohner *J*. 17. 19.

*in-cŏlo, cŏlui, cultum, 3. wohnen *J*. 47.

incŏlŭmis, e, wohlerhalten, unversehrt, ohne Verlust *J*. 14 (§ 10). 38. 109; omnia incolumia manent *J*.14 (§ 16).

*incommŏdum, i, Nachteil *J*. 92.

inconsultē, *adv.* unüberlegt *C*.42; paulo inconsultius, etwas zu unvorsichtig *J*. 35.

incorruptus, 3. „unverdorben", daß. unverderblich, unvernichtbar: animus *J*. 2. — 2) unbestochen: amicus *J*. 103.

incrēdĭbĭlis, e, unglaublich: res *C*. 48; incredibile memoratu *C*. 6. 7; *J*.40. — 2) unglaublich, außerordentlich: altitudo ingenii *J*. 95; *subst.* incredibilia *C*. 5.

in-crĕpo, ŭi, ĭtum, 1. „laut anrufen", insb. auf jmd. losziehen, ihn ausschelten, tadeln: alqm. *C*.53; *J*.100; maledictis *C*. 21.

incruentus, 3. unblutig, ohne Blut vergießen: victoria *C*.61; exercitu incruento, ohne Blutvergießen für das Heer *J*. 68.

incultē, *adv.* ohne Verfeinerung, in roher Lebensweise, roh: incultius agitare ("hausen") *J*.19; incultius agere, eine rohere Lebensweise führen *J*. 89 (quae, "dessen Bewohner"); *(Jordan:* qua … agebant).

incultus, 3. unbebaut: alia omnia inculta *J*.89; loca, öde *C*.52 (§ 14). — 2) übtr. ungebildet, roh mores *J*. 85 (§ 39); genus hominum *J*.80; indocti incultique, ohne Geistes- und Herzensbildung *C*. 2; Gaetuli asperi incultique *J*. 18.

incultus, ūs, Nichtpflege, Unsauberkeit *C*.55. — 2) übtr. Mangel an Bildung *J*. 2.

in-curro, curri u. cŭcurri, cursum, 3. auf jmd. losrennen, anstürmen, einen Angriff machen: in hostes *C*. 60; Mauris *J*. 101.

*incurvus, 3. eingebogen, gekrümmt: later *J*. 18.

inde, *adv.* von da, von dort *J*.28. 58. 61; übtr. *a)* davon: inde (= de ea potione) degustare *C*. 22. — *b)* in der Zeit, von ... an: jam inde a principio *J.* 77.

*****indēcōrus**, 3. unanständig, ungeziemend *ep. Mithr.* 1.

*****indemnātus**, 3. unverurteilt: alqm indemnatum necare, ohne Urteilsspruch *C.* 51 (§ 29).

index, ĭcis, Angeber, Anzeiger *C.* 48. 49; *J.* 71.

indĭcĭum, i, Aussage, Anzeige, Entdeckung *C.* 46 (f. cognosco b); *C.* 50; *J.* 31 (§ 18); indicium patefacere *J.* 73; machinari *C.* 48; profiteri *J.* 35.

indīco, 1. anzeigen, offenbaren: res indicat populares esse *J.* 58. — 2) Anzeige machen, angeben: de conjuratione *C.*30.48; de alquo *C.*48.

indĭgĕo, ŭi, 2. (indu u. egeo), nötig haben, bedürfen: alcjus *J.* 110; *part.* indigens, bedürftig, unzureichend *C.* 1.

*****Indĭgĕtes**, um, hispanisches Volk am Südabhange der Ostpyrenäen *ep. Pomp.* 5.

*****indignor**, 1. für empörend halten, über etw. entrüstet sein: mit *acc. c. inf. J.* 31 (§ 9.)

indignus, 3. etw. nicht verdienend, unwürdig, unwert, mit *abl.*: republica („Staatsverwaltung")*or.Phil.* 5; honore *J.* 63; *absol.* indigni, Unschuldige *C.*51(§27). — 2) unwürdig, ungeziemend, unangemessen: indigna vobis *or. Cott.* 8; non indignum videtur memorare *J.* 79; quod vobis fecisse indignum est *J.*31(§18).

in-do,dĭdi,dĭtum,3. „auf etw.thun", übtr. beilegen, geben: alcui nomen *J.* 78 (f. ex 6); *or. Lep.* 24.

*****indoctus**,3.ununterrichtet,ohne Kenntnisse: indocti incultique *C.*2.

in-dūco, xi, ctum, 3. hinein ob. wohin führen: cohortem in medios hostes *C.* 60; übtr. *a*) in animum inducere, sich zum Grundsatze machen: laborare *C.* 54. — *b*) zu etw. verleiten, bewegen: praemio inductus *C.* 36; *J.* 13.

industrĭa, ae, beharrliche Thätigkeit, reger Fleiß, Emsigkeit *C.* 35. 52 (§ 21); *J.* 1. 4; naturam industria vincere *J.* 76.

*****industrĭus**, 3. beharrlich thätig *J.* 85 (§ 1).

indūtĭae, arum (induo), Waffenstillstand, Waffenfrist *J.* 104; indutias agitare („halten") *J.* 29; per indutias, während des Waffenstillstandes *C.* 51 (§ 6); *J.* 79.

*****inēdĭa**, ae, (ĕdo), das Fasten, Hungern *C.* 5.

*****in-ĕo**, ĭi (īvi), ĭtum, īre, „in etw. hineingehen", übtr. eine Thätigkeit beginnen: proelium *C.* 58.

inermis, e (arma), unbewaffnet, wehrlos *C* 59; *J.*54; armati inermesque *J.* 94.

inermus, 3. (arma), unbewaffnet, wehrlos *J.* 66. 94. 113; *or. Phil.* 18; pedes, die unbewehrten Füße *J.*107.

*****iners**, tis (ars) „ungeschickt", dah. untüchtig: exercitus *J.* 44.

inertĭa, ae, Trägheit *C.* 52 (§ 22. 28); *J.* 1. 4. 6.

1.**infectus**,3.(facio),unverrichtet, unvollendet: discedere infectis rebus, unverrichteter Sache *J.* 28; infecto negotio reverti *J.* 58. 104. — 2) unausführbar, unmöglich: alcui *J.*76.

2. **infectus**, 3. f. inficio.

*****infēcundus**, 3. unfruchtbar: ager arbore (*Jordan*: arbori) *J.* 17.

*****infēlix**, īcis, unglücklich *J.* 14. (§ 15).

infensus, 3. feindselig, erbittert *J.* 50 (f. adsum *a*); *J.* 57.

in-fĕro, intŭli, illatum, inferre, hineintragen: signa, zum Angriff vorrücken, den Feind angreifen *J.*56; bellum, einen Angriffskrieg unternehmen, Krieg anfangen *J.* 15.

infĕrus, 3. (*comp.* inferior, *superl.* infimus u. imus), der untere: Africae pars inferior (der am Meere gelegene nördliche Teil) *J.* 18; *subst.* inferi, orum, die Unterirdischen, die Unterwelt *C.* 52 (§ 13); *or. Cott.* 3. — 2) übtr.

infĭmus, der niedrigste, geringste *C.* 44.

infestus, 3. unsicher, gefährdet: omnia infesta serpentibus *J.* 89. — 2) feindselig, feindlich, erbittert: hostis *J*, 23; inimicus *C.* 19; di *C.* 52 (§ 29); alcui *J.* 14 (§ 17). 33. 39; dis hominibusque *C.* 15; potentiae nobilitatis *J.* 27; conjurationi *C.* 51 (§ 10); gens infestissuma Romano nomini *C.* 52 (§ 24); exercitus, angriffsfertig *J.* 46; cum infestis signis concurrere, in Angriffskolonnen auf einander losstürmen *C.* 60.

infĭcio, fēci, fectum, 3. (facio), „mit etw. anmachen", insb. womit färben, tränken: humus sanguine infecta *J.* 101; sepulcra infecta sanguine civili *or. Lep.* 14.

infīdus, 3. unzuverlässig, ungetreu: civitas *C.* 51 (§ 5); genus (hominum) *J.* 46. 91; ingenio infidus *J.* 61; alcui *or. Phil.* 15.

infĭmus, a, um, s. inferus.

*****infīnītus,** 3. grenzenlos, unendlich: avaritia *C.* 11

*****infirmĭtās,** ātis, *f.* Schwäche: naturae *J.* 1.

infirmus, 3. (an Zahl u. Kräften) schwach: corpus annis *C.* 6; genus infirmissimum (die Weiber u. Kinder) *J.* 67; alia infirma sunt, ohne Verlaß *J.* 85 (§ 4). — 2) mutlos, zaghaft: animus *C.* 52 (§ 18); exercitus *J.* 54.

infrā, *adv.* (weiter) unten: exemplum infra scriptum est *C.* 34. 44.

ingĕnĭum, i, natürliche Beschaffenheit: corporis *or. Cott.* 9 *(Jordan).* — 2) Naturell, Gemütsart, Denkweise, Sinn, Charakter *J.* 63; *or. Cott.* 1; humanum *J.* 93; validissumum *J.* 103; bonum *C.* 10; *J.* 82; placidum *J.* 20; nobile *J.* 46. 66; malum pravumque *C.* 5; avidum *J.* 25; muliebre *or. Lep.* 15; nobilitas ingenii *J.* 88; ingeni bona („Vorzüge") *J.* 108; altitudo ingenii, natürliche Verschlossenheit *J.* 95; infidus ingenio, von Charakter treulos *J.* 61; pro ingenio cujusque, jeder nach seiner Eigenart *J.* 49. 57; ut cujusque ingenium est *J.* 93; zur Umschreib. der Person: ingenium alejus (= alqm) flectere *J.* 64. 102; multa et varia ingenia („Köpfe") *C.* 51 (§ 55); vana, unzuverlässige Charaktere *C.* 20 (s. per 5). — 3) geistige Begabung, Geist, Verstand *C.* 2. 6. 7. 25; *J.* 1. 71 (s. opera); acre *J.* 7. 28; validum *C.* 6; opes ingenii *C.* 1; egregia facta ingenii *J.* 2; ingenii sollertia, gewandter Geist *J.* 7; ingenio validus *C.* 6; ingenium intendere *C.* 51 (§ 3); exercere *C.* 2. 8; quantum ingenio possum, so weit meine geistige Begabung reicht *C.* 53; *plur.* ingenia omnium, das Denken aller, alles Erdenkliche *C.* 51 (§ 8). — 4) Scharfsinn, Talent, Genie: scriptorum magna ingenia, Schriftsteller von großem Geiste *C.* 8; praeclara ingenia, ausgezeichnete Köpfe *C.* 8. — 5) Mut, Energie: virile *C.* 20; ingenium alicui augere *or. Phil.* 20.

ingens, tis, überaus groß, ungeheuer, außerordentlich; saxum *J.* 78; solitudo *J.* 89; aes alienum *C.* 16; multitudo *J.* 107; clamor *J.* 57; gaudium *J.* 55; periculum *J.* 92; gloria *C.* 7; virtus *C.* 53; animus, umfassend *J.* 95; animus belli (s. animus 2, *a*) *J.* 63; vir, gewaltig *J.* 65.

*****ingĕnŭus,** 3. freigeboren: civis *C.* 61.

*****in-gĕro,** gessi, gestum, 3. (auf etw.) werfen: lapides *J.* 60.

*****ingrātus,** 3. undankbar: labor, wenig lohnend *C.* 37.

ingrĕdĭor, gressus sum, 3. (gradior), hineingehen, einrücken: Numidiam *J.* 28; übtr. *a)* der Zeit nach antreten: magistratum *J.* 43. — *b)* sich in etw. einlassen: eadem, dieselbe Bahn betreten *J.* 42.

inhŏnestus, 3. unehrbar, schändlich: lubido *J.* 3; honesta atque inhonesta, Ehre u. Schande *C.* 30; *J.* 31 (§ 12). 80. — 2) ungeehrt, ehrlos: vita *C.* 20.

ĭnīcus, ſ. iniquus.

ĭnĭmīcĭtĭa, ae, Feindſchaft: *plur.* *C.* 10; *or. Lic.* 27; inimicitias suscipere *or. Cott.* 4; exercere (cum alquo) *C.* 49. 51 (§ 16).

ĭnĭmīcus, 3. feindſelig, feindlich: alcui *C.* 19; *subst.* Feind (der Geſinnung nach) *C.* 31. 34. 61; *J.* 15. 16. 24.

ĭnīquĭtās, ātis, *f.* Unebenheit, Ungleichheit: loci *J.* 92. — 2) übtr. Unbilligkeit, Ungerechtigkeit: praetoris *C.* 33.

ĭnīquus (inīcus), 3. „uneben", dah. ungleich: certamen *J.* 54. — 2) übtr. unbillig, ungerecht *J.* 85 (§ 25).

ĭnĭtĭum, i, Anfang, Beginn: cladis *C.* 51 (§ 33); rei *J.* 5; fortunae *J.* 2; aerumnarum *J.* 49; narrandi *C.* 4; agundi *C.* 21; initium belli facere *C.* 27; initio, anfangs, anfänglich *C.* 2. 3. 39. 56; *J.* 6. 12. 17. 18. 24; bonis initiis *(abl. abs.)*, nach guten Anfängen *C.* 11.

injūrĭa, ae, Rechtsverletzung, (zugefügtes ob. erlittenes) Unrecht, Beleidigung (in Wort und That), Kränkung, Unbill, Gewaltthätigkeit, mit *gen. object.* („jmd. zugefügt, gegen jmd."): sociorum *C.* 52; *J.* 14; mit *pron. possess.* (im Sinne eines objectiv. Genitiv): mea, das mir zugefügte Unrecht, die von mir erlittene Kränkung *J.* 14 (§ 8); tua *J.* 14 (§ 23); sua *C.* 51 (§ 11); *J.* 20. 82; *or. Phil.* 10; nostra *J.* 24 (ſ. sane); injuriam accipere *C.* 9; *J.* 10. 31 (§ 21); tolerare *J.* 22; facere *C.* 12; *J.* 15. 31 (§ 23); prohibere *J.* 31 (§ 23); alqm ab injuria defendere (prohibere), vor Gewaltthätigkeit ſchützen *C.* 35; *J.* 107; tutus ab injuria *C.* 33; contra injurias munitus *J.* 33; gratiam debere injuriae, dem Unrecht, d. i. denen, die euch Unrecht thun *or. Lic.* 20.

****injussu** *(ablat. v. ungebräuchl.* injussus*),* ohne Befehl: suo atque populi injussu *J.* 39.

****injustissŭmē**, *adv. (superl. v.* injuste), auf die ungerechteſte Weiſe *J.* 85 (§ 43).

injustus, 3. ungerecht: imperium *C.* 19; *J.* 31 (§ 11); potentia *J.* 41; quaestio *J.* 31 (§ 13); supplicium *C.* 49.

inl..., ſ. ill...

inm..., ſ. imm...

innŏcens, tis, unſchuldig, rechtſchaffen: *subst.* innocentes *C.* 51 (§ 40); *or. Lic.* 3. — 2) uneigennützig *C.* 54.

innŏcentia, ae, Unſträflichkeit, Rechtlichkeit *J.* 31 (§ 1). 85 (§ 4. 18). — 2) Uneigennützigkeit *C.* 12; *J.* 46.

innoxĭus, 3. „unſchädlich", dah. ſchuldlos, unſchuldig: plebes *or. Lep.* 12; respublica *J.* 85 (§ 43); *subst.* innoxii *C.* 40; *or. Lep.* 17. — 2) ungefährdet, unangefochten *C.* 39.

ĭnŏpĭa, ae, Mangel an etw.: rei familiaris *C.* 5; frumenti *J.* 90. 91; cibi *J.* 89; aquae *J.* 50; bonorum *J.* 86. — 2) *absol.* Mittelloſigkeit, Mangel, Not *C.* 11. 17; inopiam tolerare *C.* 37; *J.* 85 (§ 33); inopia urgueri *J.* 41; inopiae opitulari *C.* 33.

inp..., ſ. imp...

ĭnops, ŏpis, arm, mittellos, hilflos *J.* 14 (§ 7. 11); agitandi, ohne Mittel zu leben *or. Lep.* 11; *subst.* inopes *ep. Mithr.* 17.

inprimis, *adv.* ſ. prior.

inquam, is, it, *verb. defect.* (der directen Rede eingeſchaltet), ſagen *C.* 31. 40.

inquĭēs, ētis, unruhig *or. Phil.* 11. 16.

****inquĭlīnus**, i (= incolinus, v. incolo), Bewohner eines fremden Hauſes, Mietsmann: übtr. inquilinus civis urbis Romae, bloßer Inwohner, fremdbürtiger Bürger *C.* 31 (Cicero war in Arpinum geboren).

****insătĭābĭlis**, e, unerſättlich: avaritia *C.* 11.

in-sĕquor, cūtus sum, 3. „auf dem Fuße nachgehen", dah. feindl. nachſetzen,

verfolgen: alqm in regiones *J.* 38; *absol. J.* 21. 50. 51.

insĭdĭae, arum (insideo), Hinterhalt *C.* 45; *J.* 49. 88; locus insidiis temptatur *J.* 46; alcui insidias tendere *J.* 113; ex insidiis pugnam facere, von einem Hinterhalte aus *J.* 61; alqm ex insidiis invadere *J.* 113. — 2) Nachstellung, Fallstrick, Verrat, geheimer Mordplan *C.* 29. 32; *J.* 28. 70. 71. 72. 108; insidias alcui facere *C.* 26; parare *C.* 26. 43; tendere *C.* 27; *J.* 35. 61; hinterlistiger Angriff *J.* 55.

*****insĭdĭātor**, ōris, Nachsteller, heimlicher Mörder *J.* 35.

insĭdĭor, 1. im Hinterhalt liegen *J.* 113. — 2) übtr. nachstellen, auflauern: vitae alcjus *J.* 22.

insigne, is, *n.* Abzeichen, Kennzeichen; *plur.* Abzeichen, Insignien: magistratuum *C.* 51 (§ 38); imperii *C.* 36.

insŏlens, tis, einer Sache ungewohnt: malarum artium *C.* 3. — 2) „ungewöhnlich", dah. v. Benehmen, sich überhebend, übermütig: victoria *J.* 100.

insŏlentĭa, ae, Ungewohntheit, das Ungewohnte: loci *J.* 50; itineris *J.* 94. — 2) ungewöhnliches Benehmen *C.* 23. — 3) Überhebung, Übermut; *J.* 4; insolentia capit alqm *J.* 40.

*****insŏlesco**, 3. sich überheben, übermütig werden *C.* 6.

insŏlĭtus, 3. einer Sache ungewohnt, unkundig: rerum bellicarum *J.* 39. — 2) ungewohnt, ungewöhnlich: res *J.* 64. 75; facies *J.* 49; labos *C.* 7; tumultus *J.* 38; metus *J.* 99; timor *C.* 31 (magnitudine, „wegen").

insomnĭa, ae, Schlaflosigkeit: insomniis fatigari *C.* 27; alqm insomniis occidere *ep. Mithr.* 7.

insons, tis, unschuldig, schuldlos *or. Lic.* 10; *subst.* insontes *C.* 16.

*****instauro**, 1. erneuern, wiederholen: rapinas *or. Phil.* 20.

instĭtŭo, tŭi, tūtum, 3. (statuo), „hinstellen", dah. Truppen aufstellen, formieren: ex numero duas legiones *C.* 56. — 2) übtr. *a)* etw. veranstalten: amicitiam cum aliquo, Freundschaftsbündnis errichten *J.* 14 (§ 5); mutare res, Tauschhandel treiben *J.* 18. — *b)* einrichten, anordnen: honores alcui *J.* 79; alqm heredem, einsetzen *J.* 9; vitam ita, seinem Leben eine solche Richtung geben *C.* 31. — *c)* unterweisen: alqm ita, jmdm. diese Lehre geben *J.* 14 (§ 18).

instĭtūtum, i, Einrichtung (durch Sitte u. Verfassung) *C.* 5. 51 (§ 37).

in-sto, stĭti, 1. „auf od. über etw. stehen", dah. hart bedrängen, zusetzen: hostibus *J.* 51; *absol.* eindringen, vordringen *J.* 36. 50. 51; nostris instantibus *(abl. abs.) J.* 99; acriter *J.* 94. 98; comminus acriter *C.* 60; Marius multus atque ferox instare, griff (den Adel) leidenschaftlich an *J.* 84. — 2) bevorstehen, nahe sein: nox instat *C.* 55.

instrūmentum, i, Gerätschaft, Werkzeug: militiae *J.* 43. — 2) übtr. Beförderungsmittel: luxuriae *C.* 25.

in-strŭo, xi, ctum, 3. „herrichten", dah. anordnen, einrichten: auxilia *or. Phil.* 13; alqd ex sententia *J.* 38. — 2) insb. Truppen ordnen, in Schlachtordnung aufstellen: exercitum *C.* 59; *J.* 97; aciem *J.* 49. 101; *part.* instructus, geordnet *C.* 59; *J.* 53. 74. 97. — 2) mit dem Nötigen versehen, ausrüsten: eo modo instructus *J.* 75; pars armis instructa *C.* 56.

in-suesco, suēvi, suētum, 3. sich an etw. gewöhnen: mit *inf. C.* 11; *J.* 8 (s. largior).

in-sum, fŭi, esse, in (bei) jmd. od. etw. sein, sich finden, inwohnen: in facie vecordia inest *C.* 15; animo audacia *C.* 58; alcui vanitas *C.* 23; lepos *C.* 25. superbia *J.* 64; quibus maxuma necessitudo inerat, bei denen sich fand *C.* 17; auctoritas sermoni inest, die Worte haben Gewicht *C.* 40;

cura inest imperio, mit der höchsten Gewalt ist Sorge verbunden or. Cott. 13

*insüper, adv. oben, darüber C. 55.

intactus, 3. (tango), unberührt: regnum bello intactum ep. Mithr. 15. — 2) unversucht: nihil intactum pati, nichts unversucht lassen J. 66; bellum intactum trahere, den Krieg, ohne daß es zum Kampfe kommt, hinziehen, J. 83. — 3) unversehrt, unverwundet J. 54. 67.

intĕger, gra, grum, (verwandt mit tango), „unangetastet", dah. unversehrt, unverwundet, J. 53. 60. — 2) nicht erschöpft, frisch: integri C. 60. — 3) unvermindert, ungeschwächt: gratia J. 110; regnum ep. Mithr. 16; integer fama et fortunis, unversehrt an Ruf u. Glücksgütern or. Cott. 5; integris finibus, ohne Gebietsschmälerung J. 97. — 4) frisch, neu: bellum J. 73; de integro, von neuem J. 62. — 5) unangetastet, unverändert: consulta sese cum illo integra habere, alles (früher) mit ihm Verhandelte sei für ihn noch in voller Geltung J. 108. — 6) unverdorben, sittenrein: ingenium J. 63; fama, unbescholten J. 67; subst. integri or. Phil. 9.

*intĕgrītās, atis, f. „Unversehrtheit", dah. moral. Unbescholtenheit: vitae C. 54.

intellĕgo, exi, ectum, 3. (inter u. lego), (durch Sinne u. Verstand) wahrnehmen, merken, innewerden, einsehen: solitudinem J. 93; mit acc. c. inf. C. 20. 32. 46; J. 9. 23; unpersönl. hostes adesse intellegitur J. 101; mit abhäng. Frage C. 28. 58; J. 33. (veraltete Form des perfect. intellegit J. 6; intellegerint or. Lep. 23.) — 2) etw. unter etw. verstehen: quae si vobis (dat. = a vobis) pax et concordia intelleguntur or. Lep. 25.

intempestus, 3. „ungünstig der Zeit nach", dah. nox, tiefe Nacht C. 27. 32; J. 38.

in-tendo, tendi, tentum, 3. „spannen", dah. angriffsfertig halten: arma J. 105. — 2) seine Bewegung wohin richten, sich wohin wenden: quocumque J. 74; quo initio profectus intenderat, wohin er gleich anfangs seinen Marsch gerichtet hatte J. 102. — 3) seinen Geist (seine Gedanken) auf etw. richten: animum in regnum J. 20; ad bellum J. 43; negotium, quo (= ad quod) intenderat J. 104; dah. a) eifrig bedacht sein, beabsichtigen: quod J. 25; capere J. 92; ire J. 107. — b) part. intentus als Adjekt., eifrig bedacht auf etw., mit etw. eifrig beschäftigt: negotio C. 2. 54; J. 89; agrum colendo C. 4; alqm proelio intentum habere, durch Kampf im Atem erhalten J. 94; absol. gespannt, in Spannung, eifrig C. 6; J. 23. 30. 40. 60. 93; exspectatione J. 44; intentior J. 55; aufmerksam, vorbereitet J. 49; intentus paratusque C. 27; nihil sane, ganz u. gar sorglos C. 16; insb. auf den Kampf gefaßt, kampfbereit, gerüstet J. 91; proelio (dat.) J. 76; infensus intentusque J. 57; instructus intentusque J. 53; armatus intentusque J. 100; intentus atque infestus exercitus J. 46. — 4) worauf hinzielen, hindeuten: dicta eodem intendunt J. 64. — 5) anspannen, anstrengen: ingenium C. 51 (§ 3); officia, den Diensteifer steigern J. 75. — 6) mit etw. bedrohen: intenta mala, das drohende Unglück or. Phil. 12.

*intentĭus, adv. (comp. v. intente), angestrengter, eifriger: agere alqd C. 52. (§. 18).

intentus, a, um, s. intendo.

inter, praep. mit acc. zwischen, inmitten, in der Mitte von, umgeben von: inter duas Syrtes J. 78; inter hostes ep. Pomp. 5; mons erat inter ceteram planitiem J. 92; exercitum inter hiberna Romanorum habere J. 70; inter tela hostium erumpere („mitten durch") J. 101. — 2) v. d. Zeit, während: inter eas moras J. 47. 74; inter epulas J. 66; inter

inter-cedo　　　　intra　　91

haec negotia *J*. 47. — 3) z. Bezeichn. v. Verhältnissen, unter denen etw. stattfindet, **unter**, bei: inter tanta vitia *C*. 3. inter bonas artes *J*. 63.; inter haec parata atque decreta, mitten unter diesen Vorbereitungen und Beschlüssen *C*. 43. — 4) z. Ang. eines freundl. od. feindl. Verkehrs, **zwischen, unter**: inter bonos amicitia est *J*. 31 (§ 15); certamen (bellum) inter mortales est *C*. 1. 33. — 5) inter se, **unter einander, gegenseitig** *J*. 41; certare *J*. 52; res componere *J*. 66; fidi inter se *C*. 22; divorsa inter se mala *C*. 5; obvii inter se *J*. 79; colles inter se propinqui *J*. 98; haud longe inter se castra facere ("von einander") *J*. 55; haud procul inter se erant *J*. 53.

*inter-cēdo, cessi, cessum, 3. **dazwischenkommen**: tumultus intercessit *or. Lic.* 10.

interdum, *adv.* **zuweilen, manchmal**: saepe ... interdum *J*. 27 modo ... interdum *J*. 42. 55. 62. 74.

intĕrĕā, *adv.* **unterdessen, inzwischen** *C*. 26. 27. 28; *J*. 12. 29.

inter-ĕo, ĭi (ivi), ĭtum, īre, **zu Grunde gehen, untergehen**: Carthago ab stirpe interiit *C*. 10; vita morbo interitura, bestimmt unterzugehen, dem Tode anheimfallend *J*. 106. — 2) **umkommen** *J*. 18. 52; ferro aut bestiis *J*. 17.

interfĭcĭo, fēci, fectum, 3. (facio), "wegmachen", dah. **umbringen, töten**: alqm *C*. 18. 24; *J*. 12. 14. 35; dolis *J*. 6.

intĕrim, *adv.* **mittlerweile, inzwischen**: atque interim *J*. 101; *or. Phil.* 11; et tamen interim *J*. 39; cum interim *J*. 12. 49; *or. Phil.* 17; *ep. Pomp.* 2; *or. Cott.* 7; *or. Lic.* 6. — 2) **bei alledem, jedoch** *J*. 96. 101.

*internĕcĭo, (internĭcio), ōnis, *f.* **gänzlicher Untergang, völliger Ruin** *ep. Pomp.* 9.

*internuntĭus, i, **Unterhändler, Vermittler** *J*. 109.

*internus, 3. "inwendig", dah. **im Innern des Staates, einheimisch**: mala *ep. Mithr.* 13.

*interpello, 1. **durch Einrede unterbrechen, Einspruch erheben** *J*. 27.

*inter-pōno, pŏsŭi, pŏsĭtum, 3. "dazwischenstellen", dah. **als Pfand einsetzen**: fidem (f. fides 2, b) *J*. 32.

*interprĕs, prĕtis, **Dolmetscher** *J*. 109.

*interprĕtor, 1. **auslegen, übersetzen**: *passiv.* ut ex libris interpretatum nobis est *J*. 17.

*interrex, rēgis, **Reichsverweser** (während eines Interregnums) *or. Phil.* 22.

inter-rŏgo, 1. "befragen", insb. gerichtlich **verhören**: alqm de alqa re *C*. 47. — 2) **gerichtlich belangen**: lege interrogari ("auf Grund eines Gesetzes") *C*. 31; legibus ambitūs *C*. 18.

*inter-sum, fŭi, esse, "dazwischen sein", übtr. **verschieden sein, sich unterscheiden**: quid inter jus et servitium interesset *or. Lic.* 1.

intervallum, i, "Raum zwischen zwei Pallisaden", dah. überh. **Zwischenraum, Entfernung**: ab Capsa duum milium intervallo *J*. 91; duum milium intervallo ante eos *J*. 106.

*inter-vĕnĭo, vēni, ventum, 4. "dazwischenkommen", dah. v. Verhältnissen zwischen Personen, **eintreten**: affinitatem ... intervenisse, bestehe zwischen ihnen *J*. 111.

intestābĭlis, e, "unfähig, vor Gericht Zeugnis abzulegen", dah. **ehrlos, abscheulich** *J*. 67 (f. nisi 2); intestabilior metu vostro (*abl. instr.*) *or. Lep.* 1.

*intestīnus, 3. **innerlich**: bellum, Bürgerkrieg *C*. 5.

intŏlĕrandus, 3. **unerträglich**: imperium *C*. 10; audacia *J*. 14 (§ 11); alcui *C*. 58.

intrā, *praep.* mit *acc.* **innerhalb**: intra moenia *C*. 52 (§ 25. 35); intra oppidum *J*. 89; intra Oceanum, im Bereiche des Ozeans *J*. 18. — 2) v. d. Zeit, **innerhalb binnen**: intra legitumos dies *C*. 18.

*intro, 1. hineintreten, betreten: id („dieses Flußgebiet") *J*. 110.

intro-dūco, xi, ctum, 3. hineinführen, einführen: alqm *C*. 46; milites *J*. 12.

intrō-ĕo, ĭi, ĭtum, īre, hineingehen: in tabernaculum *J*. 71; ad alqm, in jmds. Haus gehen *C*. 28; *absol.* einziehen, eindringen *J*. 38.

in-tŭĕor, tuĭtus sum, 2. anschauen: imagines *J*. 4; metum mortis *J*. 38 (f. muto 2); intuentes mala *or. Phil.* 12.

*intūtus, 3. ungesichert, schutzlos: respublica *or. Phil.* 17.

ĭnultus, 3. ungerächt *C*. 58; *J*. 31 (§ 2). 67. — 2) ungestraft *J*. 58; inultis hostibus (*abl. abs.*), ohne daß die Feinde gestraft würden *J*. 70; scelus apud alqm (= in aliquo) inultum relinquitur, bleibt an jmd. ungestraft *J*. 106.

in-vādo, si, sum, 3. „nach einem Orte hingehen", dah. auf jmd. od. einen Ort losgehen, ihn überfallen: angreifen: urbem *or. Phil.* 10; fines *J*. 20; castra *J*. 21. 58; alqm *J*. 97; hostes *J*. 50. 98; quaerere locum invadendi, Gelegenheit über mich herzufallen *J*. 85 (§ 5). — 2) sich eines Gegenstandes bemächtigen, ihn an sich reißen: regnum animo *J*. 20. — 3) übtr. v. Leidenschaften u. dergl., eindringen: vis avaritiae in animos invasit *J*. 32; mit bloß. *acc.*, ergreifen, anwandeln, befallen: metus invadit alqm *J*. 13. 35. 39. 106; tristitia *C*. 31; cupido *J*. 89; lubido *C*. 5; *J*. 24. 84; luxuria atque avaritia *C*. 12; vis morbi invadit animos *C*. 36; *absol.* eintreten, sich verbreiten: lubido invasit *C*. 2; contagio *C*. 10; avaritia *J*. 41.

in-vĕnĭo, vēni, ventum, 4. „auf etw. kommen", übtr. *a)* zu etw. (gelegentl. od. zufällig) kommen, zu etw. gelangen, etw. erwerben: gloriam ex culpa *J*. 94; ex quo illi (= ab illo) gloria opesque inventae *J*. 70; merita, den verdienten Lohn ernten *or. Phil.* 16. — *b)* finden: emptorem *J*. 35; casum victoriae *J*. 25; exitium vitae *C*. 55; alqm fidum *J*. 10; non majus aliud (nämſ. esse quam humanam naturam) *J*. 1.

in-verto, ſ. invorto.

invictus, 3. unbesiegt: ab hostibus *J*. 31 (§ 20); adversus divitias, unzugänglich gegen Geldverlockungen *J*. 43.

in-vĭdĕo, vīdi, vīsum, 2. „mit scheelem Blick ansehen", dah. beneiden: alcui *J*. 37; mit *dat.* der Sache, auf etw. neidisch, mißgünstig sein: virtuti *C*. 58; honori *J*. 85 (§ 17); bonis („das Gute") *C*. 51 (§ 38).

invĭdĭa, ae, Neid, Mißgunst, Gehässigkeit *J*. 55; fama atque invidia, gehässige Nachrede *C*. 3; invidia aestuare *C*. 23. — 2) Haß, üble Nachrede *J*. 13 (ſ. ex 3, *b*); partium („der Gegenpartei") *J*. 40; insb. öffentlicher Haß gegen Staatsmänner, öffentlicher Unwille *C*. 6; *J*. 10. 13. 30; *or. Lic.* 8; alcjus („gegen") *C*. 22; fraterna, gegen den Bruder *J*. 39; invidia facti, das Mißliebige, Gehässige der That *J*. 29. 35; belli *C*. 43; invidiam accendere *J*. 15; alcui conflare *C*. 49; gloriā vincere, zum Schweigen bringen *J*. 10; alqm urguet invidia *J*. 35; invidiae esse, zum Hasse gereichen *J*. 73; res in invidia est, erregt Unwillen *J*. 25.

*invĭdus, 3. neidisch, *subst.* invidi, Neider *J*. 85 (§ 3).

invĭŏlātus, 3. unverletzt, unversehrt *J*. 26; fides publica *J*. 33; fama, unbescholten *J*. 43.

invīsus, 3. verhaßt: alcui *C*. 17. 51 (§ 29); *J*. 111.

*invīto, 1. einladen: alqm domum suam *J*. 66.

invītus, 3. widerwillig, ungern *C*. 19; *J*. 73. 96; me invito, wider meinen Willen *ep. Pomp.* 10.

*in-vorto (inverto), ti, sum, 3. umwenden, umkehren: alvei navium invorsi *J*. 18.

ipse, a, um, selbst: ipse ego *J*. 14 (§ 14); nosmet ipsi *C*. 20; semet ipsa *J*. 41; semet ipsi *J*. 18; ipsorum mala, ihre eigenen Übelstände *ep. Mithr.*

13. — 2) gerade, just: ipse ille *J.* 11; sub ipsis radicibus montium, dicht am Fuße *C.* 57. — 3) allein, an und für sich: tumultus *J.* 66; virtus *J.* 85; natura *J.* 89; tuta per se ipsa probitas est *J.* 14 (§ 4); alia per se ipsa clara *J.* 4.

īra, ae, Zorn, Erbitterung: belli („wegen") in alqm *ep. Mithr.* 3; irae consulere *C.* 51 (§ 7); *J.* 33; iram opprimere *J.* 72; cupidine atque ira grassari *J.* 64; ira commotus *C.* 31; impulsus *C.* 51 (§ 4); ira et metu anxius *J.* 11.

*īrācundĭa, ae, Jähzorn, Zorneseifer *C.* 51 (§ 12).

*īrāscor, irasci, zornig sein, zürnen *C.* 51 (§ 13).

*īrātus, 3. zornig: di *C.* 52 (§ 29).

*irrītāmentum, i, Reizmittel: gulae *J.* 89.

irrumpo, rūpi, ruptum, 3. (wohin) einbrechen, eindringen: in aedes *J.* 12; Cirtam *J.* 25; portam *J.* 58; ad sese *C.* 50; ea *J.* 38.

is, ea, id, derselbe, dieser: is Piso *C.* 19; ea omnia *C.* 13; inter ea *J.* 101; ob ea *J.* 89. 97; contra ea (s. contra 2, *a*) *J.* 85 (§ 2); secundum ea *J.* 14 (§ 3); atque is ob. et is, und zwar *J.* 89; *ep. Mithr.* 5; *abl.* ea, daselbst, da *J.* 38. 50; eo, deshalb, s. 2. eo; insb. *a*) um ein vorhergehend. Nomen deutlicher als Subjekt zu bezeichnen: (quod is) *C.* 49. 52 (§ 30); (isque) *C.* 50; *J.* 114; (quin is) *J.* 63; (ea vero) *C.* 37. — *b*) durch Attraktion aufs Prädikatsnomen bezogen: id nomen imperii primum fuit *C.* 2; eas divitias putabant *C.* 7; ea firma amicitia est *C.* 20; ea superbia appellatur *C.* 51 (§ 14); ea vero dementia est *C.* 58. — *c*) attributiv statt des Genitivs: ea gratia = ejus rei gratia *J.* 54. 80; ea causa = ejus rei causa *C.* 52 (§ 7); ea copia = copia scriptorum *C.* 8; ex eo numero = ex numero eorum *C.* 42; *J.* 18. 35; ex suo numero *C.* 32; ea formidine = formidine ex iis rebus orta *J.* 54; eo dolore *J.* 83. — *d*) id *partitiv.*: ad id loci, zu dieser Stelle *C.* 45; ad id locorum, bis zu dieser Zeit *J.* 63; post id locorum (post ea loci), nach dieser Zeit *J.* 72. 102. — 2) als Korrelat zu qui, derjenige: earum rerum, quae prima mortales ducunt *J.* 41; id quod in parenthet. Zwischensätzen zur Aufnahme des vorhergehenden Satzes *C.* 14. 30; *J.* 47. 56; id quod res habet, wie es in Wirklichkeit ist *C.* 51 (§ 20). — 3) prägn. solcher, so beschaffen: eis amicis *C.* 16; eos mores *C.* 51 (§ 16); mit folg. *ut* *C.* 31. 33. 34. 57; *J.* 63.

iste, a, ud, dieser (nach der angeredeten Person hin gedacht): lex *or. Lic.* 19; mala *C.* 40; mansuetudo *C.* 52 (§ 27); ista *C.* 52 (§ 5); istis (= tuis) infidus *or. Phil.* 15.

ĭtă, *adv.* auf diese Weise, also, so: his rebus ita actis *C.* 45; ita compositis rebus *J.* 56; res ita est, dem ist also, es verhält sich so *C.* 52 (§ 20); *J.* 9; non ita est *C.* 51 (§ 11); *J.* 85 (§ 42); insb. *a*) so beschaffen, von der Art: ita (= talis) fui *J.* 85 (§ 7). — *b*) einen Gedanken einleitend, also, folgendermaßen: ita dicere *C.* 19; *J.* 4; censere *C.* 51 (§ 43). 52 (§ 36); existumare *C.* 14; accipere *J.* 85 (§ 40); res humanae ita se habent *J.* 53; ita se res habet *J.* 85 (§ 23). — *c*) bei Vergleichungen, so: ita…quasi *J.* 85 (§ 19); ita… ut („wie") *C.* 2; *J.* 26. 39; uti…ita *C.* 45; *J.* 2; ut quisque mit *superlat.* …ita, s. ut 1, *a.* — *d*) zur Bezeichn. des Grades, so, so sehr: ita dives *C.* 37; ita conscientia mentem vastabat *C.* 15; ita…juxta pepercerant *C.* 61; ita exagitari *J.* 77; ita cunctos formido ceperat *J.* 99. — *e*) demnach, daher *C.* 1. 2. 8. 51 (§ 13); *J.* 31 (§ 14); 85 (§ 43); *or. Cott.* 7.

Ītălĭa, ae, Italien *C.* 16. 52; *J.* 5.

Ītălĭcus, 3. italisch: socii *C.* 40; genus *J.* 47; *subst.* Italici, Italiker *C.* 26; *J.* 67.

ĭtăque, *adv.* 1) = et ita *J.* 51. 65; *or. Lic.* 25. — 2) als Folgerungspartikel, demnach, daher *C.* 20. 29. 40; *J.* 11. 12. 13.

ĭtem, *adv.* gleichermaßen, ebenfalls *C.* 17. 18; *J.* 17. 40; item alios jubere (näml. cum telo esse) *C.* 27; item milites cogebat (näml. armatos intentosque esse) *J.* 100; itemque, und ebenso *C.* 47. 53; *J.* 9.

ĭter, itĭnĕris, *n.* Weg, Reise, Marsch: itineris dux *J.* 93; magnum („forcierter") *C.* 57; *J.* 37. 56; avium, Seitenmarsch *J.* 54; transvorsa itinera, Kreuz= u. Quermärsche *J.* 45; iter facere, marschieren *C.* 19. 56; *J.* 91; iter pergere *J.* 79; properare *J.* 105. 112; morari *J.* 79; remorari *J.* 50; in itinere *J.* 88. 91. 101. 103. 105; ex itinere, von der Reise aus, vom Marsche aus, unterwegs *C.* 34. 39. 48; *J.* 56. — 2) Straße, Weg: angustum *J.* 92; divorsis itineribus *C.* 50. 52 (§ 13); iter per Alpes patefacere *ep. Pomp.* 4; ferro iter aperire *C.* 58; collis transvorso itinere porrectus, in querer Richtung *J.* 49. — 3) bildl., Mittel u. Weg: iter natura ostendit *C.* 2.

ĭtĕrum, *adv.* abermals, zum zweiten Mal *C.* 52 (§ 33); *J.* 102.

J.

*****Jacĕtānia**, ae, Landschaft Hispaniens am Südabhang der Ostpyrenäen *ep. Pomp.* 5.

jăcĭo, jēci, jactum, 3. werfen, schleudern: tela *J.* 60. — 2) prägn. aufwerfen, aufführen: aggerem *J.* 37. 76. — 3) übtr. in der Rede, die Äußerung hinwerfen, fallen lassen: mit *acc. c. inf. J.* 11.

*****jăcŭlor**, 1. den Wurfspieß schleudern *J.* 6.

jăcŭlum, i, Wurfspieß: jacula tormentis (eminus) emittere *J.* 57. 101.

jăm, *adv.* jetzt, nunmehr *or. Lic.* 13; si jam quaeri posset *J.* 85 (§ 16); si jam velint *J.* 85 (§ 26); non jam deprecor *J.* 24; nihil jam infectum credens, nichts mehr *J.* 76. — 2) augenblicklich, sogleich, bald *or. Phil.* 21; jam omnes feroces aderunt *C.* 52 (§ 18). — 3) schon, bereits: jam diei vesper erat *J.* 52; haud dubie jam victor *J.* 102; quintum jam mensem *J.* 24; mit folg. cum im logischen Hauptsatze *J.* 98. 101. 106; jam a principio *J.* 77. 102; jam antea (ante) *C.* 20. 29; *J.* 11. 63; antea jam *J.* 84; jam tum, schon damals *C.* 18. 19; jam pridem *C.* 52 (§ 11); jamjam, schon in der That *J.* 14 (§ 22). — 4) jam primum, zuerst nun (bei Übergängen vom allgemeinen zur Betrachtung des einzelnen) *C.* 7. 15.

jānŭa, ae, Hausthür, Thür *C.* 28. 43.

Jānŭārĭus, 3. januarisch: mensis *J.* 37; Kalendae *C.* 18.

*****jŏcundus** (jucundus), 3. ergötzlich, angenehm: alcui *J.* 85 (§ 41).

jŏcus, i *(plur.* joci u. joca), Scherz: jocum movere *C.* 25; joca atque seria cum alquo agere („treiben") *J.* 96.

jŭbĕo, jussi, jussum, 2. befehlen, verordnen, (thun) heißen od. lassen: mit *acc.* der handelnden Person u. *inf. activ. C.* 46; *J.* 59; alios jubere (*sc.* cum telo esse) *C.* 27; nisi forte *(is)* quem *(pro hoste nos habere)* vos jussissetis *J.* 14 (§ 10); *pass.* jubeor mit *nom. c. inf.*, ich werde aufgefordert, man befiehlt mir *C.* 47. 48; *J.* 34. 35. 69; habebat exercitum jussus, wie ihm befohlen war *J.* 70; uti jussi erant *J.* 12. 54. — *b)* mit *acc. c. inf. pass.*, wenn die handelnde Person unerwähnt bleibt *C.* 39; *J.* 28. — *c)* mit *acc.* der Sache: quae jusserit *C.* 46; uti jussum erat *J.* 62;

jucundus *subst. part.* jussum, i, Befehl: jussa efficere *J.* 24; jussis oboediens *J.* 31 (§ 19). — 2) v. Senat und Volk, anordnen, genehmigen: rogationem *J.* 40; provinciam alcui, bestimmen *J.* 84; alqm imperatorem, bestellen *J.* 85 (§ 11); populus Marium jussit, verlangte *J.* 73.

jūcundus, a, um, s. jocundus.

jūdĭcĭum, i, gerichtliche Untersuchung, gerichtliche Verfolgung *C.* 14. 20. 39; *J.* 31 (§ 18); de nece *J.* 61; pecuniarum repetundarum („wegen") *C.* 49; meton. *a)* richterliches Amt, Gerichtsbarkeit *or. Lep.* 13; summum *C.* 29; judicia penes paucos sunt *J.* 31 (§ 20). — *b)* Gericht d. i. die Richter: judicia implorare *C.* 52 (§ 4). — 2) übtr. „Urteil", dah. Meinung, Ansicht: mutare judicium animi („Grundsätze") *J.* 4.

jūdĭco, 1. (jus dico), Urteil fällen, Ausspruch thun: mit *acc. c. inf. C.* 50; alqm hostem, öffentlich erklären für *C.* 36. 44.

*****jūgis**, e (jungo), „zusammenhängend", übtr. immer dauernd: aqua, beständig quellend *J.* 89.

jŭgŭlo, 1. „abkehlen", dah. erstechen, ermorden: alqm *C.* 16. 51 (§ 32).

jŭgum, i, „Joch der Gespanntiere", übtr. das aus zwei stehenden Lanzen u. einer dritten darüber gelegten gebildete Joch, unter welchem besiegte Feinde zur Demütigung durchgehen mußten: sub jugum mittere *J.* 38. 49.

Jŭgurtha, ae, Sohn des Mastanabal, Enkel des Masinissa, wurde von seinem Oheim Micipsa, dem Könige von Numidien, adoptiert u. mit den beiden Söhnen desselben, Hiempsal u. Adherbal, zum Erben des Reiches eingesetzt (*J.* 5—10). Um aber Alleinherrscher zu werden, beseitigt Jugurtha den Hiempsal durch Meuchelmord u. vertreibt den Adherbal, welcher in Rom Hilfe sucht (*J.* 11—13). Eine römische Kommission teilte hierauf das Reich zwischen Adherbal u. Jugurtha, wobei diesem der bessere Teil zufiel (*J.* 14—16). Bald darauf reizt Jugurtha den Adherbal zum Kampfe, belagert ihn in Cirta u. läßt ihn nach Eroberung dieser Stadt nebst den dort befindlichen römischen Kaufleuten und Rittern umbringen (*J.* 20—26). Nun bringt der Volkstribun Memmius in Rom auf Krieg gegen ihn. Der Konsul L. Calpurnius Bestia geht 111 v. Chr. mit einem Heere nach Afrika; aber Jugurtha erkauft von ihm u. seinem Unterfeldherrn M. Aemilius Scaurus einen günstigen Frieden (*J.* 27—29). Doch setzt es Memmius durch, daß Jugurtha in Rom zur Verantwortung erscheinen muß. Auch hier würde er durch Bestechung seine Lossprechung bewirkt haben, wenn er nicht den Massiva, einen Enkel des Masinissa, welcher in Rom lebte, hätte ermorden lassen (*J.* 30—35). Diese That veranlaßte i. J. 110 den Wiederausbruch des Krieges, welchen anfangs der Konsul Spurius Posthumius Albinus mit so unglücklichem Erfolge führte, daß es im folgenden Jahre zu einem schimpflichen Vertrage kam (*J.* 36—38). Erst als Q. Caecilius Metellus (*J.* 39—83) u. nach ihm C. Marius den Oberbefehl erhielt, erlitt Jugurtha mehrfache Niederlagen und wurde zuletzt i. J. 106 v. Chr. von seinem Schwiegervater Bocchus, dem Könige von Mauritanien ausgeliefert. Er starb im Gefängnisse den Hungertod (*J.* 84 ff.).

Jŭgurthīnus, 3. jugurthinisch: bellum *J.* 19. 77. 100; milites *J.* 21. 56.

*****Jūlĭus**, i, C., ein Mitverschworener des Catilina *C.* 27.

jūmentum, i (jungo), Lasttier, Packtier *J.* 45; jumenta onerare *J.* 75. 91.

*****jungo**, nxi, nctum, 3. zusammenfügen: camera fornicibus juncta *C.* 55.

Jūnĭus, i, M. Junius Silanus, Konsul 109 v. Chr., kämpfte unglücklich gegen die Cimbern *J.* 43. — 2) D. Junius Silanus, Gemahl der Servilia, der Stiefschwester Catos, designierter Konsul für 62 v. Chr. *C.* 50. 51 (§ 16).

Juppĭter, *gen.* Jovis, Sohn des Saturnus, oberster Gott der Römer *J.* 107; *or. Lic.* 15.

jurgĭum, i, Wortwechsel, Zänkerei *C.* 31; *J.* 27; jurgia cum alquo exercere *C.* 9.

*****jūro**, 1. schwören: per deos *J.* 70.

jūs, jūris, *n.* das Recht: gentium *J.* 22. 35; *or. Lic.* 17; jus et injuriae *J.* 14 (§ 16). 23; jus bonumque, Recht u. Gerechtigkeit *C.* 9; nullum jus, die allgemeine Rechtslosigkeit *J.* 31 (§ 1); contra jus fasque, gegen menschliche und göttliche Ordnung *C.* 15; jus parare, sich Recht schaffen *J.* 31 (§ 17); disceptare jure, im Wege des Rechts *J.* 21; jure, von rechtswegen *or. Phil.* 7. — 2) Recht als begründete Befugnis: earum rerum *C.* 29; belli *J.* 91. 102; *or. Phil.* 14; pacis *or. Lep.* 16; jure, mit Recht, rechtmäßiger Weise *C.* 51 (§ 6); *J.* 31 (§ 8). 64; mit Fug u. Recht, naturgemäß *J.* 14 (§ 10); *or. Phil.* 4; optimo jure, mit vollem Recht *or. Lep.* 2. — 3) Recht, Vorrecht, Gerechtsame *or. Lep.* 18 (f. solvo); populi *C.* 38; naturae *or. Cott.* 5; libertatis *C.* 37; quibus jus erat *J.* 3. — 4) die aus dem Recht entspringende Gewalt, Macht *C.* 20 (f. dicio); jus et imperium *J.* 14 (§ 1); jus judiciumque *J.* 31 (§ 20).

jusjūrandum, *gen.* jurisjurandi, Eid, Schwur: alqm ad jusjurandum adigere *C.* 22; postulare jusjurandum („schriftliche Eidesversicherung") *C.* 44.

jussum, i, f. jubeo.

jussus, ūs (nur im *abl.* gebräuchl.) Befehl, Verordnung: jussu regis *J.* 90; senatus atque populi *J.* 112; sine populi jussu *C.* 29.

*****justĭtĭa**, ae, Gerechtigkeit *C.* 10.

justus, 3. gerecht, billig: dominus *ep. Mithr.* 18; imperium *C.* 10. 52 (§ 21). — 2) gehörig; *subst.* justa, ōrum, die gehörige Bestattung: justa facere *J.* 11.

jŭventūs, ūtis, *f.* Jugendzeit, Jugendalter *C.* 5. — 2) meton. Jugend, Jünglinge *C.* 7. 12. 13. 14. 16. 37; pleraque *C.* 17.

jŭvo, jūvi, jūtum (jŭvātūrus), 1. unterstützen: exercitum commeatu *J.* 47; dis (bene) juvantibus, mit Hilfe der Götter *J.* 85 (§ 28); *or. Lep.* 27; quibus juvantibus *J.* 33. — 2) ergötzen, gefallen: quod juvat *J.* 85 (§ 41).

juxtā, *adv.* nebenan, daneben: sellam juxta ponere *J.* 65 (poneret, „stellen dürfe"); juxta situs *ep. Mithr.* 17. — 2) auf gleiche Art, ebenso, gleich: juxta boni malique *J.* 67; cives hostesque juxta *J.* 72; plebi patribusque juxta carus *J.* 88; meque vosque juxta *J.* 85 (§ 47); juxta bonos et malos *C.* 51 (§ 30); hiemem et aestatem juxta pati *J.* 85 (§ 33); litteris Graecis atque Latinis juxta eruditus *J.* 95 (atque doctissume, „und zwar"; *Jordan:* juxta atque doctissumi); juxta mecum omnes, alle so gut wie ich *C.* 58; juxta ac si, gerade wie wenn *J.* 45. — 3) gleich wenig, gleich gering, gleich schlecht: vitam mortemque juxta aestumare *C.* 2; suae hostiumque vitae juxta parcere *C.* 61; reipublicae juxta ac sibi consulere *C.* 37.

K.

Kălendae, ārum, der erste Tag eines Monats, die Kalenden: Januariae, der erste Januar *C.* 18; *J.* 114; Juniae *C.* 17; Novembres *C.* 30.

L.

L. als Abkürz. = Lucius.

***lăbĕfăcĭo**, fēci, factum, 3. (labo u. facio), „wankend machen", übtr. erschüttern, zu Grunde richten: secundis rebus labefactis *or. Lep.* 24.

***lābor**, lapsus sum, 3. „ausgleiten", übtr. sich vergessen, fehlen *J.* 104.

lăbŏr, ōris, *m.* Anstrengung, angestrengte Thätigkeit, Arbeit, Mühe *or. Cott.* 1; utilis *J.* 4; ingratus *C.* 37; fructus laboris *C.* 35; multum laborem suscipere *J.* 14 (§ 12). — 2) insb. Kriegsarbeit, Kriegsanstrengung, Strapaze *J.* 54. 85 (§ 34, s. facio 1, *e*); laborem pati *J.* 68; tolerare *C.* 10; *J.* 85 (§ 33); multis diebus et laboribus consumptis *J.* 93; per laborem, unter Strapazen *C.* 7; multo labore fatigatus *J.* 76; labore et aestu languidus *J.* 51; patiens laborum *J.* 17. 28. 44.

lăbōro, 1. arbeiten, sich abmühen *C.* 54; id, darauf hinarbeiten *J.* 96; alqm laborare cogere, an Ertragung von Strapazen gewöhnen *J.* 44. — 2) bedrängt sein, in Gefahr sein: laborantes *C.* 60; *J.* 52. 56. 98.

***lāc**, lactis, *n.* Milch *J.* 89.

Lăcĕdaemŏnĭi, ōrum, die Lacedämonier *C.* 2. 51 (§ 28).

lăcĕro, 1. „zersetzen", übtr. *a*) zu Grunde richten, ruinieren: rempublicam *or. Phil.* 5; *b*) bona patria, durchbringen, verschleudern *C.* 14. — *b*) mit Worten zerfleischen, verunglimpfen, tief herabsetzen: alqm *or. Lic.* 21; maledictis *J.* 85 (§ 26). — *c*) das Gemüt, Herz zerreißen, zerfleischen: angi ac lacerari cupidine *or. Phil.* 11.

lăcesso, īvi, ītum, 3. (*v. intens. v.* lacio), herausfordern, reizen: alqm bello *ev. Mithr.* 10; jurgio *C.* 31.

***lacrŭma** (lacrỹma), ae, Thräne: lacrumas tenere *J.* 82.

lacrŭmo (lacrỹmo), 1. Thränen vergießen, weinen: lacrumans *J.* 58. 71. 107.

Laeca, ae, s. Porcius.

laedo, si, sum, 3. verletzen, kränken: alqm *J.* 84. 85 (§ 27); famam alcjus *J.* 96.

laetĭtĭa, ae, (laute) Freude, Fröhlichkeit, Frohgefühl *C.* 31. 42. 51 (§ 31); *J.* 40. 60; laetitiam agitare *C.* 48. 61; alqm laetitia occupat *C.* 46; magna nobis laetitia est, cum (= quod) *J.* 102; laetitiae esse, zur Freude gereichen, Freude machen *C.* 51 (§ 34).

laetor, 1. über etw. sich freuen, Freude empfinden: casum *J.* 14 (§ 22); ea *C.* 51 (§ 29); mit *acc. c. inf. J.* 110; *absol. C.* 46; *J.* 69 (s. ex 3, *b*).

laetus, 3. fröhlich, freudig *J.* 84; victoria *C.* 61; alqa re *J.* 6. 53; civitas laeta agit (s. ago 2, *g*) *J.* 55; excipi laetissimis animis, mit größter Freude *J.* 88.

***laevus**, 3. links: ad laevam, zur Linken *C.* 55.

***lancĕa**, ae, hispanische mit einem Riemen in der Mitte versehene Lanze *C.* 56.

languĕo, gŭi, 2. „matt sein", übtr. unthätig sein, lässig sein *C.* 43. 52 (§ 18).

languĭdus, 3. schlaff, matt: labore et aestu *J.* 51. — 2) übtr. schlaff, lässig *J.* 53; *or. Lic.* 8.

***lăpĭdĕus**, 3. steinern: fornix *C.* 55.

lăpis, ĭdis, *m.* Stein *J.* 60. 92; lapidibus pugnare *J.* 57.

lăquĕus, i, Strick, Schlinge: laqueo gulam frangere („zuschnüren") *C.* 55; saxa laqueis vincire *J.* 94.

***lār**, lăris, Lar, Schutzgott des Hauswesens; meton. lar familiaris, eigener Herd *C.* 20.

***Lăres**, ĭum, *f.* Stadt Afrikas im nördlichen Teile des heut. Tunis, zwischen Sicca u. Zama: *acc.* Laris *J.* 90.

largĭor, 4. freigebig verschenken, reichlich spenden: bona *C.* 52 (§ 11); sanguinem *C.* 52 (§ 12 s. 3. ne); *absol. C.* 23. 38. — 2) insb. in un-

lauterer Absicht schenken, bah. be=
stechen: alcui J. 8 (quibus, „ein=
zelne"); largiundo, durch Bestechung
J. 13. — 3) (aus Liberalität) ge=
währen, willfahren: nihil C. 54.

largītĭo, ōnis, f. reichliche Spende:
privata atque publica, von Seiten ein=
zelner u. des Staates C. 37. — 2) Be=
stechung C. 3; J. 15. 103; or. Phil. 6.

*****largītor**, ōris, freigebiger Spen=
der: pecuniae J. 95.

*****largĭus**, adv. (compar. v. large);
reichlicher: largius suo uti, mit dem
Seinigen zu verschwenderisch umgehen
C. 16.

lascīvĭa, ae, ausgelassene Freude,
C. 31; J. 66. — 2) Ausgelassen=
heit, Ausschweifung J. 39. 41.

lassĭtūdo, ĭnis, f. Abspannung der
Kräfte, Ermüdung C. 13; J. 50. 69.

*****lassus**, 3. abgespannt, müde
J. 53.

lātē, adv. breit: ire, in breiter Front
J. 68; aciem latius porrigere J. 52. —
2) weithin, weit u. breit: explorare
omnia J. 46; imperium late valuit
J. 5; formido latius crescit, breitet
sich weiter aus J. 55.

*****lāter**, ĕris, m. Ziegel J. 18.

*****Lātīnē**, adv. lateinisch, in latei=
nischer Sprache: exclamare J. 101.

Lātīnus, 3. lateinisch: litterae
(„Litteratur") C. 25; J. 95; nomen
J. 39. 40. 42. 43.

*****lātĭtūdo**, ĭnis, f. Breite: declivis,
breite Absenkung J. 17.

Lătĭum, i, Landschaft Mittelitaliens
J. 69. 84; meton. die Latiner or. Lep. 12.

lătĭus, s. late.

lătro, ōnis, Wegelagerer, Frei=
beuter, Räuber C. 28. 59; or. Phil.
7; latrones Gaetuli J. 103; gentium
ep. Mithr. 22.

lătrōcĭnĭum, i, Räuberanfall
J. 97; per latrocinia, auf Räuber=
wegen, durch offene Gewalt J. 4.

lătus, ĕris, n. Seite: castelli, Seiten=
fläche J. 93. — 2) insb. Seite, Flanke
des Heeres: utrumque J. 46; dextrum
J. 49; ab latere, von der Flanke her, auf

der Flanke J. 50. 101; utrimque ex
lateribus aggredi, auf beiden Flanken
C. 60. — 3) Nachbarschaft, Nähe
or. Phil. 8; hostes ab latere, an den
Grenzen J. 14 (§ 10).

laudo, 1. loben: alqm C. 3 (s. multus); factum alcjus C. 51 (§ 32); divitias C. 52 (§ 22); studium laudando
extollere J. 4.

laus, dis, f. Lob, Anerkennung,
Ruhm J. 85 (§ 48); laudis avidus C.
7; virtutem laudibus extollere J. 15.

*****laxĭus**, adv. (compar. v. laxe),
„loser", übtr. zwangloser, ungebun=
dener: Romanos laxius licentiusque
futuros, würden ungebundener u. zügel=
loser sich benehmen J. 87.

*****laxus**, 3. „lose", übtr. zwanglos,
schlaff: milites laxiore imperio habere, unter schlaffer Mannszucht halten
J. 64.

*****lectus**, ūs, Ruhebett J. 71.

lectus, a, um, s. lego.

lēgātĭo, ōnis, f. Gesandtschaft
J. 40. 102; princeps legationis J. 16.

lēgātus, i, Gesandter: legatos
mittere ad alqm J. 20. 62; (de alqa
re) J. 22; missitare J. 38; legati ab
alqo veniunt J. 102. — 2) Legat:
a) oberster Amtsgehilfe eines Statt=
halters: provinciae legatus praeerat
C. 42. — b) Generaladjutant eines
Feldherrn C. 59; J. 38. 40. 45. 46.
50. 52. 57. 60. 86. 99; or. Phil. 7.

lĕgĭo, ōnis, f. Legion, Heresab=
teilung aus 10 Kohorten zu je 300—
360 Mann bestehend J. 99. 100. —
2) v. nicht römischen Völkern: Heeres=
masse C. 53; J. 79.

*****lĕgĭōnārĭus**, 3. zur Legion ge=
hörig: cohortes, Legionskohorten J. 51.

lĕgĭtĭmus, 3. gesetzmäßig, ge=
setzlich: imperium C. 6; dies C. 18.

1. lĕgo, 1. als Gesandten ab=
schicken: alqm in Africam J. 21. 25.
— 2) zum Legaten wählen: sibi
alqm J. 28.

2. lĕgo, lēgi, lectum, 3. zusam=
menlesen, sammeln: cocleas J. 93.
— 2) prägn. auslesen, aussuchen:

lenio   **libertas**   99

part. lectus als Abjekt. erlesen, tüchtig *C.* 50. 59. — 3) übtr. mit den Augen aufsammeln, d. i. lesen: acta *J.* 85 (§ 12); multa *C.* 53.

lēnĭo, 4. mildern, begütigen, besänftigen: atrocitatem facti *J.* 27 (*imperf. de conatu:* „suchten zu mildern"); invidiam *C.* 22; animum ferocem *J.* 11; vim hominis (f. vis 3) *C.* 48; inopiam frumenti, weniger empfindlich machen *J.* 91. — 2) insb. nachgiebig machen: alqm *J.* 111.

*lēnĭus, adv. (compar. v. leniter), „milder", dah. gemäßigter, weniger hitzig: agere *J.* 60.

Lentŭlus, i, P. Cornelius Lentulus Sura, Konsul 71 v. Chr., wurde, nachdem er im J. 70 wegen schlechten Wandels nebst 63 anderen aus dem Senat gestoßen worden war, im J. 63 zum zweiten Male Prätor und nahm an der Verschwörung des Catilina teil *C.* 17. 43. 44. 46. 47. 55. 58. — 2) P. Cornelius Lentulus Spinther, curulischer Ädil während Cicero's Konsulat, bewirkte als Konsul i. J. 57 die Zurückberufung desselben aus dem Exil *C.* 47.

*lĕo, ōnis, m. Löwe *J.* 6.

Lĕpĭdus, i, M. Ämilius, f. Aemilius. — 2) Manius Ämilius, Konsul 66 v. Chr. *C.* 18.

*lĕpōs, ōris, m. anmutiger Witz, Anmut *C.* 25.

Leptis, is, *f.* minor, tyrische Kolonie im ehemaligen Gebiete von Carthago, südöstlich von Hadrumetum, jetzt Ruinen beim Dorfe Lemta in Tunis *J.* 19. — 2) major, tyrische Kolonie Nordafrika's zwischen der großen u. kleinen Syrte, westlich vom Flusse Kinyps, jetzt Ruinen beim heutigen Lebida *J.* 19. 77.

Leptĭtāni, ōrum, die Leptitaner (f. Leptis) *J.* 77. 79.

lĕvis, e, dem Gewichte nach leicht: tela *J.* 105; übtr. *a)* leicht, erträglich, mild: imperium *J.* 89 (f. habeo 2, *g*); levius est verberari *C.* 51 (§ 24). — *b)* unerheblich, unbedeutend: proelium *J.* 87; munimentum, leicht verschanztes Lager *J.* 91; quae levia

sunt *J.* 54; necessitudo, nicht schwer ins Gewicht fallend *J.* 80.

lĕvo, 1. (durch Heben) erleichtern: jumenta sarcinis, den Lasttieren das Gepäck abnehmen *J.* 75. — 2) emporheben, nachhelfen: alqm manu *J.* 94.

lex, lēgis, *f.* Verordnung, Gesetz: Plautia *C.* 31; Porcia *C.* 51; Sempronia *J.* 27; Mamilia *J.* 65; frumentaria *or. Lic.* 19; ambitūs *C.* 18; interrogari lege („auf Grund des Gesetzes") *C.* 18. 31; lege uti, den Schutz der Gesetze in Anspruch nehmen *C.* 33.

līber, ĕra, ĕrum, frei, unabhängig: populus *J.* 31 (§ 9); genus hominum *C.* 6; suffragia libera ab auctoribus *or. Lic.* 15; *subst.* ein Freier *C.* 30. — 2) v. Fesseln frei: liberum corpus habere, persönliche Freiheit behaupten *C.* 33; libera custodia, freie, fesselloje Haft im Hause eines angesehenen Bürgers *C.* 47. — 3) übtr. *a)* frei von etw.: animus liber a spe *C.* 4. — *b)* unbefangen: animus in consulundo liber *C.* 52 (§ 21). — *c)* freimütig: libero ore loqui *J.* 95.

līber, bri, „Bast", meton. Buch, Schrift: libri Sibyllini *C.* 47; Punici *J.* 17.

lībĕrālis, e, „dem Freien geziemend", insb. freigebig: pecuniae („mit Geld") *C.* 7; ex sociorum fortunis *C.* 52 (§ 12).

lībĕrālĭtās, ātis, *f.* die des Freien würdige Gesinnung, insb. Freigebigkeit *C.* 35. 49. 52 (§ 11).

lībĕrālĭter, *adv.* gütig, freigebig: exercitum liberaliter habere, freigebig halten *C.* 11; alqm, mit freigebigem Anstande behandeln *J.* 103.

lībĕri, ōrum, Kinder (als freier Teil der Hausgenossen) *C.* 31; *J.* 6. 41; liberos gignere *J.* 10.

*lībĕrĭus, adv. (compar. v. libere), zu frei *J.* 4 (f. procedo).

*lībĕro, 1. von etw. freimachen, befreien: civitatem aere alieno *C.* 40.

lībertās, ātis, *f.* bürgerl. u. polit. Freiheit: libertatem praemium servo decernere *C.* 30; conservare *C.* 6;

100 libertus — locus

retinere *J*. 31 (§ 22); opprimere *or. Phil.* 3. 6; armis tegere *C*. 6; *J*. 87; amittere *C*. 33; alcui extorquere *C*. 39; alqm vindicare in libertatem *C*. 20; *J*. 42; pro libertate certare *C*. 58; niti *J*. 31 (§ 17); Freiheitsgefühl *J*. 41. — 2) insb. Volkssouveränität: libertatem experiri *J*.31 (§5); deserere *J*. 30. — 3) Freimut: ingeni *J*. 30.

libertus, i, Freigelassener (in Bezug auf seinen Herrn) *C*. 50. 59.

libet, s. lubet.

libidinōse, s. lubidinose.

libīdo, s. lubido.

Libys, byos, libysch: Herculēs *J*. 89; *subst*. Libyes, die Libyer in Nordafrika, westlich von Ägypten *J*. 18.

licentia, ae, Freiheit des Handelns, Erlaubnis: aliis alia licentia est, dem einen ist dies, dem anderen jenes verstattet *C*. 51 (§ 12); alcui permittere licentiam agundarum rerum („zu unterhandeln") *J*. 103. — 2) Freiheit, die man sich nimmt: necis et vitae civium *or. Lep.* 13; injuriae *C*. 12; faciundi *J*. 31 (§ 22). — 3) Zügellosigkeit, freche Willkür *C*. 6; *J*. 39; *or. Lic.* 12; scelerum *or. Phil.* 9; in alqm *or. Lic.* 16; licentia crevit *C*. 51 (§ 30).

licentius, *adv*. (*compar*. v. licenter), freier, ungezwungener: rem licentius gerere *J*. 108 (s. quo 3, *d*). — 2) zügelloser *J*. 87 (s. laxius).

licet, cǔit u. cǐtum est, 2. es ist erlaubt, steht frei, man kann od. darf: mit *dat*. der Person u. *inf*. als Subjekt: alcui licet lege uti *C*. 33; vergl. *C*. 3. 13. 36; *J*. 14 (§ 17); mit folg. Konjunktiv: satisfactionem veram licet cognoscas, du darfst für wahr annehmen *C*. 35; *absol*. licet per alqm *J*. 102; per fortunam *J*. 102.

Licinius,i,(E. Licinius Macer, Volkstribun i. J. 73, später wegen Erpressungen, die er als Prätor verübt hatte, verurteilt *or. Lic.* — 2) s. Crassus.

*****lictor**, ōris, Liktor d. i. einer der den höchsten Staatsbeamten voranschreitenden Diener: proxumus *J*. 12 (s. propior).

*****lignĕus**, 3. hölzern: vas *J*. 75.

Ligŭres, um, Völkerschaft im westlich. Teile von Gallia cispadana, im heut. Piemont, Genua u. Nizza *J*. 38. 77. 100; *sing*. Ligus *J*. 93.

Ligus, ūris, s. Ligures.

Limĕtānus, s. Mamilius.

*****līmōsus**, 3. schlammig: planities *J*. 37.

*****līmus**, i, Schlamm *J*. 78.

lingua, ae, Zunge: impigra *or. Lic.* 14; linguā promptior *J*. 44; alqd in lingua promptum habere *C*. 10; linguam moderari *J*. 82. — 2) meton. Sprache, Idiom: civitatis *J*. 78; barbara *J*. 18; ignara *J*. 18; dissimilis *C*. 6.

littĕra, ae, „Buchstabe", meton. *plur*. *a)* Schreiben, Brief: litteras afferre *C*. 30; *J*. 71; alcui (ad alqm) mittere mit *acc. c. inf. C*. 34; mit folg. Konjunktiv. *J*. 25; alcui reddere („einhändigen") *C*. 34; *J*. 9; perlegere *C*. 47; recitare *C*. 30; *J*. 24; per litteras certiorem fieri *J*. 82. — *b)* Schriftwerke, Litteratur: Graecae *C*. 25; *J*. 85 (§ 32). 95; alqd litteris discere, aus Büchern *J*. 85 (§ 13).

lixa, ae, Marketender, *plur*. Lagertroß *J*. 44. 45.

lŏco, 1. wohin stellen, wo niederlegen, aufstellen, unterbringen: cohortes in fronte *C*. 59; equitatum in cornibus *J*. 49; milites in proximo *J*. 59; per vallum in munimentis *J*. 100; ibi praedam *J*. 81; stipendium et commeatum *J*. 90; alqm primum, an die Spitze stellen *J*. 100.

lŏcŭplēs, plētis, begütert, wohlhabend *J*. 84. 92; *subst*. locupletes *C*. 21.

lŏcus, i (*plur*. loci u. loca), Ort, Stelle, Platz: arduus *C*.7; aequus *C*. 59; superior, Anhöhe *J*. 51. 68; editior *J*. 58. 98; loca urbis *C*. 43; ad id loci, zu der Stelle *C*. 45; *J*.75; locum capere *C*. 61; *J*. 92; locum castris antecapere *J*. 50; munitus loco,

longe   lubido   101

durch die Örtlichkeit *J.* 61. 79; insb. *a) Ort zum Wohnen:* opportunus *J.* 91; loca propinqua thesauris *J.* 12; taetra loca („Räume") *C.* 52 (§ 13); loca munita *J.* 90; communire suos locos („die ihm gebliebenen") *J.* 66. — *b) plur.* loci, Gegend *J.* 18. 78; difficiles *J.* 87; loca *C.* 11. 30; *J.* 19. 20; opulentissima *J.* 54; sola *J.* 103; saltuosa *J.* 38. 54; in his locis *C.* 58; in illis locis *J.* 97. — *c)* Terrain: aequus *J.* 52; advorsus *J.* 55 (s. in B, 8); suo loco pugnam facere (s. suus 2) *J.* 61; sua loca defendere *J.* 54; pro loco (s. pro *d*) *C.* 59; pro tempore atque loco, zeit- u. ortgemäß *J.* 57; pro re atque loco, der Beschaffenheit des Terrains gemäß *J.* 50; opportunitas loci *J.* 37; difficultas loci *J.* 98. — *d)* Stellung, Posten: locum amittere *J.* 52; deserere *J.* 38; in loco manere *J.* 101; loco cedere, die Stellung aufgeben *C.* 9. — 2) übtr. *a)* Zustand, Lage: quo loco res nostrae sint *C.* 58. — *b)* Gelegenheit: pugnae *J.* 55; invadundi (*sc.* me) *J.* 85 (§ 5); introeundi *J.* 38; omnibus locis, bei jeder Gelegenheit *J.* 85 (§ 26). — *c)* Zeit: ad id locorum, bis zu dieser Zeit *J.* 63; post id locorum (post ea loci), nach dieser Zeit *J.* 72. 102; si peccato locus esset, wenn noch zu einem Fehler Frist gestattet wäre *C.* 52 (§ 35). — 3) bildl. gaudio locus est, findet statt *C.* 51 (§ 20). — 4) *abl.* loco mit *gen.*, anstatt, wie, als: cognatorum loco ducere, als Blutsfreunde betrachten *J.* 14 (§ 1; a. L. in affinium locum ducere, „ansehen für"); praedae loco aestumari, für Beute gelten *or. Phil.* 5. — 5) Stand, Herkunft: natus haud obscuro loco, von nicht dunkler Herkunft *C.* 23.

longē, *adv.* weithin, weit, fern: ab alquo *C.* 61; a mari *J.* 21; haud longe inter se *J.* 55; longius abire *J.* 98; trahere *C.* 7. — 2) v. d. Zeit, lange: tempus haud longe abest *J.* 36; urbem longius tueri *C.* 29. — 3) bei Begriffen der Verschiedenheit u. d. Vorzugs, weit, bei weitem: longe alius *C.* 52 (§ 2); aliter *J.* 7. 11; divorsus *C.* 34; saevior *or. Lic.* 10; longe maxuma virtus *J.* 9.

Longīnus, s. Cassius.

*****longus,** 3. „lang", v. d. Zeit, langdauernd: memoriam nostri quam maxume longam efficere *C.* 1.

lŏquor, cūtus sum, 3. sprechen: hujusce modi verba *C.* 50; *J.* 102; ficta *J.* 11; pauca *C.* 29; de republica *J.* 85 (§ 44); de alquo *C.* 52 (§ 34); coram alquo *J.* 109; apud alqm *J.* 64; hoc modo *J.* 13; sic *J.* 9; Latine *J.* 101; parum libero ore *J.* 95; finem loquendi facere *J.* 15.

*****lŭbens,** ntis, gern, mit Vergnügen *J.* 104.

lŭbet (libet), būit u. bĭtum est, 2. es beliebt, gefällt, ich (du, er) will: quicquid animo lubet *J.* 110; mit *inf. C.* 53; *J.* 14 (§ 24). 85 (§ 39); uti (sicuti) lubet *J.* 34. 38. 44; cujus rei lubet simulator (s. quilubet) *C.* 5.

*****lŭbĭdĭnōsē** (libidinose), nach Laune, voll Willkür *C.* 51 (§ 30).

lŭbīdo (libido), ĭnis, *f.* Belieben, Lust, Begierde, Verlangen: eundi *J.* 84; reipublicae capiundae *C.* 5; me exstinguendi *J.* 24; dominandi *C.* 2; uti cujusque lubido erat *C.* 86; lubidinem in armis habere, Lust haben an *C.* 7; ex illius lubidine, nach jenes Belieben *J.* 54; Laune: alcjus *C.* 21; *J.* 31 (§ 7); fortunae *C.* 51 (§ 25); ex lubidine, nach Laune *C.* 8; *J.* 40; *or. Phil.* 17; Neigung *J.* 108; Sucht: perniciosa *J.* 3; insb. *a)* zügellose Begierde, Leidenschaft: consueta *J.* 15; tanta *J.* 40; stupri, Hang zur Unzucht *C.* 13; lubidini obnoxius *C.* 52 (§ 21); lubidini parere *C.* 51 (§ 2); lubidine agitari *J.* 25; contra lubidinem animi, gegen die leidenschaftliche Stimmung des Herzens *C.* 51 (§ 4); libertatem in lubidinem vortere, die Freiheit in Zuchtlosigkeit umwandeln *J.* 41; ex lubidine sua, nach seiner Leidenschaftlichkeit *J.* 42. — *b)* sinnliche

Begierde, Sinnenlust, Genußsucht, Wollust *C.* 28; *J.* 63; perniciosa *J.* 1; summa libidine („bei, trotz") *C.* 20; lubido invasit *C.* 2; lubidine accendi *C.* 25; lubidini esse, zur Befriedigung der Lüsternheit dienen *J.* 89. — *c) plur.* üppige Genüsse, Lüste *C.* 13.

*luctuōsus, 3. jammervoll, traurig: victoria *C.* 58.

luctus, ūs, Trauerklage, Trauer *C.* 61; *J.* 14 (§ 15); *or. Phil.* 15; luctu omnia complentur *C.* 51 (§ 9); *J.* 92.

*lūcŭlentus,3. „lichtvoll", dah. glänzend, ausgezeichnet: oratio *C.* 31.

Lūcullus, i, L. Licinius, Konsul 74 v. Chr., Besieger des Mithridates u. Tigranes bei Tigranocerta i. J. 69 *or. Lic.* 10; *ep. Mithr.* 15. — 2) P. Licinius, Volkstribun 110 v. Chr. *J.* 37.

lūdībrĭum, i, Gespött: ludibrio haberi, zum Besten gehabt werden *J.* 34; ludibrio esse, zum Spielball dienen *C.* 20; *J.* 31 (§ 2). — 2) Spielwerk: ludibrio esse, zum Spielwerk dienen *C.* 13.

lūdĭfĭco, 1. (ludus u. facio), zum Besten haben, verhöhnen, äffen: alqm *J.* 36; incerto proelio ludificati *J.* 50.

*lūdus, i, Spiel *J.* 65.

lūmen, inis, *n.* „Licht", insb. Tageslicht, Tag *J.* 21 (f. obscurus). — 2) bildl. Leuchte: majorum gloria posteris lumen est *J.* 85 (§ 23).

*Lŭtātĭus, 3. Benennung einer römischen gens: *plur.* Lutatii, die Lutatier *or. Lep.* 3 (gemeint ist Q. Lutatius Catulus, f. Catulus).

lux, lūcis, *f.* „Licht", insb. Tageslicht, Tag: lux adventat *J.* 99; ante lucis adventum *J.* 91.

luxŭrĭa, ae, Üppigkeit, Schwelgerei: luxuria atque avaritia *C.* 5. 12. 52 (§ 7); lubido atque luxuria *C.* 28; luxuria et ignavia *J.* 85 (§ 43); luxuriae esse, zur Schwelgerei dienen *J.* 89.

*luxŭrĭōsē, *adv.* üppig, schwelgerisch *C.* 11 (f. habeo 2, *g*).

*luxŭrĭōsus, 3. üppig, schwelgerisch *J.* 95 (f. otium).

luxus, ūs, übermäßiger Aufwand, Luxus *C.* 53; *J.* 6 (luxu = luxui); *or. Phil.* 11; aetatem agere per luxum, in Üppigkeit *J.* 2; omnia antecapere luxu, durch Reizmittel der Üppigkeit, durch Raffinement *C.* 13.

M.

M. Abkürzung für Marcus. — 2) **M'.** = Manius.

Măcĕdŏnĭa, ae, Macedonien *J.* 35; *or. Cott.* 7.

*Măcĕdŏnĭcus, 3. macedonisch: bellum (f. Perses) *C.* 51 (§ 5).

*Măcĕdŏnes, um, die Macedonier *ep. Mithr.* 5.

Măcer, f. Licinius.

*māchĭna, ae, Kriegsmaschine *J.* 21.

*māchĭnātĭo, ōnis, *f.* „mechanische Vorrichtung", insb. Belagerungsmaschine *J.* 92.

māchĭnor, 1. „künstlich verrichten", insb. heimlich etw. Böses ersinnen, etw. (gegen jmd.) heimlich schmieden: perniciem alcui *C.* 18; *pass.* indicium machinatum (esse) *C.* 48.

maeror, ōris, *m.* Niedergeschlagenheit, Betrübnis *C.* 61; maeror atque luctus *J.* 14 (§ 15); metus atque maeror *J.* 39.

*maestus, 3. niedergeschlagen, betrübt *J.* 68.

măgis, *adv.* mehr (d. i. in höherem Grade): magis anxius *J.* 55; magis strenuus *J.* 85 (§ 45); magis magis-

magistratus — **male** — 103

que, mehr u. mehr, immer mehr *C.* 5. 7; *J.* 6. 7. 53; n o n (neque) m a g i s ... q u a m (wobei das zweite Glied hervorgehoben wird), nicht eben... sondern vielmehr, nicht sowohl... als vielmehr *C.* 9; *J.* 1. 36; eo magis, desto mehr, um so mehr *C.* 52 (§ 16). 54; eo magis quod *C.* 4; *J.* 22; eo magis quo („damit") *C.* 48; neque eo magis, und (aber) ebenso wenig, deshalb dennoch nicht *J.* 20. — 2) (= potius) e h e r, l i e b e r, v i e l m e h r *or. Lic.* 17; *J.* 85 (§ 49); vis magis leniunda videbatur *C.* 48; *J.* 4. 66. 75; *or. Lic.* 17; ac magis (erg. id factum esse), sondern vielmehr *J.* 107.

măgistrātus, ūs, o b r i g k e i t l i c h e s A m t, S t a a t s a m t *J.* 63 (s. a 5, *b*); *or. Cott.* 4; patricius (Konsulat) *or. Lic.* 15; in magistratu, während der Verwaltung des Tribunates *C.* 39; *plur. C.* 21. 39; magistratus et imperia (s. imperium 2, *b*) *J.* 3; magistratum capere *or. Lep.* 21; adipisci *J.* 4; ingredi *J.* 43; tenere *C.* 39; continuare *J.* 37; abdicare *C.* 47; rogare *J.* 29; magistratus penes alqm est *J.* 41. — 2) meton. o b r i g k e i t l i c h e P e r s o n, S t a a t s b e a m t e r *C.* 29; *or. Lic.* 3. 27; *plur. C.* 33. 40. 51 (§ 38); minores („die unteren") *C.* 30; oppida per magistratus administrare *J.* 19; seditiosi (die Volkstribunen) *J.* 73.

magnĭfĭcē, *adv.* m i t A u f w a n d, m i t P r a c h t, g l ä n z e n d: vivere *C.* 17; justa facere *J.* 11; alqm donare atque laudare *J.* 8. — 2) m i t R e d e s c h m u c k, s c h m u c k r e i c h: casum reipublicae miserari *C.* 51 (§ 9). — 3) g r o ß s p r e c h e r i s c h, h o c h t r a b e n d: loqui *J.* 64.

magnĭfĭcus, 3. „sich groß zeigend", dah. p r a c h t l i e b e n d, g r o ß a r t i g: in supliciis deorum *C.* 9. — 2) im üblen Sinne, g r o ß t h u e n d, s i c h b r ü s t e n d *J.* 31 (§ 10). 55 (s. ex 5); dictitare magnifica pro se, ihn selbst verherrlichende Äußerungen *J.* 84. — 3) a n s e h n l i c h, g l a n z v o l l, h e r r l i c h: civitas *C.* 51 (§ 5); imperium *C.* 52 (§ 10); spolia

C. 20; res gestae *C.* 8; alia omnia magnifica sunt *J.* 4.

magnĭtūdo, ĭnis, *f.* G r ö ß e, M e n g e: itineris *J.* 68; pecuniae *J.* 29; sinus impares magnitudine *J.* 78; übtr. *a*) B e d e u t e n d h e i t, G r ö ß e *C.* 22; *J.* 42; facinoris *J.* 70; periculi *J.* 49; sceleris *C.* 51 (§ 8); imperii, Hoheit *J.* 14 (§ 16); animi, Charaktergröße *C.* 54; eo magnitudinis procedere (s. eo 1, *b*) *J.* 1. — *b*) M a c h t: reipublicae *C.* 31; regis *J.* 103; populi Romani *J.* 26; nominis Romani *J.* 5 (s. post 2, *b*); nobilitatis *C.* 38.

magnus, 3. g r o ß, b e t r ä c h t l i c h, v i e l: oppidum *J.* 89; mare (= Oceanus) *J.* 18 (dagegen *J.* 78 „hochgehend"); iter *C.* 57; *J.* 37; pecunia *J.* 97; copiae *C.* 43; equitatus *J.* 95; legio *C.* 53; fons, stark *J.* 98; vox (clamor), laut *J.* 56. 53; übtr. *a*) b e d e u t e n d, g e w a l t i g, g r o ß: bellum *J.* 5; periculum *C.* 35; facinus *C.* 20; clades *C.* 39; gloria *C.* 3; nobilitas *C.* 7; gaudium *J.* 69; spes *C.* 16; *J.* 33; usus *J.* 4; virtus *C.* 3; vir *J.* 45; clarus atque magnus habetur *C.* 53; *J.* 92; *subst. neutr.* magna, große Thaten *J.* 10; majora, wichtigere Dinge *J.* 70. 89; in majus celebrare, mit Übertreibung preisen *J.* 73. — *b*) g r o ß, m ä c h t i g: reges *C.* 10; Juppiter maxumus *J.* 107. — *c*) major, älter: majores natu, bejahrtere Männer *J.* 25; majores, Vorfahren *C.* 9. 11. 12. 51 (§ 4); *J.* 4. 14 (§ 8); 31 (§ 6). — *d*) h o c h f a h r e n d, ü b e r m ü t i g: imperia *or. Lic.* 16.

mājestās, ātis, *f.* e r h a b e n e W ü r d e, H o h e i t *J.* 14 (§ 7, s. sum 2, *a*); imperii *J.* 24; populi Romani *J.* 14 (§ 25); Volkssouveränität *J.* 31 (§ 9. 17).

majores, um, s. magnus.

mălĕ, *adv.* (*comp.* pejus, *superl.* pessume), s c h l e c h t, ü b e l: male consulere *C.* 51 (§ 4); male facere *J.* 31 (§ 22); pessume facere *J.* 31 (§ 14); male facta, Übelthaten *C.* 52 (§ 8). — 2) u n g l ü c k l i c h: pugnare *J.* 102. 114; proelium male pugnatum *J.* 54.

***mălĕdīco**, xi, ctum, 3. schmähen, lästern: alcui *J.* 94.

mălĕdictum, i, Schmähung, Lästerung *C.* 31; alqm maledictis increpare (lacerare) *C.* 21; *J.* 85 (§ 26).

mălĕfactum, i, f. male.

mălĕfĭcĭum, i, Übelthat, Frevel *J.* 31 (§ 28); maleficium persequi *C.* 52 (§ 4).

*****mălĕfĭcus**, 3. „übelhandelnd", bah. schädlich: malefici generis animalia *J.* 17.

mălĕvŏlentĭa, ae, Übelwollen *C.* 3. 12.

*****mălĭtĭa**, ae, schlechte Handlungsweise, Schlechtigkeit *J.* 22.

mālo, mālui, malle (= magis volo), lieber wollen: incerta pro certis *C.* 17; bellum quam pacem *C.* 17; sanguinem quam omnia *J.* 81; omnia quam victi abire *J.* 79; facere quam dicere *C.* 8; ignoscere quam persequi *C.* 9; esse quam videre bonus malebat *C.* 54; mit *acc. c. inf. C.* 8. 37; *J.* 31 (§ 27). 35. 85 (§ 16).

mălum, i, f. malus.

mălus, 3. schlecht, schlimm, übel: artes *C.* 3. 13; *J.* 41; mores *C.* 3. *J.* 44; facinus *C.* 16; conscientia *J.* 62; fama *J.* 35; audacia malarum rerum, zu schlechten Streichen *C.* 52 (§ 11); insb. *a)* verderblich: venenum *C.* 11; ambitio *C.* 4; exemplum *C.* 51 (§ 27). — *b)* schlimm, ungünstig, unglücklich: pugna *J.* 56; eventus *C.* 11; res („Lage") *C.* 20; *or. Cott.* 1. — *c)* schlecht, schlechtgesinnt: ingenium malum pravumque *C.* 5; *subst.* mali atque scelesti *C.* 52 (§ 15); pessumus quisque *C.* 51 (§ 29); pessumi *or. Phil.* 1. — *d)* mutlos, feig: boni malique *J.* 67. — 2) *subst.* malum, i, Übel: pessumum *C.* 5; materies omnium malorum *C.* 10; publicum, verderbliche Anschläge gegen den Staat *or. Phil.* 13; insb. *a)* Fehler, Mangel: nobilitatis *J.* 64; bona aut mala sua *J.* 73; neque bona neque mala *J.* 85 (§ 23). — *b)* Elend, Unheil, Unglück, Leiden *C.* 21; *J.* 67; reipublicae *C.* 51 (§ 32); si quid mali accidisset *J.* 14 (§ 16); omnibus malis excruciatus *J.* 14 (§ 21); improvisum („Not") *J.* 91; publicum, Unglück des Staates *C.* 37; anceps („Gefahr") *C.* 29; *J.* 67; bona malaque, Glück u. Unglück *C.* 20; alcui parare mala, Verlegenheiten *J.* 40; tantis malis *(abl. abs.)*, in so großer Bedrängnis *C.* 40. — *c)* Strafe: exercitum malo coërcere *J.* 100.

Māmercus, f. Aemilius.

Māmīlĭus, 3. röm. Familienbenennung: C. Mamilius Limetanus, Volkstribun 109 v. Chr.: rogatio (lex) Mamilia, beantragte die Bestrafung derjenigen, welche sich von Iugurtha hatten bestechen lassen *J.* 40. 65.

Mancīnus, f. Manlius.

*****mancĭpĭum**, i (manus u. capio), „Eigentumserwerbung", meton. durch Anlegung der Hand erworbener Sklave *J.* 44.

mandātum, i, f. mando.

mando, 1. (= manui do), auftragen, aufträglich anbefehlen: alcui mit folg. Konjunktiv *C.* 32; *subst. part.* mandatum, i, Auftrag: mandata verbis („mündlich") dare *C.* 44; legatos mittere cum mandatis *C.* 32; mandata patefacere *J.* 103; exsequi *J.* 35; conficere *J.* 12; efficere *J.* 58; Antrag *or. Phil.* 14. — 2) vertrauen, übertragen: alcui consulatum *C.* 32; *J.* 73; rempublicam *or. Cott.* 10.

măneo, mansi, mansum, 2. wo bleiben *J.* 38. 106; in regno *J.* 14 (§ 20); in loco („in ihrer Stellung") *J.* 101; procul *J.* 57; in sententia, bei der Ansicht verharren *or. Phil.* 16. — 2) irgendwas ob. irgendwie bleiben: boni fidelesque mansere *J.* 77; omnia incolumia manent *J.* 14 (§ 16). — 3) fortdauern: plebes agris expulsa manet, die Vertreibung der Plebejer bleibt aufrecht erhalten *or. Lep.* 24.

mănĭfestus, a, um, f. manufestus.

mănĭpŭlus, i, „Bündel Heu", übtr. Manipel d. i. der dritte Teil einer Kohorte, bei den principes u. hastati aus 120 Mann, bei ben triarii aus 60 Mann bestehend u. so benannt von dem auf einer Stange getragenen Bündel Heu, dem ältesten Feldzeichen der Römer *J.* 49. 100.

*Manliānus, 3. manlianisch: castra, des Manlius (s. Manlius 5) *C.* 32.

Manlĭus, i, T. Manlius Imperiosus, Torquatus, welcher im Kriege mit den Latinern 340 v. Chr. (nicht, wie Sallust den Cato sagen läßt, im gallischen Kriege) seinen Sohn hinrichten ließ, weil er gegen das strenge Verbot sich in einen Zweikampf mit einem feindl. Anführer eingelassen hatte. Den Beinamen Torquatus erhielt er, als er i. J. 361 v. Chr. einen gallischen Heerführer im Zweikampf getötet und die goldene Halskette (torques) desselben erbeutet hatte *C.* 52 (§ 30). — 2) Cn. Manlius Maximus, kämpfte als Konsul im J. 105 zugleich mit dem Prokonsul Q. Servilius Cäpio gegen die in Gallien eingedrungenen Cimbern (die von den Römern oft Galli genannt werden) *J.* 114. — 3) A. Manlius, Legat des Marius *J.* 86. 90. 100. 102. — 4) L. Manlius Torquatus, Konsul 65 v. Chr. *C.* 18. — 5) C. Manlius, Mitverschworener des Catilina *C.* 24. 27—30. 36. 56. 59. 60. — 6) T. Manlius Mancinus, Volkstribun 107 v. Chr. *J.* 73.

mansuētūdo, ĭnis, *f.* „Zahmheit", übtr. Güte, Milde: mansuetudo et misericordia *C.* 34. 52 (§ 11. 27). 54.

mănŭfestŭs, (manifestus), 3. offenbar, augenscheinlich: magis manufesta, augenscheinlichere Beweise *J.* 33. — 2) prägn. (durch augenscheinliche Beweise) überführt, überwiesen: sceleris *J.* 35; rerum capitalium *C.* 52 (§ 36); alqm quam maxume manufestum habere, möglichst überführen *C.* 41.

mănŭs, ūs, *f.* Hand: manus ad caelum tendere *C.* 31; manus armare („den Arm") *J.* 107; *or. Phil.* 20; per manus, von Hand zu Hand, durch Vererbung *J.* 63; bona lacerare manu, durch Würfelspiel *C.* 14; insb. *a)* Handarbeit: manuum merces *C.* 37; res fidesque in manibus sitae, beruht auf der Thätigkeit ihrer Hände *J.* 73. — *b)* bewaffnete Hand, Faust: manu certare *or. Cott.* 6; urbes capere *J.* 5; salutem quaerere *J.* 39; manu vindicare, durch Thätlichkeit, gewaltsam *J.* 20. 106; non manu neque vi *J.* 31 (§ 18); per manus, auf dem Wege der Gewalt *J.* 31 (§ 22); militibus manu consulere, durch persönliches Mitkämpfen *J.* 98; manu promptus, rasch zur That, zum Losschlagen bereit *C.* 43; *J.* 7. 44; prior manu et consilio, überlegen in Rat u. That *J.* 96. — *c)* Handgemenge: manum conserere (cum alquo), handgemein werden *J.* 49. 50; in manus venire, ins Handgemenge geraten *J.* 89; proelium in manibus facere, im Handgemenge kämpfen *J.* 57; discedere aequa manu (= aequo Marte), ohne Entscheidung *C.* 39. — *d)* Hand d. i. Macht: mihi non in manu fuit, qualis Jugurtha foret, es stand nicht in meiner Macht zu bestimmen (s. qualis) *J.* 14 (§ 4); in vostra manu (situm) est *J.* 14 (§ 13). 31 (§ 5); alcui· exercitus in manu est, steht zu Gebote *C.* 51 (§ 36); si qui in manus venerant, die ihnen in die Hände gerieten *J.* 101; dominatio in manibus (attributiv), gesicherte Aussicht auf die Herrschaft *C.* 20. — 2) übtr. Schar, Mannschaft, Corps: parva *C.* 7. 53; magna *C.* 43; *J.* 12. 20. 58; hostium *J.* 25; funditorum *J.* 46; praedatoria *J.* 27.

măpālĭa, ĭum, die transportablen Hütten der afrikanisch. Nomaden, Baracken *J.* 18; meton. Barackendörfer *J.* 46.

Marcĭus, i, Q. Marcius Rex, Konsul im J. 68, später Prokonsul in Cilicien, wo er unter Pompejus den Krieg gegen die Seeräuber führte *C.* 30. 33. 34. — 2) L. Marcius Philippus, Senator, durch dessen Antrag Lepidus für einen Feind des Vaterlandes erklärt wurde *or. Phil.*

măre, is, *n.* Meer: Africum *J.* 18; nostrum, Mittelmeer *J.* 17. 18; importuosum *J.* 17; magnum, hochgehend *J.* 78 (dagegen *J.* 18 mare magnum = Oceanus); secundo mari, am Meere entlang *J.* 19; mari, zur See *ep. Mithr.* 13; terrā marique *C.* 13; mari atque terrā *C.* 53; sprichwörtl. polliceri maria montesque, goldene Berge *C.* 23.

mărĭtŭmus, 3. zum Meere gehörig: ora, Seeküste *J.* 19; oppida *J.* 100; civitas *ep. Pomp.* 9; bellum, Seekrieg *C.* 39; *subst.* maritumaōrum, Küstenlandschaften *or. Cott.* 7.

Mărĭus, i, C., geb. 156 v. Chr. in dem Dorfe Cereatae bei der samnitischen Stadt Arpinium, war siebenmal Konsul (ununterbrochen in den Jahren 104—101), beendigte 106 den jugurthinischen Krieg, besiegte 102 die Teutonen bei Aquae Sextiae, 101 die Cimbern auf den raubischen Feldern in der Nähe von Vercellae u. starb, nachdem zwischen ihm u. Sulla von 88 an der Bürgerkrieg gewütet hatte, im J. 86 v. Chr. — 2) Sohn des C. Marius *or. Phil.* 7.

Massalia, ae, s. Massilia.

Măsĭnissa, ae, Sohn des Gala, König der Massylier (Ostnumidier), wurde von Syphax, König der Massäsylier (Westnumidier), während des zweiten punischen Krieges vertrieben u. verband sich nach Scipio's Ankunft in Afrika mit den Römern, wodurch er sich die Herrschaft über ganz Numidien bis an d. Grenze v. Mauretanien erwarb *J.* 5. 7. 9. 14 (§ 2). 24. 65. 109.

*Massĭlĭa (Massalia), ae, reiche Handelsstadt in Gallia Narbonensis am sinus Gallicus, im 6. Jahrh. vor Chr. v. Phokäern aus Jonien gegründet, jetzt Marseille *C.* 34.

*Massiva, ae, Sohn des Gulussa, Enkel des Masinissa, bewarb sich nach Ermordung des Adherbal u. Hiempsal beim römischen Senat um die Krone Numidiens, weshalb ihn Jugurtha in Rom aus dem Wege räumen ließ *J.* 35.

*Massūgrăda, ae, Vater des Dabar *J.* 108.

Mastănăbăl, bălis, Sohn des Masinissa, Vater des Jugurtha *J.* 5. 65.

māter, tris, Mutter: matres familiarum, Familienmütter *C.* 51 (§ 9).

mātĕrĭa, ae u. **mātĕrĭēs**, ēi, „Material", inèb. Bauholz *J.* 18. — 2) übtr. Stoff, Ursache: omnium malorum *C.* 10.

māternus, 3. mütterlich: impar materno genere, von mütterlicher Seite *J.* 11. 108.

mātūrē, *adv.* zur rechten Zeit *J.* 85 (§ 10 *Jordan*). — 2) zeitig, bald, rasch: proficisci *J.* 103; mandata exsequi *J.* 35; id mature evenit *J.* 65; satis mature, noch zeitig genug *J.* 64; mature facto opus est, rasches Handeln ist nötig *C.* 1; tempus quam res („der Stoff") maturius me deseret *J.* 42; quam maturrume *or. Phil.* 16.

mātūro, 1. „zeitigen", dah. etw. beeilen, beschleunigen: facinus *C.* 15; insidias alcui *C.* 32; mit *inf.* sich beeilen *C.* 36; *J.* 36; iter pergere, schleunig sich auf den Weg machen *J.* 79; signum dare, zu früh das Zeichen geben *C.* 18. — 2) *intrans.* eilen *or. Phil.* 6; legati in Africam maturantes veniunt, eilen zu kommen *J.* 22.

māturrŭme, s. mature.

mātūrus, 3. reif: omnia matura sunt, ist gleichsam zur Ernte reif *J.* 85 (§ 48). — 2) zeitig, früh: tempus maturius *J.* 12.

*Maurētānĭa, ae, das westlichste Land der Nordküste Afrikas, östlich an Numidien grenzend, jetzt Fez u. Marocco *C.* 21.

Mauri, ōrum, die Bewohner von Mauretanien *J.* 18. 80. 101; equites Mauri *J.* 106; *sing.* Maurus *J.* 97. 106. 113.

maxŭme (maxime), *adv. (superl.* v. magis), überaus, sehr, am meisten: maxume idoneus *J.* 76; negotiosus *C.* 8; impiger *J.* 23; tutus *J.* 14 (§ 12). 31 (§ 14); praestare *J.* 37; timere *C.* 58; ulcisci, so schwer als möglich *C.* 33; multo maxume, bei weitem am meisten *C.* 36; *J.* 6; quam maxume, so sehr als möglich *C.* 1. 41; *J.* 33.

Maxumus — **merces**

56. 101. — 2) hauptsächlich, vorzüglich: sperans *J.* 25; ac maxume *J.* 30. 31. 95; et maxume *J.* 66; cum … tum maxume, sowohl … als auch besonders *J.* 43. 104. — 3) am liebsten, wo möglich *J*. 14 (§ 3). 35. 46.

Maxŭmus, s. Fabius.

****mĕdĕor**, 2. „heilen", dah. abhelfen, steuern, mit *dat.*: invidiae fraternae, den auf seinem Bruder lastenden Haß beseitigen *J.* 39.

****Mēdi**, ōrum, die Bewohner des Nordweststrandes des Hochlandes von Jran *J.* 18.

mĕdĭŏcris, e, mittelmäßig, unbedeutend: castellum *J.* 92; viri, gewöhnlich *J.* 6; animus non mediocris, nicht gewöhnlich, hochstrebend *J.* 8; mediocria gerere, nichts von Bedeutung *J.* 89.

mĕdĭus, 3. in der Mitte befindlich, der mittlere: ex tribus *J.* 11; planities *J.* 48; castra, Mitte des Lagers *J.* 107; hostes medii, Centrum der Feinde *C.* 60; quos medios cohors disjecerat, („deren Centrum") *C.* 61; collis oritur ex eo medio, aus seiner Mitte *J.* 48; consul e factione media, recht mitten aus der Partei heraus d. i. recht eigentlich zu ihr gehörig *or. Lic.* 8; respublica media fuerat, war Gemeingut gewesen *J.* 41. — 2) *subst.* medium, i, die Mitte: in medio *J.* 45. 79; rem in medio relinquere, unentschieden lassen *C.* 19.

mĕdĭusfĭdĭus, s. Fidius.

mehercŭle, s. Hercules.

mĕlius, s. bene.

mĕmĭni, isse, sich erinnern, eingedenk sein, an etw. gedenken: postrema *C.* 51 (§ 15); mit *acc. c. inf.* *C.* 44. 58. 59; *J.* 55.

Memmĭus, i, T., Volkstribun 111 v. Chr., wurde i. J. 100 als Bewerber um das Konsulat vom Volkstribun Appulejus Saturninus getötet *J.* 27. 30. 31. 33.

mĕmor, ŏris, sich erinnernd, eingedenk: victoriae *C.* 16. 37; virtutis *C.* 28; *J.* 97; beneficii et injuriae *J.* 104; generis *C.* 60; nominis Romani *J.* 59; humanarum rerum *J.* 38.

mĕmŏrābĭlis, e, erwähnenswert, denkwürdig: facinus *C.* 4; *J.* 79 (*Jordan:* mirabile).

mĕmŏrĭa, ae, Andenken, Erinnerung mit *gen. object.* (an jmd. od. etwas): avi *J.* 24; nostri *C.* 1; sui *J.* 85 (§ 38); rerum gestarum *J.* 4; dignus memoria *C.* 4. — 2) die Zeit (als Gegenstand der Erinnerung): mea memoria, zur Zeit meines Gedenkens, zu meiner Zeit *C.* 53; memoria nostra *C.* 33. 51 (§ 32); usque ad nostram memoriam *C.* 114; post memoriam humani generis, seit Menschengedenken *or. Lep.* 6. — 3) Überlieferung: memoria rerum gestarum, Geschichtsschreibung *J.* 4.

mĕmŏro, 1. erwähnen, berichten, erzählen: alqm *C.* 20. 57; artes *C.* 5; facinus *J.* 33. 79; factum *J.* 85 (§ 21); Hercules conditor memoratur *J.* 89; de alquo *C.* 26. 52 (§ 13); *J.* 25; de virtute *C.* 3; de natura *J.* 28; mit *acc. c. inf. J.* 12. 86; incredibile memoratu est, es klingt unglaublich *C.* 6. 7; *J.* 40.

mens, tis, *f.* Gesinnung, Sinn: aliena *C.* 37; diversae mentes *J.* 31 (§ 24, s. in *B*, 8); mentem mutare *C.* 48; Meinung, Ansicht: alia *C.* 52 (§ 2). — 2) Gemüt. Seele: excita *C.* 15; formido mentibus decessit *J.* 41. — 3) Geist: divina *J.* 92; imminuta *J.* 65; alqd mente agitare, im Sinne tragen *C.* 20.

mensis, is, *m.* Monat: quintus *J.* 24; Januarius *J.* 37.

****mentĭor**, 4. lügen: tantam rem, eine so abscheuliche Lüge vorbringen *C.* 48.

****mercātor**, ōris, Kaufmann *J.* 44.

mercēs, cēdis, *f.* Belohnung, Preis für etw., Gewinn: pacis *ep. Mithr.* 8; scelerum *or. Lep.* 12; magna *C.* 21. 41; diurna, Taglohn *or. Phil.* 7; manuum, Handlohn *C.* 37; mercedem accipere *J.* 85 (§ 8); alqd mercedem dare, als Preis geben *or. Lep.* 2; mercede, um Lohn *or. Lic.* 5; *or. Lep.* 23;

sanguinis mercede, um ben Preis or. Lep. 25; alqm magna mercede parare, um bebeutenben Preis gewinnen J. 33.

mercor, 1. erhanbeln, kaufen: panem J. 44; alcui canes C. 14; alqd pretio or. Lep. 18.

mĕrĕo, rŭi, rĭtum u. **mĕrĕor,** ĭtus sum, 2. (ſich) etw. verbienen (im guten u. üblen Sinne), einen Anſpruch auf etw. erwerben: cum meruerit J. 104; uti meriti erant J. 103; laudare et increpare merentes, bie es verbienten J. 100. — 2) ſich verbient machen: laudare meritos in proeliis, bie ſich Verbienſte erworben hatten J. 54; optime merens (meritus), wohlverbient J. 62; ep. Pomp. 1.

*****mĕrīdĭēs,** ēi, m. (medius u. dies), „Mittag", bah. Mittagsgegenb, Sübgegenb J. 48.

mĕrĭto, adv. ſ. meritum.

mĕrĭtum, i, verbienter Lohn: merita invenire or. Phil. 16. — 2) bas Verbienſt: ex merito, nach Verbienſt (erg. petit aus bem folg. repetit) J. 85 (§ 37); merito, mit Recht, mit allem Grunb C. 51 (§ 25); J. 4.

*****Mĕsŏpŏtămĭa,** ae, Lanbſchaft Aſiens zwiſch. Euphrat u. Tigris: abl. Mesopotamia, von Mefopotamien aus ep. Mithr. 21.

met, verſtärkenbe Anhängeſilbe, ſ. ego, nos, meus u. suus.

Mĕtellus, i, Q. Caecilius Metellus Numidicus, übernahm 109 v. Chr. ben Krieg gegen Jugurtha, ben er mit Erfolg führte, bis er von ſeinem Legaten Marius verbrängt wurbe J. 43 ff. — 2) Q. Caecilius Metellus Pius (Sohn bes Vorigen), Konſul mit Sulla i. J. 80, führte mit Pompejus ben Krieg gegen Sertorius in Spanien ep. Pomp. 9. — 3) Q. Caecilius Metellus Creticus, Konſul i. J. 69 u. Unterwerfer ber Inſel Kreta C. 30. — 4) Caecilius Metellus Celer, verwaltete i. J. 62, ohne Konſul geweſen zu ſein, als Prokonſul bie Provinz Gallien u. gelangte i. J. 60 zum Konſulat C. 30. 42. 57.

*****mētĭor,** mensus sum, 4. „abmeſſen", übtr. nach etw. meſſen, beurteilen: pericula metu C. 31.

*****mētor,** 1. abmeſſen, abſtecken: castra J. 106.

mĕtŭo, ŭi, ūtum, 3. fürchten, beſürchten: invidiam or.Lic. 8; poenas (ab alquo) J. 76. 79; periculum ex alquo C. 52 (§ 16); ex invidia J. 40; nihil hostile J. 91; eadem J. 31 (§ 14); alqm J. 25. 72; mit folg. ne („baß") J. 61. 111; part. metuendus J. 20; or. Phil. 3.

mĕtus, ūs, Furcht, Beſorgnis: mortis J. 38; noxarum or. Phil. 11; parendi J. 35; hostilis, vor bem Feinbe J. 41. 105; quo metu = cujus rei metu, aus Furcht worüber J. 114; in tanto (maxumo) metu C. 52; J. 107; metus capit alqm J. 85 (§ 47); invadit alqm J. 13. 39. 106; metu percelli C. 6; J. 40. 58; metum facere or. Lep. 10; habere or. Lep. 10; in metu esse or. Phil. 13; metum demere or. Lic. 21; removere J. 87; alqm metu terrere C. 51 (§ 30).

mĕus, 3. mein: meamet facta J. 85 (§ 24); injuria mea, bas mir zugefügte Unrecht J. 14 (§ 8); gloriam meam facere, mir zulegen J. 85 (§ 34).

Micipsa, ae, Sohn bes Maſiniſſa, Vater bes Abherbal u. Hiempſal J. 5 ff. 14 (§ 1).

mīles, ĭtis, Solbat: gregarius J. 45; milites novi J. 87; Romani J. 38; Sullani C. 16; Jugurthini J. 21. 56; milites scribere J. 43. 84. 86; gemeiner Solbat C. 20.

mīlĭtāris, e, militäriſch, ſolbatiſch, kriegeriſch: dona J. 85 (§ 29); praecepta J. 85 (§ 12); arma C. 51 (§ 38). 56; gloria J. 7; equus, Kriegsroß C. 7; tribunatus, Kriegstribunat J. 63; tribunus J. 66; mos, Kriegsgebrauch J. 44; signa, Felbzeichen J. 44. 99; facinus, Waffenthat J. 49; res, Kriegsweſen C. 1; J. 5; aetas, bienſtfähig J. 85 (§ 47); subst. militaria, militäriſche Übungen J. 80. — 2) kriegserfahren: homo C. 45. 59.

mīlĭtĭa, ae, Kriegsdienst: instrumenta militiae *J*. 43; peritia (mos, scientia) militiae *J*. 46. 54. 53; militiae patiens *J*. 63; flagitium militiae, Kriegsverbrechen *J*. 54; domi militiaeque, s. domus; militiae cognitus, im Kriege (durch seine Kriegsdienste) bekannt geworden *J*. 84; militiam discere *C*. 7; cogere ad militiam *J*. 85 (§ 3).

mīlĭto, 1. Kriegsdienste thun *J*. 64; alqd militando discere, im Kriegsdienste, im Felde *J*. 85 (§ 13).

mille, tausend cum mille non amplius equitibus *J*. 105; *subst*. mille passuum *J*. 68; *plur*. milia, Tausende: viginti milia passuum *J*. 48; spatium milium quinquaginta (erg. passuum) *J*. 75; intervallum non amplius duum milium *J*. 91. 106.

***mīnae**, arum, Drohungen: graves *J*. 25.

mĭnĭme, s. minume.

mĭnister, tri, Gehilfe, Diener *J*. 12; consiliorum *J*. 29; quibus ministris, mit wessen Dienstleistung *J*. 33.

mĭnĭtor, 1. drohen, bedrohen: alcui *J*. 55; alcui gladio *C*. 49; *absol*. *J*. 49.

mĭnor, ōris, s. parvus.

mĭnor, 1. drohen: ferro *C*. 23; alcui alquid, androhen *J*. 94.

***Mĭnŭcĭus**, i, Q. Min. Rufus, Konsul 110 v. Chr. *J*. 35.

mĭnŭme (minime), *adv. (superl.* zu parum), am wenigsten: carus *J*. 100; cura minume capiunda *J*. 3; quem minume decuit *J*. 14 (§ 15. 22) — 2) bei Antworten, keineswegs, ganz und gar nicht *C*. 51 (§ 13. 43).

mĭnŭmus, a, um, s. parvus.

mĭnŭo, nŭi, nūtum, 3. mindern, vermindern: multitudinem („Volksmenge") *J*. 19; avaritia minuitur *C*. 11; furor *C*. 24; cupido *J*. 20.

mĭnus, *adv. (comp.* zu parum), weniger: bonus *C*. 2; bellicosus *J*. 18; valere *C*. 37; instare *J*. 51; nihil minus quam bellum exspectare *J*. 14 (§ 11); non (neque) minus, (und) ebenso wohl *J*. 98; *or*. *Cott*. 7; non minus quam, ebenso sehr als *J*. 10; quo (quanto) minus, je weniger *C*. 54; *J*. 107; eo minus, desto weniger *J*. 22; nihilo minus, nichts desto weniger *C*. 3. 16. 26. — 2) nicht: si minus *C*. 16.

mīrābĭlis, e, wunderbar: mirabilia portendere *J*. 63. — 2) bewundernswert, außerordentlich: facinus *J*. 79.

***mīrē**, *adv*. wunderbar *or*. *Lep*. 24.

mīror, 1. über etw. sich wundern, sich verwundern: quod *or*. *Lic*. 9; alqm *or*. *Lic*. 2; mirandum est mit *acc. c. inf. C*. 37; consilium, seine Verwunderung aussprechen über *J*. 64. — 2) anstaunen, bewundern: tabulas pictas *C*. 11.

***mīrus**, 3. wunderbar: neque mirum (est), und das ist kein Wunder *C*. 52 (§ 23).

miscĕo, miscŭi, mistum u. mixtum, 2. mischen, vermischen: taeda pice mixta, überzogen *J*. 57. — 2) übtr. vereinigen, verbinden, in Berührung bringen: mala cum bonis *ep*. *Mithr*. 2; florentes res cum perditis *J*. 83; se cum alquo *J*. 102; secum Gaetulos per conubia *J*. 18. — 3) prägn. in Verwirrung bringen, verwirren: omnia *C*. 2. 10; omnia strepitu et tumultu *J*. 12.

mĭser, ĕra, ĕrum, elend, unglücklich, bejammernswert: vita *C*. 20; anima *C*. 20; cives *C*. 33; eheu me miserum *J*. 14 (§ 9); viri miserrumi *J*. 68; quod mihi miserrumum est *J*. 14 (§ 4); *subst*. miseri, Bedrängte, Unglückliche *C*. 54; *J*. 24.

mĭsĕrābĭlis, e, beklagenswert, kläglich, traurig: cultus *J*. 33; facies *J*. 51; imperium *C*. 36; facinus *J*. 53.

***mĭsĕrātĭo**, ōnis, *f*. Mitleiden, Bedauern *or*. *Lep*. 5.

mĭsĕrĕor, sĕrĭtus sum, 2. Mitleid haben, jmds. sich erbarmen: alcjus *C*. 33. 40. 52 (§ 26); *J*. 14 (§ 17); fortunarum *J*. 83.

mĭsĕrĭa, ae, Elend, Unglück, Not: miseriae esse, zum Unglück gereichen *C.* 10; *plur. C.* 40. 51 (§ 20); *J.* 92; *or. Cott.* 1; miseriis copertus *J.* 14 (§ 11); ex miseriis requiescere *C.* 4; in miserias proici *J.* 14 (§ 21); eo miseriarum venire (f. eo 1, *b*) *J.* 14 (§ 3).

mĭsĕrĭcordĭa, ae, Barmherzigkeit, Mitleid: mansuetudo et misericordia *C.* 34. 52 (§ 11. 27). 54; misericordia impulsus *C.* 51 (§ 4); ab misericordia vacuus *C.* 51 (§ 1).

*****mĭsĕrĭcors**, cordis, barmherzig, mitleidig: in furibus *C.* 52 (§ 12, f. in B, 6).

mĭsĕror, 1. bedauern, bejammern, beklagen: liberos *C.* 33; casum *C.* 51 (§ 9); *J.* 23; fortunas suas *J.* 62; miseranda fortuna *J.* 14 (§ 7).

*****missĭo**, ōnis, *f.* „Loßlassung", insb. Dienstentlassung: missionem rogare *J.* 64.

*****missĭto**, 1. *(frequent. v.* mitto), wiederholt schicken: legatos *J.* 38.

Mĭthrĭdātēs, is, Mithridates V, König von Pontus, welcher mit seinem Schwiegersohne Tigranes, dem Könige von Armenien, die römischen Besitzungen in Asien bedrohte und von Pompejus 66 v. Chr. besiegt wurde *or. Phil.* 8; *or. Cott.* 7; *or. Lic.* 18; *ep. Mithr.* 1.

*****Mĭthrĭdātĭcus**, 3. mithridatisch: bellum *C.* 39.

mitto, mīsi, missum, 3. schicken, senden: legatos ad alqm (de alqua re) *C.* 33; *J.* 20. 22; (petitum) *J.* 80; (postulatum) *J.* 83; alqm ad bellum *C.* 39; *J.* 65; ad negotium *J.* 85 (§ 10); ad obtinendas Hispanias *C.* 18; alqm praesidio *J.* 106; singulos prae se *J.* 94; auxilia *J.* 7. 43; munera alcui *J.* 13; litteras ad alqm (alcui) *J.* 70; mit folg. *orat. obliq. C.* 34; *J.* 25; ohne Objekt: ad alqm *J.* 77; ad alqm oratum *J.* 24; ex praesentibus *J.* 93. — 2) werfen, schleudern: tela eminus *J.* 58; saxa *J.* 67 (f. pro 1); sudes in proxumos *J.* 57; vis aquae caelo mittitur, strömt herab *J.* 75.

mōbĭlis, e, „beweglich", übtr. unbeständig, veränderlich: genus *J.* 91; ingenium *J.* 46. 96; voluntates *J.* 113; res humanae *J.* 104.

mōbĭlĭtās, ātis, *f.* „Beweglichkeit", dah. Unbeständigkeit, Wankelmut: animi *C.* 49; ingeni *J.* 88 (erg. fecerit); tanta mobilitate se agere *J.* 56.

*****mŏdĕrātor**, ōris, Lenker, Regierer: gentium *or. Lep.* 11.

mŏdĕrātus, 3. gemäßigt, Maß haltend: animus *J.* 42; nihil pensi neque moderati habere (f. pensus) *C.* 12.

mŏdĕror, 1. „Maß setzen", dah. das rechte Maß halten, die rechte Mitte halten: inter ambitionem saevitiamque moderatum (eum esse) *J.* 45. — 2) übtr. *a)* jmdm. Schranken setzen, Mäßigung gebieten: linguam, die Zunge beherrschen *J.* 82; *absol.* quis moderabitur *C.* 51 (§ 36). — *b)* über jmd. ob. etw. walten, auf jmd. ob. etw. bedingenden Einfluß haben: mit *dat.:* fortunae lubido gentibus moderatur *C.* 51 (§ 25); in utroque magis studia partium quam bona aut mala sua moderata (sunt), bei beiden (bei der Beurteilung beider) war mehr die Parteileidenschaft maßgebend als ihre persönl. Vorzüge oder Mängel *J.* 73.

mŏdestē, *adv.* mit Mäßigung, anspruchslos *J.* 41; parere modestissume, sehr fügsam *J.* 7.

mŏdestĭa, ae, maßvolles Benehmen, Mäßigung, Selbstbeherrschung *C.* 51 (§ 16). 54; *J.* 85 (§ 26); modus et modestia, Maß u. Schranken (Ziel) *C.* 11. 38; *J.* 41. — 2) williger Gehorsam, Subordination: exercitus sine modestia habitus (f. habeo 2, *g*) *J.* 44. — 3) Scham u. Scheu, Ehrbarkeit *C.* 14.

mŏdestus, 3. „Maß haltend", dah. leidenschaftslos: imperium, mild

J. 92. — 2) sittsam, ehrbar: sermo C. 25; *subst.* modestus C. 54.

*mŏdĭcē, *adv.* mit Mäßigung, bescheiden: breviter et modice disserere J. 111.

mŏdĭcus, 3. „mäßig", dah. gemäßigt, bescheiden J. 63. 85 (§ 1).

*mŏdĭus, i, römisch. Scheffel (= 9 Liter) *or. Lic.* 19.

mŏdŏ, *adv.* „mit Maßen", dah. nur, bloß, allein: una res modo *or. Lic.* 12; una modo aqua J. 89; oppido modo potiri J. 76; gloriosa modo J. 88; modo eminus sauciabantur J. 50; id modo J. 70. 81; ea modo J. 11; ea modo aqua, schon allein dieses J. 75; biduum modo J. 69; tantum modo, nur so lange J. 53; paululum modo C. 52 (§ 18); J. 60; insb. *a)* si modo, wenn nur, wenn anders C. 40. 51 (§ 37). — *b)* im bedingenden Relativsatze mit Konjunkt., vorausgesetzt daß nur, wenn nur: quod modo usui foret C. 39; quod modo ambitiosum foret J. 64. — *c)* zur Verstärk. des Komparat., nur noch: impensius modo, nur noch eifriger, nun erst recht eifrig J. 47; nur noch stärker J. 75. — *d)* non modo... verum etiam, nicht (etwa) nur... sondern auch J. 89; non modo... sed („sondern vielmehr") C. 18. — 2) v. d. Zeit „eben erst", dah. modo... modo, bald... bald C. 15. 56; J. 23. 36. 45. 57. 60. 84. 93. 98. 113; modo... interdum J. 42. 55. 62. 94.

mŏdus, i, „Maß", womit man mißt, übtr. Maß, Schranke, modus et modestia C. 11. 38; J. 41; lubidini modum facere, Schranke setzen C. 24; modum statuere (s. arte) J. 45. — 2) Art, Weise: genus (vasa) cujusque modi C. 39; J. 75; oratio (verba) hujusce modi C. 20; J. 9. 30. 86. 102; alii ejus modi, dieses Schlages C. 51 (§ 32); cujuscumque modi sunt C. 52 (§ 5. 10); hoc modo, auf diese Weise C. 43; J. 13. 84; eo modo C. 6; J. 7. 52; eodem modo C. 55; quo modo (quomodo), auf welche Weise, wie C. 5. 23; J. 103; (mit Tmesis) *or. Lic.* 15; quoque modo = et quo modo C. 58; alio modo J. 49; omni modo J. 30; quovis modo J. 11. 35; quoquo modo C. 23; J. 60; quocumque modo J. 103; quonam modo C. 33; J. 101; multis modis, auf vielfache Weise C. 16; omnibus modis, auf jegliche Weise C. 13. 20. 26; quibus modis, durch welche Mittel C. 5; in urbium modum, nach Art d. i. in der Ausdehnung von Städten C. 12.

moenĭa, ĭum, Mauern (als Schutzwehr): munitus moenibus J. 61. 89; moenibus se tutari J. 94; intra moenia, innerhalb der Ringmauern C. 52 (§ 25. 35); cuncta moenia, die gesamte Umwallung J. 57. — 2) meton. Stadt: recipi moenibus J. 28; in una moenia convenire C. 6.

mōlĭor, 4. „Schweres in Bewegung setzen", übtr. etw. unternehmen, betreiben: multa simul C. 27. — 2) *reflex.* „sich in Bewegung setzen", dah. sich abmühen J. 11.

mollĭo, 4. „weich machen", bildl. *a)* verweichlichen: feroces animos C. 11. — *b)* besänftigen: animos J. 33.

mollis, e, „weich, geschmeidig", übtr. *a)* für jeden Eindruck empfänglich, bildsam: animus C. 14. — *b)* sanft einschmeichelnd: sermo C. 25.

mollĭter, *adv.* „weich", übtr. *a)* schwachherzig, energielos: nimis molliter, nicht männlich genug J. 82. — *b)* weichlich, üppig: vivere C. 17.

mollitĭa, ae u. mollĭtĭēs, ēi, „Weichheit", übtr. *a)* Mangel an Energie, Schwäche: viri J. 70; animi C. 52 (§ 28); decretorum, schwächliche Beschlüsse *or. Phil.* 3. — *b)* Weichlichkeit, Üppigkeit: per mollitiam agere („leben") J. 85 (§ 35).

mŏnĕo, nŭi, nĭtum, 2. auf etw. aufmerksam machen: pauca C. 58 (s. quo 3, *a*); id quod res monet, worauf die Umstände hinweisen J. 47; *absol.* J. 60. — 2) ermahnen, auffordern, zu etw. raten: alqm mit folg. ut C. 58; J. 8. 102 (s. cum *A*, 4). 106;

moneo hortorque *ep. Mithr.* 23; moneo obtestorque *J.* 10. 49. 62; moneo quaesoque *ep. Pomp.* 8; *or. Lic.* 13; mit folg. ne *J.* 30. 64. 70; moneo hortorque *J.* 31 (§ 25); tempus monet mit *inf. J.* 19; res monet cavere, die Sachlage erfordert *C.* 52 (§ 3); ut res atque tempus monebat *C.* 50.

*mŏnĭtor, ōris, Erinnerer an etw.: officii *J.* 85 (§ 10).

mons, tis, *m.* Berg: saxeus *J.* 92; extremum (summum) montis *J.* 37. 93; radices montium *C.* 57; montes subvortere *C.* 13; maria montesque polliceri (f. mare) *C.* 23.

*mŏnŭmentum, i (moneo), Denkmal *J.* 14 (§ 17, f. hostilis).

mŏra, ae, Verzug, Verzögerung, Aufschub: comitiorum *J.* 44; belli *J.* 29. 36; deditionis *J.* 29; sine mora *C.* 40. 45; *J.* 62. 65; inter eas moras *J.* 47. 74; inter moras senatus (Geschäftsverschleppungen) *J.* 30; moras agitare, länger zögern *J.* 81.

morbus, i, Krankheit: morbus alqm superat *J.* 17; morbo interire *J.* 106; absumi *J.* 5; confici *J.* 9; morbis confectus *J.* 65.

mŏrĭor, mortuus sum, moritūrus, 3. sterben *J.* 11. 14 (§ 1).

mŏror, 1. sich aufhalten, (sich) verzögern: amplius *J.* 25. 53; praeda *J.* 94; in itinere *J.* 101. — 2) verziehen, verweilen: in castris *J.* 54; in illo loco *J.* 76; in obsidio *ep. Mithr.* 14. — 3) *transit.* verzögern, aufhalten: iter *J.* 79; alqm *ep. Mithr.* 3.

mors, tis, *f.* Tod: mortis metus *J.* 38; miseriis remedium mortem exspectare *C.* 40; in miseriis mors aerumnarum requies est *C.* 51 (§ 20).

mortālis, e, sterblich, *subst.* Sterblicher, Mensch *J.* 72. 92; *plur. C.* 1. 6. 33; plerique mortales *C.* 51 (§ 15); omnes *J.* 28; cuncti *C.* 51 (§ 12); religiosissumi *C.* 12; multi mortales vestri ordines *J.* 31 (§ 7).

mōs, mōris, *m.* Sitte, Gewohnheit, Herkommen, Brauch: Graeciae *C.* 51 (§ 39); gentis *J.* 6; humani ingeni *J.* 93; militiae *J.* 54; militaris *J.* 44; regius *J.* 11; proelii, gebräuchliche Kampfesart *J.* 97; morem alcjus sequi *J.* 32; *ep. Mithr.* 15; vivere alio more, nach anderer Lebensgewohnheit *C.* 6; alcui mos est mit *inf. C.* 30; *J.* 80; contra morem majorum *C.* 11; more majorum, nach Herkommen, nach Brauch *C.* 33. 52 (§ 36); *J.* 33. 62; more regum, wie es bei Königen üblich ist *J.* 65; suo more, nach seiner gewohnten Weise *C.* 37. 48; *J.* 98; *plur.* Einrichtungen, herkömmliche Gebräuche *C.* 6; *J.* 18; audacia alcui inest moribus, durch Gewöhnung *C.* 58. — 2) *plur.* Sitten, Charakter, Wandel: alcjus *C.* 4. 51 (§ 16); civitatis *C.* 5; *J.* 42; inculti *J.* 85 (§ 39); mali *C.* 3; boni *C.* 9; homines malis moribus *C.* 37; viri divorsis moribus *C.* 53; mores ita se habent, so sind die Sitten *C.* 52; *J.* 54; his moribus *(abl. abs.)*, beim heutigen Zeitgeiste *J.* 4; quisque pro moribus nach seinem Charakter *J.* 58. — 3) Verfahren, Art u. Weise: bonus *J.* 42; alio more *J.* 54; more virorum („nach Art, wie") *C.* 58; pecorum *or. Lic.* 6; mos partium, das Treiben, Unwesen *J.* 41; suo (ipsi) more praecipites eunt, durch ihr eigenes Verfahren *J.* 31 (§ 6).

mōtus, ūs, „Bewegung", übtr. Volksbewegung, Unruhen *C.* 42; motus sedare *J.* 33.

mŏvĕo, mōvi, mōtum, 2. „hin u. her bewegen", übtr. *a)* geistig bewegen: eadem illa, dieselben Pläne hegen *C.* 31. — *b)* Eindruck machen auf jmd.: alqm *J.* 24; animum *or. Phil.* 14; gloria moveri, ergriffen werden *or. Lic.* 26 (qua, „vermöge deren"). — *c)* polit. in Aufruhr bringen, in Unruhe versetzen: omnia *J.* 35; quieta, die Ruhe stören *C.* 21; *pass.* in Aufregung geraten *J.* 41. — *c)* (Zustände) erregen: jocum, scherzhafte Einfälle auf die Bahn bringen *C.* 25; bellum, anstiften *C.* 30. — 2) fortbewegen: *pass.* sich fortbewegen: acies movetur

J. 53; castra movere, mit dem Lager aufbrechen, (mit dem Heere) vorrücken *C.* 56. 57; *J.* 45; alqm senatu, ausstoßen *C.* 23.

mox, *adv.* bald, alsbald, bald darauf *J.* 79. 87. 91. 93; *or. Lic.* 21.

mŭlĭĕbris, e, weiblich: muliebria pati, sich als Weiber gebrauchen lassen *C.* 13. — 2) übtr. weibisch: supplicia *C.* 52 (§ 29); ingenium *or. Lep.* 15.

mŭlĭer, ĕris, Weib: nobilis *C.* 23; mulier ancilla, weiblicher Dienstbote *J.* 12; *plur. C.* 13; *J.* 67.

multĭtūdo, ĭnis, *f.* große Anzahl, Menge: hostium *C.* 58; conjurationis *C.* 43; Volksmenge *J.* 18. 19; zahlreiches Heer *J.* 107; *ep. Mithr.* 15; *plur.* Volkshaufen *C.* 50.

multō, *adv.*; um vieles, weit: multo propius *or. Phil.* 10; spes multo asperior *C.* 20; multo plura bona *J.* 102; multo magis *J.* 54; multo praestat *J.* 31 (§ 28); illa multo optuma *J.* 85 (§ 33, f. bonus 4, *a*); multo pulcherrima respublica *C.* 52 (§ 19); multo maxume, bei weitem am meisten *C.* 36; *J.* 6; multo ante, lange vor *J.* 91.

multum, *adv.*, sehr: officere *C.* 27; urbes multum auctae *J.* 19; multum fatigatus *J.* 94; multum etiam periculosa, ja sogar sehr gefährliche Dinge *J.* 1. — 2) oft, viel *C.* 60; *J.* 108.

multus, 3. viel, zahlreich: aurum *J.* 13; multa et praeclara facinora *J.* 5; multa et varia ingenia (certamina) *C.* 51 (§ 35); *ep. Mithr.* 7; multae et magnae tempestates *C.* 20; multae bonaeque artes *J.* 28; multi vastique loci *J.* 78; laudantur multi, in großer Zahl *C.* 3; plurima et flagitiosissuma facinora *J.* 32; *neutr.* multa, vieles: multa agitare *C.* 27. 53; de pace disserere multis („ausführlich") *J.* 111; plura scribere *C.* 35; *J.* 24; plurimum pecoris *J.* 75; plurumum aquae *J.* 75. — 2) groß, bedeutend: labor *J.* 7. 76; pretium *J.* 85 (§ 39); oratio, viele Worte *J.* 25; *subst.* multum laboris (diei) *J.* 14 (§ 12). 51; plus timoris *C.* 42; *J.* 42; plus periculi

J. 31 (§ 1); plurumum audaciae *C.* 17. — 3) übtr. eifrig, unabläfsig: multus atque ferox instat *J.* 84; ad vigilias multus adest *J.* 96. — 4) *gen.* pluris als Wertbezeichnung, höher: pluris facere, höher achten *C.* 52 (§ 5); pluris esse, höher stehen, mehr gelten *J.* 85 (§ 2. 14).

Mulŭccha, ae, Grenzfluß zwischen Mauretanien u. Numidien, jetzt Muluvia *J.* 19. 92.

*****Mulvĭus**, 3. mulvisch: pons, die nördlichste Tiberbrücke Roms, über welche die flaminische Straße nach Etrurien führte, jetzt Ponte Molle *C.* 45.

mundĭtĭa, ae, „Sauberkeit", übtr. Eleganz, eitler Prunk: *plur. J.* 63. 85 (§ 40).

*****mūnĭa**, ĭum, Dienstpflichten, Dienste *or. Lic.* 19.

mūnĭcĭpĭum, i, Municipalstadt, die das römische Bürgerrecht mit Beibehaltung ihres alten Gemeinwesens und ihres früheren Lokalrechtes besaß *C.* 17. 30. 51 (§ 43). 52 (§ 14). 58.

mūnĭfĭcentĭa, ae, Mildthätigkeit, Freigebigkeit *C.* 54; in alqm *J.* 103. 110; animi, freigebiger Sinn *J.* 7.

*****mūnĭfĭcus**, 3. mildthätig, freigebig *J.* 103 (f. volo 2).

mūnīmentum, i, Befestigungswerk, Bollwerk, Verschanzung: castrorum *J.* 58; castra levi monumento, leicht befestigtes Lager *J.* 91. — 2) Schutzwehr, Schutz: regni *J.* 14 (§ 1); munimento esse, zum Schutz gereichen, zur Deckung dienen *J.* 47 (f. paro 2). 50. 97; alqd pro munimento habere, in etw. seine Sicherheit haben, wodurch geschützt sein *J.* 31 (§ 13).

mūnĭo, befestigen, verschanzen: castra *J.* 44; vallo atque fossa *J.* 45; loca (natura) munita *J.* 54. 58; oppidum et operibus et loco munitum *J.* 76; urbes loco et moenibus munitae *J.* 61. — 2) übtr. decken, schützen, schirmen: alqm *J.* 57; urbem vigiliis ab incendio *C.* 32; carcerem muniunt parietes *C.* 55; munitus asperitate loci *J.* 75. 89; armis adversum

114 munitio

tela hostium *J.* 105; impudentia contra jus et injurias *J.* 33; agmen munitum, gededt durch leichtbewaffnete und berittene Truppen *J.* 46; quae deliquisset munita fore sperabat, er hoffte bei etwaigen Vergehungen gededt zu sein *J.* 28.

mūnītĭo, ōnis, *f.* Befestigungs= werk, Verschanzung *J.* 23. 38.

mūnus, ĕris, *n.* „Leistung", dah. Ge= schenk (aus Gewogenheit): alcui munera mittere *J.* 13; alqm muneribus explere *J.* 13. 20; insb. Spende ans Volk *C.* 49 (f. publice).

*****Murēna**, ae, C. Licinius, Bruder des für das Jahr 62 designierten Kon= suls L. Licinius Murena u. Statthalter im diesseitigen Gallien *C.* 42.

*****murtētum**, i, Myrtengebüsch *J.* 48.

mūrus, i, Mauer (als Bauwerk): murum (scalis) aggredi *J.* 57. 59. 60; arietibus ferire *J.* 76; suffodere *J.* 57; ascendere *C.* 7. — 2) übtr. Schutz= mauer: audacia pro muro habetur (f. habeo 1, *a*) *C.* 58.

musso, āre, in den Bart murmeln *or. Phil.* 3; *or. Lic.* 8.

*****mūtātĭo**, ōnis, *f.* Veränderung: rerum, Staatsumwälzung *J.* 3.

*****Muthul**, Fluß in Numidien, Zufluß des Bagradas *J.* 48.

mūto, 1. ändern, verändern, umgestalten: nomina *or. Lic.* 13 (f. ad 4); ingenium *or. Cott.* 1; judicium animi *J.* 4; fidem („wortbrüchig werden") *J.* 56; mutatur facies locorum *J.* 78; mens *C.* 48; fortuna huic imperio *J.* 14 (§ 18); res humanae in advorsa mutantur, schlagen um *J.* 104. — 2) verändern, wechseln, vertauschen, austauschen: arma *J.* 94; intinera *J.* 74; locum *J.* 44; ducem *J.* 49; pacem atque bellum *J.* 88; res inter se, Tauschhandel trei= ben *J.* 18; praedam vino, gegen Wein vertauschen *J.* 44; bellum pace *C.* 58; vitam diurna mercede, für den Tag= lohn hingeben *or. Phil.* 7 (mutaverit, „wohl hingeben mochte"); cuncta praesenti ignavia, für augenblickliche Un= thätigkeit *or. Lic.* 26; eintauschen: id (hinweisend auf den Satz si quem... mittatis) *J.* 85; gaudium pro metu mutatur, tritt an die Stelle der Furcht *J.* 53; incerta pro certis *J.* 83; quae ... quia mortis metu mutabantur, weil man sie (die Bedingungen) gegen Todes= furcht eintauschte d. i. durch sie der Todes= furcht entledigt wurde *J.* 38 (*Dietsch*: quia mortis metum intuebantur, „weil des Todes Schrecken ihnen vor Augen schwebten").

mūtŭus, 3. geborgt, geliehen: aes *J.* 96; pecuniam mutuam sumere, auf Borg nehmen, aufborgen *C.* 24.

N.

Nabdalsa, ae, Feldherr des Jugurtha *J.* 70. 71.

nae, ƒ. 1. ne.

nam, *conj.* denn, nämlich (begrün= dend u. erklärend); elliptisch (in Bezug auf einen unterdrückten Gedanken): nam quid loquar *C.* 52 (§ 34); nam ne queat *C.* 58; nam silere melius puto *J.* 19; nam ego quidem vellem *J.* 24; nam in consule erant *J.* 28; nam piget dicere *J.* 31 (§ 2); nam praeceps datus est *J.* 63; nam ante acceperat *J.* 82; nam alia omnia vasta *J.* 88; nam tute scis *J.* 102.

namque, *conj.* (verstärktes nam), denn, nämlich *C.* 10. 15. 23. 26. 36. 38. 42. 48; *J.* 41. 45. 85. 92.

*****nanciscor**, nactus u. nanctus sum, 3. (durch Zufall, günstige Umstände) erlangen: summam potestatem *C.* 38.

narro, 1. kund thun, erzählen: (alcui) alqd *C.* 8. 23; de alqua re *J.* 17 (narraverim, „ich möchte be= richten können"); *absol. C.* 4.

nascor, nātus sum, 3. geboren werden; *part.* nātus, geboren: nobili genere *C.* 5; haud obscuro loco *C.* 23; in imperio *J.* 31 (f. imperium 2, *a*); insb. *a*) zu etw. geboren, (von Natur) zu etw. bestimmt: eo, dazu *J.* 24. — *b*) (fo u. fo) alt: annos natus viginti *J.* 64. — 2) entstehen, wachsen: quodcumque natum fuerat, jegliches Gewächs, welches dagewesen war *J.* 90.

Nāsīca, f. Scipio.

nātĭo, ōnis, *f.* Volksstamm, Volk (hinsichtl. der gemeinsamen Abstammung) *C.* 2; *J.* 14. 17; nationes et populi *C.* 10. 20; *ep. Mithr.* 5.

nātūra, ae, natürliche Beschaffenheit, Natur: corporis *J.* 2; loci *J.* 23. 49; sinus pari natura *J.* 78; omnis mons naturā praeceps *J.* 92; natura rerum, Zustand der Dinge *or. Phil.* 13; natura munitus *C.* 7; *J.* 54. 57. 87; mons ab natura vastus (f. a 6) *J.* 48; naturam vincere, das Unmögliche möglich machen *J.* 75. 76; insb. *a*) Natur, Naturell, Wesen, Charakter: alcjus *J.* 6. 7; serpentium *J.* 89; natura et mores *C.* 53.58; natura et habitus *J.*28; natura et cultus *J.* 95; natura bellicosus *C.* 40; ferox *C.*43; *J.* 11; die angeborenen Anlagen *C.* 2. — *b*) Natur, Gewohnheit: mihi bene facere in naturam vortit, ift mir zur Natur geworden *J.* 85 (§ 9). — *c*) natürliches Gefühl, natürlicher Trieb: jus bonumque natura valebat *C.* 9. — 2) Gesetz der Natur, natürliche Einrichtung: naturae concedere *J.* 14 (§ 15); contra naturam *C.* 2.

*****nātus**, ūs (nur im *abl.* gebräuchl.), Geburt, Alter: majores natu, bejahrtere Männer *J.* 25.

*****naufrăgĭum**, i (navis u. frango), Schiffbruch: *plur. ep. Mithr.* 14.

*****nāvē**, *adv.* emsig, eifrig *J.* 77.

nāvĭgo, 1. (navis u. ago), schiffen: classe *or. Cott.* 7; quae homines navigant *C.* 2 (f. aro).

nāvis, is, *f.* Schiff: navim ascendere *J.* 25; navibus in locum venire *J.* 78; navibus transvectus *J.* 18.

1. **nē**, *adv.* fürwahr, wahrlich: ne mansuetudo in miseriam convortet *C.* 52 (§ 27); ne poenas reddat *J.*14 (§ 21); reddat, „würde wohl" ...); ne illi falsi sunt *J.* 85 (§ 20).

2. **nĕ**, enklit. Fragewort: hucine beneficia evasere *J.* 14 (§ 9); potestne pax esse *J.* 31 (§ 24); estne reliqui aliud *or. Lep.* 15; potestne *J.* 31 (§ 24); tibine *or. Phil.* 15; nationesne an reges *J.* 14 (§ 17). — 2) in indirekter Frage, ob: placeretne *J.* 28; ne .: an, ob ... oder ob *C.* 1. 52 (§ 10); *J.* 30. 54. 70. 79. 85 (§ 16). 88. 93; *ep. Mithr.* 1; ne ... an ... aut *J.*67.

3. **nē**, nicht: *a*) in imperativ. Sätzen: ne cunctetur *C.* 44; ne festinaret *J.* 64; ne quid timeret *J.* 88; ne sanguinem nostrum largiantur, nur unser Blut follen fie nicht verfchenken *C.* 52 (§ 12). — *b*) = nedum: ne victoriae temperarent, geschweige daß fie fich hätten im Siege mäßigen können *C.*11. — *c*) ne ... quidem, nicht einmal, auch nicht *J.* 31 (§ 3). 51. 57. 91. — 2) zur Bezeichn. einer negativ. Absicht oder einer beabsichtigten negativ. Wirkung, damit nicht, daß nicht, mit Konjunktiv: ne quis diceret *J.*4; providere ne *C.* 51 (§ 7); cavere ne *J.* 62; hortari ne *J.* 31 (§ 25); orare ne *J.*107; insb. nach Verben der Verhinderung („daß" ob. durch Infinit.): impeditus ne *C.*30; prohibere ne *C.* 58. — 3) nach Ausdrücken der Furcht u. Besorgnis, daß (ob. „es möchte"): timere ne *C.*52 (§14); metuere ne *J.* 61. 111; vereri ne *J.* 14 (§ 20). 15. 35. 50. 52; anxius ne *J.* 6. 70.

nec, f. neque.

*****nĕcessārĭō**, *adv.* notgedrungen *J.* 21.

nĕcessārĭus, 3. notwendig, nötig: res *J.* 23; *subst.* necessaria, ōrum, die notwendigsten Bedürfnisse, die Notdurft *C.* 20; *J.* 73. — 2) (durch Freundschaft, Verwandtschaft) engverbunden, befreundet: *subst.* necessarii, Angehörige, Freunde *J.* 65. 103. 113; *neutr. plur.* necessaria, eng Verbundenes *J.* 14 (§ 16).

nĕcessĕ, *adv.* „was nicht anders sein kann", daß. necesse esse, unvermeidlich sein, notwendig sein, müssen *J.* 14 (§ 15); quas necesse est tutari (erg. me) *J.* 85 (§ 4); mit bloß. Konjunktiv: necesse est praecipites eant *J.* 31 (§ 6). 85 (§ 27). — 2) erforderlich sein: elegantius quam necesse est *C.* 25.

nĕcessĭtās, ātis, *f.* Notwendigkeit: extrema, der unvermeidliche Tod *or. Lep.* 15. — 2) Not, Bedrängnis *ep. Pomp.* 8.

nĕcessĭtūdo, ĭnis, *f.* Notwendigkeit: alcui necessitudinem imponere *C.* 33; demere, jmb. der Notwendigkeit entheben *J.* 102. — 2) Not, Bedrängnis *C.* 17. 58; rerum, Drang der Umstände *J.* 48; rei, Bedürfnis *J.* 19 (s. ad 4); circumventus omnibus necessitudinibus, von Not aller Art *C.* 21. — 3) enge Verbindung, Verwandtschaftsband *J.* 80.

nĕco, 1. umbringen, töten: alqm *C.* 15. 39; *J.* 31; ferro *J.* 42; alqm vivum aut necatum tradere *J.* 61.

*****nēcŭbi**, *conj.* (= ne alicubi), damit nicht irgendwo *J.* 55.

*****nēdum**, *conj.* geschweige denn daß, mit Konjunktiv *C.* 11.

nĕfandus, 3. (ne u. fari), „was man nicht aussprechen darf", daß. verrucht, schändlich *or. Lep.* 1; stuprum *C.* 15.

nĕfārĭus, 3. (nefas), gottlos, frevelhaft, verrucht: facinus *C.* 51 (§ 6); consilium *C.* 52 (§ 36).

*****nĕgĭto**, 1. (*v. intens.* v. nego), standhaft sich weigern *J.* 111.

*****neglĕgentĭa**, ae, Nachlässigkeit, Unachtsamkeit *C.* 52 (§ 9).

neglĕgo, exi, ectum, 3. vernachlässigen, nicht beachten, verachten: legem *C.* 51 (§ 24); sua *C.* 54; alqm *J.* 31; deos *C.* 10; veraltete Form, neglegeris *C.* 51 (§. 24); neglegisset *J.* 40.

nĕgo, 1. (ne u. ajo), „nein sagen", daß. sagen (versichern) daß nicht, mit *acc. c. inf. J.* 106; *or. Phil.* 14. — 2) abschlagen, verweigern: alcui alqd *J.* 64. 65.

nĕgōtĭātor, ōris, Großhändler *J.* 26. 47. 64. 65.

*****nĕgōtĭor**, 1. „Geschäfte im Großen treiben, insb. Geldgeschäfte treiben *C.* 40.

*****nĕgōtĭōsus**, 3. geschäftsthätig *C.* 8.

nĕgōtĭum, i (nec u. otium), „Unmuße", daß. Geschäft, Unternehmung, Auftrag: negotium imponere *J.* 85 (§ 28); exsequi *C.* 43; conficere *J.* 104; sustinere *J.* 85 (§ 3); dare, Auftrag geben *C.* 40; negoti gratia, Geschäfte halber *J.* 76; insb. *a)* schwieriges Unternehmen *or. Cott.* 1; *plur. C.* 53. — *b)* Staatsgeschäft, Staatsangelegenheit *J.* 11. 25. 105; negotia publica *J.* 64; Leptitanorum *J.* 79. — *c)* Unternehmung, Affaire, Kampf: facies negotii *J.* 51; quod negotium poscebat *J.* 56. — *d)* Darlehnsgeschäft, Geldgeschäft: amicorum *C.* 54; privatum *C.* 48; negotiorum curator *J.* 71. — 2) in abgeschwächter Bedeutung, *a)* Angelegenheit, Sache *C.* 6. 51 (§ 24); *J.* 4. 54. 72. 84; Zwecke *J.* 95; periculum atque negotia, gefährliche Angelegenheiten *C.* 2. — *b)* Lage, Verhältnisse *J.* 1. 107 (s. ut 1, *d*); atrox *C.* 29; asperum *J.* 98.

nēmo, ĭnis (ne u. homo), niemand, keiner; omnium *J.* 54; *adject.* nemo bonus *C.* 33; *or. Cott.* 10; nemo sapiens *C.* 11; novus nemo *J.* 63; nemo Numida *J.* 54.

nĕpōs, pōtis, Enkel *J.* 14 (§ 2). 35. 65.

nĕque u. **nĕc**, und nicht, auch nicht, und auch nicht: neque quisquam *C.* 51 (§ 2); neque quicquam *C.* 12; neque enim, denn nicht *or. Lic.* 25; non ... neque *C.* 33; *J.* 4. 6. 10; neque vero, aber nicht *C.* 4; neque tamen, jedoch nicht *C.* 19. 24; *J.* 98;

beim imperativ. Konjunktiv, wenn der vorhergehende Imperativsatz positiv ist = neve *J.* 85 (§ 47); insb. *a)* jedoch nicht, aber nicht: luxuriae *C.* 24; neque quietus erat *C.* 26; neque res terret *J.* 57; neque ego vos hortor *J.* 31 (§ 27); neque ipse habetur *J.* 2; neque abnuere audebat *J.* 84; neque eo magis *J.* 20; neque idcirco minus *J.* 46. — *b)* und zwar nicht: neque minus hostibus conturbatis *J.* 98 (s. conturbo). — *c)* denn nicht *or. Lep.* 24; neque cuiquam injuriae parvae videntur *C.* 51 (§ 11); neque poterant *J.* 85 (§ 38); neque hominem nobilem relictum iri *J.* 112. — 2) neque ... neque, weder ... noch *C.* 14. 20; *J.* 1. 2. 99; sowenig ... als: neque copia neque inopia minuitur *C.* 11; neque vigiliis neque quietibus sedari poterat *C.* 15; neque nobis neque cuiquam omnium satis fuit *J.* 102; zugleich anknüpfend, und weder ... noch *C.* 2. 11. 33. 58; *J.* 24. 61; neque ... et, teils nicht ... teils, einerseits nicht ... andrerseits, keineswegs ... und vielmehr *C.* 32; *J.* 1. 20. 31 (§ 16). 49. 69. 71. 74. 84. 85 (§ 6). 86. 95. 107; *or. Lic.* 19; *ep. Mithr.* 2; denn einerseits nicht ... andrerseits *J.* 95.

nĕquĕo, ivi, itum, ire, nicht können, nicht imstande sein: mit *inf.* *C.* 18. 19. 20. 34; *J.* 4. 14 (§ 11). 15. 54. 86; nequibat *C.* 59; *J.* 56; nequitur *J.* 31 (§ 8).

nēquīquam, *adv.* vergeblich, umsonst *C.* 20. 52 (§ 29). 58; *J.* 62 *or. Cott.* 14.

*Nēro, ōnis, Tiberius Claudius, durch seinen gleichnamigen Sohn, den ersten Gemahl der Livia Drusilla, welche Augustus heiratete, Großvater des Kaisers Tiberius *C.* 50.

*nē-scĭo, 4. nicht wissen: nescio quae torpedo, eine unbegreifliche Stumpfheit *or. Lic.* 26.

neu, s. neve.

*neuter, tra, trum, *gen.* neutrius keiner von beiden: exercitus *ep. Pomp.* 7.

nēve ob. neu, und nicht, oder nicht, nach vorhergeh. ut *C.* 34; *J.* 8. 10. 102; *ep. Mithr.* 23; nach ne *C.* 51 (§ 43). 58; *J.* 15. 51 64; *or. Phil.* 9; nach utinam *J.* 14 (§ 24); nach Konjunkt. der Aufforderung *C.* 33; *J.* 83; *or. Phil.* 16; neu ... neve, und weder ... noch *C.* 51 (§ 43). — 2) in zusammenges. Sätzen, noch, oder *J.* 14 (§ 18). 45. 58.

nex, nĕcis, *f.* gewaltsamer Tod, Ermordung *J.* 14 (§ 21). 61; potestas vitae necisque, über Leben und Tod *J.* 14 (§ 23); necis et vitae licentia *or. Lep.* 13.

nī, *conj.* wenn nicht, wofern nicht, mit Konjunkt. *C.* 7. 20. 23; *J.* 21. 25. 27. 31 (§ 1. 21). 33. 53. 56. 59. 77; quodni, s. quod.

Nicŏmēdēs, is, Nicomedes III, von Rom abhängiger Lehnsfürst von Bithynien, dessen Vertreibung durch Mithridates den ersten mithridatischen Krieg veranlaßte *ep. Mithr.* 9.

nĭhil, *indecl. n.* nichts: nihil hostile metuere *J.* 91; nihil amplius scire *C.* 47; nihil minus quam vim exspectare *J.* 14 (§ 11); nihil auxilii est, es findet sich keine Hülfe *C.* 40; nihil causae habere *J.* 14 (§ 7); nihil languidi pati, keine Lässigkeit gestatten *J.* 53. — 2) *adv.* in keiner Weise, durchaus nicht: officere *J.* 85; remittere *J.* 98; nihil vi opus est *J.* 31 (§ 6); nihil sane intentus, auf gar nichts gefaßt *C.* 16; injuriae nihil ad vos (*sc.* attinent), berühren euch nicht *J.* 24.

nĭhĭlō, s. nihilum.

nĭhĭlum, i, nichts: pro nihilo habere, für nichts erachten *J.* 31 (§ 25); nihilo als *abl. mensurae* beim Komparat. um nichts: nihilo segnius *J.* 75; nihilo minus, nichts desto weniger *C.* 3. 16. 26; *or. Phil.* 19.

nĭmĭs, *adv.* allzusehr, allzu: altus *C.* 5; gravis *C.* 51 (§ 23); liberaliter *C.* 11; molliter *J.* 82; gaudere *J.* 64; favere *C.* 48.

*nĭmĭus, 3. übermäßig, zu groß: opes *or. Cott.* 7.

nĭsi, *conj.* wenn nicht, wofern nicht *C.* 20. 48. 52; *J.* 31 (§ 26); nisi quia, es geschähe denn darum, weil *or. Lic.* 6; nisi forte, s. fors. — 2) in Verbindung mit Negation, außer: nemo ... nisi *C.* 13. 33. 58; nihil ... nisi *J.* 85 (§ 33); nisi ... non *J.* 54; neque ... nisi *J.* 3. 13. 61; ne ... nisi *J.* 14 (§ 18); nach Fragsätzen *J.* 24. 31 (§ 26). 85 (§ 16). — 2) ausgenommen: nisi novissumi *J.* 71; nisi frumento *J.* 75; nisi cum *J.* 44; nisi qui, ausgenommen die, welche *J.* 17; nisi quod, ausgenommen (außer) daß, nur daß *J.* 89. 95. — 3) elliptisch nisi ob. nisi tamen, indessen doch: nisi tamen intellego (= nisi tamen hoc addo, me intelligere) *J.* 24; vergl. nisi tamen res publica gesta (est) *J.* 100; nisi videtur *J.* 67.

nīsus, ūs, „das Anstemmen", insb. das Aufsteigen, Hinaufklimmen: per saxa *J.* 94; dubia nisu *(Jordan:* nisui) *J.* 94.

nītor, nīsus u. nixus sum, 3. sich auf etw. stemmen, mit *abl.:* ramis *J.* 93; prägn. *a)* sich zu einer Bewegung „aufstemmen", dah. sich angestrengt bewegen: corporibus, sich mit den Körpern zerarbeiten *J.* 60. — *b)* sich aufzurichten suchen, sich aufraffen *J.* 101. — 2) übtr. sich eifrig bemühen, sich anstrengen, alle Kräfte aufbieten: pro libertate *J.* 31 (§ 17); pro sua magnitudine *C.* 38; pro alieno scelere *J.* 15; contra verum, ankämpfen *J.* 35; ad alqd, angestrengt ringen nach *J.* 4. 55; mit ut *J.* 9; mit ne *C.* 1; *J.* 13. 14 (§ 20); mit *inf. J.* 25. 37; *absol.* frustra *J.* 3; acerrume *J.* 60 (s. 2. eo); ille vera via nititur, arbeitet darauf hin *C.* 11.

Nobĭlĭor, s. Fulvius.

nōbĭlis, e, „kennbar", prägn. adelig, vornehm, von edler Herkunft: adulescens *C.* 18; mulier *C.* 23; nobili genere natus *C.* 5; nobilissumi cives *C.* 52 (§ 24); *subst.* nobilis gentis patriciae *J.* 95; *plur. C.*

17; *J.* 8. 25; pauci *J.* 31 (§ 9); nobiles atque ignobiles *C.* 20.

nōbĭlĭtās, ātis, *f.* Ruhm, Berühmtheit *C.* 7. — 2) Adel, vornehme Geburt: vetus *J.* 85 (§ 4); nova *J.* 85 (§ 25); meton. der Adel, die Adeligen *C.* 43; *J.* 4. 13. 16. 27. 85 (§ 5); *or. Lic.* 3; pleraque *C.* 23. 38; omnis *or. Phil.* 21.

*nŏcens, tis, „schädlich", dah. einer Übelthat schuldig, schuldbeladen: homines nocentissumi *J.* 31 (§ 12).

noctu, *adv.* bei Nacht, zur Nachtzeit *J.* 12. 23. 56. 72; diu noctuque *J.* 38. 44. 70 *(Jordan:* die noctuque).

nocturnus, 3. nächtlich, bei Nacht: iter *J.* 54. 106; consilium *C.* 42.

nōlo, nōlui, nolle, nicht wollen: idem *C.* 20; mit *inf. J.* 85 (§ 3); noli mit *inf.* nachdrucksvoll bei Verboten *C.* 52 (§ 19); *J.* 14 (§ 6. 25).

*Nŏmădes, um (*sing.* Nomas), die Nomaden: *acc.* Nomadas *J.* 18.

nōmen, ĭnis, *n.* Name: regium *C.* 6; imperii, Feldherrntitel *ep. Pomp.* 4; quibus nomen Philaenis erat *J.* 79; alcui nomen indere *J.* 78; *or. Lep.* 24; labori nomen inertiae imponere *J.* 4; nomine, mit Namen, namens *J.* 35. 47. 48. 56. 65; meton. v. Völkern: nomen Romanum, eigentl. „alles was Römer heißt", dah. das Römertum, die Römer *C.* 52 (§ 24); *J.* 5 (s. post 2, *b*); Latinum, die Latiner *J.* 39. 40. 42. 43; insb. *a)* berühmter Name, Ruhm, Ansehn: familiae *J.* 10; majorum *or. Lep.* 26; homines maxumi nominis *or. Lep.* 2; digna nomine (*sc.* vostro) *or. Phil.* 50; nomen gloriamque sibi addere *J.* 18. — *b)* Veranlassung: nomine Catilinae, von seiten Catilinas *C.* 34. — *c)* Grund, Vorwand: hoc nomine, aus diesem Grunde *C.* 35; certare honestis nominibus, unter ehrenhaften Vorwänden *C.* 38; per nomen militare, unter dem Vorwande des Kriegszustandes *or. Lic.* 6. — *d)* Schuldverschreibung: aes alienum meis (alienis) nominibus, auf meinen (auf fremden) Namen lautend C. 35 (f. persolvo).

nōmĭno, 1. benamen, benennen: Syrtes ab tractu nominatae J. 78. — 2) nennen, namentlich angeben: alqm C. 21. 40. 48. 49. 59; mansuetudinem C. 52 (§ 11).

non, adv. nicht: non est consilium C. 4. 53; J. 85 (§ 8); non ita est C. 51 (§ 11). 85 (§ 42); non ignarus C. 17; non mediocris J. 8. — 2) in der Frage = nonne: non summa spe nitemini J. 31.

Nōnae, arum, die Nonen d. i. im März, Mai, Juli, Oktober der siebente, in den übrigen Monaten der fünfte Tag: Februariae C. 18; Decembres C. 18.

nondum, adv. noch nicht C. 18; nondum etiam (= ne nunc quidem), noch immer nicht J. 31 (§ 20).

*****nonnĕ**, adv. interrog. nicht? C. 20; nonne nitemini J. 31 (§ 17).

nonnulli, ae, a, einige, etliche: equites C. 49; nonnulli ex Sullanis coloniis C. 28.

nosco, nōvi, nōtum, 3. kennen lernen, perf. kennen: alqm C. 40; J. 110; facta alcjus C. 51 (§ 12). 59.

nōsmet, f. ego.

noster, tra, trum, unſer: mare J. 17. 18; injuriae nostrae („gegen uns, uns angethan") J. 24; subst. nostri, die Unſrigen J. 7. 38. 50.

nōtus, 3. bekannt: alcui C. 40. 45; factis notus J. 63 *(Jordan:* facile notus).

*****November**, bris, bre, zum November gehörig: Kalendae C. 30.

nŏvissŭmē (novissime), adv. (superl. v. nove), neuerdings, jüngst C. 33; J. 10. — 2) zuletzt J. 19.

nŏvĭtas, atis, f. „Neuheit", insb. Neuheit der Familie, Emporkömmlingsschaft J. 85 (§ 14). — 2) die Ungewöhnlichkeit einer Sache, das Ungewöhnliche: periculi C. 4.

nŏvo, 1. „neu machen", im polit. Sinne, das Bestehende verändern, umstürzen, Unruhen erregen: ne quid novaretur, damit nicht ein Aufstandsversuch gemacht werde C. 55; spes novandi, Hoffnung auf Umsturz C. 39.

nŏvus (novos J. 82), 3. neu: consilium J. 70; nobilitas J. 85 (§ 25); amicus J. 13; imperator J. 44; tabulae C. 21; milites J. 87; *ep. Pomp.* 5; novi veteresque, Rekruten u. gediente Soldaten J. 97; res novae, Staatsumwälzungen, Aufruhr C. 27. 37. 39. 48. 57; J. 19. 46. 66. 70. 77; in nova deditione, wenn die Unterwerfung noch neu ist, nach eben stattgefundener Unterwerfung J. 75; homo novus ob. *subst.* novus, Mann ohne Ahnen, Emporkömmling d. i. derjenige, welcher aus einer Familie zuerst zu einem curulischen Amte (Ädilität, Prätur, Konsulat) gelangt ist C. 23; J. 4. 73. 85 (§ 13); *(subst.) J. 8. 63; subst. neutr.* nova, Neues: exoptare C. 37; nova diruere („neue Bauten") C. 20. —2) außergewöhnlich, auffallend: bellum C. 54; consilium C. 35. 51 (§ 8); exemplum C. 51 (§ 27); genus poenae C. 51 (§ 18). — 3) *superl.* novissumus, in d. Reihenfolge der letzte: consilium J. 71.

nox, ctis, f. Nacht: intempesta C. 27; J. 38; obscura J. 53; nox instat C. 55; plerumque noctis processit J. 21. 109; dies noctesque C. 27; J. 23. 94.

noxa, ae, Schaden: noxae esse, zum Schaden gereichen *or. Phil.* 1. — 2) meton. Strafe *or. Phil.* 11.

noxĭus, 3. „schädlich", dah. schuldig, sträflich: nobilitas J. 42; *subst.* noxii J. 31 (§ 26); *or. Lic.* 3.

*****nūbes**, is, f. Wolke J. 38.

nūbo, nupsi, nuptum, 3. „sich verhüllen", dah. v. Frauenzimmern, heirathen (insofern die Braut dem Bräutigam verhüllt übergeben wurde): alcui C. 15; J. 80.

*****Nūcĕrīnus**, 3. aus Nuceria in Campanien, nucerinisch C. 21.

*****nūdo**, 1. „entblößen", übtr. berauben: alqm praesidiis, seiner Stützpunkte J. 88 (nudatum, erg. fore).

nūdus, 3. bloß, unbedeckt: caput J. 94. — 2) ungedeckt, ungeschützt: corpus J. 107 (s. caecus). — 3) entblößt, beraubt, mit *gen.:* loca nuda gignentium J. 79.

nullus, 3. kein: homo nullius stipendii J. 85 (§ 10); nox est nullo impedimento (*abl. qualit.*) J. 97; nullo ordine commutato, ohne die Stellung der Züge zu ändern J. 101; *subst.* nullius indigere J. 110; nullo subveniente J. 99; quasi nullo imposito J. 100; non nulli s. nonnulli. — 2) als nachdrückliche Verneinung für non: quies et otium nulla sunt, ist gar nicht vorhanden *or. Lep.* 9; quae nobis nulla sunt, was uns aber abgeht *C.* 52 (§ 21); quippe quae nulla sunt (erg. ei), weil er eben kein Eigentum hat J. 86.

num, Fragepartikel, „wohl?", in indirekt. Frage, ob nun, ob wohl J. 85 (§ 28); *or. Lic.* 8.

Nŭmantĭa, ae, Stadt im tarraconensischen Hispanien am oberen Duero, wurde als Hauptsitz des Krieges, welchen keltiberische Volksstämme unter Viriatus gegen die Römer führten, nach 15monatlicher Belagerung 133 v. Chr. vom jüngeren Scipio Africanus zerstört J. 8. 10. 15. 20. 101.

Nŭmantīnus, 3. numantinisch: bellum J. 7. 9; *subst.* Numantini J. 7.

*nŭměro, 1. „zählen", übtr. unter etw. rechnen: facta in gloria, das Verübte sich zum Ruhme rechnen *or. Lep.* 19.

nŭměrus, i, Zahl, Anzahl: militum *C.* 56 (s. pro 2, *d*); exercitus numero hominum amplior J. 54; numero priores (plures) J. 50. 97; ex eo numero (= ex numero eorum) *C.* 42; J. 18. 35. 38; ex suo numero (= ex numero suorum) *C.* 33; in proscriptorum numero esse, zur Zahl der Geächteten gehören *C.* 51 (§ 33); *abl.* numero als pleonastischer Zusatz bei Zahlbestimmungen: „an Zahl, im Ganzen" J. 53. 93; saepe numero, s. saepenumero.

Nŭmĭda, ae, „Nomade", prägn. Numidier J. 12; nemo Numida J. 54; *plur.* J. 18. 21. 68. 89.

Nŭmĭdĭa, ae, Landschaft Nordafrikas zwischen Mauretanien u. dem Gebiete von Karthago, das heutige Algerien J. 8. 13. 14 (§ 1). 16. 85 (§ 45). 97.

***Nŭmĭdĭcus**, 3. numidisch: scutum J. 94.

numquam, *adv.* niemals *C.* 8. 19; et numquam putaveris = neve umquam putaveris J. 110.

nunc, *adv.* jetzt J. 10. 24; (in *orat. obliq.*) J. 109. 111; ne nunc quidem J. 31 (§ 3); nunc vero *C.* 52 (§ 10). 58; etiam nunc, auch jetzt noch *C.* 52 (§ 25); J. 31 (§ 3). — 2) gegensätzlich, nun aber, so aber J. 14 (§ 17. 24). 85 (§ 13); *or. Lic.* 2. 13.

nuntĭo, 1. melden, anzeigen, hinterbringen: (alcui) alqd *C.* 29. 30; rem difficilem, als schwierig J. 105; pax alcui nuntiatur J. 48; mit *acc. c. inf.* J. 106. 108. 112; verbis alcjus, im Namen jmds. J. 21. 25; mit folg. ne *C.* 48; nuntiatum est mit *acc. c. inf.* C. 35; J. 113. 114; *absol.* alcui, Bescheid erteilen J. 28.

nuntĭus, i, Bote J. 101; per nuntios *C.* 46. 50; ad alqm nuntios mittere J. 83 (s. contra); mit *acc. c. inf.* J. 88; mit folg. Konjunkt. J. 97. — 2) Nachricht, Anzeige: nuntium accipere J. 28; nuntius pervenit in castra *C.* 57.

***nuptĭae**, ārum, Hochzeit, Heirat *C.* 15.

***nūtus**, ūs, Wink: nutu deorum J. 92.

***Nȳsa**, ae, Gemahlin des Königs Nikomedes III. v. Bithynien *ep. Mithr.* 9.

O.

*o, *interject.* o! o urbem venalem *J.* 35; o grati patres *ep. Pomp.* 6.

ob, *praep.* mit *acc.* nach (einer Richtung) hin: ob rem, eigentl. „einer Wirklichkeit gegenüber" d. i. mit Erfolg *J.* 31 (§ 5). — 2) z. Bezeichn. der Ursache u. des Zweckes, wegen, um... willen: carus ob merita *J.* 9; ob morbos parum validus *J.* 65; ob suos tutandos *J.* 89; ob regnum tutandum *J.* 102; ob eam causam *J.* 65; quam ob rem, deswegen, deshalb *C.* 35; *J.* 42. 85. 112; ob ea, deshalb *J.* 39. 98; ob-id *or. Phil.* 18.

ŏbēdĭens, tis, s. oboediens.

obf..., s. off...

ŏbĭcĭo, jēci, jectum, 3. (jacio) vorwerfen: alqm bestiis *J.* 14 (§ 15). — 2) übtr. vorrücken, vorwerfen: alcui probra *J.* 85 (§ 14).

objecto, 1. (*v.intens.*v. obicio), „entgegenwerfen", übtr. *a)* aussetzen, preisgeben: alqm periculis *J.* 7. — *b)* vorrücken, vorwerfen: alcui probra *J.* 85 (§ 14); vecordiam *J.* 94; possessiones *or. Lep.* 18.

*ob-lĭno, lēvi, lĭtum, 3. beschmieren: gladium sangine oblitum, befleckt *J.* 101.

oblīvīscor, litus sum, 3. vergessen, mit *gen.*: sceleris *C.* 51 (§ 15); *or. Phil.* 19.

*oblongus, 3. länglich: aedificium *J.* 18.

obnoxĭus, 3. einer strafbaren Schuld verfallen: delicto *C.* 52 (§ 21). — 2) unterthan, willfährig, von jmd. abhängig: alcui *C.* 14. 20. 23; *absol. ep.Mithr.* 13; ex negotiis, verpflichtet *C.* 48. — 3) „preisgegeben", *absol.* in gedrückter Lage *ep. Mithr.* 4; obnoxiis inimicis *(abl. abs.) J.* 31 (§ 3).

ŏboedĭens, tis (audio), gehorsam, willfährig: alcui *J.* 31 (§ 26); jussis *J.* 31 (§ 19); ventri, fröhnend *C.*1; omnia oboedientia sunt, ist unterthänig *J.* 14 (§ 19).

obp..., s. opp...

*ob-rŭo, rŭi, rŭtum, 3. „überschütten", daß. begraben: alqm vivum *J.* 79.

obscūro, 1. verdunkeln: caelum nocte obscuratum *J.* 38; obscurati, unkenntlich gemacht *J.* 49. — 2) bildl. verdunkeln, in Schatten stellen: fortuna res obscurat *C.* 8.

obscūrus, 3. dunkel: nox *J.* 93; obscuro etiamtum lumine, als noch Zwielicht herrschte *J.* 21. — 2) übtr. unbekannt, unberühmt: haud obscuro loco natus. von nicht dunkler Herkunft *C.* 23; in obscuro vitam habere, im Dunkel der Niedrigkeit leben *C.* 51 (§ 12).

obsĕcro, 1. (sacro), inständig bitten, (bei allem was heilig ist) beschwören: alqm per amicitiam *J.*58; orare atque obsecrare mit folg. ut *or. Phil.* 9; ab aliquo obsecratus *J.* 25.

ob-servo, 1. im Auge behalten: signa, sich zu den Fahnen halten *J.* 51; insb. *a)* mit Aufmerksamkeit behandeln: alqm *J.* 10. — *b)* etw. beobachten, beachten: imperium („Kommando") *J.* 80.

*obsĕs, ĭdis, Geisel: alqm alcui obsidem dedere *J.* 54.

obsĭdĕo, sēdi, sessum, 2. (sedeo), „vor etw. sitzen", daß. einschließen, belagern: turrim *J.* 103; oppidum *J.* 37; alqm armis obsessum tenere, belagert halten *J.* 24; alqm clausum obsidere, in enger Belagerung einschließen *J.* 24. — 2) besetzen: Asiam *ep. Mithr.* 8.

*obsĭdĭum, i, Belagerung, Blokade: in obsidio morari *ep.Mithr.*14.

ob-sīdo, sēdi, sessum, 3. besetzen, umstellen: pontem *C.* 45; januam *C.* 43; portas *J.* 91; loca armatis hominibus *C.* 27.

*ob-sisto, stĭti, stĭtum, 3. „vor etw. hintreten", daß. feindl. sich entgegenstellen, *perf.* entgegenstehen *J.* 98.

*obstĭnātus, 3. beharrlich, hartnäckig: animus C. 36.

ob-sto, stĭti, statūrus, 1. hinderl. entgegenstehen: exercitus ab urbe obstat C. 58; vita sceleri obstat, steht mildernd entgegen C. 52 (§ 32); mit folg. quin ep. Mithr. 17; superbia obstat quominus, steht im Wege C. 51 (§ 37).

*ob-strēpo, pŭi, pītum, 3. „Geräusch machen", dah. gegen etw. Lärm erheben C. 31.

*obtentus, ūs, Verhüllung: bildl. obtentui esse, zum Deckmantel dienen or. Lep. 24.

ob-testor, 1. zum Zeugen anrufen: Jovem J. 107. — 2) (unter Anrufung der Götter) beschwören, inständig bitten: alqm mit folg. ut J. 10. 49. 62; mit folg. Konjunktiv C. 33; per amicitiam J. 71; alqm multa de salute sua, dringend um sein Leben bitten C. 45.

obtĭnĕo, tĭnŭi, tentum, 2. (teneo), in Besitz nehmen, besitzen, inne haben: regnum J. 5. 16; Hispanias C. 18; übtr. ea fama, quae plerosque obtinet, von der die meisten eingenommen sind, die herrschende Sage J. 17. — 2) (in Besitz Genommenes) behaupten: statum dignitatis C. 35; *reflex.* sich behaupten, sich geltend machen: nulla pro socia obtinet, behauptet die Stellung einer Lebensgefährtin J. 80.

ob-trunco, 1. „stutzen, köpfen", dah. verstümmeln: alqm J. 97. — 2) in Stücke hauen, niederhauen: alqm J. 35. 66. 67. 101. 113.

*ob-vĕnĭo, vēni, ventum, 4. „begegnen", übtr. zu Teil werden, zufallen: alcui Italia obvenit J. 27.

obvĭam, *adv.* entgegen: procedere J. 53; mitti alcui J. 106; ire hostibus C. 6; J. 97; obviam ire, entgegentreten, sich widersetzen: periculis J. 7; potentiae factionis J. 31 (§ 4); superbiae J. 5; actionibus J. 42; sceleri J. 22; injuriae J. 14 (§ 25); *absol. or. Lep.* 7.

obvĭus, 3. begegnend, entgegen: obvium esse (alcui), in den Weg treten, begegnen J. 26. 50. 79; obvium procedere, entgegenkommen, entgegenrücken J. 21. 46. 69. 113.

occāsĭo, ōnis, *f.* günstiger Zeitpunkt, Gelegenheit: pugnandi C. 56; per occasionem, bei dargebotener Gelegenheit C. 51 (§ 6).

occāsus, ūs, Untergang: solis C. 36; cum occasu solis J. 68. 91.

occīdens, tis, *m.* Abendgegend, Westen J. 17; *ep. Mithr.* 17.

occīdo, cĭdi, cīsum, 3. (caedo), niederhauen, töten: alqm C. 19; J. 24. 31 (§ 7). 58. 62; insomniis *ep. Mithr.* 7.

occĭdo, cĭdi, cāsum, 3. (cado), „niederfallen", prägn. zu Grunde gehen, sein Ende erreichen, sterben J. 7. 8; *ep. Mithr.* 21; in proelio, fallen C. 61; omnia orta occidunt J. 2; una occidundum nobis est J. 14 (§ 18).

occultē, *adv.* im geheimen, heimlich C. 26. 45. 52 (§ 35). 57; J. 35 (f. maxume 3). 40. 109; occultius, mehr im Geheimen C. 17; quam occultissume potest J. 91.

occulto, 1. (*v.intens.* v.occŭlo), versteckt halten, verbergen: signa J. 68; se tugurio J. 12; occultatius humilitate arborum J. 49. — 2) übtr. verborgen halten, verheimlichen: inceptum J. 90; vitia sua J. 15; scelus C. 23.

occultus, 3. verborgen, versteckt, geheim: trames J. 48; loca quam maxume occulta J. 56; delicta occultiora fore, würden eher verborgen bleiben J. 38; periculum occultum habere, verborgen halten C. 23; nemini occultum est mit abhäng. Frage J. 24; *subst.* occultum, i, *a)* Versteck: ex occulto alqm invadere J. 59. — *b)* das Geheime: occulta pectoris, die geheimsten Gedanken J. 113; bona in occulto pati, im Dunkel lassen J. 85 (§ 23).

occŭpo, 1. (capio), in Besitz nehmen, sich eines Gegenst. bemäch=

tigen: sedes *or. Lep.* 12; aerarium *or. Lic.* 6; rempublicam *J.* 31 (§ 12); insb. einen Ort einnehmen, besetzen: loca *J.* 18; Aventinum *J.* 31 (§ 17); collem *J.* 38; montem praesidio *J.* 50. — 2) übtr. einnehmen, sich bemeistern: alqm torpedo occupat *or. Lic.* 26; cura atque laetitia *C.* 46.

occurso, 1. (*v. intens.* v. occurro), entgegenlaufen, sich (feindl.) entgegenwerfen: occursantes *J.* 12. — 2) übtr. entgegenwirken: occursantes, Widersacher *J.* 85 (§ 3).

Ōcĕănus, i, Weltmeer, Ocean *J.* 17. 18; *ep. Mithr.* 17.

*ōcissūmē, *adv.* (*superl.* v. ociter), sehr schnell *J.* 25.

*Octāvius, i, O. Octavius Ruso, ein Quästor *J.* 104.

ŏcŭlus, i, Auge *C.* 15; *J.* 79; in oculis situm esse, vor Augen liegen, in Aussicht gestellt sein *C.* 20.

ōdi, odisse, hassen: vetera *C.* 37; eadem *J.* 31 (§ 14); *absol. C.* 51 (§ 13).

ōdium, i, Haß, Feindschaft, mit *gen. object.* („gegen"): nobilitatis *J.* 40; potentiae *J.* 30; suarum rerum, Mißbehagen mit ihren Verhältnissen *C.* 37; ab odio vacuus *C.* 51 (§ 1); odio incensus *C.* 49.

ŏdōs (odōr), ōris, *m.* „Geruch", insb. übler Geruch, schlechte Luft *C.* 55; *J.* 44.

offendo, di, sum, 3. anstoßen: scuta strepunt offensa, beim Anstoßen *J.* 94. — 2) übtr. bei jmd. anstoßen, ihn verletzen: alqm *J.* 85 (§ 3); offensus alcui, aufgebracht gegen jmd. *J.* 73.

*offensa, ae, Anstoß, Kränkung: minimum offensae, sehr wenig Anlaß zu Reibungen *J.* 102 (in quo, „wobei").

offĕro, obtŭli, oblatum, offerre, „entgegenbringen", dah. darbieten: spem *C.* 39; alqm ministrum, als Helfershelfer *J.* 12; quos quoniam res obtulerat, da mich der Zusammenhang auf sie geführt hatte *C.* 53.

officĭo, fēci, fectum, 3. (facio), in den Weg treten, etw. versperren, hemmen: hostium itineri *J.* 52; cum ipsi sibi officerent, einander den Weg versperrten *J.* 58. — 2) übtr. im Wege stehen, hinderlich sein, schaden *C.* 51 (§ 2); nihil alcui *J.* 85 (§ 43); *or. Lic.* 8; consiliis *C.* 27; timor auribus officit, verschließt das Ohr *C.* 58.

officĭum, i, Obliegenheit, Beruf, Pflicht: monitor officii *J.* 85 (§ 10); militis officia exsequi *C.* 50; servilia officia, Sklavendienste *C.* 4. — 2) Dienstbeflissenheit, Dienstleistung *J.* 10. 102; officia intendere, den Diensteifer steigern *J.* 75.

*ŏlĕaster, tri, *m.* wilder Ölbaum *J.* 48.

*ōlim, ehemals, einst *or. Phil.* 7.

ŏmitto, mīsi, missum, 3. von sich lassen: pila, wegwerfen *C.* 60; übtr. *a)* aufgeben, hintansetzen, von etw. ablassen: inceptum *J.* 93; morem *or. Lic.* 14; consilium *J.* 70; deditionem *J.* 66; delicias *C.* 31; id *J.* 110; scelus impunitum, ungestraft lassen *J.* 31 (§ 25); curam, keine Sorge tragen *or. Phil.* 3; mit *inf.* unterlassen *J.* 35. — *b)* unerwähnt lassen, übergehen: alqd *C.* 52 (§ 23); *J.* 10. 102.

omnīno, *adv.* überhaupt *J.* 31 (§ 17). 99; non solum ... sed omnino *C.* 37. — 2) ganz u. gar, durchaus *or. Lic.* 13.

omnis, e, all: omnes terrae *C.* 16; omnis equitatus *J.* 49; alii omnes *C.* 37; *J.* 91. 105; ea omnia *C.* 13. 20; ignarus omnium (= omnium rerum) *J.* 85 (§ 10); insb. *a)* jeder: bellum *J.* 83; certamen *J.* 10; in omni re *C.* 8. — *b)* all u. jeder Art, alle mögliche: mala *C.* 21; necessitudines *C.* 21; omni modo *J.* 30; omnibus modis *C.* 13; *J.* 15; omnia pati *J.* 20; omnia temptare *J.* 51. — *c)* lauter: perfugas omnes *J.* 103; omnes lectos, lauter auserwählte Leute *C.* 59; omnia bona

onero

C. 31. — *d*) ganz: Africa *J.* 13; aetas *J.* 85 (§ 9); mons *J.* 92.

ŏnĕro, 1. beladen, belasten: jumenta ex flumine (aquā) *J.* 75. 91; naves commeatu *J.* 86; übtr. vino onerari, sich überladen *J.* 76. — 2) übtr. überhäufen: alqm promissis *J.* 12.

ŏnus, ĕris, *n.* „Last", bildl. Beschwerde, Last: oneri esse, zur Last sein, beschwerlich fallen *C.* 2. 10. 46; *J.* 14 (§ 4); *ep. Pomp.* 9.

***ŏnustus**, 3. „beladen", übtr. angefüllt, voll: ager praeda onustus, beutereich *J.* 87.

ŏpĕra, ae, Mühe, Bemühung: operae pretium est (s. pretium) *C.* 12; *J.* 81; operam dare, Mühe aufwenden, darauf hinarbeiten, dahin wirken, mit folg. ut *C.* 41. 51 (§ 33); *J.* 112; mit ne *C.* 29; *or. Phil.* 22; polliceri operam suam, seine guten Dienste *C.* 28. 40; opera aut ingenio suo opus esse, man bedürfe seiner Hand oder seines Kopfes *J.* 71.

ŏpĭfex, ĭcis (opus u. facio), „Werkmeister", insb. Handwerker *C.* 50; *J.* 73.

ŏpes, s. ops.

Opīmĭus, i, L., Konsul 121 v. Chr. *J.* 16.

ŏpīnĭo, ōnis, *f.* Meinung, Vermutung, Erwartung: contra opinionem *J.* 75; morari amplius opinione, über Erwarten lange *J.* 53; asperius est opinione, als man denkt *J.* 85 (§ 3).

***ŏpĭtŭlor**, 1. Hilfe leisten: inopiae, abhelfen *C.* 33.

ŏportet, tuit, 2. es ist nötig, es gebührt sich, es muß, mit *acc. c. inf. J.* 11. 85 (§ 40).

oppĕrĭor, peritus u. pertus sum, 4. warten: in isdem locis *J.* 54; ibi *J.* 91; ibidem *J.* 101. 103. — 2) *transit.* auf jmd. od. etw. warten, jmd. od. etw. erwarten: reges castris munitis *J.* 82; praesidia ex urbe *C.* 58; famem *C.* 13; fortunam, des Glückes harren *J.* 93.

opprimo

oppĭdānus, 3. städtisch, *subst.* Stadtbewohner *J.* 56. 57. 60. 75. 76. 91.

oppĭdum, i, Stadt (als fester Sitz): maritumum *J.* 100; valens *J.* 89; opulentum *J.* 75; operibus et loco munitum *J.* 76.

opportūnĭtās, ātis, *f.* günstige Lage: loci *J.* 37. 48; et opportunitatis loci (erg. gratia) *J.* 47 (*Jordan:* si paterentur opportunitates loci). — 2) übtr. günstige Gelegenheit *J.* 76; opportunitas suae liberorumque aetatis, die durch sein eigenes (hohes) und seiner Söhne (geringes) Alter dargebotene *J.* 6; magnae opportunitates, die günstigsten Gelegenheiten *C.* 43.

opportūnus, 3. der Lage nach bequem, gelegen, (wozu) geeignet: locus *J.* 91; loca *C.* 24. 27. 43; iter *ep. Pomp.* 4; collis usui *J.* 98; collis opportunior fugae *J.* 50. — 2) übtr. geeignet, günstig, vorteilhaft: alcui *C.* 16; *J.* 52. 86; amicitia *J.* 102 (nostra amicitia, *abl.*); res, günstige Gelegenheit *C.* 20. 49; res bello incepto opportunissuma, der für den begonnenen Krieg sehr förderliche Antrag *J.* 80; urbes pro hostibus et advorsum se opportunissumae, welche den Feinden die größten Vorteile, ihm die größten Nachteile boten *J.* 88; multa atque opportuna, viele günstige Gelegenheiten *J.* 102; ubi primum opportunum fuit, sobald günstige Gelegenheit sich fand *J.* 62; postquam opportunos sibi cognovit, ihm zugänglich *J.* 46; *subst.* opportuni, geeignete Leute *J.* 54. — 3) prägn. bloßgestellt, (einem Angriff) preisgegeben: injuriae opportunus, leicht zu schädigen *J.* 20; hostibus opportunum fieri, eine Blöße geben *J.* 55; hostes opportuni, zum Angriff günstig (erg. futuri sunt) *ep. Mithr.* 2.

opprĭmo, pressi, pressum, 3. (premo), „niederdrücken", übtr. *a*) unterdrücken, niederhalten: iram *J.* 72. — *b*) niederdrücken, fast erdrücken: oppressus aere alieno *C.* 40; servitute

oppugnatio opus 125

C. 51; torpedo opprimit animum *or. Phil.* 19. — *c)* überwältigen, bewältigen: alqm *ep. Mithr.* 2. 16. 22. — *d)* jmd. den Untergang bereiten, aus dem Wege schaffen: alqm *C.* 27; *J.* 7. 14 (§ 15); rempublicam *C.* 39; exercitus opprimundae libertatis, zum Sturze der Freiheit *or. Phil.* 3; arma opprimundae libertatis *or. Phil.* 6. — *e)* sich bemächtigen: consilium opprimundae reipublicae *C.* 16.

oppugnātĭo, ōnis, *f.* Bestürmung, Belagerung *J.* 22. 25.

oppugno, 1. ankämpfen, angreifen *J.* 60; insb. einen Ort mit Sturm angreifen, bestürmen *J.* 56. 59. — 2) übtr. angreifen, anfechten: alqm in judicio *C.* 49.

ops, ŏpis, *f.* (im *nom.* u. *dat.* ungebräuchl.), „förderndes Mittel", dah. Hilfsmittel, Mittel: quid opis haberent, welche Mittel sie hätten *C.* 21; *plur. C.* 17; *J.* 10. 107; *or. Cott.* 1; dispares *J.* 52; parvae *C.* 51 (§ 42); minores *C.* 52 (§ 15); virium, Mittel der körperlichen Kraft *C.* 1; virorum, Mittel an Mannschaft *ep. Mithr.* 16; opibus valere *C.* 51 (§ 43); insb. *plur.* opes: *a)* Geldmittel, Reichtum, Vermögen *C.* 37; *J.* 70; familiares *C.* 13; cognatorum *J.* 85 (§ 4); homo magnis opibus *J.* 70; pro opibus, nach Maßgabe des Vermögens *J.* 80; majores opes, größere Zahlungsmittel *C.* 41; privatas opes facere *or. Lep.* 26. — *b)* (polit.) Macht *J.* 43; cujusvis *C.* 17; plebis *C.* 39; nobilitatis *or. Lic.* 3; factionis *C.* 32; *J.* 31 (§ 1); civitatis *J.* 114; regni *J.* 62; Italiae *J.* 5; pro opibus (municipii), nach dem Verhältnisse der Größe *C.* 30; opes sibi quaerere *or. Phil.* 6; insb. Kampfmittel, Streitkräfte: conjurationis *C.* 56; opibus suis confidere *J.* 83. — 2) Macht, Kraft: summa (maxuma) ope niti *C.* 1. 38; *J.* 9. 14 (§ 20). 25. 31 (§ 17). — 3) Beistand, Hilfe, Unterstützung: alienae opis egens *or. Cott.* 4; opes po-

puli Romani *C.* 51 (§ 5); alienae opes *C.* 58; *J.* 14 (§ 7. 23); alcui opem ferre, Hilfe leisten *J.* 110.

opstĭnatus, s. obstinatus.

*optābĭlis, e, wünschenswert: alcui *ep. Mithr.* 4.

optĭneo, s. obtineo.

*optĭo, ōnis, *f.* freie Wahl: optionem facere alcjus, die Wahl in die Hände jmds. legen *J.* 79.

opto, 1. „auserſehen", dah. wünſchen: libertatem *C.* 20; pacem *or. Phil.* 3; otium *J.* 41; mit folg. ut *J.* 85 (§ 49); mit folg. ne *or. Phil.* 12; *part.* optandus, wünschenswert: alcui *C.* 10; *J.* 64.

optŭme, *adv.* s. bene.

ŏpŭlens, tis, u. **ŏpŭlentus**, 3. reich (an Mitteln): civitas magna et opulens *J.* 69; oppidum armis virisque opulentum *J.* 57; pars agro virisque opulentior *J.* 16; loca opulentissuma *J.* 54. — 2) mächtig *J.* 10; opulenti reges *C.* 53; magni et opulenti *J.* 14 (§ 19). 79; opulentissumus *J.* 81.

*ŏpŭlenter, *adv.* reichlich: se opulenter colere, sich gütlich thun *J.* 85 (§ 34).

ŏpŭlentĭa, ae, Wohlhabenheit, Reichtum *C.* 6; privatim opulentiam habere *C.* 52 (§ 22); opulentia pacis, Segensfülle des Friedens *or. Cott.* 14. — 2) Machtfülle, Macht *C.* 52 (§ 9).

ŏpŭlentus, a, um, s. opulens.

1. **ŏpus**, ĕris, *n.* „jedes geförderte od. zu fördernde Werk", dah. Arbeit *J.* 73. 96; castrorum, Schanzarbeit *J.* 53; mons opere praeceps („durch Menschenhand") *J.* 92. — 2) Belagerungswerk, Befestigungswerk *J.* 76. 92; oppidum opere (operibus) munitum *J.* 57. 76.

2. **ŏpus**, *n. indecl.* „nötige Sache, Bedürfnis", dah. opus est, es ist nötig, es ist von nöten, mit *dat.* der Person u. Angabe der Sache *a)* im *abl. C.* 58; *J.* 31 (§ 6). 55. 71. 85 (§ 31); mit *abl.* des *part. perf.*: opus est consulto („Überlegung") *C.* 1; in-

cepto C. 20; perdita republica („Untergang des Staates") C. 31; facto („Handeln") C. 43; quid opus esset facto („zu thun") C. 46; uti facto opus sit C. 45. — b) im *nom.:* quae bello opus erant J. 84.

*ōra, ae, f. „Saum", daħ. Küfte: maritima J. 19.

ōrātĭo, ōnis, f. Rede, Worte C. 20. 58; J. 84; secunda, ſchmeichelhafte Worte J. 65; orationem accipere („vernehmen") J. 22; multam orationem consumere, viel Worte J. 25. — 2) Vortrag, (kunſtmäßig geordnete) Rede: luculenta C. 31; composita J. 85 (§ 26); orationem habere („halten") C. 20. 57; J. 86.

*orātor, ōris, „Sprecher", insb. Abgeſandter J. 108.

orbis, is, m. Kreis: terrarum, Erdkreis C. 8; *ep. Mithr.* 17; militär. orbes facere, geſchloſſene Maſſen bilden J. 97. — 2) Scheibe: terrae, Erdenrund, Erde J. 17.

ordo, ĭnis, m. Ordnung, Reihe; insb. a) Reihe des Heeres, Glied J. 50; ordine egredi, aus Reih' u. Glied treten J. 45; sine ordinibus, ohne Reihenſtellung J. 97; ordines habere, Reih' u. Glied halten J. 80; observare J. 51; restituere J. 51; commutare, die Stellung der Züge ändern J. 49. 101. — *b)* Standſchaft, Stand: senatorius C. 17; J. 62. 104; voster J. 31 (§ 7); equester C. 17; der Senat C. 46; *or. Phil.* 19; in hoc ordine, vor dieſem Stande d. i. hier im Senate C. 52 (§ 7. 13); homines omnium ordinum *or. Phil.* 7. — 2) übtr. Gebühr: recte atque ordine, zweckmäßig u. geſetzmäßig C. 51 (§ 4).

Orestilla, ae, ſ. Aurelia.

*ŏrīgo, ĭnis, f. „Urſprung", meton. Mutterſtadt J. 19.

ŏrĭor, ortus sum, ŏrĭtūrus, 4. „ſich erheben", übtr. a) zum Vorſchein kommen, hervorkommen, ſich erheben, entſtehen: Catulus ortus est *or. Lic.* 10; ex monte medio collis oritur J. 48; flumen a meridie („entſpringt") J. 48; oritur seditio C. 34; J. 72; bellum J. 6; dissensio J. 41; clamor J. 57; gaudium J. 55; invidia (ex opulentia) C. 6. 22; mos J. 41; cura apud alqm, erwacht J. 14 (§ 21); mala exempla orta sunt ex bonis rebus („Handlungen") C. 51 (§ 27); omnia orta occidunt J. 2. — b) geboren werden, abſtammen: ex concubina J. 5. 108; eā familiā C. 31.

*ornātus, ūs, „Ausſtattung", insb. Kleidung J. 94.

ōro, 1. bitten, erſuchen: alqm mit folg. ut C. 40. 50; J. 77; mit ne J. 51. 107; pacem, um Frieden J. 47; ad societatem belli orari *ep. Mithr.* 1; *absol.* J. 104; ad alqm oratum mittere, jmd. mit Bitten angehen laſſen J. 24.

ortus, ūs, Aufgang: solis J. 106; meton. ortus solis, Oſten C. 36; J. 17.

ōs, ōris, n. Antlitz, Geſicht: in ore alcjus, unter jmds. Augen *or. Cott.* 4; incedunt per ora vostra, vor euren Augen vorüber, an euch vorüber J. 31 (§ 10); omnia ora in me conversa J. 85 (§ 5). — 2) Mund J. 79; libero ore loqui, mit Freimütigkeit J. 95. —

ostendo, di, tum, 3. (obs u. tendo), „entgegenſtrecken", dah. zeigen, ſehen laſſen: gladium J. 101; se (alcui) J. 55. 74. 101. 105; virtutem J. 58; virtus se ipsa ostendit, ſtellt ſich dar J. 85 (§ 31). — 2) übtr. zeigen, offenbaren, eröffnen: facinora J. 30; scelera J. 33; rationem C. 40; belli asperitatem, erſichtlich machen J. 29; mit *acc. c. inf.* J. 69.

ostento, 1. (*v. intens.* v. ostendo), zeigen, ſehen laſſen: virtutem J. 7; übtr. a) in Ausſicht ſtellen: praedam J. 68; praemia J. 23. 66. 89; dies lasciviam ostentabat J. 66; spes ostentatur servitii pretium („doch nur als Preis der Knechtſchaft") *or. Lic.* 20. — b) prahlend zur Schau tragen, mit etw. prahlen: triumphos J. 31 (§ 10). 85 (§ 29); amicitiam alcjus gloriose *ep. Mithr.* 8; imprudentiam

alcjus pro victoria *ep. Mithr.* 15. —
c) als Muster vorhalten: alqm
alcui *J.* 49.
ostentus, ūs, das Zeigen, die
Schaustellung: scelerum ostentui
esse, zur Schaustellung der Frevelthaten
dienen *J.* 24. — 2) der täuschende
Schein, Trug: signa ostentui (esse)
credere, für Blendwerk halten *J.* 46.
ōtium, i, Ruhe von Geschäften, Muße
J. 4; urbanum, das müßige Stadt=
leben *C.* 37; bonum, die edle Zeit *C.* 4;
per otium, durch Unthätigkeit *C.* 16;
bei gestatteter Muße *J.* 76; in otio,
in Muße *C.* 17; otio luxurioso esse,
schwelgerische Muße lieben *J.* 95. —
2) Ruhe, Friede *C.* 10. 11; *J.* 41.
55. 66; *or. Phil.* 12; voluptatibus
otium praebere, Ungestörtheit *C.* 52
(§ 5); per otium, während der Waffen=
ruhe *J.* 14 (§ 13); in otio, in der
Waffenruhe *J.* 13.

P.

P. = Publius.
pābŭlum, i, Nahrung, Futter
J. 18. 44. 55. 90 (s. studeo).
*pācātus, 3. in Frieden lebend,
friedlich: *subst.* pacati, ōrum, Ein=
wohner des befreundeten Landes *J.* 32.
*pācĭfĭcor, 1. Frieden machen,
um Frieden unterhandeln *J.* 66.
păciscor, pactus sum, 3. etw. sich
ausbedingen: vitam ab alquo *J.* 26;
subst. part. pactum, i, Vertrag: pacto
vitam dare *ep. Mithr.* 7.
pactĭo, ōnis, *f.* Übereinkunft,
Vertrag *J.* 38. 67; provinciae, Ab=
kommen über die Provinz (nach welchem
Cicero die ihm zugefallene Konsular=
provinz Macedonien dem Antonius gegen
das weniger einträgliche cisalpinische
Gallien abtrat) *C.* 26; pactionem facere de pace *J.* 40; sine ulla pactione,
ohne alle Bedingung *J.* 62; *plur.* Ver=
tragspunkte *J.* 29.
pactum, i, s. paciscor.
*Paelignus, 3. zu den Pälignern,
einem sabinischen Volke in Mittelitalien,
gehörig, pälignisch: cohors *J.* 105.
paenē, *adv.* beinahe, fast *J.*
53. 59.
paenĭteo, ŭi, ēre, Reue empfin=
den über etw., etw. bereuen: *impers.*
paenitet alqm alcjus rei, jemd. bereut
etwas *J.* 31 (§ 10); *or. Lep.* 19; quoniam paenitet (sc. eum) *J.* 104; num
eorum paenitendum sit *J.* 85 (§ 28).
paenūria, ae, s. penuria.
pălam, *adv.* vor aller Welt,
öffentlich, offen *J.* 29. 46. 107;
or. Phil. 13.
pālor, 1. sich umhertreiben, um=
herschweifen: palantes *J.* 18. 44.
54. 66.
pălus, ūdis, *f.* Sumpf *J.* 37; *or.
Lep.* 23.
pānis, is, *m.* Brot *J.* 44. 45.
pār, păris, gleichkommend, gleich:
tractus *J.* 48; gloria *J.* 3; periculum
J. 57; animus *J.* 54; par similisque
alcui *C.* 14; fama atque fortuna pares
sunt *C.* 51 (§ 12); alqm parem cum
alquo facere, gleichstellen *J.* 14 (§ 9).
— 2) gleichstark, jemdm. gewachsen:
par armis *J.* 20. — 3) den Verhält=
nissen entsprechend, angemessen: ut
par fuerat *J.* 39.
*părātĭo, ōnis, *f.* „Beschaffung",
prägn. das Trachten nach etwas:
regni *J.* 31 (§ 8, s. sane).
părātus, a, um, s. paro.
parco, pĕperci, parsum, 3. „mit
etw. sparsam sein", dah. schonen, ver=
schonen, mit *dat.*: pecuniae *C.* 25;
aerario *J.* 85 (§ 3); vitae *C.* 61 (s.
juxta); *J.* 106; sceleratis *C.* 52 (§ 12);
sibi *J.* 107; Rücksicht nehmen auf:
dignitati *C.* 52 (§ 32); dis atque hominibus *C.* 52 (§ 32); neque sumptui
neque modestiae, scheuen *C.* 14.

parcus, 3. ſparſam: domi („im Hauswesen") *C.* 9.

părens, tis, Vater, Mutter *C.* 39. 53; *J.* 14 (§ 2); 85 (§ 49); *plur.* parentes, Eltern *C.* 37. 43; *J.* 18; patria parentesque *C.* 6. 52 (§ 3); *J.* 87; complexus parentum *C.* 51 (§ 9).

pārĕo, ŭi, ĭtum, 2. Folge leiſten, gehorchen: alcui *C.* 36; *J.* 25. 35. 93; legibus *or. Lep.* 4; *absol.* modestissume *J.* 7; *subst. part.* parentes, Untergebene, Dienſtbare *J.* 3. 102. — 2) übtr. *a)* wovon abhängig ſein, wodurch bedingt ſein: virtuti omnia parent *C.* 2. — *b)* ſich wovon leiten laſſen: lubidini simul et usui *C.* 51 (§ 2).

păriēs, ĕtis, *m.* Wand *C.* 55.

părĭo, pĕperi, partum, părĭtūrus, 3. „gebären", übtr. *a)* erwerben, verſchaffen: magistratum sibi *J.* 63; imperium *C.* 2; divitias *or. Lep.* 21; nobilitatem *J.* 85 (§ 25); gratiam ab alquo, gewinnen *or. Phil.* 5; amici officio pariuntur *J.* 10; parta victoria *J.* 82; ea bene parta, dieſe wohl erworbenen Güter *C.* 51 (§ 42); aliena bene parta *or. Lep.* 17 (*Jordan:* parata); nil nisi armis partum *or. Phil.* 15; *subst.* parta, ōrum, das Erworbene: parta amittere *J.* 31 (§ 17). — *b)* veranlaſſen, erzeugen: concordiam *or. Phil.* 15; laetitiam *C.* 31; alcui fiduciam, einflößen *or. Lep.* 22.

părĭter, *adv.* auf gleiche Weiſe, in gleichem Grade, ebenſo *J.* 60. 80. 85 (§ 20). 103 (volens, erg. putabatur); mit folg. ac ob. atque („als, wie") *J.* 100. 102. 113; pariter ac si, gleich als wenn *J.* 46; mit et *J.* 88; pariter cum filiis heredem instituit, als gleichberechtigten Erben *J.* 90. — 2) zu gleicher Zeit, zugleich: pariter cum occasu solis *J.* 68; cum ortu solis *J.* 106; cum capta Thala *J.* 77.

Părĭum, i, Hafenſtadt in Myſien am Hellespont *ep. Mithr.* 14.

păro, 1. bereiten, vorbereiten, einrichten, zurüſten: bellum alcui (cuncta ad bellum) *C.* 52 (§ 3); *J.* 75; incendia *C.* 27. 32. 48; alcui insidias *C.* 26. 43; mala *J.* 40; vim *C.* 35; praesidia *C.* 31; decreta *or. Phil.* 17; leges, erlaſſen *C.* 51 (§ 40); regnum, auf Erlangung der Königsherrſchaft hinarbeiten *J.* 31 (§ 7); defensionem, ausführen *C.* 35; dolum, anſtiften *C.* 28; omnibus rebus paratis compositisque, nachdem alles vorbereitet u. angeordnet war *J.* 43. 94; inter haec parata atque decreta, unter dieſen Vorbereitungen u. Beſchlüſſen *C.* 43; alqd paratur, man hat etwas vor, es iſt etwas im Werke *C.* 50; *J.* 56. 102; insb. *a)* Anſtalten treffen, ſich anſchicken, Willens ſein, mit *inf. C.* 18. 46; *J.* 13. 22. 42. 61. 71. — *b)* ſchlagfertig machen, ausrüſten: copias *J.* 21. 39; ab Jugurtha parati instructique (erant) *J.* 74. — *c) absol.* Anſtalten machen, ſich bereit machen, ſich rüſten *C.* 6; *J.* 11. 60. 76. — 2) anſchaffen, beſorgen, ſich verſchaffen, erwerben: alqd *J.* 31 (§ 17); claves *J.* 12; commeatum *J.* 28; arma *C.* 24; *J.* 43; amicitias *C.* 6; auxilium *C.* 52 (§ 29); *or. Lep.* 7; regnum sibi *C.* 5; claritudinem *J.* 2; jus, ſich Recht ſchaffen *J.* 31 (§ 17); exercitum, aufbringen *C.* 29; multitudinem ad capiunda arma *C.* 27; alqm vindicem *or. Lic.* 1; alqm ad caedem *J.* 35; alqm magna mercede, gewinnen *J.* 33; insidiatores pretio, werben *J.* 35; amicos auro, erkaufen *J.* 10; servi aere parati, erkauft *J.* 31 (§ 11); jam paratae res, die bereits beſchafften Vorräte *J.* 47; quaecumque possint largiundo parare, alles durch Beſtechung ihm gewinnen *J.* 13. — 3) *part.* paratus als Adjekt.: wozu bereit, entſchloſſen, auf etw. gefaßt: ad dissimulanda omnia *C.* 31; advorsum omnia *J.* 101; mit *inf. C.* 20; *J.* 46. 108; *absol.* entſchloſſen: animus *C.* 58; paratum esse, ſich bereit halten *J.* 91 (ut egre-

parricida — **pateo**

derentur, „um auszurücken zu können"); insb. gerüstet, schlagfertig: intentus paratusque *C.* 27; *J.* 49.

parrĭcīda (parĭcīda), ae, verruchter Mörder (an Verwandten ob. freien Bürgern) *C.* 14. — 2) Hochverräter *C.* 31; reipublicae *C.* 51 (§ 25). 52 (§ 31); vostri („an euch") *or. Cott.* 3.

*****parrĭcīdĭum** (parĭcīdĭum), i, verruchter Mord (an Verwandten u. freien Bürgern) *or. Lep.* 24.

pars, tis, *f.* Teil: Numidiae *J.* 97; dimidia pars exercitus *J.* 64; decuma pars diei *J.* 97; v. Personen: ein Teil, einige: civium *J.* 91 (s. potestas); pars in crucem acti *J.* 14 (§15); pars triumphos suos ostentantes *J.* 31 (§ 10); pars ... pars *J.* 33. 39; pars ... alii *C.* 2; *J.* 13. 51. 57. 66. 74. 85; pars ... alii ... plerique *J.* 31 (§ 13); alii ... pars *C.* 38. 48. 61; *J.* 19. 32. 38. 50. 69; alii ... magna pars *J.* 58; multi ... pars *J.* 100; pars ... pauci *J.* 14 (§ 15); pauci ... pars *J.* 60; magna parte, zum großen Teil *J.* 98. — 2) Seite: altera *J.* 11; in ea parte *J.* 56. 59. 60; qua in parte *J.* 74; ab ea parte *J.* 93. 94; ab alia parte *J.* 101; ab omnibus partibus *J.* 97. — 3) *sing.* u. *plur.* Partei: *J.* 13. 40; populi *J.* 43; populares *J.* 41; studium partium *J.* 42. 73; reipublicae, Parteigetriebe im Staatsleben *C.* 4; aliarum partium esse, einer andern Partei angehören *C.* 37; in duas partes abstrahi *J.* 41.

particeps, cipis (pars u. capio), teilnehmend, teilhaft, *subst.* Teilnehmer: regni *J.* 14 (§ 9); negotii *J.* 20; consilii *C.* 17. 21; omnium consiliorum *J.* 71.

partim, *adv.* (eigentl. *acc.* v. pars), zum Teil, teils *C.* 50; mit *gen.*: quorum partim („einige") repuli *or. Cott.* 1; partim ... alii, einige ... andere, teils ... teils *J.* 13. 19. 21. 38. 40. 80. 83.

*****partĭo**, 4. teilen, verteilen: provincias inter se *J.* 43.

partus, a, um, s. pario.

părum, *adv.* zu wenig, nicht genug: parum sapientiae *C.* 5; fidei *J.* 24; parum validus *J.* 65; amplus *J.* 98; tutus *J.* 14 (§ 4); parum honeste *C.* 6; scite *J.* 85 (§ 39); parum dicere *J.* 19; comperire *J.* 67. 113; procedere *J.* 35. 46. 61; parum habere, nicht genug woran haben, sich womit nicht begnügen *J.* 31 (§ 9); parum est alcui, genügt nicht *J.* 31 (§ 22); parum placet *J.* 85 (§ 32).

parvus, 3. klein, gering: pondus *J.* 29; copiae („Mittel") *C.* 53; übtr. *a)* gering, unbedeutend, unerheblich: negotium *C.* 51 (§ 24); detrimentum *J.* 54; res gestae aliquanto minores *C.* 8; minuma avaritia *C.* 9; licentia *C.* 31 (§ 13); minumum offensae *J.* 102; parvi facere (pendere), gering achten, auf etwas wenig Gewicht legen *J.* 85 (§ 31); *C.* 12. 52 (§ 9); minoris ducere, geringer achten *J.* 32. — *b)* gering, niedrig: magistratus minores, die unteren Staatsbeamten *C.* 30. — *c)* klein, jung: liberi *C.* 31; *J.* 6. 41; parvum te accepi („als Kind") *J.* 10; minumus ex illis *J.* 11.

passim, *adv.* (pando), allenthalben, nach allen Seiten hin: vagari *J.* 98; zerstreut *J.* 18.

passus, ūs, Schritt, als Längenmaß = 5 Fuß: mille passus, eine römische Meile (deren 5 eine deutsche ausmachen) *J.* 48. 68.

pătĕfăcĭo, fēci, factum, 3. *pass.* pătĕfīo, factus sum, fĭeri, „öffnen", prägn. gangbar machen, öffnen: iter per Alpes *ep. Pomp.* 4. — 2) übtr. eröffnen, bekannt machen, aufdecken: conjurationem *C.* 36. 46. 48. 57; indicium *J.* 73; scelus *J.* 42; occulta pectoris *J.* 113; alcui mit *acc. c. inf. J.* 111; patefiunt delicta *J.* 32; mandata *J.* 103.

pătĕfīo, s. patefacio.

pătĕo, ŭi, 2. offen stehen: *part.* patens, offen, frei: mons satis patens castello („für eine Feste") *J.* 92; campi patentes, weite Ebene *J.* 101. 105; übtr. *a)* offen stehen, zu Gebote

pater

ſtehen: maria terraeque patebant *C.* 10; municipia *C.* 58. — *b)* ſichtbar ſein, ſich zeigen: audacia patet *C.* 58.

păter, tris, Vater, inſb. patres, die Senatoren *C.* 6. 31. 33; *J.* 30. 88; *ep. Pomp.* 6; patres conscripti, ſ. conscribo.

*****pătĕra,** ae (flache) Schale, Opferſchale *C.* 22.

pătĭens, tis, ſ. patior.

*****pătĭentĭa,** ae, „geduldiges Ertragen", im üblen Sinne, Mattherzigkeit, Indolenz *J.* 31 (§ 1).

pătĭor, passus sum, 3. ſich gefallen laſſen, erdulden, aushalten, ertragen: hiemem et aestatem *J.* 85 (§ 33); imperia injusta *C.* 19; quietem *J.* 101; bellum or. *Phil.* 2; muliebria *C.* 13; alqm civem, als Bürger dulden *or. Phil.* 16; omnia *J.* 20; omnia saeva *J.* 14; laborem aequo animo *J.* 68; aegritudinem nimis molliter *J.* 82; *part.* patiens als Adjekt. erdulbend, ertragend, mit *gen.*: inediae *C.* 5; belli *C.* 7; militiae *J.* 63; laboris *J.* 17. 28; periculi *J.* 44. — 2) ſich gefallen laſſen müſſen, zu ertragen haben: omnia saeva *J.* 14 (§ 10); quae victoribus collubuisset *C.* 51 (§ 9). — 3) geſchehen laſſen, zulaſſen, geſtatten: otium *J.* 55; ea *J.* 88; nihil languidi neque remissi *J.* 53; alquid in occulto, im Dunkel laſſen *J.* 85 (§ 23); nihil intactum, nichts unverſucht laſſen *J.* 66; nihil remissum neque tutum *J.* 88; alium priorem (ſ. prior) *J.* 96; mit *acc. c. inf. C.* 52 (§ 35); *J.* 14 (§ 6. 7). 31 (§ 21). 51. 60; *or. Phil.* 17.

pătrĭa, ae, Vaterland, Vaterſtadt *C.* 52 (§ 24); *J.* 35; patriae expers *C.* 33; extorris patria *J.* 14 (§ 11); exsul patria *J.* 14 (§ 17); parentes sine patria, heimatloſe *ep. Mithr.* 17.

pătrĭcĭus, 3. patriciſch: homo *C.* 31; gens patricia nobilis *J.* 95; magistratus (das Konſulat) *or. Lic.* 15; *subst.* patricius, Patricier *C.* 55.

paulo

pătrĭmōnĭum, i, Erbgut, Erbvermögen: patrimonium amittere *C.* 33; *plur. C.* 37.

pătrĭus, 3. väterlich: regnum *J.* 14 (§ 23). 24; *or. Mithr.* 8; sedes *or. Lep.* 12; bona („Vermögen") *C.* 14.

patro, 1. ausführen, vollbringen, zu Ende bringen: consilium *J.* 13; facinus *C.* 18; incepta *C.* 36; *J.* 70; bellum *J.* 21. 75. 88. (ſ. sum 2, *a*); cuncta *C.* 53; ea *J.* 43.

pătrōcĭnĭum, i, Vertretung bei Senat u. Volk *or. Phil.* 6; patrocinio alcjus uti, jmd. zum Patron (Vertreter) haben *C.* 41. — 2) Beſchützung, Schutz: patrocinium malorum suscipere *C.* 48; *plur. or. Phil.* 20.

*****paucĭtās,** atis, *f.* geringe Anzahl *C.* 53.

paucus, 3. meiſt *plur.* pauci, ae, a, (nur) wenige: cohortes *J.* 56; pauciores milites *ep. Pomp.* 5; *subst.* pauci: ex amicis *C.* 6; pauciores *J.* 49; quam paucissumi *J.* 109; inſb. pauci, die Oligarchen, Optimaten *C.* 39. 58; *J.* 3. 41. 42; *neutr.* pauca, wenige Worte: pauca loqui *J.* 29. 85 (§ 44). 109; dicere *J.* 95; paucis absolvere *C.* 4. 38; disserere *C.* 5; respondere *J.* 15; exponere *J.* 17; quam paucissumis absolvere, in möglichſter Kürze *J.* 17. — 2) einige, etliche: dies *C.* 30; *J.* 11; anni *J.* 9.

paulātim, *adv.* allmählich, gemach, nach und nach *C.* 10. 51 (§ 30). 60; *J.* 18. 50. 52. 98.

paulisper, *adv.* eine kurze Zeit, eine Weile *J.* 49. 56. 59. 68; (animus) lubidine paulisper usus, ſchon nach kurzem Genuß *J.* 1.

paulō, *adv.* um ein weniges, etwas: beim Komparativ *C.* 17. 51 (§ 15). 61; *J.* 35. 58. 68; bei komparat. Begriffen: paulo procedere *J.* 92; paulo ante, kurz zuvor, kurz vorher *C.* 20. 26. 46; *J.* 20. 38; paulo ante legatos *C.* 44; paulo post, bald hernach, bald darauf *C.* 28. 51 (§ 34);

J. 36; post paulo *C.* 18; *J.* 56. 71. 74. 106.

paulŭlum, *adv.* ein wenig: commorari *C.*59; descendere *C.*55; paululum etiam spirare *C.* 61.

paulum, *adv.* ein wenig, etwas: paulum imminuta mente *J.* 65; paulum a fuga abest *J.* 101; paulum modo pronus *J.* 93; non paulum *J.* 84; paulum modo *C.* 52 (§ 18).

*Paulus, i, L. Aemilius, älterer Bruder des Triumvir M. Aemilius Lepidus, Konsul 50 v. Chr. *C.* 31.

paupertās, ātis, *f.* spärliches Auskommen, Armut *C.* 12. 53.

păvĕo, pavi, 2. vor Furcht beben, sich ängstigen, bange sein *J.* 106; omnia, vor allem *C.* 31.

***păvesco,** ĕre (*v. inchoat.* v. paveo), vor Furcht beben, Angst empfinden: omni strepitu *J.* 72.

păvĭdus, 3. ängstlich, angstvoll *J.* 12. 60. 103.

pax, pācis, *f.* Friedensvertrag, Friede: alcjus mit jemd. *J.* 81; in pace *C.* 51 (§ 6); pacem dare *ep. Mithr.* 13; habere *C.* 31; agitare *J.* 14 (§ 10). 29. 109; agere *ep. Mithr.* 1; gerere *J.* 46; pax evenit *C.* 9; convenit *J.* 38; fit cum alquo *J.* 61; pax conventa *J.* 112; *plur.* Friedensschlüsse *J.* 31 (§ 20).

***peccātum,** i, „schuldvolles Vergehen", dah. Fehler, Versehen *C.* 52 (s. locus 2, *c*).

***pecco,** 1. sträflich handeln, sündigen *C.* 16.

pectus, ŏris, *n.* Brust: cicatrices adverso pectore *J.* 85 (§ 29). — 2) Herz, Seele: occulta pectoris *J.* 113; alqd clausum in pectore habere *C.* 10; alqd in pectus suum demittere *J.* 102; verbum alte in pectus descendit *J.* 11.

***pĕculātus,** ūs, Unterschleif: peculatus aerarii factus est *J.*31 (§ 25).

pĕcūnĭa, ae, Vermögen: pecunias alcjus publicare *C.* 51 (43). 52 (§ 14).

— 2) Geldsumme, Geld: magna *J.* 97; grandis *C.* 49; pecuniam mutuam sumere *C.* 24; alqm pecunia corrumpere *J.* 34; temptare *J.* 29; aggredi *J.* 28; pecuniae repetundae *C.* 18. 49; pecunias accipere, sich bestechen lassen *J.* 40; capere *J.* 32. 37.

pĕcus, ŏris, *n.* Vieh (als Gattung), insb. Herdenvieh: domitum *J.*75; ager bonus pecori *J.* 17; pecoris cultor *J.* 54; praedas pecoris agere *J.* 44; pecus agere *J.* 90; *plur.* pecora *C.* 1. 58; *J.* 18. 46; *or. Lic.* 6.

pĕdĕs, ĭtis, Fußgänger: ipse pedes, zu Fuße *C.* 59. — 2) insb. Soldat zu Fuß, *plur.* Fußtruppen, Fußvolk *J.* 7. 49. 51. 68; *sing.* collectiv. *J.* 101.

pĕdester, tris, tre, zu Fuß: copiae, Fußtruppen *J.* 49. 52.

Pēlignus, a, um, s. Paelignus.

pello, pĕpŭli, pulsum, 3. „fortstoßen", dah. vertreiben: alqm sedibus *J.* 41; dominatione *or. Lic.* 3. — 2) den Feind zum Weichen bringen, zurückdrängen, zurückwerfen *C.* 9; *J.* 101; milites pulsi fugatique sunt *J.* 74.

pĕnātes, ĭum, *m.* die Penaten, Schutzgottheiten der Familie und des aus dem Familienverbande erwachsenen Staates: di penates *or. Phil.* 16. 20; *or. Cott.* 3; *ep. Pomp.* 1.

pendĕo, pĕpendi, 2. „hängen", übtr. von etw. abhängen, auf etw. beruhen: potestas ex alienis opibus pendet *J.* 14 (§ 23); spes opesque ex patre *J.* 107.

pendo, pĕpendi, pensum, 3. „wägen", dah. Metall als Zahlung zuwägen d. i. zahlen: stipendia alcui *C.* 20; vectigal *J.* 31 (§ 9); poenas, Strafe leiden *J.* 76. — 2) übtr. schätzen, achten: alquid parvi, wenig Gewicht auf etw. legen *C.* 12. 52 (§ 9).

pĕnĕs, *praep.* mit *acc.* bei d. i. im Besitze, in der Gewalt, in den Händen jmds. *J.* 14 (§ 1). 26. 31 (§ 9. 16). 41. 108; *or. Lep.* 7. 13; fides rei penes auctores erit, die Glaubwürdigkeit werden die Berichterstatter zu vertreten haben *J.* 17.

*pēnis, is, m. „männliches Glied", übtr. Unzucht *C.* 14.

*penso, 1. (*v. intens.* v. pendo), „abwägen", übtr. aufwiegen, vergüten: frumentaria lege munia vostra pensantur *or. Lic.* 19.

pensus, 3. „Gewicht habend", dah. wichtig, schätzbar: nihil (non quicquam) pensi habere, kein Gewicht auf etw. legen, sich aus etw. kein Gewissen machen *C.* 5. 23; nihil pensi neque moderati habere, für nichts Achtung noch Maß kennen *C.* 12; nihil pensi neque sancti habere, nichts für ehrwürdig u. heilig halten *J.* 41; alcui quicquam pensi est, jmd. hat vor etw. Achtung *C.* 52 (§ 34).

pēnūrĭa, ae, Mangel an etw.: aquae *J.* 17. 48. 55; rerum necessariarum *J.* 23; liberorum *J.* 22.

per, *praep.* mit *acc.* v. d. Bewegung durch od. über einen Raum, durch, durch ... hindurch, über ... hin: per media castra transire *J.* 107; per montes iter facere *C.* 56; per manus, von Hand zu Hand *J.* 63; incedunt per ora vostra, an euren Augen vorüber *J.* 31 (§ 10). — 2) v. d. Verbreitung über eine Raumweite od. nach vielen Seiten hin, über ... hin, in (auf) ... umher: per (totam) Italiam *C.* 24. 52 (§ 15); per terrarum orbem celebrari *C.* 8; dies per omnem Africam celebratus *J.* 66; per municipia *C.* 51 (§ 43). 52 (§ 14); per oppida *ep. Pomp.* 5; per loca aequalia *J.* 79; per omnes locos, aller Orten *J.* 30; per omnem exercitum laetitia agitatur *C.* 61; per omnes tribus *J.* 63; per ceteras gentes („unter") *or. Lep.* 1; pecus tribuere exercitui per centurias, an alle Centurien *J.* 91; per vigilias, bei d. einzelnen Nachtwachen *J.* 99. — 3) v. d. Zeit: durch ... hindurch, per ea tempora *J.* 11; während, im Verlauf: per idem tempus *J.* 63. 70. 114; per triennium *ep. Pomp.* 2; per indutias *C.* 51 (§ 6); *J.* 79; per otium, während der Waffenruhe *J.* 14 (§ 13). — 4) z. Ang. v. Zuständen, während welcher etw. geschieht, in, mit, unter: diebus per dubitationem consumptis *J.* 62; per laborem, unter Strapazen *C.* 7; per otium, bei gestatteter Muße *J.* 76. — 5) durch, vermittelst: litteras per homines fideles mittere *J.* 70; oppida per magistratus administrare *J.* 19; res per alqm agere *J.* 7; convenire per Gabinium („durch Vermittelung") *C.* 44; per litteras certiorem fieri *J.* 82; per hostias dis supplicari *J.* 63; per manus, auf dem Wege der Gewalt *J.* 31 (§ 22); per ignaviam (s. ignavia) *C.* 20; per se, für sich allein, an u. für sich *C.* 1; *J.* 4. 14 (§ 4); *or. Cott.* 2; unaufgefordert *J.* 96; in eigener Person, selbst *C.* 39. — 6) von dem, was als Veranlassung gedacht wird, wegen, aus, zufolge: per ambitionem *C.* 52 (§ 26); *J.* 85 (§ 9). 86. 100; per amicitiam *J.* 61. 64; per conditiones, auf Grund der Friedensbedingungen *J.* 61; per occasionem, bei günstiger Gelegenheit *C.* 51 (§ 6); per negotia („durch Veranlassung") *J.* 79; per otium, durch Unthätigkeit *C.* 16; per militare nomen (s. nomen 2, *c*) *or. Lic.* 6; insb. *a*) von dem, wovon die Möglichkeit einer Sache abhängt, vermöge, halber: per senati decretum *C.* 51 (§ 36); per fortunam licet *J.* 102; facere posse per negotia *J.* 64; per sese, soviel von ihm abhänge *J.* 33. — *b*) bei Bitten u. Schwüren, um ... willen, bei: per vos, um euretwillen *J.* 14 (§ 25); *or. Cott.* 13; per majestatem imperii *J.* 24; per deos immortales *C.* 51 (§ 10). 52 (§ 5); *ep. Pomp.* 3; per amicitiam *J.* 58. 71; per liberos rogatus *C.* 35, per hanc (= meam) dextram *J.* 10. — 7) z. Ang. der Art u. Weise des Handelns, durch, unter, in, mit: per licentiam *C.* 6; per scelus *C.* 12; *J.* 14 (§ 7. 15); per turpitudinem

C. 13; per dedecus *C*. 20. 37; per amentiam *C*. 42; per ignaviam *J*. 85 (§ 1); per mollitiam *J*. 85 (§ 35); per dolum *J*. 11; *ep. Mithr.* 6; per vim, auf gewaltsame Weise *C*. 52 (§ 14); *J*. 7. 23. 31 (§ 25); per latrocinia, auf Räuberwegen *J*. 4; per fraudem, durch Schliche *J*. 3; per saturam, bunt durcheinander *J*. 29; per turpitudinem, in schändlicher Weise *C*. 13; emori per virtutem, heldenmütig *C*. 20.

*per-ägo, ēgi, actum, 3. ausführen, vollbringen: tantam rem *J*. 92.

*pĕrangustus, 3. sehr enge: aditus *J*. 92.

percello, cŭli, culsum, 3. „zu Boden werfen", übtr. bestürzt machen, mutlos machen, erschüttern: *part.* perculsus, entmutigt, bestürzt, betroffen: metu *C*. 6; *J*. 40. 58; tumultu *J*. 38; caede *C*. 43; clade *J*. 44; insolita re *J*. 75; *absol.* nobilitas perculsa *J*. 42; perculsi Romani *J*. 101.

*percontor, 1. nach etw. fragen, sich erkundigen: pauca de statu civitatis *C*. 40.

perculsus, a, um, s. percello.

per-do, dĭdi, dĭtum, 3. zu Grunde richten, den Untergang bereiten: rempublicam *C*. 31. 46 (s. sum 2, *a*); perditum ire, darauf ausgehen zu verderben, zu Grunde zu richten suchen *C*. 36. 52 (§ 12); *J*. 31 (§ 27); *part.* perditus als Adjekt. hoffnungslos, verloren: perditae res *J*. 83. — 2) verschwenden, (unnütz) opfern: praesidia nequiquam *J*. 62.

per-dūco, xi, ctum, 3. wohin führen: alqm in aedem *C*. 46; in domum *C*. 40. — 2) übtr. wozu bringen, wofür gewinnen: alqm ad studium sui, für sein Interesse *J*. 80.

*pĕrĕgrīnor, 1. in der Fremde sein, auf Reisen sein: peregrinantes, Pilger *C*. 2.

pĕr-ĕo, ii (ivi), ĭtum, īre, zu Grunde gehen, umkommen, sterben *C*. 33. *J*. 31 (§ 2). 70; urbem mature perituram *J*. 35.

per-fĕro, tŭli, latum, ferre, überbringen: ad alqm jusjurandum („schriftliche Eidesversicherung") *C*. 44; übtr. *a)* etw. durchbringen, durchsetzen: rogationem *J*. 32. — *b)* ertragen, erdulden: injusta imperia *J*. 31 (§ 11).

perficio, fēci, fectum, 3. (facio), zu Stande bringen, ausführen: inceptum *J*. 11; mit folg. ut, durchsetzen, bewirken *J*. 16.

perfidia, ae, Treulosigkeit *J*. 61. 69. 71. 74. 107.

perfŭga, ae, Überläufer *C*. 57; *J*. 32. 40. 56. 100.

*per-fŭgĭo, fŭgi, fŭgĭtum, 3. wohin fliehen: in Galliam *C*. 57.

perfŭgĭum, i, Zufluchtsort, Zuflucht: in alquo miseris est perfugium *C*. 54. — 2) militär. Rückzugspunkt *J*. 52.

pergo, perrexi, perrectum, 3. (per u. rego), eine Bewegung verfolgen: iter *J*. 79; *absol.* seinen Weg wohin nehmen, sich aufmachen, aufbrechen, vorrücken: ad mare *J*. 23; ad flumen *J*. 52. 90; ad oppidum *J*. 59. 92; ad locum *J*. 94; in loca *J*. 54; in solitudines *J*. 74; domum *C*. 44; ad regem *J*. 71; advorsum alqm *J*. 69. 74; itinere *J*. 47; qua *J*. 20. — 2) übtr. *a)* vorwärts schreiten, vorgehen *or. Lic.* 8; properantius *J*. 8. — *b)* fortfahren: perge uti coepisti *J*. 102; qua coeptas *or. Phil.* 16.

pĕrīcŭlōsē, *adv.* gefährlich, mit Gefahr *J*. 8; periculosius *or. Lep.* 7.

pĕrīcŭlōsus, 3. gefährlich: libertas *or. Lep.* 26; periculosum ducere, für gefährlich erachten *J*. 74; periculosa petere *J*. 1 (s. multum).

pĕrīcŭlum, i, „Versuch", dah. Gefahr: maximum *C*. 52 (§ 28); summum *J*. 77; anceps *J*. 38; cum ingenti periculo *J*. 92; pari periculo esse *J*. 57; rem periculi suo curare *J*. 83; salus est in summo periculo *J*. 77; periculum impendet alcui *C*. 28; advenit *C*. 23; capit alqm *J*. 51; respublica in maxuma pericula venit

perinde

C. 52 (§ 36); periculum alcui facere *C.* 33; ex alquo metuere *C.* 52 (§ 16); tolerare *C.* 10; vitare *or. Lep.* 1; propellere *C.* 6; alqm periculis objectare *J.* 7; periculis obviam ire *J.* 7; a periculis abesse *C.* 6. — 2) Kriminalprozeß *C.* 16. 20. 21; *J.* 40.

*pĕrindĕ, *adv.* auf gleiche Weise, ebenso: perinde … ut *J.* 4 (f. habeo 1).

*pĕrītĭa, ae, (praktische) Kenntnis: locorum et militiae *J.* 46.

perjūrĭum, i, falscher Eid, Meineid *C.* 14; *or. Phil.* 15.

per-lĕgo, lēgi, lectum, 3. durchlesen: litteras *C.* 47; *J.* 71.

per-mănĕo, mansi, mansum, 2. „verbleiben", prägn. *a)* fortdauern: amicitia bona nobis permansit *J.* 5; una res *or. Lic.* 12. — *b)* wobei verharren: in suis artibus (f. ars *b) J.* 8.

per - miscĕo, miscŭi, mixtum, 2. durcheinander mengen, vermischen: sanguis vino permixtus *C.* 22; lixae permixti cum militibus *J.* 44; cum auxiliariis permixti velites *J.* 46; hostes atque cives permixti *J.* 51; equites pedites permixti *J.* 97; clamor permixtus hortatione *J.* 60; ira et aegritudo permixta sunt *J.* 68; *pass.* sich vermischen: inter se *J.* 17. — 2) übtr. untereinander werfen, verwirren: divina et humana cuncta *J.* 5.

per-mitto, mīsi, missum, 3. „hinlassen", dah. *a)* überlassen, zur Verfügung stellen, gestatten: alcui exercitum *C.* 59; *J.* 64; potestatem *C.* 29; licentiam *J.* 103; exsilium *C.* 51 (§ 22. 40); se alcui *or. Phil.* 19. — *b)* gestatten, erlauben: alcui mit folg. ut *C.* 30; mit bloß. Konjunktiv *C.* 45.

*permixtĭo, ōnis, *f.* Vermischung: terrae, chaotisches Durcheinander *J.* 41.

per-mŏvĕo, mōvi, mōtum, 2. „stark bewegen", übtr. *a)* wozu bewegen, veranlassen, bestimmen: permotus malo *C.* 29; studio *C.* 33; oratione *C.* 50; virtute viri *J.* 9. — *b)*

per-solvo

auf jmd. Eindruck machen, ihn reizen, beunruhigen: alqm *C.* 51 (§ 10); permotus his rebus *C.* 31; negotio *J.* 6; dolore *J.* 20.

pernĭcĭēs, ēi, Verderben, Untergang *C.* 54; *J.* 31 (§ 21). 70; perniciem alcui machinari *C.* 18.

pernĭcĭōsus, 3. verderblich, schädlich, gefährlich: natura serpentium *J.* 89; lubido *J.* 1. 3; perniciosior *J.* 46; perniciosa petere *J.* 1.

per-pello, pŭli, pulsum, 3. „heftig stoßen", übtr. jmd. wozu vermögen, etw. bei jmd. durchsetzen: alqm mit folg. ut *J.* 38; mit ne *C.* 26.

*perpĕram, *adv.* unrecht, verkehrt: facere *C.* 31 (§ 27).

perpĕtĭor, pessus sum, 3. (patior), standhaft ertragen, erdulden: imperia saeva *C.* 19; mala *J.* 102.

*perpĕtŭus, 3. ununterbrochen, beständig: pax *ep. Mithr.* 2.

*Persae, ārum, die Perser *J.* 18.

*per-rēpo, repsi, reptum, 3. über etw. hinkriechen: planitiem *J.* 93.

per-scrībo, psi, ptum, 3. (ausführlich) niederschreiben, aufzeichnen: res carptim *C.* 4; orationem *J.* 30.

per-sĕquor, cūtus sum, 3. „beharrlich folgen", dah. verfolgen, nachsetzen: alqm *J.* 50. 71. — 2) rächend verfolgen, bestrafen, rächen: alqm *C.* 36; *J.* 39; 102; injuriam *C.* 9; *J.* 14 (§ 21); maleficia *C.* 52 (§ 4; persequare, „mag man verfolgen"). — 3) beschreibend durchgehen, (genau) beschreiben, erzählen: res *J.* 95.

Persēs, ae, Sohn Philipps III., letzter König in Macedonien, 168 v. Chr. bei Pydna vom L. Aemilius Paulus besiegt *C.* 51 (§ 5); *acc.* Persen *J.* 81; *ep. Mithr.* 7.

*Persis, ĭdis, *f.* Perserland: regnum Persidis, das parthische Reich *ep. Mithr.* 19.

*per-solvo, solvi, sŏlūtum, 3. bezahlen, abtragen: aes *C.* 35 (et alienis nominibus, *abl. abs.* = etiam si aliena essent nomina).

per-suādĕo, suāsi, suāsum, 2. überreden, wozu bestimmen: alcui J. 61; mit folg. ut J. 32. 46; mit bloß. Konjunktiv J. 35; mit ne J. 32.

*per-taedet, taesum est, 2. einer Sache überdrüssig werden, mit acc. d. Person u. gen. d. Sache: vos injuriae pertaesum est or. Lic. 8.

*per-terrĕo, ŭi, ĭtum, 2. (sehr) in Schrecken setzen, bestürzt machen: alqm C. 28.

pertĭmesco, tĭmŭi, 3. vor jmd. od. etw. in große Furcht geraten, sich sehr fürchten: alqm J. 106. 108; or. Lic. 8; absol. or. Lic. 21.

*pertīnācĭter, adv. hartnäckig or. Lic. 17.

*pertĭnĕo, tĭnŭi, 2. (teneo), „bis wohin reichen", übtr. worauf hinzielen: quo oratio pertinet, welchen Zweck hat die Rede C. 51 (§ 10).

*pertingo, ĕre (tango), „überall berühren", dah. sich erstrecken, sich hinziehen: collis in immensum pertingens J. 48.

per-turbo, 1. in Unordnung bringen: aciem J. 59; pass. in Verwirrung geraten C. 60; J. 59. — 2) übtr. die Ruhe von etw. stören, (politische) Wirren erregen: rempublicam C.18.

per-vĕnĭo, vēni, ventum, 4. hinkommen, hingelangen, wo ankommen: Thalam J. 75; ad oppidum Suthul („in die Nähe von") J. 37; ad Gaetulos J. 80; in oppidum Cirtam J. 102; in planitiem J. 68; quo pre intenderant perventum est J. 107; in castra nuntius pervenit C. 57. — 2) übtr. a) wozu gelangen: in claritudinem J. 7; in regnum, zur Mitregentschaft gelangen (successionsfähig werden) J.11; in senatum, zur Senatorenwürde J. 4. — b) an jmd. gelangen: imperium pervenit ad ignaros C. 51 (§ 27); ex qua ad paucos divitiae perveniunt, erwachsen J. 31 (§ 19).

pēs, pĕdis, m. Fuß: ab inermis pedibus auxilium petere J. 107 (s. peto 3); ire pedibus in sententiam alcjus, der Meinung jmds. beitreten (was bei d. Abstimmung im Senate dadurch geschah, daß jeder einzelne sich an die Seite desjenigen stellte, dem er beistimmte) C. 50.

pessŭmē, s. male.

pessŭmus, a, um, s. malus.

pessum, adv. (aus pedisversum), „fußwärts, zu Boden", dah. pessum dare, „in die Tiefe fallen lassen", bildl. zu Grunde richten, verderben: civitates J. 42; ad inertiam pessum datus est, ist hinabgesunken J. 1.

*pestīlentĭa, ae, ansteckende Krankheit, Seuche C. 10.

pestis, is, f. „Seuche", übtr. Verderben, Untergang J. 106; orbis terrarum ep. Mithr. 17 (s. condo); praemia in pestem convortere J. 70. — 2) meton. Unheilstifter, Geißel J. 14 (§ 10).

pĕtītĭo, ōnis, f. Amtsbewerbung C. 21. 26; pontificatus C. 49.

pĕto, īvi (ĭi), ītum, 3. „nach etw. langen", dah. einen Ort zu erreichen suchen, wohin ziehen, wandern: loca J. 18. — 2) auf etw. feindl. losgehen, etw. od. jmd. angreifen: murum J. 94; alqm, es auf jmd. abgesehen haben J. 20; illum supra quam ego sum petere, daß seine Absichten mit mehr als auf meine Person gerichtet sind J. 24. — 3) nach etw. streben, trachten, etw. zu erlangen suchen, beanspruchen: divitias C.33; regnum ep. Mithr. 8; imperium J. 18. 20; partem Numidiae J. 111; praemia armis C. 21; gloriam C. 54; pacem or. Phil. 17; auxilium a pedibus, bei den Füßen Hilfe suchen J. 107; poenas contumeliarum in imperatorem, sich für die Ehrenkränkungen am Oberfeldherrn zu rächen suchen J. 65; fides petunda erat, man hatte nachzusuchen Veranlassung J. 14 (§ 5); insb. a) aufsuchen, auflesen: cochleas J. 93. — b) etw. nachsuchen, begehren, sich etw. erbitten, jmd. um etw. bitten: alqd J. 77. 110; aliam conditionem J. 79; foedus J. 80. 104; societatem ep. Mithr. 2; vitam alcui

136   Petrejus   placeo

J. 46; alqd ab senatu *C.* 34; *J.* 35; auxilium ab alquo *C.* 34. 44; *J.* 14 (§ 3); mit folg. ut *J.* 65. 103. 105; mit bloß. Konjunktiv *J.* 102; mit ne *J.* 15; ad societatem peti, begehrt werden *ep. Mithr.* 16. — *c)* sich um etw. bewerben: consulatum *C.* 16. 18. 21; honores *J.* 85 (§ 19); alqd ab alquo (bei jmd.) *J.* 63. 64. 85 (§ 1); consulatus alcui petitur ab alquo *J.* 65; *absol.* petundi gratia *J.* 64. — *d)* um jmd. buhlen, jmd. (als Geliebten) begehren: viros *C.* 25.

Petrējus, i, M., Legat des Konsuls C. Antonius, im Kriege zwisch. Cäsar u. Pompejus Legat des letzteren in Spanien, ging nach dem Tode des Pompejus nach Afrika u. tötete sich nach der Niederlage bei Thapsus 46 v. Chr. *C.* 59. 60.

*****pētŭlantĭa,** ae, Leichtfertigkeit, Frechheit *C.* 37.

*****phălĕrae,** ārum, Brustschmuck (militär. Auszeichnung) *J.* 85 (§ 29).

Phīlaeni, ōrum, zwei Brüder aus Karthago, die sich lebendig begraben ließen, um ihrer Vaterstadt eine Gebietsvergrößerung zuzuwenden *J.* 79; Philaenon (= Philaenorum) arae, auf der Grenze zwisch. den Gebieten von Karthago u. Cyrene, im östlichen Teile der großen Syrte *J.* 19.

Philippus, i, Philippus III., König von Macedonien (221—179), schloß mit Hannibal ein Bündnis, weshalb die Römer ihm den Krieg erklärten, in welchem er vom T. Quintius Flamininus i.J.197 bei Kynoskephalae besiegt wurde *or. Lep.* 4; *ep. Mithr.* 6. — 2) s. Marcius.

*****Phoenīces,** um, die Phönizier *J.* 19.

*****Pīcens,** tis, picenisch (s. Picenus), *subst.* Picener *or. Lep.* 17.

Pīcēnus, 3. picenisch: ager, das Picenerland im östl. Italien am venetischen Meerbusen, jetzt Mark Ankona *C.* 27. 30. 57.

pĭĕtās, ātis, f. Pflichtgefühl *J.* 31 (§ 12). — 2) insb. gegen die Götter: Frömmigkeit *C.* 12.

pĭget, ŭit u. ĭtum est, 2. es erregt Unmut, Widerwillen: mit *inf. J.* 31 (§ 2). 95; *or. Phil.* 14; piget me alcjus rei, ich empfinde Unmut über etwas *J.* 4.

pīlum, i, das Pilum, der Wurfspieß des römisch. Fußvolks, bestand aus einem 4 Fuß langen Schafte u. einem ebenso langen Eisen, welches aber nur mit der obern pyramidalisch zugeschärften Hälfte aus dem Schafte hervorragte, während die untere vierkantige Hälfte mit dem Holze durch zwei Stifte verbunden war: pila mittere *J.* 57; omittere *C.* 60.

*****pīlus,** i, ein Manipel der Triarier, welche auch pilani hießen; sie bestanden aus den ältesten u. erprobtesten Kriegern u. bildeten im Treffen das dritte Glied (die Reserve): centurio primi pili, dem Range nach der erste unter den Centurionen der Legion *J.* 38.

*****pingo,** pinxi, pictum, 3. malen: tabula picta, Gemälde *C.* 11.

Pīso, ōnis, (Cn. Calpurnius, ein Genosse des Catilina *C.* 18. 19. 21. — 2) C. Calpurnius, Konsul 67 v. Chr. *C.* 49.

*****Pīstōrĭensis,** e, pistoriensisch: ager, das Gebiet von Pistorium in Etrurien, jetzt Pistoja in Toskana *C.* 57.

*****pĭus,** 3. „pflichtmäßig handelnd", dah. v. Handlungen, pflichtgemäß *ep. Mithr.* 1.

*****pix,** pĭcis, f. Pech *J.* 57.

plăcĕo, ŭi, ĭtum, 2. gefallen, zusagen: alcui sua (res suae) placent, jmd. ist zufrieden mit seiner Lage *C.* 2; *J.* 64; vergl. quis res novae satis placebant *J.* 66; alcui placere, sich jmds. Wohlgefallen erwerben *J.* 22; locus ambobus placitus, von beiden beliebt *J.* 81. — 2) placet mihi, es beliebt mir, ich befinde für gut, entscheide mich für etw., beschließe: reticere *J.* 85 (§ 26); hoc utinam tibi placuisset *J.* 102; quando vobis ita placet *J.* 110; quocumque ire placet (*sc.* nobis) *C.* 58; placuit verba facere *J.* 102; placet (*sc.* mihi) eos dimitti *C.* 51 (§ 43); dividi thesauros *J.* 12;

placide

cetera parari *J*. 70; in§b. v. Behör=
den, man verordnet, beschließt:
quid de iis fieri placeat *C*. 50; placeretne legatos recipi moenibus *J*. 28.

plăcĭdē, *adv*. friedlich, friedsam:
rempublicam tractare *J*. 41. — 2)
freundlich, glimpflich: respondere
J. 72; verba facere *J*. 83. 102; plebem
placidius tractare, milder behandeln
C. 39.

plăcĭdus, 3. sanft, friedsam: ingenium *J*. 20.

*****plăcĭtus**, a, um, s. placeo.

*****plāco**, 1. besänftigen, versöh=
nen: alqm *J*. 71.

*****plānē**, *adv*. gänzlich, völlig:
non plane occultatus *J*. 49.

plānĭtĭēs, ēi, Ebene, Fläche *C*.
59; *J*. 37. 68. 92 (s. ceterus); castelli *J*. 93; locis superioribus circumventa *J*. 68.

*****plānus**, 3. eben, flach, *subst*.
planum, i, Ebene, Fläche *J*. 49.

*****Plautĭus**, 3. plautisch: lex Plau-
tia (de vi), vom Volkstribun M. Plau-
tius Silvanus 89 v. Chr. gegen die=
jenigen gegeben, welche durch gewalt=
thätige Handlungen die öffentliche Sicher=
heit gefährdeten *C*. 31.

plēbēs, ēi (ältere Form für plebs)
C. 37; *J*. 33. 40. 73; *or. Lep*. 24;
or. Lic. 1. 27; *or. Phil*. 14; urbana
C. 37; tribunus plebei *or. Lic*. 15.

plebs, plēbis, *f*. das Volk im Gegens.
der Patricier, die Plebejer *C*. 33. 48;
J. 33. 40. 63. 66; *or. Lep*. 24; Ro-
mana *C*. 31. 33; tribunus plebis *C*. 43;
J. 27. 31. 33. 34. 37. 40. 73; *or. Lic*. 8.

plēnus, 3. voll, mit *gen.*: hominum *J*. 46; hostium *or. Cott*. 7; flagitii *J*. 38; spei *J*. 113. — 2) voll=
ständig: pleno gradu, im Geschwind=
schritte *J*. 98.

plērumque, *adv*. sehr oft, mei=
stens, gewöhnlich *J*. 42. 44. 89;
solere *C*. 29; *J*. 7. 66. 70.

plērusque, plēraque, plērumque,
nicht wenige, der größte Teil:
juventus *C*. 17; nobilitas *C*. 23. 38;
exercitus *J*. 54; pars *J*. 18; pleraque

polleo 137

oratione, im größten Teil ihrer Rede
J. 85 (§ 21); pleraque Africā *J*. 79;
subst. plerumque noctis *J*. 21. 98.
109; *plur*. plerique, *a*) sehr viele:
milites *C*. 16; animi *C*. 36; tempora,
fast alle Zeit *J*. 6. — *b*) die meisten:
consulares *C*. 34; *J*. 86; necessarii
J. 113; nostri *J*. 38; plerique eorum
C. 51 (§ 9); *J*. 54; quorum plerosque
J. 74; plerique ex factione *J*. 29;
pleraque ex Punicis oppida *J*. 19;
pauci...plerique *J*. 52. 84. 104; plerique...multi *J*. 54; alii...plerique
J. 65; *neutr*. pleraque mortalium *C*.
6 (s. habeo 1); pleraque humanarum rerum *J*. 102; pleraque legum
cultusque *J*. 78.

plūrŭmum, *adv*. am meisten: posse
C. 2; metuere *J*. 25; confirmatus *J*.
99; hauptsächlich *C*. 41.

plūrŭmus, a, um, s. multus.

plūs, *adv*. mehr: posse *C*. 39. 52;
J. 10; valēre *C*. 51 (§ 7).

plŭvĭa, ae, Regenwasser *J*. 75. 89.

poena, ae, Lösegeld für eine Blut=
schuld, daß. Rache, Strafe: gravis
C. 51 (§ 31); severa *C*. 51 (§ 15);
poenae aut praedae esse, der Rache
oder Plünderung anheimfallen *J*. 69;
poenas solvere *ep. Mithr*. 12; capite
poenas solvere, mit dem Leben büßen
J. 69; poenas (alicujus rei) dare ob.
reddere, (wofür) Strafe leiden, büßen
C. 18. 22. 51 (§ 31); *J*. 14 (s. 1 ne);
morte poenas fortitudinis dare, mit dem
Tode büßen für *C*. 52 (§ 30); poenas
in imperatorem petere (s. peto 3) *J*.
65; poenas pro alquo capere, jmd.
rächen *J*. 68.

*****Poeni**, ōrum, die Punier, Kar=
thager *J*. 79.

poenĭteo, s. paeniteo.

pollĕo, ēre, etw. vermögen, aus=
richten können: magis *J*. 41; *part*.
pollens, mächtig, kräftig: res *C*.
6; facundia *J*. 30; animus abunde
pollens potensque, kräftig und wirksam
J. 1. — 2) von Einfluß sein,
viel gelten: auctoritas alcjus pollet
J. 13. 25.

polliceor, cĭtus sum, 2. (pro u. liceor), sich zu etw. erbieten, etw. zusagen, versprechen: alqd alcui *J.* 47. 97; operam suam *C.* 28. 40, deditionem *J.* 36; tabulas novas *C.* 21; maria montesque *C.* 23; multa *C.* 26; *J.* 16; omnia *J.* 103; sese itineris ducem *J.* 93; mit *acc. c. inf. futuri C.* 44; *J.* 56; *absol.* Versprechungen machen *J.* 111 (s. quod 2, *d*); bene, schöne Versprechungen machen *C.* 41.

pollĭcĭtātĭo, ōnis, *f.* Versprechung, Verheißung *J.* 20; multis pollicitationibus alqm aggredi *J.* 61.

pollĭcĭtor, 1. (*v.intens.v.*polliceor), zusagen, versprechen, verheißen: *absol. C.* 38; *J.* 8.

polluo, ŭi, ūtum, 3. „besudeln", dah. entheiligen, entweihen: omnia *J.* 41; sacra profanaque omnia *C.* 11; consulatum *C.* 23; *part.* pollutus als Adjekt., befleckt: homo, unehrlich *J.* 63; licentia, schmachvoll *J.* 15.

Pompējus, i, Cn. Pompejus Magnus, Besieger der Seeräuber u. des Königs Mithridates, vom Cäsar 48 v. Chr. bei Pharsalus in Thessalien besiegt u. in Ägypten, wohin er floh, ermordet *C.* 16. 17. 19. 38; *or. Lic.* 21. — 2) Q. Pompejus Rufus, verwaltete i. J. 61 die Provinz Afrika *C.* 30.

Pomptīnus, i, C., Legat des Crassus im Sklavenkriege, dämpfte i. J. 61 als Proprätor des narbonensischen Galliens einen Aufstand der Allobroger u. begleitete 51 v. Chr. den Cicero als Legat nach Cilicien *C.* 45.

*****pondo**, eigentl. „an Gewicht", dah. (mit Auslassung des Wortes librae) als undeklinierbares *plurale tantum*, Pfunde: argenti pondo ducenta milia, 200 000 römische Pfund Silber d. i. etwa 11 787 000 Reichsmark *J.* 62.

pondus, ĕris, *n.* Gewicht, Schwere *J.* 94. — 2) Masse, Summe: parvum argenti *J.* 29.

pōno, pŏsŭi, pŏsĭtum, 3. legen, setzen, stellen: sellam juxta *J.* 65 (poneret, „stellen dürfe"); epistulam super caput in pulvino *J.* 71; insb.

Mannschaft aufstellen, postieren: vigilias *J.* 45. — 2) prägn. *a)* aufstellen, errichten: castra *J.* 75. 91. — *b)* einsetzen, anstellen: alqm imperatorem Numidis *J.* 24. — *c)* „ablegen", dah. beilegen, aufgeben: bellum conditionibus *J.* 112. — *d)* als Preis aussetzen, bestimmen: alqd victoribus praemium *C.* 20. — 3) in d. Beurteilung wohin setzen: Africam in parte tertia, als dritten Teil ansetzen *J.* 17; verba ante facta, Worten mehr Gewicht beilegen als Thaten *J.* 15.

*****pons**, tis, *m.* Brücke: Mulvius *C.* 45.

*****pontĭfĭcātus**, ūs, Oberpriesteramt, Pontifikat *C.* 49.

pŏpŭlāris, e, zum Volke gehörig: partes, Volksparteiungen *J.*41(s.mos 3); *subst. a)* Landsmann, *plur.* Landsleute *J.* 7. 35. 48. 58. 70. 74. 111.— *b)* Genosse: conjurationis *C.* 24. 52 (§ 14); sceleris *C.* 22.

pŏpŭlus, i, Volk (als politisch. Ganzes): Romanus *C.* 4. 7; senatus populusque Romanus *C.* 34; *J.* 21; senatus et populus Romanus *J.* 9. 104. 111; senatus atque populus R. *J.* 112; populus et senatus R. *J.* 41; nationes et populi *C.* 10. 20; *ep. Mithr.* 5; reges et populi („freie Völker") *C.* 6. 51 (§ 4); *J.* 84; populi liberi *J.* 31 (§ 9). — 2) als dritter Stand, das Volk, die Plebs *C.* 38; *J.* 30. 32. 41; aliquis ex populo *J.* 85 (§ 10).

*****Porcĭus**, 3. porcisch: lex Porcia (vom Volkstribun C. Porcius Laeca 199 v. Chr.), verbot einem römisch. Bürger unter Nichtbeachtung der von ihm eingelegten Berufung ans Volk (provocatio ad populum) zu stäupen od. zu töten *C.* 51 (§ 22).

Porcĭus, i, M. Porcius Laeca, Mitverschworener des Catilina *C.* 17. 27. — 2) s. Cato.

porrĭgo, rexi, rectum, 3. (pro u. rego), ausstrecken, ausdehnen: aciem latius *J.* 42; *pass.* sich erſtrecken: collis transvorso itinere porrectus, ſich hinziehend *J.* 49.

porro, *adv.* „fürder", dah. weiter fort, weiter *J.* 28. — 2) dann wieder, auf der andern Seite *C.* 46; *J.* 25.

porta, ae, Thor, Pforte *J.* 12. 56. 58. 59.

*****portātĭo,** ōnis, *f.* Transport: armorum atque telorum transportationes *C.* 42.

portendo, tendi, tentum, 3. (pro u. tendo), „hervorſtrecken", dah. in d. Religionsſprache, ankündigen, prophezeien: alcui regnum *C.* 47; magna atque mirabilia *J.* 63; alcui deorum nutu cuncta portenduntur *J.* 92; rerum mutationes caedem portendunt, ſind Vorboten von, haben im Gefolge *J.* 3. — 2) *subst. part.* portentum, i, (ängſtigendes)Anzeichen,Vorzeichen: portenta atque prodigia, Zeichen u. Wunder *C.* 30.

portentum, i, ſ. portendo.

porto, 1. tragen: arma *J.* 56; sparos *C.* 56; commeatum, herbeiſchaffen *J.* 46; sociis auxilia, Hilfe zuführen *C.* 6; übtr. libertatem in dextris *C.* 58. — 2) fortſchaffen, wohin ſchaffen: pecuniam ad alqm *C.* 24; commeatum (in Africam) *J.* 36. 46; copias secum, mit ſich nehmen *J.* 39; exercitum in Africam, überſetzen *J.* 27; arma, transportieren *C.* 30.

*****portŭōsus,** 3. hafenreich: pars Numidiae portuosior *J.* 16.

posco, pŏposci, 3. verlangen, fordern: stipendium *or. Cott.* 6; alqm imperatorem *J.* 65. — 2) v. Dingen, erfordern, erheiſchen: id quod negotium poscebat *J.* 56; uti res poscit *J.* 70; quantum mores poscebant *J.* 85 (§ 44).

possessĭo, ōnis, *f.* Besitztum, Besitzung *C.* 35; *or. Lep.* 18.

possĭdĕo, sēdi, sessum, 2. im Besitz haben, besitzen: praemia virtutis ambitio possidet *C.* 52 (§ 22); lubido animum possidet, hat eingenommen *C.* 51 (§ 3).

possīdo, sēdi, sessum, 3. in Besitz nehmen, von etw. Besitz ergreifen: loca *J.* 18; partem *J.* 16. 48; pars ab Numidis possessa est *J.* 18.

possum, potŭi, posse (potis u. sum), können, vermögen, imſtande ſein, mit *inf.*: versus facere *C.* 25; animus sedari potest *C.* 15; quoquo modo potuere abeunt *J.* 60; mit quam, zur Verſtärkung des Superlativs: quam maxumas potest copias armat, ſoviel als er vermag, möglichſt viele *J.* 13.48; quam plurimos potest equites educit *J.* 68; conquirit quam plurimum potest pecoris *J.* 75; ibi quam occultissime potest opperitur *J.* 91; quam verissume potero absolvam *C.* 4.18. — 2) vermögen, ausrichten: amplius *J.* 69; *or. Lic.* 19; plus *C.* 39. 52 (§ 15); *J.* 10; plurumum *C.* 2; minus *J.* 41; quantum *C.* 53.

post, *adv.* „hinten", dah. *a)* v. d. Zeit, hernach, nachher *C.* 6. 16; *J.* 33; primo ... post *C.* 10.24.47.51 (§30); *J.* 53; primum ... post *J.* 14 (§ 11); paulo post, bald hernach *C.* 28. 51 (§ 34); *J.* 36; post paulo *C.* 18; *J.* 56. 71. 74. 106; paucis post diebus *J.* 11; post futuri, in der Zukunft Lebende *or. Lep.* 6. — *b)* v. d. Reihenfolge,ſodann: post aliae urbes *J.* 19; aliis, post aliis *J.* 55; alium post alium (magistratum) sibi peperit *J.* 63. — *c)* v. Range, hinten: invidia atque superbia post fuere, traten zurück *C.* 23. — 2) *praep.* mit *acc.: a)* hinter: post cohortes *C.* 59; post principia *J.* 50; post eos *J.* 19; post gloriam invidia sequitur *J.* 55.—*b)* v. d. Zeit, a. nach: post multas tempestates *J.* 73; post conditam Romam *C.* 18; post eum diem, Tags darauf *C.* 48; post diem decumum *J.* 109; post paucos dies *C.* 30; *J.* 90; multos (paucos) post annos *C.* 37; *J.* 9. 42; post id locorum (post ea loci), nach dieſer Zeit *J.* 72. 102; mit folg. quam: post dies quadraginta quam eo ventum erat *J.* 76; post diem quintum quam pugnaverant *J.* 102. — b. ſeit: post do-

postea

minationem *C.* 5; post insidias *J.* 55; post illa tempora *C.* 38; post magnitudinem, ſeit dem Beſtehen der Macht *J.* 5. — *c)* v. Range, nach: alqd post honorem ducere, der Ehre nachſetzen *J.* 73.

postĕā, *adv.* hernach, ſpäter *C.* 19. 22; *J.* 4. 19; mit folg. quam *C.* 2; *J.* 29.

postĕrus, 3. nachfolgend: postero die *J.* 29. 38. 59; aliquanto posterior, bedeutend zurückgeblieben *J.* 79; tempore posterius, der Zeit nach ſpäter *J.* 85 (§ 12, ſ. prior); in posterum, für die Zukunft *or. Lic.* 12; *subst.* posteri, Nachkommen *J.* 85 (§ 23); *or. Lep.* 25. — 2) *superl.* postrēmus, *a)* der letzte, hinterſte: acies, Hintertreffen *J.* 101; *subst.* postremi, die Hinterſten, der Nachzug *J.* 45. 50. 55; postremum, i, Nachzug *J.* 46; ad postremum usque, bis zuletzt *or. Phil.* 5; *plur.* postrema, das zuletzt Geſchehene *C.* 51 (§ 15). — *b)* übtr. der ärgſte, verworfenſte *or. Phil.* 3; *ep. Mithr.* 12.

postquam, *conj.* nachdem, ſeitdem: mit *perfect. C.* 6. 11. 20. 26. 38. 45. 51 (§ 5); *J.* 6. 8. 12. 18. 26. 42; postquam congressi (sunt) *J.* 109; mit *praes. J.* 38. 56. 64. 66. 69. 80. 84; postquam videt *C.* 21. 40. 57. 60; *J.* 53. 61. 76. 79. 86; mit *plusqpf.* (bei nicht unmittelbarer Folge) *J.* 11. 44. 79. 88. 97. 108; mit *imperf.* (zur Bezeichn. des Zuſtändlichen) *C.* 6. 12; *J.* 13. 28. 36. 53. 58. 70.

postrēmō, *adv.* endlich, zuletzt *C.* 27. 31. 47; *J.* 10. 22. 43; *ep. Mithr.* 9; primo (primum) ... deinde ... postremo *C.* 45; *J.* 13. 94. — 2) endlich, überhaupt, kurz *C.* 14. 20. 23. 37. 51 (§ 9. 33). 54; *J.* 2. 3. 16. 31 (§ 12). 35. 46. 92. 101. 110; *or. Phil.* 1. — 3) prägn. ja zuletzt nur: postremo vas concupiverat *C.* 51 (§ 33).

postrēmus, a, um, ſ. posterus.

postŭlātum, i, ſ. postulo.

postŭlo, 1. (als Wunſch) verlangen, fordern, nachſuchen, begeh-

potior

ren: jusjurandum ab alquo *C.* 44; pacem *J.* 47; indutias *J.* 104; supplementum legionibus *J.* 84; mit folg. ut *C.* 21. 48; mit folg. ne *C.* 31; *J.* 83; *subst. part.* postulatum, i, Forderung *J.* 83 (ſ. contra 2, *b*). — 2) v. Dingen, erfordern: quae supplicium postulat *C.* 55; quid rationes postulent *C.* 44; res postulat *J.* 12. 35. 52. 85 (§ 29); mit *inf. J.* 17.

pŏtens, tis (v. possum), mächtig, wirkſam, einflußreich: in senatu *J.* 17; apud socios *J.* 8; animus abunde pollens potensque *J.* 1; rex copiis potens *J.* 14 (§ 7); potentem fieri *C.* 38; *subst.* potentes, die Mächtigen *C.* 20; *J.* 31 (§ 19); *or. Lic.* 27; potentior *J.* 41.

pŏtentĭa, ae, (faktiſch vorhandene) Macht, Gewalt, Einfluß: Pompeji *C.* 19; paucorum *C.* 39. 58; *J.* 3; factionis *J.* 31 (§ 4); nobilitatis *J.* 27. 30; injusta *J.* 41; homo summa potentia *C.* 48; potentiam quaerere *J.* 86.

pŏtestās, ātis, *f.* (übertragene) Macht, Gewalt (zu ob. über etw.): vitae necisque *J.* 14 (§ 23; cujus iſt *gen. subject.* zu vitae necisque potestas); cogendi *J.* 26; alqd est in potestate alcjus *J.* 83; pars civium in hostium potestate d. i. der Umſtand, daß ein Teil ... war *J.* 91; alqm in potestatem habere („bekommen") *J.* 112. — 2) insb. *a)* amtliche Gewalt, Amtsmacht, Amt: tribunicia *C.* 38; *or. Lep.* 23; *or. Phil.* 14; *plur.* potestates, Staatsämter: in potestatibus *J.* 63 (ſ. gero 2, *b*); *J.* 85 (§ 9). — *b)* Vollmacht, Erlaubnis *C.* 29; alcui potestatem eundi facere *J.* 104; neque amplius potestatem (*sc.* indicandi) faciundam, daß ihm keine weitere Anzeige zu geſtatten ſei *C.* 48.

pŏtĭor, potĭus, *gen.* ōris *(comp.* v. potis, *superl.* potissīmus), vorzüglicher, wichtiger: pars specie potior *J.* 16; amicitia bello potior *J.* 83; libertas servitio potior *or. Lep.* 26; divitiae bono honestoque potiores

(„als Rechtlichkeit und Ehrenhaftigkeit") J. 8; omnia potiora fide, zuverlässiger als J. 26; omnia bello potiora ducere, dem Kriege vorziehen J. 62; potissumus temptare, lieber selbst zuerst J. 94.

potĭor, 4. sich eines Gegenstandes bemächtigen, mit gen.; urbis C. 47; oppidi J. 75; alcjs J. 25; mit abl.: agro J. 55; oppido J. 76; multis locis J. 92; imperio J. 75; signorum aliquanto numero, hostium paucorum J. 74; mit acc.: cupido oppidi potiundi J. 37. 89. — 2) im Besitz haben, in seiner Gewalt haben: omnis Numidiae J. 13.

pŏtissŭmum, adv. hauptsächlich, vorzüglich, vor allem J. 14 (§ 9. 15). 30. 67.

pŏtissŭmus, a, um, s. potior.

pŏtĭus, adv. vielmehr, eher, lieber C. 16; or. Phil. 18; mit folg. quam J. 1. 4. 8. 14 (§ 3). 21. 39; mit quam u. Konjunktiv C. 58; J. 24. 106.

pōto, avi, ātum u. pōtum, 1. trinken, zechen C. 11; J. 85 (§ 41).

*****prae**, praep. mit abl. vor ... her, vor: singulos prae se mittere J. 94.

*****praeăcūtus**, 3. vorn zugespitzt: sudes C. 56.

*****praealtus**, 3. sehr tief J. 78.

praebĕo, ŭi, ĭtum, 2. (habeo), „hinhalten", dah. darreichen, darbieten, verschaffen, gewähren: alcui scorta C. 16; frumentum J. 54; quae locus praebet J. 67; voluptatibus otium C. 52 (§ 5). — 2) übtr. a) zur Schau darbieten, zeigen: spectaculum rerum humanarum („der menschl. Schicksale") J. 14 (§ 23); exemplum ep. Mithr. 4. — b) preisgeben: sanguinem or. Lic. 17; se alcui habendum fruendumque, jmd. mit sich schalten u. walten lassen or. Lic. 6.

praeceps, cĭpĭtis (prae u. caput), „kopfüber", übtr. a) jählings, unaufhaltsam: praecipitem agi, dem Sturze zugetrieben werden C. 31; praecipitem cadere, ins Verderben stürzen J. 8; praecipitem ire, zu Grunde gehen J.

31 (§ 6, s. mos 3); praecipitem dari, zu Falle kommen J. 63; praecipitem abire (s. abeo) C. 25. — b) leicht hingerissen, nur zu geneigt: ad explendam cupidinem J. 6; praecipitem esse, sich leicht hinreißen lassen C. 37. — c) v. Lokalitäten, jäh, abschüssig: mons J. 92; collis J. 98.

praeceptum, i, s. praecipio.

praecĭpĭo, cēpi, ceptum, 3. (capio), „vorschreiben", dah. die Weisung geben, verordnen, befehlen: alcui mit folg. ut C. 41 (praecēpit, altertüml. Form des Präsens, vergl. J. 13); J. 14 (§ 1); mit bloß. Konjunktiv J. 28; absol. sicut praeceptum erat C. 45; J. 52. 109; quo Numidis praeceperat (sc. venire) J. 75. — 2) subst. part. praeceptum, a) Vorschrift, Lehre, Regel: militare J. 85 (§ 12). — b) Anweisung, Befehl: praecepta alcjs agitare J. 14 (§ 2); ex praecepto, der Anweisung gemäß C. 44; J. 13. 94.

praecĭpĭto, 1. (praeceps), jählings herabstürzen: super vallum praecipitari J. 58; bildl. in tanta mala ex patrio regno praecipitatus J.14 (§ 23); avaritia semet ipsa praecipitavit, hat sich selbst den Fall bereitet J. 41.

*****praecīsus**, 3. (praecido), jäh, abschüssig: iter utrimque praecisum J. 92.

praeclārus, 3. „sehr hell", übtr. herrlich, ausgezeichnet, glänzend: facies J. 2; facinus C. 2; J. 5; vir J. 4; ingenium C. 8; fama J. 55; memoria J. 85 (§ 38); vita J. 85 (§ 22); bello praeclarum esse, sich auszeichnen J. 39; sceleribus suis praeclarum esse, prangen J. 14 (§ 21).

praeda, ae, Kriegsbeute, Beute J. 54 (s. pro 2, a); castrorum J. 38; pecoris et manicipiorum J. 44; ager praeda onustus, beuterich J. 87; praedae bellicae J. 41; praedas agere („wegtreiben, fortschleppen") J. 20. 44; ex sociis, aus dem Gebiete der V. J. 88; vergl. J. 32; praedae esse, Beute einbringen C. 21. 48; erbeutet

werden *J*. 90; der Plünderung anheim=
fallen *J*. 69. — 2) das Beutemachen,
Plündern: ager praedā vastatur *J*.
55. — 3) übtr. *a)* Beute, Raub: regnum
sceleris praedam facere *J*. 14 (§ 11);
praeda civilis, Beraubung der Bürger
or. Lep. 24; alqd praedae habere,
als Raub besitzen *J*. 31 (§ 10). — *b)*
Gewinn: spes praedae *J*. 6.

*praedābundus, 3. auf Beute aus=
gehend *J*. 90.

*praedātor, ōris, Beutemacher,
Plünderer: exercitus praedator ex
sociis, freibeuterisch gegen Bundesge=
nossen *J*. 44.

*praedātōrĭus, 3. plündernd, räu=
berisch: manus, („Horde") *J*. 20.

1. **prae-dīco,** 1. laut aussagen,
äußern, erklären: alqd *J*. 108; mit
acc. c. inf. C. 48; bene, sich rühmlich
über etw. aussprechen *J*. 85 (§ 27);
absol. J. 14 (§ 12).

2. **prae-dīco,** xi, ctum, 3. vorher=
sagen, vorausbestimmen: diem lo-
cumque *J*. 75; *absol. ep. Pomp.* 10.

*praedĭtus, 3. womit begabt, ver=
sehen: magno imperio *C*. 51 (§ 12).

*prae-dŏcĕo, cŭi, ctum, 2. vorher
unterweisen: praedoctus ab alquo
J. 94.

praedor, 1. Beute machen, plün=
dern *J*. 55. 91.

praefectus, i, Vorgesetzter, Be=
fehlshaber, Präfekt: oppidi *J*. 66.
67. 69; regis *J*. 46. — 2) Truppen=
anführer *J*. 74. 77; insb. Oberster einer
Abteilung Auxiliartruppen *C*. 59; *J*. 46.

prae-fĕro, tŭli, lātum, ferre, „voran=
tragen", übtr. den Vorzug geben,
vorziehen: otium labori *C*. 37; alcui praelatus *or. Lep.* 21.

praefĭcĭo, fēci, fectum, 3. (facio),
jmd. über etw. setzen, ihm den Ober=
befehl über etw. geben: alqm Numidis *J*. 7; elephantis *J*. 49. 52.

*praegrĕdĭor, gressus sum, 3. (gra-
dior), voranschreiten *J*. 94.

prae-mitto, mīsi, missum, 3. vor=
ausschicken: alqm ad flumen *J*. 50.

52; ad multitudinem *C*. 27; equites
praemissi (exploratum) *J*. 53. 105.

praemĭum, i, Belohnung, Preis:
virtutis *C*. 52 (§ 22); *J*. 85 (§ 20);
sceleris *J*. 20; conjurationis *C*. 17;
turbarum *or. Lep.* 16; pro vulneri-
bus *ep. Pomp.* 2; alcui praemium
decernere *C*. 30. 50; ponere („aus=
setzen") *C*. 20; ostentare *J*. 23. 66.
89; tribuere *or. Phil.* 4; praemia se-
quuntur alqm *or. Phil.* 9; praemio
inductus *C*. 36; *J*. 13; illectus *J*. 97.

*praepĕdĭo, 4. „vorn verwickeln",
übtr. hemmen, hindern: artes avaritia praepediebat, machte unwirksam *J*.
28 (quas = sed eas).

*praepostĕrus, 3. verkehrt han=
delnd, verkehrt: homines *J*. 85
(§ 12).

*praeruptus, 3. „abgebrochen", dah.
abhängig, abschüssig: mons *C*. 37.

praesens, tis (*part.* v. praesum),
gegenwärtig, dermalig: ignavia *or.
Lic.* 36; in praesens, für den Augen=
blick *C*. 16; *ep. Mithr.* 19. — 2) an=
wesend, gegenwärtig *J*. 93; alquo
praesente, in jmds. Gegenwart *C*. 40;
J. 109; praesenti consilio *J*. 29; in
eigener Person *J*. 29. 46.

*praesentĭa, ae, Gegenwart, An=
wesenheit *C*. 31.

praesertim, *adv.* zumal, beson=
ders: cum praesertim *C*. 51 (§ 19);
J. 2. 3; praesertim cum *or. Lep.* 1.

*praesēs, ĭdis, „vorsitzend", *subst.*
Vorsteher *or. Lic.* 6.

*praesĭdĕo, sēdi, sessum, 2. (sedeo),
„vorsitzen", dah. befehligen, kom=
mandieren: in agro Piceno *C*. 57.

praesĭdĭum, i, „das Vorsitzen", be=
sond. zum Schutze jmds., dah. Schutz,
Hilfe *or. Lep.* 26; legis *C*. 33; praesidium est in alquo *J*. 35; in amicitia
J. 14 (§ 18); praesidium habere in
alquo *or. Lic.* 24; praesidium in alquo putare *C*. 19; praesidio esse, zum
Schutze gereichen *J*. 19; praesidio adesse, schützend zur Seite stehen *J*. 85
(§ 4); insb. militär. Schutz, Deckung:
praesidii causa *C*. 49; mitti praesidio,

praestabilis

zur Bedeckung *J.* 106; praesidio esse alcui, jmdm. zur Deckung dienen, ihn decken, schützen *C.* 36; *J.* 19; *or. Phil.* 22; die Aufsicht führen *J.* 93; praesidium agitare, die Bedeckung bilden *J.* 55. 85 (§ 33); Schutzwache *J.* 65. — 2) meton. was Schutz gewährt, Schutz, Stütze, Hilfsmittel *J.* 62; regni *J.* 10; generis *J.* 14 (§ 15); nudari praesidiis ("Stützpunkte", nudatum *sc.* fore) *J.* 88; insb. *a*) Schutzmacht, Streitkräfte *C.* 50; praesidia parare *C.* 31; accersere *J.* 43; disponere *C.* 50. 55; praesidia in armis sunt *C.* 51 (§ 19); praesidia amicorum circum se habere *C.* 26; Verstärkung *C.* 57. 58. — *b*) Besatzungstruppen, Besatzung, Bedeckung, Posten: equitum *J.* 105; peditum *J.* 50; oppidum sine praesidio *J.* 54; ad arcem praesidium hostium (*sc.* erat) *J.* 67; praesidium imponere *J.* 47. 54. 61. 66; *or. Phil.* 17; eo mittere *J.* 77; deducere *or. Phil.* 17; turres praesidiis firmare *J.* 23. — *c*) mit Truppen besetzter Ort, Posten: in praesidio esse, die Besatzung bilden *J.* 58. 66.

*praestābĭlis, e, vortrefflich, vorzüglich *J.* 1.

*praestō, *adv.* gegenwärtig, bei der Hand: praesto esse *J.* 75.

prae-sto, stĭti, statūrus, 1. "voranstehen", übtr. sich hervorthun, sich auszeichnen: probro *C.* 37; alcui, vor jmdm. den Vorzug haben *C.* 1; unpers. praestat, es ist vorzüglicher, es ist besser *C.* 20; multo praestat *J.* 31 (§ 28). — 2) *transit.* "für etw. einstehen", dah. übtr. etw. leisten *J.* 14 (§ 13, s. in *B*, 5); praestare pacem, Frieden halten *or. Phil.* 2; vicem aerarii, die Stelle der Schatzkammer vertreten *ep. Pomp.* 3.

prae-sum, fŭi, esse, "vorn sein", dah. einer Sache vorstehen, über etw. gesetzt sein, etw. befehligen: provinciae *C.* 42; vigiliis *C.* 30; exercitui *J.* 32; militibus *J.* 64.

praeter, *adv.* außer, ausgenommen *C.* 36 (condemnatis abhäng. v. liceret). — 2) *praep.* mit *acc.* "an... vorüber", dah. *a*) außer, ausgenommen: omnia praeter vitam *J.* 47; omnes praeter Turpilium *J.* 66; nihil praeter formam (fortunam) *C.* 15; *J.* 14 (§ 7); nemo praeter equites *J.* 54. — *b*) abgesehen von: praeter litteras *C.* 47; praet. nomen *J.* 19; praet. fugam *J.* 39; praet. propinqua *J.* 89; praet. spem *or. Lic.* 4.

praetĕrĕā, *adv.* außerdem, überdies *C.* 17. 27; *J.* 4. 44; et haec et multa praeterea *C.* 22; primum ... deinde ... praeterea *C.* 37; praeterea ... ad hoc ... postremo *C.* 14. — 2) v. d. Zeit, sonst *C.* 19.

praetĕr-ĕo, ĭi (īvi), ĭtum, īre, "vorübergehen", übtr. *a*) der Kenntnis entgehen, unbekannt sein: non me praeterit mit *acc. c. inf. or. Lic.* 3. — *b*) unerwähnt lassen, übergehen: alqm silentio *C.* 53; *absol.* nichts sagen *J.* 4.

praetergrĕdĭor, gressus sum, 3. (gradior), vorbeigehen, vorbeiziehen: alqm *J.* 52; primos, am Vordertreffen *J.* 50.

praetor, ōris (statt praeĭtor v. praeeo), "Vorgesetzter", dah. Prätor, obrigkeitl. Person, welcher die Rechtspflege oblag; seit 177 v. Chr. gab es 6 Prätoren, welche nach vollendetem Amtsjahre als Statthalter (propraetores) in die sogenannten prätorischen Provinzen gingen *C.* 30. 33. 42. 45. 46. 55; *J.* 32; quaestor pro praetore, mit prätorischer Amtsgewalt *C.* 19. — 2) Befehlshaber, Feldherr *C.* 59; alqm pro praetore relinquere, als stellvertretenden Feldherrn *J.* 36. 37. 103.

praetōrĭus, 3. zum Feldherrn gehörig: cohors (s. cohors) *C.* 60. 61; *subst.* praetorium, i, Feldherrnzelt *J.* 8.

praetūra, ae, Prätoramt, Prätur *J.* 4. 85 (§ 2).

*prae-vĕnĭo, vēni, ventum, 4. zuvorkommen: quae paravisset facere (näml. die Anzeige) perfidiā clientis

prave

praeventa (esse), darin sei ihm die Treu=
losigkeit ... zuvorgekommen *J.* 71.

*prāvē, *adv.* verkehrt, schlecht:
pravissumeque, und was das Verkehr=
teste ist *or. Lep.* 6.

*prāvĭtās, ātis, *f.* Verkehrtheit *J.* 2.

prāvus, 3. „krumm, ungestaltet", übtr.
verkehrt, schlecht: cupido *J.* 1; ambitio *J.* 96; consilium *J.* 25; inceptum *or. Phil.* 1; calliditas *ep. Mithr.*
12; ingenium malum pravumque *C.* 5;
prava incipere *J.* 64; abstrahi in pravum, zur Schlechtigkeit *J.* 29.

prĕmo, pressi, pressum, 3. „drücken",
dah. bedrängen: aerumnae premunt
alqm *J.* 14 (§ 23); premi ab alquo
ep. Mithr. 6.

prĕtĭum, i, Preis, Wert einer
Sache: cocus pluris pretii, der mich
teurer zu stehen kommt *J.* 85 (§ 39);
fuerit mihi eguisse aliquando pretium
amicitiae tuae, mag immerhin der Um=
stand, daß ich einmal Hilfe bedurft habe,
der Preis deiner Freundschaft gewesen
sein *J.* 110 *(Dietsch* mit Auslassung von
pretium: „mag ich immerhin in den Fall
gekommen sein, einmal deiner Freund=
schaft bedurft zu haben"). — 2) übtr.
a) Geld *C.* 50; *J.* 35; *ep. Mithr.* 12;
pretium aut gratia, Geld od. Gunst
C. 49; *J.* 16. 29; pretio mercari *or.
Lep.* 18; omnia cum pretio, alles was
Geld einbringt *J.* 86. — *b)* Lohn,
Belohnung: operae pretium est, es
verlohnt sich der Mühe, ist der Mühe
wert *C.* 12; capta urbe operae pretium
fore, mit Einnahme der Stadt werde
die Mühe sich lohnen *J.* 81.

*prex, prĕcis, *f.* (im *sing.* nur *dat.*,
acc. u. *abl.* gebräuchlich), Bitte: *plur.*
C. 49.

*prīdem, *adv.* vorlängst: jam
pridem, schon längst *C.* 52 (§ 11).

prīmō, *adv.* anfangs, zuerst (in
der Zeit) *C.* 11. 17. 24; *J.* 25. 89;
ep. Mithr. 5; primo ... deinde *C.* 10.
45; *J.* 42. 49. 60. 61. 69. 71. 85
(§ 1). 94; primo ... post *C.* 10. 24.
47. 51 (§ 29); *J.* 29. 53; primo ...
denique *J.* 111.

prior

prīmum, *adv.* fürs erste, zuerst
(bei Aufzählung) *C.* 11; tunc primum
J. 5; primum ... deinde *C.* 3; *J.* 5.
13. 102; primum ... post (postquam)
J. 14 (§ 11). 64; primum ... praeterae
J. 45; primum omnium..., zu aller=
erst *C.* 37; *J.* 85 (§ 45); *or. Lic.* 14;
jam primum, zuerst nun *C.* 7. 15; ubi
primum, sobald als *C.* 39. 40; *J.* 6.
41. 43. 62. 63. 64; cum primum, so=
bald als *J.* 62; quam primum, sobald
als möglich *C.* 57; *J.* 25. 97.

prīmus, a, um, s. prior.

princeps, cĭpis, *adj.* erste (d. Zeit
u. Ordnung nach): in agmine *J.* 50;
belli faciundi, der den Krieg zuerst er=
öffnet *C.* 24; Vorgänger, Führer *or.
Lep.* 20. — 2) der erste, vornehmste
C. 17; *or. Lic.* 23; legationis, Haupt
J. 16; conjurationis *C.* 27. 43; senatūs, derjenige Senator, dem die Cen=
soren bei Anfertigung der Senatorenliste
nach der Würdigkeit die erste Stelle er=
teilten, und der daher bei Abstimmungen
zuerst um seine Meinung gefragt wurde
J. 25; principes civitatium, die An=
gesehensten, Häupter *C.* 40; *J.* 66;
or. Lep. 5.

princĭpĭum, i, Anfang: a principio consulatus *C.* 26; inde a principio
belli *J.* 77; a principio, von Anfang
an, anfangs *J.* 29. 102; *or. Phil.* 6;
ep. Mithr. 17. — 2) *plur.* principia,
Vordertreffen des Heeres, Front
J. 49. 50.

prĭor, *neutr.* prius, *gen.* ōris *(superl.*
primus), eher, früher (der Zeit u.
Ordnung nach): pugna *J.* 101; actio
J. 35; legati *J.* 47; gerere quam
fieri tempore posterius, re atque usu
prius est, die Amtsführung kommt der
Zeit nach hinter dem Gewähltwerden,
der Wirklichkeit und praktischen Übung
nach geht sie voraus *J.* 85 (§ 12);
superl. primus, der erste: acies *C.*
59. 60; vigilia *J.* 106; primus sententiam rogatus („zuerst") *C.* 50; *subst.*
primum, i, die erste Linie, das Vorder=
treffen: in primo ire *J.* 68; primi, die
vordersten, das Vordertreffen *J.* 45.

pristinus pro

46. 50. 101; in primis, unter den erſten C. 60; J. 6; vor allen J. 26. 35; ganz beſonders C. 3. 4. 15. 23. 51 (§ 41); J. 4; or. Lic. 23; quod difficillumum in primis est, eine höchſt ſchwierige Aufgabe erſter Größe J. 7. — 2) vor= züglicher, überlegen: prior numero J. 50; aetate et sapientia J. 10; manu priorem alium pati, den Vorrang laſſen J. 96 (ſ. manus 1, b); superl. primus, der vorzüglichſte, haupt= ſächlichſte: alqd primum putare (ducere), für das höchſte halten C. 36; J. 41. 76; alqd primum habere, für das erſte erachten J. 84.

pristĭnus, 3. vormalig, früher: virtus C. 58. 60; J. 49; dignitas C. 60.

prĭus, adv. eher, vorher C. 27. 45. 47. 51 (§ 21); prius…quam (priusquam), bevor, ehe, mit Indikativ C. 51 (§ 34); J. 5. 35. 97; mit Konjunktiv, wenn eine Abſicht ausgedrückt wird od. der Satz ein indirekt abhängiger iſt: prius … quam faciam, ehe ich machen kann C. 4; vergl. C. 1. 13. 32. 44; J. 4. 25. 44. 54. 59.

prĭusquam, ſ. prius.

prīvātim, adv. „ohne Beziehung zum Staate", dah. in Privatverhält= niſſen C. 40 (ſ. publice); habemus privatim opulentiam, im Privatbeſitz C. 52 (§ 22); ea privatim et publice rapere, aus Privat= und öffentlichem Beſitz C. 11; pecuniae publice et privatim extortae or. Phil. 17. — 2) in Bezug auf einzelne J. 8 (ſ. publice); privatim liberalitate, publice muneribus, durch Freigebigkeit gegen einzelne und Spenden an das Volk C. 49. — 3) für ſeine Perſon: suam fidem interponere J. 32.

prīvātus, 3. „abgeſondert vom Staa= te", dah. eine einzelne Perſon betreffend: gratia, Privateinfluß J. 25; or. Cott. 4; negotia, Privatgeſchäfte C. 48; amicitia, perſönliche J. 14 (§ 20); opes, eigene or. Lep. 26; ep. Pomp. 2; privato consilio, durch eigenmächtige Maßregeln, ohne Ermächtigung des Staates C. 29; or. Phil. 22; privata arma capere, eigenmächtig die Waffen ergreifen or. Phil. 6; privatae atque publicae largitiones, Spenden von Seiten einzelner u. des Staates C. 37; homo privatus od. subst. privatus, Privatmann J. 110; C. 13; or. Cott. 4; alqm privatum derelinquere, ohne Anſprüche auf den Thron J. 5.

*prīvignus, i, Stiefſohn C. 5.

*prīvo, 1. berauben: fructu laboris privatus C. 35.

1. prō, interj. o! ach! pro di boni or. Phil. 3; pro deum atque hominum fidem, bei der Wahrhaftigkeit der Götter u. Menſchen C. 20.

2. prō, praep. mit abl. vor (den Gegenſtand im Rücken habend): pro castris (pro opere) consistere J. 53. 92; vorn auf (in): pro tectis J. 67; pro muro J. 94; pro curia, am Eingang der Curie C. 18; pro contione, vor der Verſammlung des Heeres J. 8; pro consilio, vor dem Kriegsrate J. 29. — 2) übtr. a) (gleichſam vorgeſtellt zum Schutze d. i.) zu Gunſten für, im Intereſſe, für: pro alquo agere or. Lic. 15; certare pro patria (pro salute) C. 58; J. 114; niti pro gloria J. 15; suadere pro alquo J. 108; magnifica pro se dictitare (ſ. magnificus) J. 84; urbes opportunissumae pro hostibus J. 88; noctem pro se rati, daß die Nacht für ſie ſei J. 98; poenas pro alquo capere, jmd. rächen J. 68; alqm accendere pro honore, für Erlangung der Ehrenſtelle J. 64; labores pro praeda fore, würden die Beute zum Zweck haben J. 54; verba facere pro delicto, zur Entſchuldigung für J. 102; pro se breviter disserere, in Bezug auf ſeine Perſon J. 111. — b) v. d. Stellvertretung, Gleichgeltung, Verwechſelung, anſtatt, ſtatt: pro labore invidia invasit C. 2; incerta pro certis malle (captare, mutare) C. 17. 20; J. 83; alqd pro munimento habere J. 31 (§ 13); integros pro sauciis accersere C. 60; quaestor pro praetore (ſ. praetor) C. 19; ſo gut wie, als, für: hostibus pro sociis

Eichert, Wörterbuch z. Salluſt. 4. Aufl. 10

146 **probitas**

uti *J.* 31 (§ 23); alqm pro hoste habere *J.* 103; audacia pro muro habetur (f. habeo 1, *a*) *C.* 58; pro certo habere, für gewiß halten *C.* 52 (§ 17); falsum pro vero credere *C.* 51 (§ 36); ficta pro falsis ducere *C.* 3; pro certo credi *C.* 15; pro nihilo haberi *J.* 31 (§ 25); pro victoribus agere, sich als Sieger geberden *J.* 98; pro victis esse, der unterliegende Teil sein *or. Lic.* 28; facta pro maximis celebrare, als die größten *C.* 8; pro bono facere, gut handeln *J.* 22. — *c*) z. Bezeichn. der Vergeltung ob. eines Äquivalents, für, wegen: pro factis judicium timere *C.* 14; praemia pro volneribus *ep. Pomp.* 2; arma capere pro injuria *or. Phil.* 10. — *d*) im Verhältnis zu, nach Maßgabe, gemäß, vermöge: pro magnitudine *C.* 22; *J.* 14 (§ 16). 42; pro opibus *C.* 30; *J.* 80; pro meo casu *C.* 35; pro mea consuetudine *C.* 35; pro numero *C.* 56; pro amicitia *J.* 9; digna poena pro factis *C.* 51 (§ 8); pro moribus *J.* 58; pro loco, mit Berücksichtigung des Terrains *C.* 59; pro re atque loco (f. locus) *J.* 50; pro tempore, wie es die Zeit erlaubt, den Umständen gemäß, der Lage entsprechend *C.* 30; *J.* 11. 49. 57. 74; pro rei copia, im Verhältnis zu den vorhandenen Mitteln *J.* 90; quisque pro ingenio, jeder nach seiner Eigenart *J.* 49. 57.

prŏbĭtās, ātis, *f.* Rechtschaffenheit, Redlichkeit *C.* 10; *J.* 1. 4. 14 (§ 4). 63.

prŏbo, 1. womit einverstanden sein, etw. billigen, genehmigen: incepta *C.* 37; rem *J.* 107; flagitium *J.* 30; conditionem *J.* 79; postulata *J.* 83; dicta, als richtig anerkennen *ep. Mithr.* 13; ab alquo probari, sich jmds. Beifall erwerben *J.* 22.

prŏbrum, i, Schandbarkeit, schimpfliche Handlung *C.* 37; ignaviae luxuriaeque probra *J.* 44; alcui probra obicere *J.* 85 (§ 14); probri gratia, wegen schandbaren Wandels *C.* 23. — 2) Beschimpfung,

procul

Schmach: probro habere, für Schmach halten *C.* 12.

prōbus, 3. probehaltig, gut: institutum *C.* 51 (§ 37). — 2) rechtschaffen, tugendhaft *C.* 25; *J.* 85 (§ 9).

*****prŏcax,** ācis, ausgelassen, frech: sermo *C.* 25.

prō-cēdo, cessi, cessum, 3. hervorgehen, herausgehen: de castris *C.* 61; visum („um zuzuschauen") *J.* 94; obvium, entgegengehen *J.* 46.69.113.— 2) vorgehen, vorrücken: paulatim *J.* 50; in locum *J.* 79; ad castra *J.* 52; ad mare *J.* 18; in Numidiam *J.* 46; alcui obviam (obvium), entgegenrücken *J.* 53. 21; vineae paulum processerant, waren vorgerückt *J.* 92. — 3) übtr. *a*) vorgehen, fortschreiten: eo, so weit gehen *or. Lep.* 8; eo magnitudinis (vecordiae) *J.* 1. 5 (f. eo 1, *b*); eo processum (esse), es sei so weit gekommen *J.* 21; liberius altiusque procedere, zu frei u. zu weit über das Thema hinaus gehen *J.* 4; rabies contactu procedit ad alqm, verbreitet sich *or. Phil.* 9. — *b*) v. d. Zeit, vorrücken, verstreichen: tempus procedit *J.* 83; plerumque noctis processit *J.* 21; multum diei processerat *J.* 51. — *c*) von statten gehen, Fortgang haben, Erfolg haben: tardius *J.* 11; secus *J.* 25; res militaris procedit *C.* 1; bellum armis parum *J.* 61; si id parum procedat, wenn dies nicht gelinge *J.* 35. 46; prägn. glücklich von statten gehen, nach Wunsch gehen, glücken: cuncta alcui procedunt *J.* 65; alcui nihil procedit *C.* 27; bene facta procedunt reipublicae, sind ersprießlich für den Staat *J.* 85 (§ 5); insidiae non procedunt consuli (*dat. incommodi,* „gegen den K.") *C.* 32.

prōconsul, sŭlis, Prokonsul *J.* 44; *or. Phil.* 7.

prŏcul, *adv.* fern, weit weg, weit: procul esse *J.* 14 (§ 10). 53. 85 (§ 48); abesse *C.* 57; *J.* 89; manere *J.* 57;

procul a mari *J.* 89; haud procul ab Cirta *J.* 82. 88; a republica, fern vom Sitze der Staatsregierung *J.* 19; fern vom Staatsleben *C.* 4; *J.* 4; ab imperio, schwer erreichbar von d. Gewalt *J.* 78; procul errare, sehr (weitab) irren *J.* 85 (§ 38).

*prōcūrātĭo, ōnis, *f.* Verwaltung: regni *J.* 14 (§ 1).

prōdĭgĭum, i, (bedeutungsvolles, meist Unheil bringendes) Wunderzeichen *C.* 30. 47.

*prōdĭgo, ēgi, 3. (pro u. ago („forttreiben", übtr. verschwenden: aliena *or. Lep.* 17.

*prōdĭgus, 3. verschwenderisch *C.* 14.

prōdĭtĭo, ōnis, *f.* Verrat *J.* 47. 76.

*prōdĭtor, ōris, Verräter: nostri (= senatūs) *or. Phil.* 15.

prō-do, dĭdi, dĭtum, 3. „hervorgeben", dah. mitteilen, entdecken: consilia alcui *C.* 26. — 2) preisgeben, verraten: exercitum *ep. Mithr.* 12; alqm *J.* 106 (proditis *sc.* iis); imperium *J.* 31 (§ 25); rempublicam alcui, an jmd. *J.* 31 (§ 18); alqm alcui *ep. Mithr.* 8; fidem, das gegebene Wort brechen *C.* 25.

*prō-dūco, xi, ctum, 3. vorführen: alqm *J.* 33.

proelĭor, 1. ein Treffen liefern, fechten *J.* 101; proeliantes *J.* 93.

proelĭum, i, Treffen, Gefecht: equestre *J.* 59. 60; leve *J.* 87; incertum *J.* 50; proelium facere *J.* 21. 55. 57 (f. manus 1, *c*); committere *C.* 60; inire *C.* 58; incipere *J.* 21. 57. 74; renovare *J.* 51; conficere *C.* 61; proelio certare *J.* 81. 88; non proeliis neque acie bellum gerere *J.* 54; proelio excedere *C.* 9; proelio superiorem discedere *C.* 39; proelio vinci *J.* 62; victum ex proelio profugere *J.* 13; in proelio capi *C.* 61; occidi *C.* 61; proelio interimi *J.* 99; proelium male pugnatum ab alquo *J.* 54. — 2) Angriff: transvorsum *J.* 50.

*prŏfānus, 3. (pro u. fanum), was außerhalb eines heiligen Bezirks ist, dah. ungeweiht, nicht heilig: sacra profanaque omnia *C.* 11. ▪

*prŏfectĭo, ōnis, *f.* Abreise *J.* 73.

profectō, *adv.* gewiß, wahrlich, in der That *C.* 2. 8. 39. 51 (§ 18); *J.* 4. 27. 31 (§ 16).

prŏfĭcīscor, fectus sum, 3. sich auf den Weg machen, aufbrechen, abreisen, abziehen: ex urbe *C.* 44; domo *J.* 79; Romam *C.* 34; in (ad) hiberna *J.* 97. 103; ad Thalam *J.* 75; eodem *J.* 35; ad alqm *C.* 48; *J.* 32; ad exercitum *C.* 27; *J.* 70; in exsilium *C.* 34; in expeditionem *J.* 103; ad bellum *ep. Pomp.* 4; auxilio, „zur Hilfe" *ep. Mithr.* 22; eversum *or. Lep.* 23.

prŏfĭtĕor, fessus sum, 2. (fateor), frei bekennen: indicium, offene Angabe machen, mit der Sprache herausgehen *J.* 35. — 2) seine Bewerbung (um ein Amt) anmelden *C.* 18.

*prōflīgo, 1. „zu Boden schlagen", dah. den Feind völlig schlagen, überwältigen *J.* 101.

prō-fŭgĭo, fūgi, fŭgĭtum, 3. sich flüchten, das weite suchen: ex urbe *C.* 46; ex proelio in provinciam *J.* 13; Cirtam *J.* 21. 23; ad alqm *J.* 74. 103; intactus profugit *J.* 54. 67.

prŏfŭgus, 3. fortfliehend, flüchtig *C.* 6; *J.* 78; profugi discedunt *J.* 56; profugus ex patria abierat *J.* 35.

prō-fundo, fūdi, fūsum, 3. „hingießen", übtr. vergeuden, verschwenden: divitias in exstruendo mari *C.* 20; *part.* profusus als Adjektiv, verschwenderisch: sui, mit dem Seinigen *C.* 5.

prŏfundus, 3. „unergründlich tief", übtr. bodenlos, unermeßlich: avaritia *J.* 81; cupido *ep. Mithr.* 5.

*prŏfūsĭus, *adv.* (*compar.* v. profuse), unmäßiger, maßloser: quaestui deditus *C.* 13.

prŏfūsus, a, um, f. profundo.

*prōgĕnĭēs, ēi, Sprößling, Abkömmling *J.* 14 (§ 6).

10*

*prōgrĕdĭor, gressus sum, 3. (gradior), „vorwärts schreiten", übtr. ausschreiten, das Maß überschreiten or. Phil. 6.

*prŏhĭbĕo, bŭi, bĭtum, 2. (habeo), „fern halten", dah. abhalten, abwehren, zurückhalten, an etw. verhindern: alqm a delictis J. 45; a jure gentium, den Gebrauch des Völkerrechts verwehren J. 22; alqm moenibus J. 21; mari ep. Mithr. 14; commercio J. 18; fuga J. 67; janua, zurückweisen von C. 28; pugna, dem Kampf wehren ep. Mithr. 15; civitate prohiberi, vom Bürgerrechte ausgeschlossen werden or. Lep. 12; verhindern: prospectum J. 53; mortem or. Lic. 19 (illis b. i. alimentis carceris); injuriam J. 14 (§ 7). 31 (§ 23); seditiones or. Phil. 1; mala or. Phil. 12; mit folg. ne C. 58; mit inf. C. 18. 58. — 2) beschützend fern halten, dah. gegen etw. schützen: alqm ab injuria J. 107.

prōĭcĭo, jēci, jectum, 3. (jacio), „hinwerfen", dah. preisgeben: in miserias proici J. 14 (§ 21); ad bellum proici, in den Krieg hinausgeschleudert werden ep. Pomp. 1.

prŏindĕ, adv. daher, darum, also (bei Aufforderungen) J. 49. 63. 70. 83. — 2) auf gleiche Art, gerade so: proinde quasi, gerade als wenn C. 12; J. 4. 31 (§ 10).

prōlāto, 1. (v. intens. v. profero), hinausschieben, aufschieben, verzögern: perniciem ep. Mithr. 23; seditiones or. Phil. 16; consultationes J. 27; pretio bellum ep. Mithr. 12; dies („Termine") C. 43; absol. or. Lep. 7.

*prōlēs, is, f. Nachkommenschaft or. Lep. 2.

*prōmiscŭē, adv. ohne Unterschied J. 26.

*prōmiscŭus, 3. gemischt, nicht verschieden: divina atque humana promiscua habere, für gleichgültige Dinge halten C. 12.

prōmissum, i, s. promitto.

prō-mitto, mīsi, missum, 3. „hervorgehen lassen", dah. versprechen, verheißen: haec J. 113; mit acc. c. inf. J. 111; subst. part. promissum, i, Versprechen J. 80. 93; alqm promissis onerare J. 12; exspectare promissa, die Erfüllung der Versprechungen J. 47.

promptus, 3. (v. promo), „hervorgenommen", dah. sichtbar, offenbar: aliud in lingua promptum habere C. 10; übtr. a) gleich zur Hand, verfügbar: audacia, schlagfertig C. 32. — b) v. Personen, entschlossen, bereitfertig, bereit: manu promptus, rasch zur That, zum Losschlagen bereit C. 43; J. 7; manu promptior J. 44; promptissumus quisque or. Phil. 1.

promptus, ūs, „das Hervorgenommensein", dah. das Sichtbarsein: alqd in promptu habere offenbaren, zur Geltung bringen C. 7. — 2) Bereitschaft: in promptu esse, zur Hand sein, leicht sein J. 111.

*prōmulgo, 1. (durch Anschlag) öffentlich bekannt machen, publicieren: rogationem ad populum J. 40.

prōnus, 3. vorwärts geneigt: ilex, abwärts gebeugt J. 93; pecora, zur Erde gebeugt C. 1. — 2) übtr. „geneigt zu etwas", dah. ohne Schwierigkeit, ausführbar, leicht: id facilius proniusque fuit J. 80; omnia virtuti prona esse J. 114.

*prōpătŭlum, i, freier Platz: pudicitiam in propatulo habere, öffentlich ausstellen, feilbieten C. 13.

prŏpē (compar. propĭus, superl. proxŭme), adv. nahe, in der Nähe: prope adesse J. 102; propius accedere C. 44; J. 58; propius ventum est J. 53; quod multo propius est ab eo statu, ein Schritt, welcher der Lage viel näher liegt or. Phil. 10. — b) beinahe, fast C. 54; J. 60. 78. 93. 95. 101. — 2) praep. mit acc. nahe bei, nahe an: prope Cirtam oppidum J. 21; propius mare J. 18; vitium propius virtutem est, grenzt näher an die Tugend C. 11; prope diem s. propediem.

prŏpĕdĭem (prope diem), *adv.* nächster Tage, nächstens *C.* 32. 56.

*****prō-pello**, pŭli, pulsum, 3. „forttreiben", übtr. vertreiben, abwehren: pericula *C.* 6.

*****prŏpĕrantia**, ae, Eilfertigkeit *J.* 36 (s. ex 3, *b*).

prŏpĕrantĭus, *adv. (compar.* v. properanter), eiliger, schneller *J.* 8. 96.

prŏpĕrē, *adv.* schleunig, eilends *C.* 28. 57; *J.* 58. 62. 71.

prŏpĕro, 1. eilen, sich beeilen: in Galliam *C.* 57; alio *J.* 19; mit *inf. C.* 13. 48; *J.* 56; mit *acc. c. inf. C.* 7; mit *supin. or. Lic.* 16; *absol. J.* 58. 76; properantes arma capiunt *J.* 53; properandum est *C.* 52 (§ 36). — 2) *transit.* beschleunigen, beeilen: iter *J.* 105. 112; alia *J.* 37.

prŏpinquus, 3. nahe, angrenzend: domus foro propinqua *C.* 40; loca thesauris *J.* 12; flumini *J.* 48; colles inter se *J.* 98; *subst.* propinqua oppido, Umgebung der Stadt *J.* 89. — 2) Verwandt: alcui genere *J.* 10; *subst.* propinquus, Verwandter *J.* 14 (§ 15, s. deceo).

prŏpĭor, *neutr.* propĭus, *gen.* ōris (*superl.* proxĭmus), näher: propior montem *J.* 49; latus proxumum hostes *J.* 49; loci proxumi mari *J.* 18; provincia proxuma Numidiae *J.* 61; aqua proxuma oppido *J.* 75; loca proxuma Carthagine („von Karthago aus") *J.* 18; vergl. proxumi Hispania Mauri sunt *J.* 19; proximus lictor, der der amtlichen Person zunächst gehende, dah. im Range höchste Leibtrabant *J.* 12; *subst.* proxumum, i, nächste Nähe: qui in proxumo locati fuerant *J.* 59; proxuma terrae, die dem Lande zunächst gelegenen Stellen *J.* 78; proxumi, die zunächst stehenden *J.* 57. — 2) übtr. *a*) v. d. Zeit, näher: aetati mors propior *or. Cott.* 9; proxumus dies *J.* 93; nox *J.* 91; nox quae proxuma erat ante diem *J.* 113; annus *J.* 35. — *b*, der Verbindung nach nahestehend: proximus *J.* 35; proximi alcjus, die nächste Umgebung jmds. *C.* 14; *J.* 80. 97.

prŏpĭus, *adv.* s. prope.

prō-pōno, pŏsŭi, pŏsĭtum, 3. „öffentl. hinstellen", übtr. vorlegen, darlegen: satisfactionem *C.* 35; erklären: quae conditio belli foret *C.* 21.

propter, *praep.* mit *acc.* neben, nahe bei: propter aquilam adsistere *C.* 59. — 2) z. Angabe des Grundes, wegen: propter magnitudinem aeris alieni *C.* 33; propter supplicium *C.* 49; propter loci naturam *J.* 23.

prōpulso, 1. (*v. intens.* v. propello), zurückschlagen, zurücktreiben: equitatus *J.* 56; *absol.* resistere ac propulsare, Widerstand u. Abwehr leisten *J.* 51.

*****prōrĭpĭo**, rĭpŭi, reptum, 3. (rapio), fortreißen: se ex curia domum, fortstürzen *C.* 32.

prorsus, *adv.* (= proversus), „geraden Weges", dah. *a*) gerade, eben *C.* 16. — *b*) „um es gerade heraus= zusagen", dah. überhaupt, kurz *C.* 15. 23. 25; *J.* 23. 30. 66. 76.

*****prōsāpĭa**, ae, Geschlechtsreihe, Sippschaft: homo veteris prosapiae *J.* 85 (§ 10).

prō-scrībo, psi, ptum, 3. „schriftlich veröffentlichen", insb. (durch öffentl. Anschlag) in die Acht erklären, ächten: alqm *C.* 37; *subst.* proscriptus, ein Geächteter *C.* 51 (§ 33); *or. Lep.* 18; *or. Phil.* 5.

prōscriptĭo, ōnis, f. Achtserklärung *C.* 21; *or. Lep.* 17.

*****prō-specto**, 1. (von fern) auf etw. hinsehen: proelium *J.* 60.

prōspectus, ūs, Fernsicht, Aussicht *J.* 94; prospectum prohibere *J.* 53; impedire *J.* 79.

prosper, ĕra, ĕrum, erwünscht, günstig, glücklich: res („Staat") *C.* 6; („Lage") *ep. Mithr.* 3; prospera omnia cedunt *C.* 52 (§ 29).

prospĕrē, *adv.* nach Wunsch, günstig, glücklich: evenire *J.* 63; cedere *C.* 26; fortuna prospere utor, das Glück ist mir günstig *J.* 93.

prō-sum, fui, desse, nützen: alcui nihil ad virtutem *J.* 85 (§ 32); petere nihil profutura, keine Nutzen verheißende Dinge *J.* 1.

*****prō-vĕnĭo,** vēni, ventum, 4. „hervorkommen", dah. aufkommen, auftreten: magna ingenia provenere *C.* 8.

*****prōvĭdens,** tis, vorsichtig *J.* 28.

*****prōvĭdenter,** *adv.* mit Umsicht, vorsichtig *J.* 90.

*****prōvĭdentĭa,** ae, Vorsicht *J.* 7.

prō-vĭdĕo, vīdi, vīsum, 2. „in die Ferne sehen", übtr. für (gegen) etw. Vorsorge tragen, Vorkehrungen treffen, im voraus etw. besorgen: quicquam *J.* 99; omnia *C.* 60; *J.* 100; omnia suis, für die Seinigen (erg. a se) *J.* 49; verum, das Rechte treffen *C.* 51 (§ 1); mit *dat.* sorgen für: sibi liberisque *J.* 62; mit folg. ne, vorsorglich bedenken, vorbeugen, verhüten *C.* 51 (§ 7); 52 (§ 4); *J.* 10; *absol.* Vorsichtsmaßregeln treffen *or. Lep.* 1; contra difficultates *J.* 90.

prōvincĭa, ae, ein unter römischer Oberherrschaft stehendes Land außerhalb Italiens, Provinz: alcui provincia decernitur *J.* 27. 114; datur *J.* 82; traditur *J.* 82; evenit *J.* 35; alcui provinciam Numidiam populus jubet *J.* 84; insb. die Provinz Afrika, das ehemalige Gebiet von Karthago *J.* 13. 25. 39. 61.

proxŭmus (proximus), a, um, s. propior.

prūdens, tis (= providens), „voreinsichtig", dah. vorbereitet, von etw. unterrichtet: *absol. J.* 49 (von d. bevorstehenden Kampfe unterrichtet). — 2) kundig, in etw. erfahren, mit *gen.*: belli *ep. Mithr.* 16. — 3) prägn. einsichtsvoll, klug *C.* 8.

*****prūdenter,** *adv.* klug, umsichtig *J.* 88.

*****psallo,** li, 3. die Cither spielen *C.* 25.

Ptŏlĕmaeus, i, Ptolemaeus VIII. Lathuros, König von Ägypten 116—81 v. Chr. *ep. Mithr.* 10. — 2) Ptolemaeus XI. Nothos ob. Auletes, Vater der Kleopatra, starb 52 v. Chr. *ep. Mithr.* 4.

pūbēs, ĕris, mannbar, erwachsen: Numidae *J.* 26. 91; *subst.* puberes *J.* 54.

pūblĭcē, *adv.* von Seiten des Staates: frumentum publice datum, die vom Staate verabfolgten Getreiderationen *J.* 44. — 2) in Bezug auf den Staat: privatim et publice (s. privatim) *C.* 11. 49; *or. Phil.* 17; potius publice quam privatim amicitiam colere, lieber durch Verdienste um den Staat als um einzelne *J.* 8; Allobroges publice privatimque aere alieno oppressi, durch Staats- u. Privatschulden *C.* 40; habere publice egestatem, in der Staatskasse *C.* 52 (§ 22).

pūblĭco, 1. zum Staatseigentum machen, konfiscieren: pecunias *C.* 51 (§ 43). 52 (§ 14).

pūblĭcus (= populicus), 3. alles was mit dem Volke ob. Staate in Zusammenhang steht, den Staat betreffend, öffentlich, allgemein: negotia *J.* 64; largitio (s. privatus) *C.* 37; consilium *or. Phil.* 6; fides *C.* 47. 48; *J.* 32. 33. 35; bonum, Staatswohl *C.* 38; *J.* 25; malum, allgemeines Elend *C.* 37; hervorragende Anschläge gegen das allgemeine Beste *or. Phil.* 13; res publicae, politische Angelegenheiten *J.* 3; publica miserorum causa, die Sache der Bedrängten dem Staate gegenüber *C.* 35; res publica (respublica) s. res.

pŭdĕo, ŭi, ĭtum, 2. mit Scham erfüllen: unpersönl. pudet me, ich schäme mich *J.* 31 (§ 10); mit *inf. J.* 95; *or. Phil.* 14; *or. Lic.* 22; alcjus, vor jmd. *or. Phil.* 15.

pŭdīcĭtĭa, ae, Züchtigkeit, Keuschheit *C.* 12. 13. 14. 25. 52 (§ 33).

pŭdor, ōris, *m.* Scham über etw.: tyrannidis *or. Lep.* 7. — 2) sittliches Gefühl, Gewissenhaftigkeit, Ehrgefühl *C.* 12. 16. 54; *J.* 100. — 3) Bescheidenheit *C.* 3.

pŭer, ĕri, Kind: mulieres puerique *J.* 67. 94; insb. Knabe *C.* 51 (§ 9).

pŭĕrĭtĭa, ae, Knabenalter, Kindheit *J.* 63. 75; a pueritia, von Kindheit an *J.* 85 (§ 7). 100.

pugna, ae, Kampf, Gefecht: mala *J.* 56; pugnam facere *J.* 56. 61. 82; remittere *J.* 60; pugnae adesse *J.* 74. 87; in pugna adesse *J.* 101.

pugno, 1. kämpfen, fechten: in hostem *C.* 9. 52 (§ 30); contra advorsos *J.* 97; advorsum multitudinem *J.* 107 (paucis strenuis, aktiv. *dat.* = a paucis); pro potentia *C.* 58; pro victoria *J.* 54; eminus (glande) *J.* 51. 57; bene *J.* 107; male *J.* 102; proelium male pugnatum a suis *J.* 54; urbes pugnando capere *C.* 7; *J.* 28; locum capere pugnando („für den Kampf") *C.* 61.

pulcher, chra, chrum, schön, herrlich, rühmlich: respublica *C.* 9. 52; facinus *C.* 20; pulchrum est bene facere *C.* 3.

*****pulvīnus**, i, Kopfkissen, Pfühl *J.* 71.

pulvis, ĕris, *m.* Staub *J.* 53. 85 (§ 41).

Pūnĭcus, 3. punisch, karthagisch: bellum *C.* 51 (§ 6); *J.* 5. 42; oppida *J.* 19; urbes *J.* 19; libri *J.* 17; fides („Treulosigkeit") *J.* 108.

pŭto, 1. meinen, glauben: mit *acc. c. inf. C.* 6; *J.* 17. 75; ea invidia dicta (esse) *C.* 3; praetereundum *J.* 4; laetandum magis casum *J.* 14 (§ 22); abunde dictum *J.* 85; redditam gratiam *J.* 110; militia plebi volenti (esse) putabatur *J.* 84. — *b*) mit doppelt. *acc.*, für etw. erachten, für etw. halten: eas...divitias *C.* 7; incendium...crudele *C.* 48; causam ...magnam *C.* 51 (§ 41); nihil firmum *J.* 80; se clariores *J.* 85 (§ 21); quae prima putant *C.* 36; quae sibi facilia factu putat *C.* 3; silere melius puto *J.* 19; alqm ... alium, anders beurteilen *J.* 15; *pass.* wofür gelten: munificus nemo putatur *J.* 103. — *c*) mit in u. *abl.*: bonum in celeritate putare, Vorteil von der Schnelligkeit erwarten *C.* 43; auxilium in elephantis *J.* 53; praesidium in alquo, in jmd. eine Stütze erblicken *C.* 19; gloriam in imperio, finden *C.* 2.

*****Pȳrēnaeus**, i, die Pyrenäen *ep. Pomp.* 5.

*****Pyrrhus**, i, König von Epirus, Feind der Römer im tarentinischen Kriege (282—272 v. Chr.) *or. Lep.* 4.

Q.

Q. = Quintus.

quā, *adv.* wo: qua pergebat *J.* 20; qua descenderat *J.* 50; qua escenderat *J.* 93; qua illi descensus erat *C.* 57; qua regis adventus erat *J.* 59; qua visus erat *J.* 101. — 2) wie: qua coeptas *or. Phil.* 16.

*****quădrātus**, 3. viereckig: agmen, geschlossener Heereszug, auf den Seiten durch leichtes Fußvolk u. Reiterei gedeckt, während die Legionen mit dem Gepäck in der Mitte marschierten *J.* 100.

*****quădrīdŭum**, i, Zeitraum von vier Tagen, vier Tage: quadriduo morari *J.* 54.

quaero, sivi, situm, 3. suchen: regem *J.* 12; insb. *a*) suchen, sich zu verschaffen suchen: salem *J.* 89. — *b*) erwerben, gewinnen: alqd *J.* 85 (§ 30); divitias *J.* 87; odium *J.* 3; salutem alcui *ep. Pomp.* 1; nihil *or. Lep.* 22; mihi satis quaesitum est nomini *or. Lep.* 26. — 2) etw. suchen, auf etw. denken, nach etw. sich umsehen: dolum *J.* 70 (*inf. histor.*); consilium *J.* 70; tempus pugnae *J.* 55; locum invadendi *J.* 85 (§ 5); quomodo pereamus *C.* 33; quid se dignum foret *C.* 51 (§ 6); insb. *a*) etw. suchen, zu gewinnen

quaesitor

ſuchen, erſtreben: opes sibi or. *Phil.* 6; potentiam *J.* 86; gloriam *C.* 1; famam *C.* 2; gratiam *J.* 4; salutem *J.* 39; amicos *J.* 102. — *b*) (= requiro) erfordern, nötig machen: collis pauca munimenta quaerit *J.* 98. — *c*) fragen: ex (ab) alquo, mit folg. Fragſatz *J.* 85 (§ 16). 109. — *d*) gerichtl. unterſuchen: quae nisi quaesita erunt *J.* 31 (§ 26); in alqm, gegen jmd. Unterſuchung anſtellen *J.* 40.

*quaesītor, ōris, Unterſuchungsrichter *J.* 40.

quaeso, īvi, 3. ſuchen, nach etw. ſtreben: quod quaesitur *ep. Mithr.* 1. — 2) um etw. erſuchen, bitten: beim Imperat. *J.* 85 (§ 10); *or. Phil.* 13; *ep. Mithr.* 16; mit folg. ut *ep. Pomp.* 8; *or. Lic.* 13.

quaestĭo, ōnis, *f.* Unterſuchung *J.* 34; injusta *J.* 31 (§ 13); quaestiones in plebem habere, verhängen über *J.* 31 (§ 7); quaestio aspere violenterque exercetur *J.* 40.

quaestor, ōris, Quäſtor, obrigkeitl. Perſon in Rom, welche die Staatskaſſe zu verwalten hatte. Dem in eine Provinz abgehenden Konſul oder Prätor wurde ein Quäſtor für die finanziellen Geſchäfte beigegeben u. derſelbe nicht ſelten vom Feldherrn mit einem Kommando betraut *J.* 29. 95. 103. 104. 106. 113; quaestor pro praetore, mit prätoriſcher Amtsgewalt *C.* 19.

quaestus, ūs, Erwerb, Gewinn *C.* 24; quaestui deditus *C.* 13; quaestui esse, feil ſein *J.* 31 (§ 12).

quālis, e, wie beſchaffen, was für ein *J.* 4. 31 (§ 19); qualis foret, wie er ſich verhalte *J.* 14 (ſ. manus *d*).

quam, *adv.* wie ſehr, wie: quam facile coaluerint *C.* 6; quam intenta fuerit *J.* 40; quam magnificum sit imperium *C.* 52 (§ 10); quam gravis foret *J.* 62; quam iniqui sint *J.* 85 (§ 25); quam ludibrio fueritis *J.* 31 (§ 2). — 2) auf gleiche Weiſe wie, eben ſo wie, wie ſehr: tam …

quamvis

quam, ebenſo ſehr … als *J.* 31 (§ 16); quam … tam *J.* 31 (§ 14, ſ. quisque *b*); *or. Lep.* 20. 24; non tam … quam, nicht ſowohl … als vielmehr *J.* 100. — 3) beim Superlat. mit (u. ohne) posse, möglichſt, recht ſehr: quam verissume potero, ſo wahrheitsgetreu als ich imſtande ſein werde, möglichſt wahrheitsgetreu *C.* 4. 18; quam occultissime potest *J.* 91; quam plurumos potest Numidas *J.* 68; quam plurumum potest *J.* 64; memoriam quam maxume longam efficere, ſo dauernd als möglich *C.* 1; quam ocissume *J.* 25; quam saepissume *J.* 60; quam maxumas copias parat, ſo viel er kann *J.* 13. 48; liberos quam optumos velle möglichſt brave *J.* 85 (§ 16); quam plurumas uxores habere *J.* 80; quam primum, ſo bald als möglich, möglichſt bald *C.* 57; *J.* 25. 97. — 4) beim Komparativ u. komparativ. Begriffen, als: plus timoris quam periculi *C.* 42; amicior quam frater *J.* 10; nihil amplius quam *C.* 47; nihil minus quam *J.* 14 (§ 11); potius quam *C.* 58; *J.* 1; supra quam *C.* 5; *J.* 24; alii quam (= alii potius quam) *J.* 82; malle quam *C.* 8. 9; *J.* 35; praestat quam *C.* 20; *J.* 31; beneficiis (erg. potius) quam metu imperium agitabant *C.* 9; post diem quintum quam („als", nachdem") *J.* 102; post dies quadraginta quam *J.* 76.

quamobrem, ſ. res *h*.

quamquam, *conj.* „wenn auch noch ſo", daß. wie ſehr auch immer *J.* 3. 83. — 2) obgleich, wiewohl: quamquam … tamen *J.* 17. 31 (§ 4). 37; tamen … quamquam *J.* 44; neque … quamquam *J.* 84; ohne korreſp. tamen *J.* 33. 35. 39. 94; im verkürzten Satze *J.* 43; *or. Phil.* 2. — 3) korrektiv., wiewohl, jedoch *or. Lic.* 5; quamquam ego … existumo *J.* 85 (§ 15).

quamvīs, „wie ſehr du willſt", daß. auch noch ſo: spes quamvis ampla *or. Lic.* 20; homo novus quamvis egregius, möge er auch noch ſo vortrefflich ſein *C.* 23.

quando — queo

quando, *conj.* ba nun, weil *J.* 102. 110; *or. Phil.* 16; *ep. Pomp.* 6.

quantus, 3. wie groß: quantus... tantus *C.* 58; tantus... quantus („als") *J.* 1; inẑb. *a) subst.* quantum, wie viel: quantum negotii *J.* 85 (§ 3); quantum temporis, so viel Zeit als *J.* 44; quantum importunitatis habent, bei ihrer großen Unverschämtheit *J.* 31 (§ 22). — *b)* quantum als *adv.* wie viel, wie sehr: quantum creverit *C.* 7; quantum mores poscebant („so weit als") *J.* 85 (§ 44); quantum ingenio possem *C.* 53; virtus tanta habetur, quantum potuere extollere *C.* 8. — *c) gen.* quanti, wie hoch: quanti fecerit (s. facio 1, *g*) *J.* 24. — *d) abl.* quanto, um wie viel: quanto tutius *or. Lic.* 3; quanto ... tanto, je ... desto *C.* 52 (§ 18); *J.* 85 (§ 22). 107; *or. Phil.* 17.

*****quāpropter,** *adv.* beswegen, beshalb *C.* 58.

quāquam, s. haudquaquam.

quārē, (qua re), *adv.* baher, barum *C.* 52 (§ 16); *J.* 31. 107; *or. Lep.* 24.

quăsi, *adv.* als wenn, als ob, mit Konjunkt.: quasi contemnant *J.* 85 (§ 19); quasi reddideris *or. Phil.* 15; quasi vero, als ob wirklich *C.* 52 (§ 15); proinde quasi, gerade als wenn *C.* 12; *J.* 4. 31 (§ 12); beim *partic.*: quasi dolens, als ob er bebaure, anscheinend bebauernd *C.* 40; quasi vitabundus *J.* 38. 60; honores quasi debitos repetere, als ihm gebührend *J.* 85 (§ 37); quasi nullo imposito, als ob niemand zur Aufsicht bestellt wäre *J.* 100. — 2) gleichsam, gleichwie, wie eine Art von: formido quasi vecordia *J.* 72. 99; ea quasi materies fuere *C.* 10; contagio quasi pestilentia invasit *C.* 10; vergl. *or. Phil.* 9; avaritia quasi venenis imbuta *C.* 11; dissensio quasi permixtio terrae oritur *J.* 41; aedificia quasi navium carinae sunt *J.* 18; gloria quasi lumen est *C.* 85 (§ 23); quasi per saturam *J.* 29; quasi per amicitiam monere, gleichsam als Freund *J.* 64. — 3) fast, beinahe: praesidium quasi duum milium *J.* 50; ex eo medio quasi *J.* 48.

*****quătrīdŭum,** s. quadriduum.

quĕ, (bem folg. Worte angehängt, selbst Präpositionen: cumque *C.* 6; circumque *C.* 30; deque *C.* 48; interque *J.* 19; perque *J.* 18. 71), verbindet zusammengehörige Begriffe u. Gebanken, und: equites peditesque *J.* 69; dies noctesque *C.* 27; senatus populusque Romanus *C.* 34; carus acceptusque *J.* 70; domi militiaeque *C.* 5. 6; diu noctuque *J.* 38. 44; publice privatimque *C.* 40; inẑb. *a)* verallgemeinernd, und überhaupt: agri bonaque omnia *C.* 28; regnum fortunaeque omnes *J.* 14 (§ 2). — *b)* und daher, und somit: eumque in vinculis retinendum *C.* 48; majusque commodum venturum *J.* 4; statimque eum adoptavit *J.* 9; multique dubitavere *J.* 95. — *c)* und zwar, nämlich: omniaque orta occidunt *J.* 2; seque ad eum missos *J.* 25; metusque rem impediebat *J.* 70; tutiusque rati *J.* 102 — *d)* adversativ, aber: ibique *C.* 3; hostiumque *J.* 43; sondern: eoque magis *C.* 48. — *e)* oder: celebrat obscuratque *C.* 8; par similisque *C.* 14. — 2) que ... et, sowohl ... als auch: seque et oppidum *J.* 26; illaque et domum *J.* 76; seque et exercitum *J.* 55; ibique et in omni Africa *J.* 89; seque et jumenta *J.* 91; illosque et Sullam *J.* 104; que ... que, sowohl ... als auch: seque remque publicam *C.* 9. 36; *J.* 85 (§ 36); meque regnumque *J.* 10; seque illisque *J.* 21; seque vitamque *J.* 79; meque vosque *J.* 85 (§ 47); illoque aliisque temporibus *J.* 100; meque vobisque *J.* 110.

quĕo, ivi, ĭtum, ire, können, mit *inf.* non quit *J.* 14 (*Jordan:* nequit); queas *J.* 10; queat *C.* 58; queunt *J.* 44; quivit *J.* 97; quivere *C.* 49; *J.* 58; quivissent *J.* 59.

quĕror, questus sum, 2. über etw. sich beklagen, Klage führen, sich beschweren: praemia *or. Lep.* 16; quae *J.* 24; multa de alqua re, viele Klagen erheben *C.* 40. 43. 52 (§ 7); *J.* 1. 20; mit folg. quod *J.* 15.

1. quī, quae, quŏd, *pron. relat.* welches: id quod, in parenthetischen Sätzen zur Aufnahme des vorhergehenden Satzes *C.* 14. 30. 51 (§ 20); *J.* 47. 56; quo als *abl. comparat.*: „im Vergleich womit": quo neque melius neque amplius aliud est *J.* 2; das *pron. demonstr.* fällt häufig vor dem *pron. relat.* weg auch in einem anderen Casus: quas licebat *C.* 13; quibus copia erat *C.* 17; quorum ... jus imminutum erat *C.* 37; proditis (*sc.* iis) quos ducebat *J.* 106; (is) quem minume decuit *J.* 14 (§ 15); das *pron.* richtet sich zuweilen nach dem Prädikate, statt nach seinem Beziehungsworte: quae iracundia dicitur *C.* 51 (§ 14); quod Tullianum appellatur *C.* 55; quae prima mortales ducunt *J.* 41; quam proximam aquam esse diximus *J.* 75; verschieden im Numerus vom Beziehungsworte: servitia, cujus („von welcher Gattung, wovon") *C.* 56; ex eo numero (= ex eorum numero), qui *J.* 35. 38; cum equitatu ... quos *J.* 95; nobilitatis, quorum pars *J.* 13; familia, quorum progeniem *J.* 14 (§ 6). — 2) der Konjunktiv des Verbums steht im Relativsatze: *a)* wenn derselbe ein obliquer ist, daß. durch Attraktion: quae se audisse dicerent *C.* 49 (f. dico); der Indikativ findet sich nur dann, wenn der Satz die eigene Bemerkung des Schriftstellers enthält oder zur bloß. Umschreibung eines Begriffes dient: quae frequentabat *C.* 14; qui credebant *C.* 22; quae paraverat *C.* 27; quae facta erat *C.* 30; qui traditi erant *C.* 50; quod obtinuerat *J.* 16; quae levia sunt *J.* 54; quae agitabat *J.* 63; quae opportunissumae erant *J.* 88; quos ducebat *J.* 106. — *b)* wenn er ein finaler ist: quod perferant *C.* 44; qui tractarent *C.* 51 (§ 28); quas redderet *J.* 9; praesidio qui forent *J.* 93; vergl. *C.* 48; *J.* 13. 46. 62. 105. — *c)* wenn er ein konsekutiver ob. qualifizierender ist: *ep. Mithr.* 4; bellum, quod geri non posset (von der Art, daß) *J.* 54; quas profundant *C.* 20; quos parare queas *J.* 10; qui fines discerneret *J.* 79; quibus caperetur *J.* 11; fuere qui crederent (dicerent, existumarent) *C.* 14. 17. 22. 48; *J.* 25. 32. 36. — *d)* wenn er ein causaler ist: qui mihi gratiam fecissem *C.* 52 (§ 8); cui licuerit manere („da mir doch") *J.* 14 (§ 20). — *e)* wenn er ein konzessiver ist: quae sane fuerint nostrae injuriae *J.* 24 (f. sane). — *f)* wenn er ein bedingender ist: quod modo usui foret *C.* 39; quod modo ambitiosum foret *J.* 64. (quis = quibus *J.* 7. 13. 14 (§ 10). 18. 25. 27. 66. 70. 80. 81. 85 (§ 37). 111; *or. Lep.* 6; *or. Cott.* 4).

2. quī, quae, quŏd, *pron. interrog.* welcher, was für ein: quae conditio *C.* 20; quem exitum *C.* 40; quo modo *J.* 30; quibus modis *C.* 5.

3. quī, quae (qua), quŏd, *pron. indef.* irgend ein, etwa ein: ne quem cibum *J.* 45; ne qua seditio *J.* 6. 72; ne quam contumeliam *J.* 58; si quae radices *J.* 94.

***4. quī,** adv.* (alte Form des *abl.*), wie doch, wie denn: qui convenit *C.* 51 (§ 24).

quĭă, *conj.* weil *C.* 3. 20. 35. 52 (§ 11).

quicquam, f. quisquam.
quicquid, f. quisquis.
quīcumque, quaecumque, quodcumque, welcher nur immer, jeder welcher: quicumque laceraverat *C.* 14; quodcumque natum fuerat *J.* 90; quodcumque accedit *or. Lic.* 28; cujuscumque modi sunt (videntur) *C.* 52 (§ 5. 10); quicumque erant *C.* 37. 38; quascumque urbes ceperat *J.* 5; quoscumque idoneos credebat *C.* 39; quaecumque dici queunt probra *J.* 44; quaecumque possint parare *J.* 13. —

quidam **quis** 155

2) jeder mögliche: quocumque modo *J.* 103.

quīdam, quaedam, quoddam u. *subst.* quiddam, ein gewisser: Manlius *C.* 24; Transpadanus *C.* 49; Numida *J.* 35. 65. 71; planities *J.* 68. — 2) *plur.* einige, etliche: jura *or. Lic.* 8.

quǐdem, *adv.* fürwahr, ja doch: ego quidem *J.* 24; illa quidem piget dicere *J.* 31 (§ 2); quoniam quidem, da ja doch *C.* 31; *or. Lep.* 15. — 2) einschränkend u. hervorhebend, wenigstens, gerade, namentlich (oft auch, besond. nach einem Pronomen, nur durch stärkere Betonung desselben auszudrücken): mihi (tibi) quidem *C.* 3; *J.* 9; me quidem *J.* 85 (§ 27); quod quidem *or. Lep.* 18; quae quidem res *C.* 15; vi quidem *J.* 3; servitutem quidem *J.* 31 (§ 20); fidei quidem *J.* 31 (§ 23). — 3) ne ... quidem, nicht einmal, auch nicht *J.* 31 (§ 3). 51. 57. 99; si quidem s. siquidem. — 4) einräumend, zwar, freilich *or. Lic.* 23.

quiēs, ētis, Ruhe, Erholung: tempus quieti dare *J.* 61; quietem pati, sich ruhig verhalten *J.* 101; insb. *a)* Nachtruhe, Schlaf: *plur. C.* 15. — *b)* Ruhe, Friede: diuturna *C.* 31; volgus quieti et otio advorsum *J.* 66.

quiēsco, ēvi, ētum, 3. ruhen, ausruhen: in lecto *J.* 71. — 2) übtr. sich ruhig verhalten *or. Lic.* 13.

quiētus, 3. sich ruhig verhaltend, unthätig *C.* 26; *J.* 51. — 2) Ruhe habend, ruhig, friedlich *J.* 66; res publica *C.* 34; nox *J.* 72; otium *or. Lep.* 26; res quieta est, alles ist ruhig *J.* 105; familia quieta erit, wird Ruhe haben *J.* 14 (§ 9); quieta movere, die Ruhe stören *C.* 21. — 3) ruhig, bedächtig *J.* 52; phlegmatisch *J.* 20.

*****quīlŭbĕt**, quaelubet, quodlubet u. *(subst.)* quidlubet, jeder (beliebige): res *C.* 5.

quīn, *conj.*, „wie nicht", daß. in abhäng. Sätzen nach negativ. Hauptsätzen (auch nach Fragesätzen mit negativ. Sinne) mit Konjunktiv, so daß nicht, ohne daß, (bei gleichen Subjekten) ohne zu *C.* 39. 53; quin fiaterentur, ohne eben dadurch zu gestehen *J.* 40; quis est quin contendat, wer ist, welcher nicht d. i. jedermann wetteifert *J.* 4 (s. mos 2); nach Verben des Verhinderns = daß *ep. Mithr.* 17; non quin, nicht als ob nicht *C.* 35. — 2) „warum nicht", daß. in auffordernder Frage mit Imperat. und adhortativ. Konjunktiv: quin igitur expergiscimini, so wachet denn also auf *C.* 20; quin ergo faciant, nun so mögen sie doch thun *J.* 85 (§ 41). — 3) zur Angabe einer Bekräftigung und Steigerung, fürwahr, sogar *or. Lep.* 6; *or. Phil.* 8. 19; *or. Cott.* 3.

quīnam, quaenam, quodnam, *pron. interrog.* welcher denn: quonam modo *C.* 33; *J.* 101.

*****quīni**, ae, a, je fünf *or. Lic.* 19.

*****quinquennĭum**, i, Zeitraum von fünf Jahren, fünf Jahre *J.* 11.

*****Quīntĭus**, i, L., Volkstribun 74 v. Chr. *or. Lic.* 11.

quippe, *adv.* freilich, denn ja *C.* 11. 13. 19. 52 (§ 20); *J.* 53. 85 (§ 27) 90; *or. Phil.* 5; quippe in tali die, wie natürlich an einem solchen Tage *J.* 66; quippe victoribus et advorsum eos, da sie Sieger und denen gegenüber waren *J.* 105; quippe qui (bei Sallust stets mit Indikativ), da er (ja) *C.* 48; *J.* 1. 7. 14 (§ 10). 20. 28. 48. 76. 85 (§ 5. 32). 86 (s. nullus); *ep. Pomp.* 4.

Quīrītes, ium u. um, ursprüngl. Bezeichnung der Sabiner von ihrer Hauptstadt Cures, aber nach Vereinigung der Sabiner mit den Römern Name des Gesamtvolkes in staatsbürgerlicher Beziehung, während der Name Romani in politischer und militärischer Beziehung blieb *J.* 31 (§ 5). 85 (§ 3); *or. Lep.* 1; *or. Cott.* 1.

1. **quĭs**, quĭd, *pron. interrog.* wer, was: quis vostrum *J.* 31 (§ 20); quis sim *C.* 44; quid opis *C.* 21; quid reliqui *C.* 20; quid boni (s. contra)

156 quis

J. 88; quid aut qua de causa consili habuisset (= quid consili aut qua de causa id habuisset) *C*. 47; qui sunt hi *J*. 31 (§ 12); quos appellem *J*. 14 (§ 17); quid als Adverb, warum, wozu *C*. 13; *or. Phil.* 19; *ep. Pomp*. 6. — 2) *adject*. was für ein: cruciatus *or. Cott*. 3.

2. **quĭs,** quĭd, *pron. indef.* irgend einer, irgend etwas: si quis *C*. 14. 30; si quem *J*. 85 (§ 10); si quid *C*. 34.' 51 (§ 12); *J*. 110; si quid mali *J*. 14 (§ 16); nisi quem *J*. 3; ne quis *C*. 51 (§ 5); *J*. 4; ne quem *J*. 14 (§ 18); ne quid *C*. 31.55; *J*. 10; ne quid detrimenti *C*. 29; *plur.* et= welche: si qui *J*. 101; si quos *J*. 97; nisi qui *J*. 17; ne quos *J*. 14 (§ 20); neu quibus *J*. 8.

3. **quīs** = quibus, f. *pron. relat*. qui.

quisnam, quidnam, *pron. interrog*. wer denn, was denn: quidnam *J*. 49; quidnam consilii *C*. 41.

***quispĭam,** quaepiam, quidpiam u. *(adject.)* quodpiam, etwa dieser oder jener, etwa einer oder der andere *J*. 45.

quisquam, quaequam, quicquam (quidquam), irgend einer (jemand), irgend etwas: in negativ. Sätzen: quisquam omnium *C*. 36. 51 (§ 2); hominum *J*. 74; cujusquam *J*. 14. 18; cuiquam nostrum *C*. 33; mortalium *C*. 51 (§ 11); omnium *J*. 102; quemquam *J*. 17. 85 (§ 47). 94. 107; ne quisquam venderet *J*. 45; quicquam *C*. 12; *J*. 99; nec quicquam pensi habebat *C*. 5. 23; *adject*. amicus *C*. 58; civis *C*. 61; parens *J*. 85 (§ 49); cujusquam boni *J*. 96; cuiquam homini (mortali) *C*. 31; *J*. 72; in nicht negativ. Sätzen zur Bezeichn. der abstraktesten Allgemeinheit: an quisquam nostri misereri potest *J*. 14 (§ 17); supra quam cuiquam credibile est *C*. 5; altius quam quisquam ratus erat *J*. 11; magis quam quod cuiquam id compertum foret *C*. 14; si quicquam umquam pensi fuisset

quisquis

C. 52 (§ 34); hic mihi quisquam mansuetudinem nominat *C*. 52 (§ 11).

quisque, quaeque, quidque u. *(adject.)* quodque, jeder (d. i. ein jedesmaliger): latrones cujusque generis *C*. 28; cujusque modi genus *C*. 39; sua cuique satis placebant *C*. 2; ut quisque, je nachdem einer, wie gerade einer *C*. 14. 51 (§ 33). 56; *J*. 26. 41. 44. 49. 81. 86. 93; ut quaeque memoria digna videbantur *C*. 4; uti quaeque res erant, wie gerade die Sachen standen *J*. 60; uti quosque fors conglobaverat, wie sie gerade der Zufall zusammengeschart hatte *J*. 97; insb. *a)* als Apposition zu einem Subjekt der Mehrzahl: multitudo ... quisque *C*. 43; multi ... quisque *C*. 37; vos ... quisque *C*. 52 (§ 23); quisque ... auctores *J*. 1; Romani ... quisque *J*. 57; nostri quisque *J*. 58; singuli ... quisque *J*. 80; coepere quisque *C*. 7; quisque certabant *C*. 38; trahebant *J*. 84; sibi quisque consilium corruperunt *or. Phil.* 6; als absoluter Nominat. bei *abl. absol.*: multis sibi quisque petentibus *J*. 18. — *b)* mit vorangehend. Superlativ zur Bezeichn. der Allgemeinheit: optumus quisque, immer der Tüchtigste *C*. 2; die Besten alle *C*. 8. 34 (f. bonus 2); *J*. 92; fortissumus quisque *J*. 84; pessumus quisque *C*. 51 (§ 29); optumus quisque armatus. alle die Tapfersten, welche Waffen hatten *C*. 59; prudentissumus quisque maxume negotiosus erat, der Klügste war immer auch der am meisten Beschäftigte *C*. 8; fortissumus quisque generosissumus („allemal") *J*. 85 (§ 15); egentissimus quisque opportunissimus *J*. 86; fortissimus quisque tutissumus *J*. 87; quam quisque pessume fecit, tam maxume tutus est, je schlechter ... desto gesicherter *J*. 31 (§ 14).

quisquis, quaequae, quidquid (quidquid), jeder welcher, *neutr*. was auch nur, alles was: quicquid lubet *J*. 110; evenerit *C*. 51 (§ 25); quicquid ulcisci nequitur *J*. 31 (§ 8); quoquo modo potuere *J*. 60; quae quoquo quiquis modo audierat, gleichviel auf welche Weise *C.* 23 (a. L. quae quoque modo audierat).

quīvis, quaevis, quidvis u. (*adject.*) quodvis, **jeder beliebige, jeder**: cujusvis opes *C.* 17; cuivis licet *J.* 83; quovis modo *J.* 11. 35. 36. 42.

quō, *adv.* **wohin**: quo accedam *J.* 14 (§ 17); quo oratio pertinuit *C.* 51 (§ 10); quo usque *C.* 20; *or. Phil.* 17; quo perfugerat *J.* 12; quo praemissus erat *J.* 52; quo ire intenderant *J.* 107; quo (= apud quos) praesidium imposuerat *J.* 66; quo cuncta natura fert *J.* 93; quo cujusque animus fert *J.* 54; quo (= ad quod) intenderat *J.* 104. — *b*) als *abl.* beim Komparativ, „um was", daß. **je**: quo ... eo, je ... desto *C.* 54; *J.* 22. 31. 55; satzverbindend, **um so, desto**: quo mihi rectius videtur *C.* 1; quo minus *C.* 37; quo magis *C.* 52 (§ 35); *J.* 2; quo audacius *C.* 58; quo facilius *J.* 14 (§ 19); quo acrius *J.* 85. — 2) *conj.* mit Konjunkt. *a*) **damit, auf daß** *C.* 14. 33. 38. 48. 58; *J.* 37. 52. 55; *or. Lep.* 1. — *b*) beim Komparativ (= ut eo), **damit desto** *C.* 11. 22. 40. 43. 48. 49. 59; *J.* 5. 32. 88. 94. 102. — *c*) quo minus, „damit desto weniger", daß. nach Verben des Verhinderns, daß ob. zu (mit Infinitiv) *C.* 51 (§ 37); *J.* 38; causa („Verhinderungsgrund") quominus *C.* 51 (§ 41). — *d*) **weil dadurch**: quo res licentius gereretur *J.* 108; non quo sibi conscius esset, nicht als wenn *C.* 34.

quŏad, *adv.* **so lange als**: quoad vives *J.* 110. — 2) **bis daß**: quoad semet ipse praecipitavit *J.* 41.

quōcumque, *adv.* **wohin auch immer, wohin nur** *C.* 48; *J.* 46. 74.

quod, *adv.* „in Beziehung worauf", daß. quod si, wenn demnach, wenn nun, wenn also *C.* 2. 14. 39. 58; *J.* 1. 31 (§ 16). 85 (§ 17); quod ni, wenn daher nicht *C.* 18; quod utinam, möchte also doch *J.* 14 (§ 21). — *b*) „weshalb, warum", daß. z. Anknüpf. eines neuen Satzes, **deshalb, darum**: quod ego vos oro (moneo) *or. Phil.* 9; *ep. Pomp.* 8; *or. Lic.* 13. — 2) *conj.*: *a*) zur Angabe eines Grundes, **weil** *J.* 7. 20. 25. 30; quod cuiquam compertum foret *C.* 14; eo ... quod, **deshalb** ... **weil** *C.* 4; *J.* 22. 64. 78; ea gratia quod *J.* 80; quod ... deinde quia *C.* 3; non quia ... sed quod *C.* 35. — *b*) nach Verben der Affekte u. Affektsäußerungen, (darüber) **daß**: queri quod *J.* 1. 15; accusare quod *C.* 40; minas nuntiare quod *J.* 25. — *c*) zur Angabe eines faktischen Umstandes (der Umstand), **daß**: huc accedit quod *C.* 11; quod vindicatum est *C.* 9; quod exspecto *J.* 14 (§ 7); nisi quod, ausgenommen daß, außer daß *J.* 89. 95. — *d*) **was das betrifft, daß**: quod polliceatur *J.* 111.

quodni, s. quod.

quodsi, s. quod.

quōmĭnus, s. quo *c.*

quōmŏdo, s. modus.

quŏnĭam, *conj.* **weil nun, da nun einmal, da ja** (bekanntlich) *C.* 1. 2. 5. 26; *J.* 10. 24. 30. 31 (§ 21). 32. 40. 61; quoniam quidem *C.* 31.

*****quōquam**, *adv.* **irgend wohin**: adire *J.* 14 (§ 17).

quŏque, *adv.* (dem betonten Worte nachgestellt) **auch** *J.* 79. — 2) = et quo *C.* 23; *J.* 30.

quŏtīdĭānus, s. cotidianus.

quŏtīdĭē, s. cotidie.

*****quŏtĭens**, *adv.* **wie oft** *ep. Pomp.* 1.

quŏusque, s. usque.

R.

răbĭēs (rabiem, rabie), f. Tollwut (als Krankheit) or. Phil. 9. — 2) übtr. Tollheit, Raserei or. Lep. 19.

rādix, īcis, f. Wurzel J. 94; radices montium, Fuß der Berge C. 57.

rāmus, i, Ast, Zweig J. 53. 93.

răpīna, ae, Raub, Räuberei, Plünderung: plur. C. 5. 16. 21. 28. 57; or. Phil. 4 (s. ex 5).

răpĭo, răpui, raptum, 3. (eilig) nehmen, rauben: vasa C. 11; virgines C. 51 (§ 9); absol. C. 12; rapere, trahere C. 11; ducere, trahere, rapere J. 41; alqd quasi raptum tenere, gleichsam als Kriegsbeute besitzen or. Lep. 5. — 2) übtr. hinziehen, fortreißen: ad scelus rapi J. 25.

***rārus**, 3. „nicht dicht", übtr. nur einzeln, wenig: raris animus est or. Lic. 7.

rătĭo, ōnis, f. (reor), „Berechnung", dah. Rechenschaft: rationem reddere or. Cott. 11; übtr. a) Zweck, Vorteil, Interesse: quid rationes postulent C. 44; alienum suis rationibus C. 56. — b) Verfahrungsart, Art u. Weise: rationem ostendere C. 40. — c) (vernünftiger) Grund: belli atque pacis rationes, Gründe für Krieg u. Frieden J. 97.

rătus, a, um, s. reor.

***rĕcens**, tis, frisch, neu: bellum ep. Mithr. 3.

rĕceptus, ūs, Rückzug: receptui esse, zum Rückzugspunkt dienen J. 50. 98.

rĕcĭpĭo, cēpi, ceptum, 3. (capio), zurückziehen: se, sich zurückziehen, in loca J. 54. 58; in unum, auf einen Punkt J. 50. — 2) zurücknehmen, wiedererlangen, wiedergewinnen: vostra or. Lic. 7; libertatem or. Lep. 27; Galliam ep. Pomp. 5; Asiam ep. Mithr. 11. — 3) „entgegennehmen", dah. in Besitz nehmen, erobern: oppida ep. Pomp. 6; rempublicam armis C. 11. — 4) aufnehmen: alqm moenibus J. 28; accuratissume J. 16; in amicitiam recipi J. 5. 14 (§ 5).

rĕcĭto, 1. vorlesen: litteras C. 30. 34; J. 24. 25.

rectē, adv. „gerade", übtr. zweckmäßig, recht, gut: recte facere J. 31 (§ 27); or. Lep. 18; or. Phil. 14; or. Lic. 5; alqd recte atque ordine facere, zweckmäßig u. gesetzmäßig C. 51 (§ 4); neque recte neque pro bono facere (s. pro 2, b) J. 22; rectius sua componere ep. Mithr. 4.

***rector**, ōris, Lenker, Leiter: animus rector humani generis J. 2.

***rectus**, 3. „gerade gerichtet", übtr. sachgemäß, richtig: rectius videtur...quaerere C. 1.

***rĕcŭpĕro**, 1. wiedererlangen: pacem J. 29.

***rĕcūso**, 1. (re u. causa), zurückweisen, sich gegen etw. sträuben: servitutem J. 31 (§ 21).

red-do, dĭdi, dĭtum, 3. zurückgeben, zurückerstatten: sua alcui or. Phil. 14; beneficia J. 96; consulatum or. Phil. 15; gratiam, thätlichen Dank abtragen J. 110 (et numquam = neu umquam); poenas alcjus rei, mit Strafe wofür büßen J. 14 (§ 21, s. 1. ne). — 2) abgeben, zustellen (was für jmd. bestimmt ist): litteras alcui C. 34; J. 9.

rĕd-ĕo, ĭi, ĭtum, īre, zurückgehen, zurückkehren J. 101 (s. diversus); domum J. 84; ad alqm J. 112; Numantia J. 10. — 2) übtr. zu einem Gegenstande in der Rede zurückkehren: ad inceptum J. 4. 42; ad rem J. 79.

rĕdĭmo, ēmi, emptum, 3. (emo), erkaufen: belli moram J. 29 (imperf. de conatu: „suchte zu erkaufen"). — 2) sich von etwas loskaufen: flagitium, von den Folgen einer Schandthat C. 14.

rĕdĭtus, ūs, Rückkehr, Zurückkunft J. 30; in urbem or. Phil. 19.

rĕ-fĕro, rettŭli, relātum, referre, „zurücktragen", dah. zurückmelden, (mündlich) zurückbringen: contumeliosa dicta J. 20. — 2) (was jmdm.

gebührt) **überbringen, abliefern**: claves ad alqm *J.* 12; caput ad alqm *J.* 12. — 3) zur Beurteilung ob. Beschlußnahme **vortragen**: rem referre ad senatum ob. bloß. referre de alqua re, etw. beim Senat zum Vortrage bringen, in Betreff einer Sache einen Antrag (an den Senat) stellen *C.* 29. 48. 50. 51 (§ 43); refert, quid fieri placeat, stellt die Frage zur Abstimmung *C.* 50.

rēfert, tŭlit, ferre (res u. fero), „es trägt hinsichtlich einer Sache bei", daß. es ist daran gelegen, ist zuträglich: mit *acc. c. inf. C.* 52 (§ 16); mit *gen.* der Person: quod illorum magis quam sua retulisse videretur, was ihrem Interesse mehr als dem seinigen entsprechend erscheine *J.* 111.

rĕfĭcĭo, fēci, fectum, 3. (facio) **neu anfertigen**: arma *J.* 66. — 2) körperl. **wieder herstellen, wieder kräftigen**: saucios *J.* 54; animum alcjus *C.* 48.

*****rēgīna**, ae, **Königin** *ep. Mithr.* 9.

rĕgĭo, ōnis, *f.* **Gegend, Bezirk** *C.* 28; *J.* 52; *plur. J.* 38. 79. 100.

*****Rēgĭum**, i, Stadt in Italien an der sicilischen Meerenge, jetzt Reggio *J.* 28.

rēgĭus, 3. **königlich, des Königs**: domus *J.* 76; equites *J.* 54; imperium *C.* 6; decus *J.* 33. 72; mos *J.* 11; victus *C.* 37; superbia *J.* 64; voluntates *J.* 113.

regnum, i, **Königtum, Königsherrschaft, königliche Würde** *ep. Mithr.* 17; Numidiae *J.* 35; regnum sperare *J.* 24; regno consulere *J.* 35; casus in servitium ex regno *J.* 62; in regno aetatem agere, auf dem Throne *J.* 56; *plur.* Königsthrone *J.* 81. — 2) übtr. **unumschränkte Gewalt, Alleinherrschaft** *C.* 47; regnum sibi parare *C.* 5; *J.* 31 (§ 7). — 3) meton. *a)* **Königreich**: Jugurthae *J.* 92; Numidiae *J.* 14 (§ 1); Persidis *ep. Mithr.* 19; patrium *J.* 14 (§ 23); opes regni *J.* 62; regnum armis tenere *J.* 21. 24; tutari *J.* 102. —

b) **Königshaus, königliche Familie**: alqm in regnum suum accipere *J.* 10; adoptione in regnum pervenire *J.* 11; in regnum adoptari *J.* 22.

rĕgo, rexi, rectum, 3. „gerade richten", übtr. **lenken, leiten, regieren**: patriam *J.* 3; fors (fortuna) omnia regit *J.* 51. 102; natura forte regitur *J.* 1; homines casibus reguntur *J.* 1; neque moribus neque lege regi *J.* 18.

rĕgrĕdĭor, gressus sum, 3. (gradior), **zurückgehen, zurückkehren**: in colles *J.* 55; eodem *C.* 4; eadem *J.* 93.

rēgŭlus, i, „kleiner König", daß. **Fürstensohn, königlicher Prinz** *J.* 11. 12.

*****rē-lēgo**, 1. **verweisen, verbannen**: relegatus in silvas *or. Lep.* 23.

rĕlīcus, s. reliquus.

*****rĕlĭgĭo**, ōnis, *f.* **frommer Glaube, Religiosität** *J.* 75.

*****rĕlĭgĭōsus**, 3. **gottesfürchtig**: religiosissumi mortales *C.* 12.

rē-linquo, liqui, lictum, 3. **zurücklassen, wo lassen**: alqm Romae *J.* 95; in castris *J.* 36; ibidem *J.* 107; insb. *a)* (sterbend) **hinterlassen**: alqm *J.* 14 (§ 14); alqd (hereditate) *J.* 85 (§ 30); *or. Lic.* 6; rempublicam *C.* 5. — *b)* **übrig lassen, überlassen, lassen**: alcui pericula *C.* 20; sudorem *J.* 85 (§ 41); animam *J.* 14 (§ 15); victoriam hostibus *C.* 58; quae victores hostibus reliquerant *C.* 12; unum aditu relicto *J.* 92. — *c)* in einem gewissen Zustande **zurücklassen, lassen**: alqm incorruptum *J.* 103; scelus inultum (s. inultus) *J.* 106; alqd in medio, unentschieden lassen *C.* 19. — 2) **verlassen**: Suthul *J.* 38. — 3) prägn. *a)* im **Stiche lassen, verlassen**: aliquem *J.* 112; signa *C.* 9; opera *J.* 73. — *b)* **fahren lassen, aufgeben**: haec („diese Unternehmung") *C.* 58; bellum, verzichten auf *J.* 21.

rĕlĭquĭae, ārum, **Überrest**: belli *or. Phil.* 8; exsulum *or. Lic.* 18.

rĕlĭquus (relīcus), 3. **übrig gelassen, übrig** *J.* 31 (§ 26); pars diei *J.* 97; dignitas, Rest von Ehre *C.* 35;

quid est reliquum nisi ut *C.* 20; estne viris reliqui aliud quam *or.Lep.* 15; nihil reliqui facere, nichts übrig laſſen *C.* 11. 28; nihil fit reliqui victis *C.* 52 (§ 4); nihil reliquum fit, nichts wird verſäumt *J.* 76. — 2) übrig, künftig: in reliquum, für die Folge= zeit *J.* 42. — 3) übrig, ander: populares *J.* 35; reliqui omnes (elephanti) *J.* 53; *subst.* reliqui, die übri= gen, anderen *C.* 3. 46. 57; *J.* 59; *neutr.* reliqua, das übrige *J.* 29.

rĕ-mănĕo, mansi, mansum, 2. zu= rückbleiben, verbleiben: remanet alcui sollicitudo *J.* 31 (§ 22); contumelia in exercitu *J.* 58; memoria alcjus apud alqm (= in alquo) *J.* 24.

*rĕmĕdĭum, i, „Heilmittel", übtr. Hilfsmittel gegen etw., Ausweg: remedium miseriis exspectare *C.* 40.

rĕ-mitto, misi, missum, 3. „zurück= ſchicken": nuntios mittere et remittere, hin und her ſchicken *J.* 83. — 2) zurückwerfen: tela *J.* 58. — 3) „abſpannen" (einen Bogen), daß. machen, daß etw. nachläßt: pugnam, ruhen laſſen *J.* 60; *part.* remissus als Adjekt., nach= läſſig, unaufmerkſam: remissis (iis) qui in praesidio erant, da die Be= ſaßung nachläſſig war *J.* 58; nihil remissum pati, keine Nachläſſigkeit ge= ſtatten *J.* 88; nihil languidi neque remissi pati, keine Schlaffheit noch Nach= läſſigkeit *J.* 53. — 4) auf etw. ver= zichten, etw. aufgeben: injuriam (d. i. die Schmälerung der Tribunen= gewalt) *or. Lic.* 22. — 5) *intransit.* nachlaſſen, ablaſſen: explorare *J.* 52; *absol.* nihil („nicht") *J.* 98.

rĕ-mŏror, 1. ſich aufhalten, ver= weilen: tantum *J.* 53. — 2) *transit.* aufhalten, verzögern: iter *J.* 50; hostes, quominus victoria uterentur *J.* 38; alqm ab negotiis, abhalten *J.* 95.

rĕ-mŏvĕo, mōvi, mōtum, 2. „zurück= bewegen", daß. entfernen, beſeiti= gen: alqm *J.* 113; *ep. Mithr.* 13; equos *C.* 59; omnia *J.* 85 (§ 45); remoto metu *J.* 87.

*rĕ-nītor, nīsus sum, 3. ſich wider= ſetzen: armis *J.* 21.

rĕ-nŏvo, 1. erneuern, wieder= herſtellen: bellum *J.* 36. 54; proelium *J.* 51; nomen („Ruhm") *J.* 10.

rĕor, rātus sum, 2. „berechnen", daß. (den Verhältniſſen gemäß) erachten, glauben, dafür halten: mit *acc. c. inf. J.* 14 (§ 14). 23. 47. 53. 75. 81. 110; optumum factu ratus *C.* 55. 57; noctem pro se (esse) rati *J.* 98; alia omnia sibi cum collega (esse) ratus (ſ. cum 3) *J.* 43; abunde (esse) libertatem rati *or. Lic.* 26. — *b)* mit doppelt. *acc.*, wofür halten: rem incredibilem *C.* 48; omnia potiora fide *J.* 26; famam falsam *J.* 103. — *c) absol.* contra (aliter) ac ratus erat *C.* 60; *J.* 7; altius quam quisquam ratus erat *J.* 11. — *d) part.* ratus als Adjekt., „ausgerechnet", daß. giltig, rechtskräftig: pax *J.* 112; decretum ratum efficere *or. Lic.* 15.

rĕ-pello, pŭli pulsum, 3. „zurück= treiben", daß. abwenden: pericula *or. Cott.* 1. — 2) abweiſen: alqm ab amicitia, jmd. mit ſeinem Freund= ſchaftsgeſuche abweiſen *J.* 102; haud repulsus abibis, nicht mit abſchlägigem Beſcheide *J.* 110.

rĕpentĕ, *adv.* plötzlich, uner= wartet *C.* 23. 31; *J.* 50. 53. 54.

rĕpentīnus, 3. plötzlich, unver= mutet: metus *J.* 58; lex *or. Lic.* 19.

rĕpĕrĭo, pēri, pertum, 4. finden, auffinden: alqm *C.* 61; *J.* 12; epistulam *J.* 71; reperiuntur qui, es finden ſich (ſolche) welche *J.* 41. — 2) ausfindig machen: poenam *C.* 51 (§ 4).

*rĕpertor, ōris, Erfinder: perfidiae, erfinderiſch in Treuloſigkeit: *ep. Mithr.* 7.

rĕ-pĕto, īvi (ĭi), ītum, 3. zurück= fordern, einfordern, wieder ver= langen: honores *J.* 85 (§ 37, ſ. meritum); jura pacis *or. Lep.* 16; pacem *or. Phil.* 5; libertatem *or. Lep.* 6; res, Erſatz fordern *or. Lic.* 17; pecuniae repetundae, wieder zu erſtattende

Gelder b. i. Erpressungen (der Statthalter u. Beamten in den Provinzen) *C.* 18. 49. — 2) dagegenfordern: beneficia ab alquo *J.* 96. — 3) zurückholen", daß. *a)* (mündlich) wiederholen: pauca supra („aus vergangener Zeit") *J.* 5; *absol.* supra repetere, weiter ausholen *C.* 5. — *b)* wiedererlangen: libertatem *or. Lic.* 28.

*rēpo, repsi, reptum, 3. kriechen *J.* 93.

rĕ-prĕhendo, di, sum, 3. „fassen", daß. tadeln, mißbilligen: delicta *C.* 3; quod decretum erit *C.* 51 (§ 25).

rĕpŭdĭo, 1. zurückweisen, verschmähen: servitia *C.* 44. 56.

*rĕ-pugno, 1. dagegen kämpfen, Widerstand leisten *J.* 92.

*rĕpulsa, ae, Abweisung bei Bewerbung um Ehrenstellen *C.* 20.

rĕ-pŭto, 1. „berechnen", übtr. überdenken, erwägen: sententias secum *C.* 52 (§ 2); facinus cum animo („bei sich") *J.* 13; quae sibi proeliis venerant *J.* 103; mit abhäng. Frage *J.* 4; cum animo suo *J.* 85 (§ 10); *absol.* reputando, bei Überlegung *J.* 1.

rĕquĭēs, ētis, Ruhe: *acc.* requiem *or. Lic.* 17; aerumnarum *C.* 51 (§ 20).

rĕ-quĭesco, ēvi, ētum, 3. ausruhen, ruhen: noctu *J.* 72; humi *J.* 85 (§ 33). — 2) übtr. Ruhe finden: ex miseriis *C.* 4.

rĕquīro, sīvi, sītum, 3. (quaero), aufsuchen: legatos *C.* 40. — 2) sich erkundigen, fragen. quem exitum sperarent *C.* 40.

rēs, rĕi, Sache, Ding, Gegenstand, Wesen: idonea, die erforderlichen Mittel *J.* 57; res honestae, standesmäßige Mittel *J.* 14 (§ 17); res militaris, Kriegswesen *C.* 1; *J.* 5; res bona, das Gute *J.* 1; rem gerere, den Kampf führen, kämpfen *C.* 60; *J.* 58; me deseret res („der Stoff") *J.* 42; pro re atque loco, der Beschaffenheit des Terrains gemäß *J.* 40; nomen inditum ex re, nach ihrer natürl. Beschaffenheit *J.* 78; insb. *a)* Vermögen: res familiaris *C.* 5. 20; *plur. J.* 64; res fidesque, Vermögen u. Credit *J.* 73; *ep. Pomp.* 9. — *b)* Zustand, Lage, *plur.* Umstände, Verhältnisse: aspera *C.* 52 (§ 28); bona *C.* 21; mala *C.* 20; id res cogit *or. Cott.* 6; res atque tempus, die dermalige Lage *C.* 50 (§ 2); res, tempus vos hortentur *C.* 20; uti quaeque res erat (s. quisque) *J.* 60; *plur. C.* 37; res atque pericula *C.* 52; res hostium *J.* 88; alcui res suae placent *J.* 64; res florentes *J.* 83; afflictae *J.* 76; tutae *C.* 16; res adversae, Widerwärtigkeiten, Mißgeschick *J.* 41. 53. 62; dubiae, bedenkliche, gefährliche Verhältnisse *C.* 10. 39; secundae, Glück *C.* 11; *J.* 40. 41; malae secundaeque res, der Glückswechsel *or. Cott.* 1; novae, Staatsumwälzungen, Aufruhr *C.* 28. 37; *J.* 19. 46. 66. 70. 77; trepidae, Ratlosigkeit *J.* 91; humanae, Schicksale *J.* 14 (§ 21). 38. 104; bellicae, Wechselfälle des Krieges *J.* 39; rebus suis diffidere, an seiner Lage verzweifeln *J.* 32. 46. 75. — *c)* das wahre Wesen, der wirkliche Erfolg, die Wirklichkeit: re atque usu prius est *J.* 85 (§ 12, s. prior); corrigi re („durch die Erfahrung") *J.* 52; id quod res habet *C.* 51 (§ 20, s. habeo 2, *a*); ut res erat, wie es wirklich der Fall war *J.* 69; amicitias ex re aestumare, nach dem wahren Wesen *C.* 10; fides re cognita, „durch die That" *C.* 23; re, in Wirklichkeit *J.* 48; ob rem, (einer Wirklichkeit gegenüber d. i.) mit Erfolg *J.* 31 (§ 5). — *d)* Ereignis, Begebenheit: rei initium *J.* 5; res gestae, Vorfälle *J.* 30; res Vejae actae *J.* 68. — *e)* Handlung, That: res Metelli *J.* 55; bonae *C.* 51 (§ 27); res gestae, Thaten *C.* 3. 4. 8; *J.* 4. — *f)* Vorteil, Nutzen, Interesse *J.* 16; res communes *J.* 111; in rem esse, zweckdienlich sein *C.* 20. — *g)* Staat: Persarum *J.* 18; res eorum prospera *C.* 6; res publica (respublica), Gemeinwesen, Staat: rempublicam administrare *J.* 85 (§ 2); tractare *C.* 51 (§ 28); capessere *C.* 52

(§ 5); *J.* 85 (§ 47); contra rempublicam facere (ſ. contra 2, *b*) *C.* 50. 51 (§ 43); Staatsverwaltung, Staatsdienſt, Staatsgeſchäfte *or. Phil.* 5; studio ad rem publicam ferri *C.* 3 procul a re publica *C.* 4. 19; *J.* 4; respublica bene gesta, der öffentliche Dienſt war gut beſtellt *J.* 100. — *h*) Urſache, Grund: quam ob rem, aus dieſem Grunde, deswegen *C.* 35; *J.* 42. 85. 112.

rē-scindo, scïdi scissum, 3. „zerreißen", übtr. ungiltig machen, aufheben: consulta et decreta *J.* 11; jura belli *or. Phil.* 14.

rĕ-sisto, stĭti, 3. ſich widerſetzen, Widerſtand leiſten: alcui *J.* 67; factioni *C.* 34; rogationi *J.* 40; *absol. C.* 60; *J.* 37. 51.

*****rēspĭcĭo**, exi, ectum, 3. (specio), zurückblicken: eo *J.* 35.

rē-spondĕo, di, sum, 2. antworten: alcui *J.* 85 (§ 26); ad haec (ad ea), auf dieſes, hierauf *C.* 34; *J.* 11. 72; paucis (ſ. paucus) *J.* 15. — 2) v. Orakeln u. Prieſtern, den Ausſpruch thun, weisſagen *C.* 47.

respūblĭca, 1. *gen.* reipublicae, ſ. res *g.*

*****rĕ-stinguo**, nxi, nctum, 3. auslöſchen: incendium *C.* 31.

rēstĭtŭo, ŭi, ūtum, 3. (statuo), „wiederhinſtellen", prägn. *a*) wieder zuſtellen, wiedergeben: illa dominis *or. Lep.* 18; tribunis jura *or. Lic.* 8; plebi sua („ſeine Gerechtſame") *J.* 31 (§ 8). — *b*) wieder herſtellen: ordines *J.* 51; potestatem tribuniciam *C.* 38; *or. Phil.* 14; legis praesidium *C.* 33; exercitum, wieder ergänzen *ep. Mithr.* 15.

rĕtĭcĕo, cŭi, 2. (taceo), ſchweigen *J.* 85 (§ 26). — 2) *transit.* verſchweigen: verum *J.* 33; quae audierat *C.* 23.

rĕtĭnĕo, tĭnŭi, tentum, 2. (teneo), zurückhalten, feſthalten: alqm *J.* 50. 79; in vinculis *C.* 48; hostes eminus pugnando *J.* 51; hostem ab incepto, abhalten *J.* 55; *absol. or. Lic.* 17. — 2) erhalten, bewahren, behaupten: ista *C.* 52 (§ 5); bene parta *C.* 51 (§ 42); imperium *C.* 2; regnum armis *J.* 21; dominationem *or. Lic.* 28; omnia retinendae dominationis („alle Mittel ... zu behaupten") *or. Lep.* 8; libertatem *J.* 31 (§ 22, ſ. manus *b*); victoriam *J.* 101; pleraque legum *J.* 78; ferociam in voltu *C.* 61; civitatem in bonis artibus *J.* 41; arma, in den Händen behalten *or. Phil.* 16; alqm, die Verbindung mit jmd. bewahren *J.* 10; animam, mit dem Leben davonkommen *J.* 31 (§ 20).

*****rĕ-tracto**, 1. „zurückziehen", übtr. ſich ſträuben, nicht gern an etw. gehen *or. Phil.* 3.

rĕ-trăho, xi, ctum, 3. „zurückziehen", daſ. zurückſchleppen, zurückbringen: alqm ex fuga *C.* 47; ex itinere *C.* 39. 48.

rĕ-verto, ſ. revorto.

*****rĕ-vŏco**, 1. zurückrufen: alqm *C.* 9.

rĕ-vorto (reverto), ti, sum, 3. u. **rĕvortor** (revertor), versus sum, 3. zurückkehren: revorti domum *J.* 8; in castra *J.* 58; malum in civitatem revorterat *C.* 37.

rex, rēgis, König: Numidarum *C.* 5; reges populique *C.* 6. 51; *J.* 31. 84; nationesne an reges *J.* 14 (§ 17); reges, tetrarchae *C.* 20.

Rex, ſ. Marcius.

*****Rhēgĭum**, i, ſ. Regium.

*****Rhŏdĭi**, ōrum, Bewohner der Inſel Rhodos (jetzt Rhodis) im carpathiſchen Meere an der Küſte von Kleinaſien *C.* 51 (§ 5).

rŏgātĭo, ōnis, *f.* „Frage", insb. Anfrage ans Volk über ein vorzuſchlagendes Geſetz, Geſetzesvorſchlag, Rogation, Bill: Manilii *J.* 40; rogationem ad populum promulgare *J.* 40; perferre *J.* 32; jubere *J.* 40.

*****rŏgĭto**, 1. (*v. frequent.* v. rogo), wieder und wieder fragen *C.* 31.

rŏgo, 1. „fragen", insb. *a*) jmd. amtlich befragen: rogatus sententiam, um ſeine Meinung *C.* 50. 52 (§ 1); rogatus quem vellet bellum gerere *J.* 73. — *b*) (dem Volke) zur

Wahl vorschlagen: quaesitores *J.* 40; ad magistratus rogandos, zur Leitung der Magistratswahlen (in den Komitien) *J.* 29. — 2) um etw. ersuchen, bitten: amicitiam *J.* 77; alqd ab alquo *J.* 64; alqm mit folg. ut *C.* 59; *J.* 106; rogatus per liberos (f. per 6, *b*); *C.* 35; *absol. J.* 96.

Rōma, ae, Rom: urbs Roma *C.* 6. 18. 31; Romā certior factus, von Rom aus *J.* 46.

Rōmānus, 3. römisch: populus *C.* 4. 7. 34; *J.* 9. 21; equites *J.* 65; *subst.* Romani *C.* 6. 7; *J.* 66. 67.

*****Rōmŭlus,** i, Gründer u. erster König Roms, ironisch vom Sulla *or. Lep.* 5.

rŭdis, e, „kunstlos, roh", übtr. unkundig, unerfahren: belli *J.* 96; *absol. J.* 49.

Rūfus, f. Pompejus und Minucius.

*****rūīna,** ae, Einsturz: incendium ruina restinguere, durch Einreißen *C.* 31.

rūmor, ōris, *m.* „dumpfes Geräusch", dah. leises Gerede, dumpfes Gerücht: plebis *J.* 40; clemens *J.* 22; rumores volgi *C.* 29.

*****rūpēs,** is, *f.* Fels: kollekt. *C.* 59 (f. asper).

rursum u. rursus, *adv.* (= reversum), „zurück", dah. *a)* dagegen, hingegen *C.* 53; *J.* 69. 103. — *b)* wieder, von neuem *C.* 18. 27; *J.* 55. 62. 83. 97.

Ruso, f. Octavius.

Rūtĭlĭus, i, P. Rutilius Rufus, Legat des Metellus, Konsul i. J. 105 v. Chr. *J.* 50. 52. 86.

S.

S. = salutem *ep. Mithr.* 1 (f. salus *b*).

săcer, cra, crum, einer Gottheit geweiht, heilig: sacra profanaque omnia *C.* 11; *subst.* sacrum, i, heilige Handlung, Opfer *C.* 22.

*****săcerdōs,** dōtis, Priesterin: Vestae *C.* 15.

săcerdōtĭum, i, Priesteramt, Priesterstelle: *plur. C.* 21; *J.* 31 (§ 10).

*****săcrĭlĕgus,** 3. tempelräuberisch, *subst.* Tempelräuber *C.* 14.

*****Saenĭus,** i, L., römischer Senator *C.* 30.

saepĕ, *adv.* oft: saepe antea *J.* 94. 107. 112; saepe antehac *C.* 25; saepe numero (saepenumero), oftmals *C.* 52 (§ 7). 53; haud saepe, selten *J.* 31 (§ 29); saepius, öfter *C.* 9. 25; *J.* 64. 94. 111; quam saepissume, so oft als möglich *J.* 63.

saepĕnŭmĕro, *adv.* f. saepe.

*****saepĭo,** psi, ptum, 4. „umzäunen", übtr. umgeben: ferro saeptus *or. Lep.* 15.

saepissŭme, f. saepe.

saevĭo, 4. wüten, toben: mare saevire ventis coepit *J.* 78; fortuna coepit saevire, Gewalt zu üben *C.* 10.

saevĭtĭa, ae, Wut, Strenge, Heftigkeit, Grausamkeit *J.* 15. 45; feneratorum *C.* 33; hostium *J.* 7; belli *C.* 51 (§ 9); temporis, Strenge der Jahreszeit *J.* 37.

saevus, 3. wütend, streng, grausam: hostis *ep. Pomp.* 5; imperium *C.* 19; *J.* 100; poena saevior (*Jordan*) *C.* 51 (§ 15); saevissumis Numidis (*abl. absol.*) *J.* 67; mare, stürmisch *J.* 17. — 2) schrecklich: omnia saeva pati *J.* 14 (§ 10).

săgittārĭus, i, Bogenschütze *J.* 105; sagittarii et funditores *J.* 46. 49. 94. 100.

*****sāl,** sălis, *m. u. n.* Salz *J.* 89.

*****salto,** 1. (*v. intens. v.* salio), tanzen *C.* 25.

saltŭōsus, 3. waldreich: loca *J.* 38. 54.

sălūbris, e, gesund, kräftig: corpus *J.* 17.

sălūs, ūtis, *f.* „Gesundheit", dah. Heil, Wohlfahrt, Rettung: omnium *C.* 51

(§ 43); in fuga salutem sperare *J.* 58; spem salutis in fuga habere *J.* 55; manu salutem quaerere *J.* 39; saluti esse alcui, zum Heil gereichen, jmb. retten *J.* 33; certare pro salute, um die Existenz *J.* 94. 114; alqm de salute sua obtestari, um sein Leben *C.* 45. — 2) das gewünschte Wohlfein, der Gruß: alcui salutem (dicere), grüßen *ep. Mithr.* 1.

salūto, 1. grüßen, begrüßen: plebem, Bücklinge machen vor *J.* 4. — 2) insb. jmdm. seine Aufwartung machen *C.* 28.

*****salvus**, 3. wohlbehalten *or. Lep.* 17.

*****Samnītes**, um, Bewohner d. Landschaft Samnium in Mittelitalien *C.* 51 (§ 38).

*****Sämothrāces**, um, Bewohner der Insel Samothrace im ägäischen Meere an der Küste Thraciens: dei, die drei Cabiren, mystisch verehrte Schutzgottheiten, deren Dienst durch die böotischen Pelasger zur Zeit der dorischen Wanderung vornehmlich nach Lemnos u. Samothrace gebracht worden war *ep. Mithr.* 7 (apud, „im Tempel").

sanctus, 3. heilig, ehrwürdig: nihil sancti habere (f. pensus) *J.* 41. — 2) sittenrein, tugendhaft: vir *J.* 85 (§ 40). 109.

sānē, *adv.* in der That, fürwahr, allerdings: et sane *J.* 42. 100; ac sane *J.* 7; bei konzessiv. Konjunktiv, immerhin: sint sane liberales, mögen sie immerhin freigebig sein *J.* 52 (§ 12); sane fuerit regni paratio, heiße es immerhin ein Trachten nach Königsherrschaft *J.* 31 (§ 8); quae sane fuerint nostrae injuriae, nihil ad vos (*sc.* pertinent), mögen dies immerhin uns zugefügte Unbilden gewesen sein *J.* 24 (f. nihil 2). — 2) steigernd, durchaus: nihil sane, durchaus nicht, ganz und gar nicht *C.* 16; haud sane *C.* 37. 53.

Sanga, f. Fabius.

sanguis, ĭnis, *m.* Blut: humani corporis *C.* 22; humus infecta sanguine *J.* 101; gladius sanguine oblitus *J.* 101; übtr. Lebenskraft *or. Lep.* 25. — 2) meton. *a)* Blutvergießen *J.* 31 (§ 8); civilis *C.* 14; Mord: familiae *J.* 14 (§ 25). — *b)* Blutsverwandtschaft: sanguine conjunctus *C.* 10..

săpĭens, tis, weise *J.* 45; nemo sapiens *J.* 11; sapientes *or. Phil.* 1.

săpĭentĭa, ae, Weisheit, Vernunft, Einsicht *C.* 5. 6. 51; *J.* 10.

sarcĭna, ae, Gepäck: jumenta sarcinis levare *J.* 75; insb. *plur.* sarcinae, das Gepäck, welches der Soldat auf dem Marsche trug (außer den Waffen auch noch Getreide für 10—14 Tage, Schanzpfähle, Beil, Säge, Spaten, Korb, Kochgeschirr, alles zusammen oft im Gewichte von 60 Pfund) u. vor dem Beginn der Schlacht ablegte: sarcinas abicere *J.* 91; colligere *J.* 97.

sătellĕs, ĭtis, Trabant *J.* 65; *or. Lep.* 2. 12. 21; *or. Phil.* 7.

*****sătĭĕtās**, ātis, *f.* „Sättigung", dah. Überdruß: satietas tenet alqm, hat ergriffen *J.* 31 (§ 20).

*****sătĭo**, 1. sättigen, befriedigen: clade satiatus *or. Lep.* 5.

sătĭs, *adv.* genug, hinreichend: vis aquae satis superque est *J.* 75; satis amicorum *J.* 102; armorum *J.* 92; satis verborum dictum est *or. Lic.* 25; satis amplae res gestae *C.* 8; satis pollens *C.* 6; satis saepe *J.* 62; satis dictum est *C.* 19; *J.* 19; satis placere (f. placeo) *C.* 2; *J.* 64. 66; satis habere, zufrieden sein *J.* 31 (§ 20). — 2) ziemlich: satis placide *J.* 83; satis eloquentiae *C.* 5. — 3) *compar.* satius, besser: satius est vinci *J.* 42.

*****sătisfactio**, ōnis, *f.* Rechtfertigung *C.* 35.

satius, f. satis.

*****sătūra**, ae, Fruchtschüssel mit allerlei Früchten, dah. bildl. per saturam, bunt durcheinander *J.* 29.

*****Sāturnīnus**, i, L. Apulejus Saturninus, Volkstribun 100 v. Chr., wurde wegen vieler Gewaltthätigkeiten vom Volke getötet *or. Phil.* 7.

saucĭo, 1. verwunden: alqm *J.* 60. 92. 94; eminus *J.* 50.

saucĭus, 3. verwundet: *subst. C.* 60; *J.* 54.

*****saxĕus**, 3. steinig, felsig: mons *J.* 92.

saxum, i, Fels, Felsstein *J.* 78. 93; saxa mittere *J.* 67; volvere in alqm *J.* 57.

*****scaevus**, 3. „links", übtr. linkisch, täppisch: Romulus, ein karrikierter Romulus *or. Lep.* 5.

scālae, ārum, Leiter: scalis egredi *J.* 60; murum scalis aggredi *J.* 57.

Scaurus, f. Aemilius.

scělěrātus, 3. von Verbrechen befleckt, frevelhaft, verrucht: civis *C.* 52 (§ 36); homo sceleratissumus *C.* 14. 31; *subst.* scelerati *C.* 52 (§ 12).

scělestus, 3. lasterhaft, verrucht, ruchlos: homo *C.* 51 (§ 32); nuptiae *C.* 15; servitium *or. Lic.* 10; scelestissumi hostes *ep. Pomp.* 1; *ep. Mithr.* 3; *subst.* mali atque scelesti *C.* 52 (§ 15).

scělus, ěris, *n.* Verbrechen, Frevelthat *J.* 25; in patrem *J.* 33; scelus atque superbia (perfidia), ruchloser Übermut (Treulosigkeit) *J.* 14 (§ 11). 107; manifestus sceleris *J.* 35; populares (socii) sceleris *C.* 22; *J.* 33; per scelus (f. per 7) *C.* 12; *J.* 14 (§ 7. 15); sceleri obviam ire *J.* 22.

*****scĭentĭa**, ae, das Verstehen einer Sache, Kenntnis: militiae *J.* 63.

scīlĭcet, *adv.* (aus scire licet) es versteht sich, natürlich, freilich, nun ja *J.* 41. 104; im ironischen u. sarkastischen Sinne *C.* 16. 51 (§ 10). 52 (§ 28); *J.* 31 (§ 19). 85 (§ 10) *or. Lep.* 17. 21; mit *acc. c. inf.* es versteht sich daß *J.* 4; *or.Phil.* 5; quae scilicet patefecisse, was natürlich aufdeckte *J.* 113; cui scilicet placuisse, dem es offenbar gefiel *J.* 102.

scĭo, 4. von etw. Kunde haben, etw. wissen: quae *C.* 48; nihil amplius *C.* 47; mit *acc. c. inf. C.* 14. 53; mit abhängigem Fragsatze *C.* 58; *J.* 102; me sciente, mit meinem Wissen *J.* 110; *part.* sciens als Adjekt., kundig: locorum *J.* 85 (§ 45); belli *J.* 97; regionum scientissumi *J.* 100. — 2) kennen: scio (*sc.* quosdam) qui legerint *J.* 85 (§ 12).

Scīpĭo, ōnis, P. Cornelius, genannt Africanus major, Besieger des Hannibal bei Zama 202 v. Chr. *J.* 4. 5. — 2) P. Cornelius Scipio Aemilianus, genannt Africanus minor (Sohn des bei Cannä gefallenen Konsuls L. Aemilius Paulus u. vom Sohne des älteren Scipio adoptiert), der Zerstörer von Karthago (146 v. Chr.) u. Numantia (133 v. Chr.) *J.* 7. 8. 22. — 3) P. Scipio Nasica, Konsul 111 v. Chr. *J.* 27.

*****Scirtus**, i, eine sonst unbekannte Person *or. Lep.* 21.

*****scītē**, *adv.* geschickt, geschmackvoll: exornare convivium *J.* 85 (§ 39).

scortum, i, Buhldirne *C.* 7. 14.

*****scrība**, ae, Schreiber *or. Lep.* 17.

scrībo, psi, ptum, 3. schreiben: plura *C.* 35; de alquo *J.* 24; ad alqm *J.* 65; mit *acc. c. inf. C.* 30; orationem scriptam edere, schriftlich *C.* 31. — 2) beschreiben: facta *C.* 3; bellum *J.* 5; res gestas, Geschichte schreiben *C.* 3. — 3) schriftlich ernennen: alquem testamento heredem, einsetzen *J.* 65. — 4) „in eine Liste einschreiben", daß Truppen ausheben: milites *J.* 43. 84. 86; legiones *C.* 32; supplementum exercitui *J.* 39.

*****scrīnĭum**, i, Briefbehältnis, Briefkapsel *C.* 46.

scrīptor, ōris, Beschreiber, Darsteller: rerum *C.* 3; *absol.* Schriftsteller *C.* 8.

*****scrūtor**, 1. durchsuchen: abdita loca *J.* 12.

scūtum, i, Langschild, Schild *J.* 67. 94.

sē-cēdo, cessi, cessum, 3. abseits gehen, sich zurückziehen: in partem aedium *C.* 20. — 2) politisch sich trennen: plebes a patribus secessit *C.* 33 (i. J. 287 v. Chr. auf den Janiculus); *or. Lic.* 1.

sēcessĭo, ōnis, f. „das Abseitsgehen", dah. Absonderung, Trennung J. 31 (§ 6. 17); or. Lic. 17.

*sēcrētō, adv. beiseit, unter vier Augen J. 8.

*sēcrētus, 3. „abgesondert", dah. geheim: reliqua secreta transigere, im geheim J. 29.

*sĕcundum, praep. mit acc. nach, nächst: secundum ea, nächstdem J. 14 (§ 3).

sĕcundus, 3. (sequor), folgend: secundo mari, am Meere entlang J. 19. — 2) der zweite: heres J. 65; bellum Punicum J. 5. — 3) von Winden u. Wasserströmungen, „dem Schiffe folgend", dah. übtr. a) begünstigend, oratio, schmeichelhaft J. 65. — b) nach Wunsch gehend, glücklich, gelungen: omnia secunda sunt J. 14 (§ 19); secundae res, Glück C. 11; J. 40. 41; vorteilhafte Lage J. 94; malae secundaeque res, der Glückwechsel or. Cott. 1.

sĕcus, adv. anders, nicht so: haud secus atque, ebenso als J. 79; gerade so gut als J. 105; neque secus atque iter facere, u. nicht anders d. i. ebenso vorsichtig als er marschierte J. 100; insb. a) nicht gut, übel: bellum secus cesserat J. 20; res secus procedit, gelingt nicht J. 25. — b) weniger: res haud secus difficilis, ebenso sehr J. 92.

sĕd, conj. aber, allein: sed maxume C. 17. 54; sed multo maxume J. 6; sed minume C. 51 (§ 13); insb. als Übergangspartikel zum Folgenden: sed ea tempestate C. 7; sed in his erat C. 25; sed urbana plebes C. 37; sed ea divisa C. 43; sed is natus J. 63; sed ubi tempus visum J. 94; beim Einlenken zur unterbrochenen Darstellung: sed juventutem edocebat C. 16; sed in ea conjuratione fuit C. 23; sed Allobroges conveniunt C. 44. — 2) nach negativ. Satze, sondern: non ex re sed ex commodo C. 10; non solum ... sed („sondern sogar") C. 39; non solum ... sed omnino C. 37; non modo ... sed C. 18.

sēdēs, is, f. „Sitz", übtr. Stätte, Wohnsitz C. 6 (s. incertus); or. Lep. 12; patria C. 33; sedes habere J. 18 (s. cogo 2, b); sedibus pelli J. 41.

sēdĭtĭo, ōnis, f. (se u. itio), „das Abseitgehen", dah. Aufruhr, Aufstand: seditio oritur C. 34; J. 6. 72; plur. C. 37. 51 (§ 32); tribuniciae J. 37.

sēdĭtĭōsus, 3. aufrührerisch, wühlerisch: volgus J. 66; magistratus J. 73; subst. Aufrührer or. Lep. 16.

sēdo, 1. „sitzen machen", übtr. Einhalt thun, beruhigen: motus J. 33; flammam, dämpfen J. 4; animus quietibus sedatur, findet Ruhe im Schlafe C. 15.

*segnis, e, träge, lässig J. 31 (§ 28).

*segnĭus, adv. (compar. v. segniter), träger, lässiger J. 75.

*Sĕleucēa, ae, Stadt in der Nähe des Tigris in Babylonien ep. Mithr. 19.

*sella, ae, f. Sessel J. 65.

*sĕmĕl, adv. einmal ep. Mithr. 12.

sēmet, s. sui.

*sēmĭsomnus, 3. halbschlafend, schlaftrunken J. 21.

semper, adv. allezeit, immer C. 2. 5. 10.

Semprōnĭus, 3. röm. Familienbenennung: lex, das vom Volkstribun C. Sempronius Gracchus i. J. 123 gegebene Gesetz, dass der Senat schon vor der Wahl der Konsuln die künftigen Provinzen derselben bestimmen sollte J. 27; subst. Sempronia, Gattin des D. Junius Brutus, Mutter des Cäsarmörders D. Junius Brutus Albinus C. 25. 40.

sĕnātor, ōris, Mitglied des Senates, Senator C. 18. 28. 30.

sĕnātōrĭus, 3. senatorisch: ordo C. 17; J. 62. 104.

sĕnātus, ūs m. i, der Senat, das oberste Ratskollegium C. 34; senatus populusque Romanus J. 21; senatus et populus Rom. J. 9. 104. 111; senatus atque populus R. J. 112; populus et senatus Romanus J. 41; princeps senatūs J. 25; senatūs consul-

senectus   servilis   167

tum *C.* 42; senatus decretum *C.* 51 (§ 36); *J.* 28; senati decretum *C.* 30. 36. 53; *J.* 40; senati auctoritas *J.* 22. 31; verbis senati *J.* 25; senatum convocare *J.* 50; ad senatum referre *C.* 29. 51 (§ 43); senatu movere, ausſtoßen *C.* 23; senatus decernit *C.* 29. 47. 48; *J.* 39. 55. — 2) Se = natsverſammlung: in senatum venire *C.* 31; dare alcui senatum, Audienz im Senat *J.* 13.

sĕnectūs, ūtis, *f.* hohes Alter, Greiſenalter *J.* 17; *or. Cott.* 1; senectutem agere *J.* 85 (§ 41).

sĕnesco, sĕnŭi, 3. „altern", dah. abnehmen: senescunt vires *or. Lic.* 19; omnia aucta senescunt *J.* 2. — 2) ermatten, einſchlafen: moveri quam senescere omnia malebat *J.* 35.

*sĕnĭum, i, Altersſchwäche: in senio corporis *or. Cott.* 9 *(Dietsch).*

sententĭa, ae, Meinung, Geſin = nung: manere in sententia *or. Phil.* 16; ex (de) sententia, nach Wunſch *J.* 38. 43; ex animi mei sententia, nach meiner innerſten Überzeugung *J.* 85 (§ 27); vir ex sententia ambobus, nach dem Herzen beider *J.* 109. — 2) Meinung, Stimme (die man ab = giebt), Antrag *C.* 51 (§ 17); sententiam dicere *C.* 51 (§ 9); exquirere *J.* 29. 112; sententiam rogatus *C.* 50. 52 (§ 1); in sententiam alcjus discedere *C.* 55; pedibus ire in sententiam alicujus *C.* 50 (ſ. pes); ex sententia alcjus, nach dem Vorſchlage jmds. *J.* 113. — 3) Inhalt einer Rede, eines Brieſes *J.* 9. 24.

*sentīna, ae, „Schiffsjauche", übtr. Pfuhl, Kloake *C.* 37.

sentĭo, sensi, sensum 4. „fühlen", dah. wahrnehmen, merken, mit *acc. c. inf. C.* 35. — 2) geſinnt ſein: contra rempublicam, Feindliches gegen d. Staat beabſichtigen, Revolutionsge = danken hegen *C.* 26.

*sĕorsum, *adv.* (= sevorsum), ab = geſondert, abgetrennt: ab rege *J.* 70.

*sēpărātim, *adv.* abgeſondert: separatim sibi consilium capere, für Sonderintereſſen *C.* 52 (§ 23).

*Septĭmĭus, i, Mitverſchworener des Catilina aus Camerinum *C.* 27.

*sĕpulcrum, i, Grabſtätte *or. Lep.* 14.

sĕquor, cūtus sum, 3. folgen, be = gleiten: alqm *J.* 54; exercitum *J.* 45; signa *J.* 80. — 2) nachrücken, ver = folgen: alqm *J.* 54: *absol. J.* 59. 101; magno exercitu *C.* 57. — 3) übtr. *a)* folgen: invidia post gloriam sequitur, folgt auf dem Fuße *J.* 55. — *b)* Folge leiſten, ſich anſchließen: alqm *J.* 13. — *c)* zufallen, zu Teil werden: gloria (fortuna, fama), sequitur alqm *C.* 3. 54; *or. Phil.* 21; *ep. Mithr.* 22; gloria divitias *C.* 12; malos praemia *or. Phil.* 9. — *d)* be = folgen: consilia *or. Phil.* 6; morem alcjus, ſich richten nach *J.* 32; *ep. Mithr.* 14; naturam animi, zur Richtſchnur nehmen *J.* 2. — *e)* einer Sache nach = gehen, nachhängen: inertiam *C.* 52 (§ 22); spes *C.* 35; haec, dieſer Unter = nehmung *C.* 58.

Ser., Abkürz. von Servius.

*sērĭus, 3. ernſthaft: seria cum alquo agere *J.* 96 (ſ. jocus).

sermo, ōnis, *m.* Unterredung, Geſpräch *C.* 40; sermones habere, Äußerungen thun *C.* 37. — 2) Ge = ſprächston: sermone modesto uti, ehrbare Sprache führen *C.* 25.

sēro, sĕrŭi, sertum, 3. aneinan = derreihen: bellum ex bello, Krieg an Krieg reihen *or. Phil.* 7; *ep. Mithr.* 20.

*sērō, *adv.* zu ſpät *ep. Mithr.* 13.

*serpens, tis, c. Schlange *J.* 89.

Sertōrĭus, Q., Anhänger des Marius, kämpfte in Spanien gegen die Feldherren Sulla's mit Glück und ſetzte nach dem Tode desſelben den Kampf gegen Pompejus fort, bis er 72 v. Chr. durch Meuchelmord fiel *or. Cott.* 6; *ep. Pomp.* 5. 9; *or. Lic.* 18.

servīlis, e, ſklaviſch, der Skla = ven: alimenta *or. Lep.* 11; officia *C.* 4; bellum, Sklavenkrieg *C.* 30.

servĭo, 4. Sklave sein, dienstbar sein, dienen *C.* 20; *J.* 31 (§ 22); *or. Lep.* 10; *ep. Mithr.* 10; finis serviundi, der Knechtschaft *or. Lic.* 11. — 2) übtr. einer Sache fröhnen: voluptatibus *C.* 52 (§ 23).

servĭtĭum, i, Sklavendienst, Sklaverei, Knechtschaft: otium cum servitio („verbunden mit") *or. Lep.* 25; servitium alcui minari *J.* 94; imponere *or. Lic.* 10; demere *ep. Mithr.* 11; servitio corporis uti, den Körper zum dienenden Organ haben *C.* 1. — 2) meton. *plur.* Sklaven *J.* 44. 46. 50. 56 (cujus = „wovon"); urbana *C.* 24; Romanorum *J.* 66.

servĭtūs, ūtis, *f.* Sklaverei, Knechtschaft: civitas servitute oppressa *C.* 51 (§ 31); servitutem tolerare *J.* 31 (§ 11); ex servitute eripi *C.* 48.

servo, 1. erhalten, bewahren: rempublicam *C.* 31. 32 (§ 28).

servus, 3. dienstbar: omnia non serva, alles (ihnen) nicht Dienstbare *ep. Mithr.* 17; *subst.* servus, Sklave *C.* 30; *J.* 31 (§ 11); fugitivus *C.* 56.

*sestertĭum, i, tausend Sesterzen (damals = 175 Reichsmark) *C.* 30.

seu, s. sive.

*sĕvērē, *adv.* ernsthaft, streng: vindicare *J.* 15.

*sĕvērĭtās, atis, *f.* strenger Ernst, Strenge *C.* 54.

*sĕvērus, 3. streng: poena severior *C.* 51 (*Jordan*: saevior).

*Sextĭus, i, ein Quästor *J.* 29.

sī, *conj.* wenn, wofern: si vincimus *C.* 58; si boni eritis *J.* 10; mit Konjunktiv, wenn die Bedingung bloß als möglich hingestellt wird: si parem disserere *J.* 42; si animus ferat *C.* 58; si res postulet *J.* 85 (§ 29); si injuriae non sint, angenommen daß nicht *J.* 31 (§ 29); si modo, wenn nur, wenn anders *C.* 40. 51 (§ 37); si quidem s. siquidem; insb. *a)* (= etiamsi) wenn auch: quae si dubia essent, tamen ... decebat *J.* 85 (§ 48). — *b)* wenn aber: si lubido possidet *C.* 51 (§ 3); si vos languere viderint *C.* 52 (§ 18). — 2) ob: temptandi gratia, si paterentur *J.* 47.

*Sĭbyllīnus, 3. sibyllinisch: libri, die sibyllinischen Bücher, enthielten Prophezeiungen in Bezug auf den römischen Staat, welche angeblich von der kumäischen Sibylle, einer im Altertume berühmten Priesterin des Apollo, herrührten und bei besonders wichtigen Ereignissen aufgeschlagen wurden *C.* 47.

sic, *adv.* so, also, auf solche Weise: sic locutus *J.* 9; sic certatur *J.* 58; insb. *a)* einen folgend. Gedanken einleitend, so, also, folgendermaßen: sic rex incipit *J.* 109; ego sic existumo *C.* 51 (§ 15); *J.* 14 (§ 12); sic habere, der Ansicht sein *J.* 114. — *b)* bei Vergleichungen, so: ut ... sic, wie ... so (ebenso) *J.* 2. 40; *or. Lic.* 19; zwar ... aber *J.* 113. — *c)* zur Bezeichn. des Grades, so sehr, so, mit folg. ut *C.* 25; *J.* 73.

*sīcārĭus, i, Meuchelmörder, Bandit *or. Phil.* 17.

*Sicca, ae, mit dem Beinamen Veneria, jetzt Kef, Stadt in Numidien, nordwestl. von Zama *J.* 56.

*Siccenses, ĭum, die Einwohner von Sicca *J.* 56.

Sĭcĭlĭa, ae, Sicilien *J.* 28.

*Sicinĭus, i, L., Volkstribun 76 v. Chr. *or. Lic.* 8.

sīcut u. sīcŭti, *adv.* sowie, gleichwie, wie: sicut accepi *C.* 6; sicut Afri putant *J.* 18; sicuti peregrinantes *C.* 2; sicuti plerique *C.* 3; *J.* 75; sicuti pecora *C.* 58; sicuti nunc *J.* 31 (§ 16); insontes sicuti sontes circumvenire *C.* 16. — 2) gleichsam: sicut in sentinam *C.* 37. — 3) (= quasi), wie wenn, gleich als wenn, mit Konjunktiv *C.* 28. 38; *J.* 60; sicuti salutatum *C.* 38.

*Sīdōnĭcus, 3. sidonisch *J.* 78.

*Sīdōnĭi, ōrum, die Bewohner von Sidon, der ältesten Stadt Phöniciens *J.* 78.

*signātor, ōris, Urkundenuntersiegler: falsus, Urkundenfälscher *C.* 16.

significo, 1. ein Zeichen geben: manu *J.* 60. — 2) anzeigen: idem *J.* 101.

***signo**, 1. „mit einem Zeichen versehen", insb. mit Siegel versehen, besiegeln: jusjurandum, die schriftliche Eidesversicherung *C.* 44.

signum, i, Zeichen, Merkmal: deditionis *J.* 46. — 2) militär. *a)* Feldzeichen, Fahne (außer dem Adler, dem Feldzeichen der Legion, hatte jeder Manipel sein Feldzeichen) *J.* 67. 68. 74; militare *J.* 49. 99; signa reliquarum (cohortium) d. i. die übrigen Kohorten *C.* 59; signa sequi *J.* 80; incedere cum signis („um die Feldzeichen geschart") *J.* 45; signa inferre, zum Angriff vorrücken, angreifen *J.* 56; oum infestis signis concurrere *C.* 60; signa observare *J.* 51; ab signis abesse *J.* 44; signa relinquere *C.* 9; sine signis *J.* 97. — *b)* das vom Feldherrn gegebene Zeichen, Signal: signum dare *C.* 18; *J.* 21. 28; tubā *C.* 60; signum accipere *J.* 97; canere, die Signalhörner ertönen lassen *J.* 99; signa canunt, die Hörner ertönen, das Signal wird gegeben *C.* 59; *J.* 94. 99. — 3) Bildwerk, Skulpturarbeit *C.* 11. 20. 52 (§ 5). — 4) Siegel *C.* 47.

Silanus, s. Junius u. Turpilius.

silentium, i, Stillschweigen, Stille: silentium habere *J.* 99; silentium coepit *J.* 33; alqd silentio praeterire *C.* 53; egredi silentio, ohne Geräusch *J.* 106. — 2) übtr. Unthätigkeit, thatenlose Stille: vitam silentio transire *C.* 1.

sileo, ŭi, 2. schweigen, nicht reden: de alqua re *C.* 2. 19.

***silva**, ae, Wald: *plur. or. Lep.* 23.

similis, e, ähnlich: alcui *C.* 14; latrocinio *J.* 97.

***similitudo**, ĭnis, *f.* Ähnlichkeit: curae *C.* 9.

simul, *adv.* zugleich (der Zeit nach): multa simul moliri *C.* 27; vergl. *C.* 42. 43. 45; *J.* 57. 99; simul quia *C.* 19. 20; simul quod *C.* 16; simul ut *C.* 58; simul ne *J.* 4; mit cum: fortuna simul cum moribus immutatur *C.* 2; vergl. *C.* 33; *J.* 14 (§ 23). 78; simul cum occasu solis *J.* 91; cum illa (republica) simul *or. Cott.* 4; lubidini simul et usui parere *C.* 51 (§ 2); vergl. *C.* 60; *J.* 24. 47. 53. 64; simul et, zugleich auch *J.* 20. 25. 84. 92; cura atque laetitia simul *C.* 46; egestate simul ac dolore *C.* 28; simulac, sobald als *C.* 7. — 2) (= simulac) sobald als: simul cognovit et („da auch") hostes aderant *J.* 97.

simulac, s. simul 2.

***simulator**, ōris, Heuchler: animus cujusque rei lubet simulator ac dissimulator, zu Heuchelei u. Verstellung jeglicher Art geschickt *C.* 5.

simulo, 1. „ähnlich machen", dah. zum Schein vorgeben, erheucheln, vorschützen, vorspiegeln: bonum publicum *C.* 38; amicitiam *ep. Mithr.* 6; diffidentiam rei *J.* 60; verba et fugam *J.* 14 (§ 20); metum *J.* 36; studium („Interesse") *C.* 41; testamentum, unterschieben *ep. Mithr.* 8; negotia simulare ac dissimulare, Zwecke erheucheln und verbergen *J.* 95; pacem, sich stellen als wolle man Frieden *J.* 111; eadem haec, eben solche Erdichtungen machen *J.* 14 (§ 21); id, aus Verstellung thun *J.* 88; se probum, sich stellen *J.* 85 (§ 9); mit *acc. c. inf. J.* 76; pro sua aut quorum simulat (= quorum eam simulat esse) injuria („vorgeblich andern zugefügt") *or. Phil.* 10; simulandi gratia, zum Schein *J.* 37.

***simultas**, ātis, *f.* Groll, Feindschaft: simultates exercere cum alquo *C.* 9.

sin, *conj.* wenn aber, wofern aber *C.* 35. 46. 51 (§ 21); *J.* 58; si ... sin *C.* 51 (§ 8). 52 (16). 58; *J.* 8. 10. 31 (§ 19). 33. 50.

sine, *praep.* mit *abl.* ohne: sine ullo incommodo *J.* 92; sine ulla pactione *J.* 62; oppida sine praesidio *J.* 54; milites sine imperio *J.* 66.

singillātim, *adv.* einzeln: circumire, bei den Einzelnen *C.* 49; disserere, im einzelnen *J.* 42.

singŭlus, 3. einzeln *J.* 49. 88; *subst.* singuli *C.* 17. 20. — 2) *plur.* je ein *J.* 80; *or. Lic.* 24.

sĭnister, tra, trum, links: ala *J.* 50; *subst.* sinistra, ae, linke Seite: a sinistra ac dextra *J.* 50.

sĭno, sivi, situm, 3. geschehen lassen, zulassen, gestatten: mit *acc. c. inf. J.* 2. 58. 91. 110.

sĭnus, ūs, „Bausch" des Gewandes über der Brust, übtr. *a)* Meerbusen, Bucht *J.* 78. — *b)* das Innerste, der Schoß: in sinu urbis hostes sunt *C.* 52 (§ 35).

*****sīquĭdem**, *conj.* sofern ja *or. Lic.* 28.

*****Sisenna**, ae, L. Cornelius, Zeitgenosse des Sulla, Verfasser einer (verloren gegangenen) Geschichte des marsischen Krieges und des Bürgerkrieges zwischen Marius und Sulla *J.* 95.

sĭtis, is, *f.* Durst: sitim opperiri *C.* 13; siti confici *J.* 50.

*****Sittĭus**, i, P., römischer Ritter aus Nuceria, wurde zur Förderung der Entwürfe Catilina's nach Spanien gesandt u. deshalb vor Gericht gezogen, entfloh aber u. ging mit einem auf eigene Hand zusammengebrachten Heere nach Nordafrika, wo er als Parteigänger den dort gegen einander kämpfenden einheimischen Fürsten beistand *C.* 21.

*****sĭtus**, ūs, Lage: Africae *J.* 17.

sĭtus, 3. liegend, gelegen: inter duas Syrtes *J.* 78; in montis extremo *J.* 37; in ea parte *J.* 56; in campo *J.* 57; haud dissimiliter *J.* 89; socii juxta siti, nahe wohnend *ep. Mithr.* 17; divitiae in oculis sitae sunt, liegen vor Augen *C.* 20; alqd in extremo situm est *C.* 52 (§ 11); *J.* 23; situm esse in alqua re, beruhen auf *C.* 1; *J.* 31 (§ 5). 33. 51. 54. 73 (f. manus *a*); in alquo, auf jmdm. *J.* 85 (§ 4). 114.

sīve od. **seu**, *conj.* „oder wenn": sive … sive, sei es (daß) … oder sei es (daß), entweder … oder *C.* 31. 49; *J.* 103.

sŏcĭĕtās, ātis, *f.* Teilnahme an etw., Gemeinschaft: belli *C.* 40; *ep. Mithr.* 1; periculi *C.* 48. — 2) Verbindung, Bündnis: spes societatis (näml. mit der Senatspartei) *J.* 42; societatem alcjus appetere *J.* 14 (§ 5); rogare *J.* 77; conjungere *J.* 83; confirmare *C.* 44; accipere *J.* 14 (§ 18).

sŏcĭus, 3. „teilnehmend", *subst.* Teilnehmer, Genosse: periculi *J.* 85 (§ 47); insidiarum *J.* 72; socius et administer consiliorum *J.* 29; alquem sibi socium adsciscere (adjungere) *C.* 47; *J.* 70. — 2) insb. Bundesgenosse: socius et amicus populi Romani *J.* 14 (§ 2). 24; socii atque hostes, Freund u. Feind *J.* 92; socii et nomen Latinum, Bundesgenossen u. Latiner, Bezeichnung der von Rom abhängigen Völkerschaften Italiens *J.* 39. 40. 42. 43; vergl. *J.* 84. 95. — 3) socia, ae, Lebensgefährtin, Gattin *J.* 80.

sōcordĭa, ae, „Verstandesträgheit", dah. Fahrlässigkeit, Sorglosigkeit *J.* 1. 4; *or. Phil.* 11; socordia atque ignavia *C.* 52 (§ 29). 58; *J.* 31 (§ 2); socordia atque desidia *C.* 4; mollities socordiaque *J.* 70.

sōcors, dis, „verstandesträge", dah. fahrlässig, sorglos *J.* 100; *or. Lic.* 8.

sōl, sōlis, *m.* Sonne: ortus solis *C.* 36; *J.* 17; occasus solis *J.* 68. 91; solis ardores *J.* 19; sub sole *J.* 18.

sōlemnis, e, f. sollemnis.

sŏlĕo, litus sum, 2. gewohnt sein, pflegen: mit *inf. C.* 47. 58; *J.* 7. 43; quod ambitio solet (*sc.* facere) *J.* 59; uti aegrum animum solet (*sc.* capere) *J.* 71; audire solitum, er habe öfters gehört *C.* 47; vergl. quos habere solitus erat *C.* 47; solitos ita dicere *J.* 4; multum cum animo suo volvere solitum *J.* 108; *absol.* solet = fieri solet *C.* 28. 29. 30; *J.* 15. 25. 66.

sōlĭtūdo, dĭnis, f. Einsamkeit, Einöde J. 55. 93; plur. J. 17. 74. 75; magnae J. 80; ingentes J. 89.

*sollemnis, e (v. sollus = totus u. annus), „alljährlich gefeiert", subst. sollemne, is, n. feierliches Opfer C. 22.

*sollers, tis (v. sollus = totus u. ars), geschickt, gewandt J. 96.

*sollertĭa, ae, Geschicklichkeit, Gewandtheit: ingenii J. 7.

sollĭcĭto, 1. „stark bewegen", übtr. aufregen, aufwiegeln: alqm C. 24. 36. 39. 50; plebem C. 28; J. 19.

sollĭcĭtūdo, ĭnis, f. Gemütsunruhe, Besorgnis, Kummer J. 31 (§ 22). 44; or. Phil. 16.

sollĭcĭtus, 3. stark aufgeregt: Hispaniae armis sollicitae or. Phil. 8. — 2) in Sorgen befindlich, bekümmert J. 30; de belli eventu J. 55.

sōlum, adv. nur, allein: non solum ... sed („sondern sogar") C. 39; non solum ... sed omnino C. 37.

sōlus, gen. solīus, 3. allein, einzig: solus regnum obtinuit J. 5; virtus sola non datur J. 85 (§ 38); prägn. a) alleinstehend, verlassen J. 14 (§ 17); or. Lic. 3. — b) einsam, öde: loca J. 103.

solvo, solvi, sŏlūtum, 3. „ablösen", dah. eine Schuld abtragen, bezahlen: aes alienum C. 35; argentum aere (s. aes) C. 33; poenas, Strafe leiden ep. Mithr. 12; capite poenas, mit dem Leben büßen J. 69. — 2) auflösen: imperium („die Bande der Disciplin") J. 39; plebis vis soluta atque dispersa J. 41; soluto jure, obgleich die Rechtsansprüche aufgehoben sind or. Lep. 18; übtr. a) entfernen, aufheben: injuriam or. Lep. 15. — b) part. solutus, ungebunden, unabhängig: genus hominum liberum atque solutum C. 6.

somnus, i, Schlaf: somnus capit alqm J. 71; somno capi J. 99; somno experrectus J. 72.

*sŏnĭtus, ūs, Schall, Getöse J. 99.

*sons, tis, straffällig, schuldig: subst. sontes C. 16.

*sordĭdus, 3. „schmutzig", übtr. gemein, ordinär J. 85 (§ 39).

*spărus, i, (kurzer) Speer C. 56.

spătĭum, i, Raumweite, Raum: in („innerhalb") spatio milium quinquaginta (sc. passuum) J. 75. — 2) Zeitraum, Zeit: brevi spatio C. 56; J. 87; eo spatio C. 55.

spěcĭēs, ēi, das Aussehen, Ansehen: ager una specie, von gleichförmigem Aussehen J. 79; specie, dem Aussehen nach J. 10. — 2) Schein, Anschein: rei J. 29; inani specie magistratus, mit dem leeren Schatten eines Amtes or. Lic. 3; specie, zum Scheine or. Lep. 24; senatūs specie, scheinbar für den Senat C. 38.

spectācŭlum, i, Schauspiel, Anblick: horribile J. 101; praebere spectaculum humanarum rerum J. 14 (§ 23).

spectātus, 3. erprobt, bewährt: virtus C. 20; mihi satis spectatum est mit acc. c. inf., für mich ist es ganz gewiß or. Lic. 23.

spěcŭlātor, ōris, Auspäher, Kundschafter J. 101. 106.

spěcŭlor, 1. auspähen, auskundschaften: iter J. 107; consilia J. 108.

spēro, 1. sich etw. versprechen, sich auf etw. Hoffnung machen, etw. hoffen: regnum J. 24; exitum tantis malis (dat.) C. 40; sibi talia ex victoria C. 37; in fuga salutem C. 58; mit acc. c. inf. futuri C. 21. 26. 56; J. 7. 25. 28; mit acc. c. inf. praes. J. 87; ep. Mithr. 2.

spēs, spěi, Hoffnung: bona J. 44. 113; ex alquo or. Lic. 4; magna C. 16; ampla J. 105; or. Lic. 20; incerta C. 41; tenuis or. Lic. 19; honesta C. 35; dominationis C. 17; rapinarum C. 57; pacis J. 65; novandi C. 39; recuperandae pacis J. 29; homines maxuma spe, voll großer Erwartungen C. 37; parvum te sine spe in regnum recipi, als ein Kind ohne Aussichten J. 10; in spem adduci C. 40; J. 29. 37. 48; spes tenet alqm C. 58; spem habere in alqua re J.

13. 55. 60. 74; alcui spes sita est in alqua re (in alquo) *J*. 33. 54. 85 (§ 4). 114; spes omnis in armis est *J*. 14 (§ 10); spei bonae plenum esse *J*. 113; omnia bona in spe habere, lauter günstige Aussichten haben *C*. 31; spes frustratur alqm *J*. 101; contra spem, wider Erwartung *J*. 28; nuntius contra spem, eine andere Nachricht als er gehofft hatte *J*. 88; spe amplior, über Erwartung bedeutend *J*. 75. — 2) Aussicht, Zukunft: aspera *C*. 20; bona *C*. 21.

Spinther, f. Lentulus.

*****spīro**, 1. atmen *C*. 61 (f. etiam).

spŏlĭo, 1. „entkleiden", prägn. berauben, plündern: delubra *C*. 11; fana *C*. 51 (§ 9); alqm *J*. 103; viris spoliari, der Mannschaft beraubt werden *J*. 62; agro *ep. Mithr.* 6; *absol. C*. 61.

spŏlĭum, i, „abgezogene Haut", übtr. *plur.* die dem Feinde abgenommene Beute, Siegesbeute *ep. Mithr.* 20; belli *C*. 20; Antiochi, die dem Antiochus abgenommene Beute *ep. Mithr.* 11; consulatum ex victis illis spolia cepisse, er habe ihnen bei ihrer Niederlage das Konsulat als Siegesbeute entrissen *J*. 84. — 2) überh. Raub, Beute: spolia vostra, die euch entrissenen Güter und Rechte *or. Lep.* 7; *or. Lic.* 6.

*****sponsĭo**, ōnis, *f.* feierliches Versprechen, Vertrag: sponsionem facere *J*. 79.

Statīlĭus, i, L., ein Mitverschworener des Catilina *C*. 17. 43. 46. 47. 52 (§ 34). 56.

stătim, *adv.* (sto), auf der Stelle, sogleich, sofort *J*. 9. 15. 36. 55.

*****stătīvus**, 3. stehend: castra, Standlager (für längeren Aufenthalt) *J*. 44.

stătŭo, ŭi, ūtum, 3. hinstellen, aufstellen: aciem arte („gedrängt") *J*. 52. — 2) übtr. *a)* sich in den Kopf festsetzen, *perf.* überzeugt sein, mit *acc. c. inf. or. Lic.* 4. — *b)* festsetzen, bestimmen: alcui finem *C*. 51 (§ 36); *or. Lic.* 15; modum *J*. 45 (f. arte); diem (insidiis) *C*. 36; *J*. 70; insb. richterlich: alqd (de alquo) *C*. 52 (§ 17. 31); *J*. 14 (§ 20); alqd in alqm, über jmd. verhängen *C*. 51 (§ 26). 52 (§ 3); *ep. Pomp.* 1 (statuissetis, „hättet verhängen können"). — *c)* sich vornehmen, beschließen, mit *inf. C*. 4. 35. 57; *J*. 7. 11. 29. 44. 48. 56. 88; nihil sibi agitandum *J*. 39; *absol.* ubi statuerat *J*. 89.

stătus, ūs, „Stellung", übtr. *a)* Stand, Stellung: dignitatis, Stufe der Ehre *C*. 35. — *b)* Lage, Verhältnis *or. Phil.* 10 (f. prope); civitatis *C*. 40.

*****stĭmŭlo**, 1. „stacheln", übtr. anreizen, antreiben: alqm ad perturbandam rempublicam *C*. 18.

*****stīpātor**, ōris, Leibwächter, Begleiter *C*. 14.

stīpendĭum, i, Abgabe, Tribut: stipendia pendere *C*. 20. — 2) Löhnung, Sold *J*. 27. 36. 86. 90. 104; stipendium exercitui dare *ep. Pomp.* 7. — 3) meton. Feldzug: stipendia facere *J*. 63; homo nullius stipendii, der keinen Feldzug mitgemacht hat *J*. 85 (§ 10); homines emeritis stipendiis *J*. 84.

stirps, pis, *f.* „Wurzelstock", übtr. *a)* Stamm, Geschlecht, Familie *J*. 14 (§ 9). 35; socius a stirpe, von Haus aus *J*. 14 (§ 2). — *b)* Wurzel: interire ab stirpe, von Grund aus, gänzlich *C*. 10.

*****strēnŭē**, *adv.* eifrig, wacker *J*. 22.

strēnŭus, 3. rasch zur That, entschlossen, wacker: miles *C*. 60; exercitus *J*. 85 (§ 45); vir fortis atque strenuus *C*. 51 (§ 16); proelio *J*. 7; *subst. C*. 54; *plur.* strenui *C*. 20; *J*. 67. 85 (§ 50). 107 (f. pugno); strenuissumus quisque *C*. 61.

strĕpĭtus, ūs, (wildes) Getös, Geräusch, Lärm *J*. 53. 72. 99; armorum *J*. 60; strepitus et tumultus *J*. 12.

strĕpo, pŭi, pĭtum, 3. Geräusch machen, lärmen: levius *J*. 94; vocibus, durcheinander schreien, johlen *J*. 98.

stŭdĕo, dŭi, 2. sich einer Sache befleißigen, Fleiß auf etw. verwenden, etw. eifrig betreiben, mit *dat.:* novis rebus, auf Staatsumwälzung hinarbeiten *J.* 77; arvo, Sinn haben für Getreidebau *J.* 90; mit *acc. c. inf.* eifrig wünschen, wonach trachten *C.* 1. 37. — 2) bevorzugen, begünstigen: *absol. C.* 51 (§ 13).

stŭdĭum, i, eifriges Streben nach etw., Neigung, Lust zu etw. *C.* 3. 14; *J.* 1; summum *C.* 51 (§ 38); *J.* 43; pecuniae *C.* 11; modestiae *C.* 54; belli *C.* 41; talium rerum *J.* 66; dominandi *C.* 33; legundi *J.* 93; novarum rerum, Lust zu Unruhen *C.* 37. 57; conjurationis, lebhaftes Interesse für *C.* 41; *plur.* eifrige Bemühungen, Bestrebungen *C.* 23; *J.* 2; insb. *a)* Zuneigung zu jmd., Anhänglichkeit, Teilnahme *J.* 104; studia volgi *J.* 84; mit *gen. object.:* suorum *J.* 60; in alqm *J.* 6; reipublicae, Liebe zum Vaterlande, Patriotismus *C.* 49. 51 (§ 16); *J.* 31 (§ 1); in rempublicam *C.* 49; alqm ad studium suum perducere, in sein Interesse ziehen *J.* 80. — *b)* Lieblingsneigung, Lieblingsbeschäftigung *C.* 4; *J.* 4. — *c)* Parteibestrebung: studia civilia *J.* 5; partium *J.* 42. 72.

*****stultĭtĭa**, ae, Thorheit: stultitiae (esse) videbatur *J.* 83 (s. video 2, *a*).

stultus, 3. thöricht: laetitia *C.* 51 (§ 31); *subst.* stultissumi *or. Phil.* 1.

stūprum, i, Unzucht *C.* 13. 23. 24; stupra facere cum alqa *C.* 15.

suādĕo, si, sum, 2. raten, anraten: alcui pacem *or. Phil.* 18; mit folg. ut *J.* 26; pro alqo *J.* 108; bene *ep. Mithr.* 4.

sŭb, *praep.* mit *acc.* unter: sub jugum mittere *J.* 38. 49; sub imperium cogere *J.* 18. — 2) mit *abl. a) v.* Raume, unter: sub sole *J.* 18; sub radicibus montium, unterhalb *C.* 57. — *b)* v. d. Unterordnung, unter: sub alquo esse *J.* 19; sub imperio alcjus esse *J.* 13.

subdŏlē, *adv.* hinterlistig, schlau *J.* 38. 108.

subdŏlus, 3. hinterlistig, schlau *C.* 5; *J.* 38.

sub-dūco, xi, ctum, 3. „entziehen", dah. wegführen, wohinführen: cunctos in collem *J.* 98; optumum quemque in primam aciem *C.* 59.

subfŏdĭo, s. suffodio.

*****sŭbĭcĭo**, jēci, jectum, 3. (jacio), „unten an etw. werfen", übtr. im Reden od. Schreiben „folgen lassen", dah. darauf sagen *or. Lic.* 14.

sŭbĭgo, ēgi, actum, 3. (ago), „unter etw. treiben", übtr. zu etw. bringen, nötigen, zwingen: alqm mit *inf. C.* 10. 51 (§ 18); *J.* 31 (§ 4). 44; *absol. J.* 24.—2) „niederarbeiten", dah. unterjochen: nationes (vi) *C.* 2. 10.

*****sub-lĕvo**, 1. „in die Höhe halten", übtr. unterstützen *C.* 54.

*****sub-mŏvĕo**, mōvi, mōtum, 2. entfernen, beseitigen: hostes in Hispaniam *ep. Pomp.* 4.

subp..., s. supp...

subsĭdĭum, i (subsideo), das Hintertreffen die Reserve: exercitum in subsidiis locare, im Hintertreffen, als Reserve *C.* 59; aciem triplicibus subsidiis instruere, mit dreifacher Reserve *J.* 49.

*****sub-sum**, fŭi, esse, in der Nähe sein: illi suberat regnum *ep. Mithr.* 15.

sub-vĕnĭo, vēni, ventum, 4. zur Hilfe kommen, beistehen: alcui *J.* 14 (§ 25). 15. 25. 51; *ep. Mithr.* 6; reipublicae *J.* 85 (§ 48); *absol. J.* 59. 99; *ep. Pomp.* 10; ex castris subvenitur *J.* 54.

sub-vorto (subverto), ti, sum, 3. (von oberst zu unterst) umkehren, umstürzen: vineas *J.* 94; montes, abtragen *C.* 13. — 2) übtr. umstürzen, umstoßen, vernichten: regna („Königsthrone") *ep. Mithr.* 15; imperium *or. Phil.* 8; decretum *J.* 30; leges ac libertatem *or. Phil.* 10; probitatem *C.* 10; quae majores pepererc *or. Lep.* 2.

succēdo, cessi, cessum, 3. (sub u.

cedo), heranrücken, vordringen J. 57. 94.

succurro, curri, cursum, 3. (sub u. curro), zur Hilfe eilen: laborantibus C. 60; J. 98.

*Sucro, ōnis, m. Stadt in Hispania Tarraconensis nahe an d. Mündung des gleichnamigen Flusses (des jetzigen Xucar), jetzt Succa ep. Pomp. 6.

sūdis, is, f. Pfahl C. 56; J. 57.

*sūdor,ōris,m.Schweiß J.85 (§ 41).

*suffŏdĭo, fōdi, fossum, 3. (sub u. fodio), untergraben, unterminieren: murum C. 57.

*suffrāgātĭo,ōnis,f. Begünstigung durch Empfehlung, Empfehlung zu einem Amte: honestissuma J. 65.

*suffrāgĭum, i, „Votum", dah. Stimmrecht or. Lic. 15.

sui, sibi, se ob. sese, pron. reflex., seiner, ihrer: memoriam sui relinquere J. 85; uti res sese habet J. 17; ex sese gigni J. 85; alqd vim in sese habet J. 4; verstärkt durch met: suimet sanguinis mercede or.Lep. 25; avaritia semet ipsa praecipitavit J. 41; semet eo venturum pollicetur C. 44; semet cum exercitu affore J. 56; semet ipsi Nomadas appellavere J. 18; semet tegere J. 60; semet igni corrumpunt J. 76; sibimet or. Lep. 23; in indikativ. Nebensätzen auf das Subjekt des Hauptsatzes bezogen: quae ad se defecerant J. 61; quae ab se defecerant J. 66; quae adversum se opportunissumae erant J. 88; quae sibi venerant J. 103.

Sulla, ae, L. Cornelius, im jugurthinischen Kriege Quästor des Marius, nach Besiegung der marianischen Partei im Bürgerkriege Diktator von 82—79 v. Chr. C. 5. 11. 28. 37. 51 (§ 32); J. 95. 96. 98. 101 ff.; or. Lep. 1. 7. 16. 19; or. Lic. 1. — 2) P. Cornelius, Brudersohn des Diktators, nebst seinem Bruder Servius Mitverschworener des Catilina C. 17. — 3) P. Cornelius, wurde für das Jahr 65 zum Konsul designiert, aber wegen Amtserschleichung verurteilt C. 18.

Sullānus,3.fullanisch,desSulla: milites C. 16; coloniae C. 28; victoria C. 37.

*sulphur, ŭris, n. Schwefel J. 57.

*Sulpīcĭus, i, P. Sulpicius Rufus, Legat im marsischen Kriege, trat, anfänglich der Optimatenpartei angehörig, im J. 88 als Volkstribun vom Marius gewonnen zu diesem über, büßte aber noch in demselben Jahre für seine von einem bewaffneten Anhange unterstützten Gewaltthaten mit dem Tode or. Phil. 7.

sum, fŭi, esse, verb.concret.: a) vorhanden sein: post futuri, in der Zukunft Lebende or. Lep. 6; abunde esse C. 21. 58; J. 14. 63; sunt, qui..., es giebt Leute, welche..., mit Konjunktiv C. 14. 22. 48. 61; J. 32; mit Indikativ C. 19. — b) in einem Zustande sein, sich befinden: mit Adverbien: tutius esse J. 14; laxius J. 87; prospectus facilius est J. 94; (vergl. frustra u. prope.) — c) est ut, es ist der Fall, daß: fore uti imperio potiretur J. 8; vergl. C. 61. 111. 112; est mihi, ich komme in den Fall J. 110 (s. pretium). — 2) verb. copulat. a) mit gen.: est multorum, gehört vielen J. 8; haec hostium futura sint C. 52 (§ 10); validiorum esse, in d. Händen der Mächtigeren sein or. Lic. 7; est majestatis populi Romani, es geziemt der Hoheit J. 14; est conservandae libertatis, dient zur Wahrung der Freiheit C. 6; est perdundae reipublicae, führt zum Untergange des Staates C.46; vergl. quae postquam belli patrandi cognovit J. 88; quae benevolentiae sunt, was das Wohlwollen (des Königs) bezeugt J. 103. — b) mit dat. d. Zweckes, wozu gereichen, wozu dienen: esse oneri C. 10; terrori J. 7; gaudio J. 9; auxilio C. 6; poenae aut praedae J. 69. — c) mit abl. qualit. magna vi animi et corporis esse C. 5; pari periculo esse J. 57; bellum varia victoriā est, ist von wechselndem Siege begleitet J. 5; egregiis factis esse, durch Thaten ausgezeichnet sein J. 63.

summus, a, um, ſ. superior.

sūmo, sumpsi, sumptum, 3. an ſich nehmen, nehmen: epistulam J. 71; quicquid lubet J. 110; arma, ergreifen J. 21; arma ab Samnitibus, entlehnen C. 51 (§ 38); pecuniam mutuam, auf Borg nehmen, aufborgen C. 24; liberos, annehmen J. 10; supplicium de alquo, an jmd. die Todesſtrafe vollziehen C. 50. 51 (§ 39). 52 (§ 36). 55. 57; J. 33. 35. — 2) wählen, ſich ausſuchen: monitorem officii J. 85 (§ 10). — 3) übtr. wozu greifen, etw. vor die Hand nehmen, beginnen: bellum J. 20. 62. 83; *ep. Mithr.* 5; bellum atque arma *or. Phil.* 2.

sumptus, ūs, Ausgabe, Aufwand, Koſten C. 13. 14; annuus, Bedarf für ein Jahr *ep. Pomp.* 2; sumptui esse, Koſten verurſachen *ep. Pomp.* 9; *plur.* J. 4; partem sumptuum sustinere *or. Cott.* 7.

*****sŭpellex**, lectĭlis, f. Hausrat J. 85 (§ 40).

sŭper, *adv.* „oben drauf", übtr. darüber, mehr: satis superque, mehr als genug J. 75 (ſ. modo). — 2) *praep.* mit *acc.: a)* oben auf, über: super terga J. 94; epistula super caput posita J. 71; turres super aggerem imponere J. 76; equites super vallum locare J. 100. — *b)* über... hinaus, über... hin: super Numidiam J. 19; super corpora vadere J. 94; super vallum praecipitari J. 58. — *c) v.* Maße, über: fortuna est super industriam, überſteigt J. 95; super fortunam animum gerere (ſ. animus *B*, 1) J. 64. — 2) mit *abl.*, in betreff, hinſichtlich: super tali scelere J. 71.

sŭperbĭa, ae, Übermut, Hochmut, Hoffart C. 6; J. 31 (§ 2); magistratuum C. 33; nobilitatis J. 5; homo regiae superbiae J. 64.

sŭperbus, 3. übermütig, hochmütig: imperia C. 19; superba et crudelia facinora nobilitatis J. 30; homines superbissumi J. 31 (§ 12). 85 (§. 38).

sŭpĕrĭor, *neutr.* superius, *gen.* ōris (*compar. v.* superus), höher gelegen, der höhere, obere: locus, höher gelegener Punkt, Anhöhe J. 49. 51. 68; *subst.* summum, i, oberſte Höhe: montis J. 93; summa capere, die Zinnen J. 60. — 2) früher, vorig, vergangen: dies J. 59. 90; annus J. 31 (§ 9); *ep. Pomp.* 9;.proelium J. 99; conjuratio C. 19. — 3) mächtiger, überlegen: superiorem discedere, als Sieger davongehen C. 39. — 4) summus, dem Grade, der Eigenſchaft nach, der höchſte, größte: potestas C. 38; potentia C. 48; imperium, unumſchränkte C. 29; honos J. 85 (§ 28); gloria J. 31 (§ 9); periculum J. 77; scelus C. 12; turpitudo C. 58; laetitia C. 31; lubido C. 20; studium C. 51 (§ 38); vis J. 25. 92; supplicium, Todesſtrafe C. 51 (§ 39); summa ope niti C. 1. 38; J. 9; vir summus, ausgezeichnet J. 22. 52.

sŭpĕro, 1. „hervorragen", dah. in reichem Maße vorhanden ſein: alcui divitiae superant C. 20; alcui gloria J. 64. — *b)* noch übrig ſein, übrig bleiben *or. Lep.* 11; res quae Jugurthae superaverant, welche (auszuführen) dem Jugurtha zu viel geweſen waren J. 70. — 2) *transit. a)* übertreffen: errata officiis, mehr als gut machen J. 102. — *b)* überwinden, beſiegen, über jmd. (etw.) den Sieg davontragen: superat flagitium vera *or. Lic.* 13; divitia paupertas C. 53; morbus alqm J. 17; studium omnia J. 31 (§ 1); falsa (= quae falsa sunt) vita moresque superant, widerlegen J. 85 (§ 27)

*****sŭper-sto**, stĕti, 1. oben darauf ſtehen J. 60.

sŭpervăcănĕus, 3. überflüſſig, unnötig: supervacaneum est mit *inf.* C. 51 (§ 19). 58.

*****sŭper-vādo**, ĕre, überſteigen: omnes asperitates J. 75.

*****suppĕto**, īvi (ĭi), itum, 3. vorhanden ſein, zu Gebote ſtehen: causa peccandi suppetit C. 16.

supplementum, i, Ergänzungs=
mannschaft, Verstärkung *J.*
84; supplementum exercitui scribere
(„ausheben") *J.* 39.

supplex, ĭcis, „niederknieend", daß.
demütig bittend, flehend *C.* 31.
34; *J.* 47. 85 (§ 1); voce supplici
postulare *C.* 31.

supplĭcium, i, das Niederknieen so=
wohl zum Gebete als zum Empfange
der Strafe, daß. *a)* feierliche Ver=
ehrung der Götter, Bittopfer,
Dankfest *C.* 9; *J.* 55; *plur.* Gebete
C. 52 (§ 29). — *b)* flehendliche
Bitte *J.* 66; meton. Bittzeichen
(Öl= od. Lorbeerzweige) *J.* 46. — 2)
(harte) Strafe, Bestrafung *J.* 85
(§ 35); *or. Lep.* 6; *or. Cott.* 3; summum
C. 51 (§ 39); insb. Todesstrafe, Hin=
richtung *C.* 49. 55; ad supplicium
tradi *J.* 61; supplicium sumere de alqo
C. 50. 51. 52. 55. 57; *J.* 33. 35.

supplĭco, 1. flehendlich bitten:
legati supplicantes *J.* 38. — 2) Bitt=
gebete darbringen: dis per hostias *J.* 63.

sŭprā, *adv.* „oben", daß. *a)* bei
Verweisung in Schriften, (weiter) oben:
supra memoravi *C.* 5. 57; *J.* 12. 25;
supra diximus *C.* 16; *J.* 30. 33;
supra docuimus *J.* 40; supra osten-
dimus *J.* 69. — *b)* v. d. Zeit, von
früher her: supra repetere *C.* 5;
J. 5. — *c)* v. Maße, darüber hinaus,
mehr: supra quam cuiquam credibile est *C.* 5; supra quam ego sum
(s. peto 2) *J.* 24. — 2) *praep.* mit
acc. a) über, oben auf: dux supra
caput est (s. caput) *C.* 52 (§ 25). —
b) v. Maße, über ... hinaus: supra
ea (= quae supra ea sunt), was darüber
hinausgeht *C.* 3; invidia facti supra
gratiam est, überwiegt seinen Einfluß
J. 35; supra bonum atque honestum,
mehr als recht und anständig ist *J.* 82.

Sura s. Lentulus.

suscĭpĭo, cēpi, ceptum, 3. (capio),
„über sich nehmen", übtr. *a)* einer Sache
sich unterziehen, etw. überneh=
men: causam miserorum *C.* 35; patrocinium malorum *C.* 48; laborem
J. 14 (§ 12); *ep. Pomp.* 1; facinus
C. 28; inimicitias pro republica *or.
Cott.* 4. — *b)* unternehmen, be=
ginnen: facinora *J.* 31 (§ 9).

suspectus, a, um, s. suspicio.

suspĭcĭo, exi, ectum, 3. (specio),
„heimlich auf jmd. sehen", daß. arg=
wöhnen, mit *acc. c. inf. J.* 70;
part. suspectus als Adjekt, Verdacht
erregend, verdächtig: alcui *J.* 70;
ep. Mithr. 18; suspectior *C.* 7; alqm
suspectum habere, im Verdacht haben
J. 71.

suspĭcĭo, ōnis, *f.* Argwohn, Ver=
dacht: falsa *C.* 35.

*****suspĭcor,** 1. argwöhnen: nihil
C. 44.

sustento, 1. (*v. intens.* v. sustineo),
„aufrechthalten", übtr. *a)* unterstützen:
alqm *or. Phil.* 8. 17. — *b)* etw. aus=
halten, gegen etw. Stand halten:
hostium vim *J.* 97; impetum alejus
ep. Pomp. 5; vitia imperatorum *C.* 53.
— *c)* zum Standhalten bringen,
zurückhalten: suos *J.* 101; milites
paulisper a rege sustentati *J.* 56.

sustĭnĕo, tĭnŭi, tentum, 2. (teneo),
„aufrecht halten", daß. tragen: omnium quos terra sustinet sceleratissumus *J.* 14 (§. 2). — 2) übtr. *a)* über=
nehmen, auf sich nehmen: nego-
tium *J.* 85 (§ 3); honorem, beklei=
den *J.* 4. — *b)* ertragen, aushalten:
vectigalia vix partem sumptuum susti-
nent, decken *or. Cott.* 7; quae res tanta
negotia sustinuisset, möglich gemacht
habe *C.* 53.

Suthul, ŭlis, Stadt in Numidien,
später Calama, jetzt Guelma *J.* 37. 38.

sŭus, 3. sein, ihr, verstärkt durch
met: suamet pecunia *J.* 8; suamet
scelera *C.* 23; suomet more *J.* 31; suimet sanguinis *or. Lep.* 25; nicht auf das
grammatische Subjekt bezogen: cupidi-
tatis suae *C.* 21; domi suae *C.* 28;
injuriae suae *C.* 51 (§ 11); avo suo
J. 9; mala sua *J.* 73; *subst.* suum,
das Seinige, Ihrige: sui profusus *C.* 5;
largius suo uti *C.* 16; *plur.* sua *C.* 2.

12; J. 31. 86; sua omnia J. 61; sui, die Seinigen C. 61; J. 88. — 2) prägn. (ihm, ihr, ihnen) günstig: sua loca defendere J. 54; suo loco pugnam facere J. 61; communire suos locos d. i. die ihm treu gebliebenen J. 66.

Syphax, acis, König der Massäsylier (Westnumidier); anfangs Feind der Karthager u. deshalb vom Masinissa bekämpft, ließ er sich durch den karthagischen Feldherrn Hasdrubal, der ihm seine Tochter Sophonisbe zur Frau gab, vom Bündnisse mit den Römern abbringen u. für Karthago gewinnen, während Masinissa zu den Römern übertrat. Von diesem 203 v. Chr. besiegt, starb er im Gefängnisse, und sein Land erhielt Masinissa zur Belohnung J. 5. 14 (§ 8).

Syrtis, is, f. Syrte: duae Syrtes, die große (östliche) u. kleine (westliche) Syrte, zwei durch Untiefen u. Brandungen gefährliche Meerbusen des libyschen Meeres an der Nordküste Afrikas, jetzt Golf von Sidra u. Golf von Cabes J. 19. 78.

T.

T. = Titus.

*****täbernācŭlum**, i, Zelt J. 71.

tābēs, is, f. „Verwesung", dah. Seuche, Pest C. 36; J. 32.

*****tābesco**, tābŭi, 3. „verwesen", übtr. dahinsiechen: regnum tabescit J. 14 (§ 25).

tăbŭla, ae, „Brett, Tafel", dah. Gemälde C. 20. 52 (§ 5); picta C. 11. — 2) Schreibtafel: tabulae novae, neue Schuldbücher d. i. Schuldentilgung C. 21.

tăcĕo, cŭi, cĭtum, 2. schweigen J. 34. 113.

tăcĭtus, 3. schweigend J. 31 (§ 9). 35.

*****taeda**, ae, Kienholz J. 57.

*****taedet**, taedŭit u. taesum est, 2. Widerwillen haben, einer Sache überdrüssig sein: taedet me alcjus rei, ich empfinde Widerwillen gegen etw. J. 4.

taedĭum, i, Überdruß an etw.: tyrannidis or. Lep. 7 (Sullae dativ.); advorsarum rerum J. 62.

*****taeter**, tra, trum, häßlich, scheußlich: loca C. 52 (§ 13).

*****tălentum**, i, Talent, Geldsumme = 4500 Mark ep. Mithr. 6.

tālis, e, so beschaffen, solcher: consilium C. 40; in tali tempore C. 48; in tali die J. 66; hae talia facinora J. 31 (§ 9); alia talia, anderes der Art J. 44. 64. 81; haec atque alia talia J. 62. 64. 81; quamquam haec talia sunt, obgleich es so steht J. 31 (§ 4). — 2) prägn. a) so vorzüglich, so ausgezeichnet: vir C. 7; J. 6. 10. 63. 102. 112. — b) so schändlich: homines C. 51 (§ 17); scelus J. 71.

tăm, adv. so sehr: tam corrupta civitas C. 14; res tanta atque tam atrox C. 51 (§ 10); tantus tamque utilis labor J. 4; tam... quam, eben so sehr... als J. 31 (§ 16); quam... tam or. Lep. 20. 24; quam quisque pessume fecit, tam maxume tutus est (s. quisque b) J. 31 (§ 14); non tam ... quam, nicht sowohl... als vielmehr J. 100.

tămen, adv. doch, dennoch, im Nachsatze eines konzessiv. od. konditionalen Vordersatzes: quamquam ... tamen J. 3. 14. 17. 38; tametsi ... tamen C. 3. 20. 21. 48. 52 (§ 9); J. 6. 11. 13. 38; cum („obgleich") ... tamen C. 20. 36; J. 6; si ... tamen J. 14. 85; in advorso loco ... tamen (s. in B, 8) J. 55. — b) mit zu ergänzendem Vordersatze J. 54; et tamen J. 39. 49; ac tamen J. 97; neque tamen C. 19. 24. 26; J. 98. 100; sed tamen C. 61; nisi tamen (s. nisi)

J. 24. 100; cum tamen *J.* 98. — 2) doch wenigstens: quod tamen vitium propius virtutem erat *C.* 11.
tămetsi, *conj.* obgleich, obschon *C.* 31; *J.* 33; tametsi... tamen *C.* 3. 20. 21. 48. 52 (§ 9); *J.* 6. 11. 13. 38.
tamquam, *adv.* gleichwie, wie *C.* 14; *J.* 12. 73.
*****Tanais,** is, *m.* Fluß in Numidien, vielleicht das der kleinen Syrte zugehende, jetzt Thaini geheißene Wasser: *acc.* Tanain *J.* 90.
tandem, *adv.* endlich, doch endlich *C.* 41; *J.* 94. 113. — 2) als Ausdruck der Verwunderung in Fragen, in aller Welt: quae quousque tandem patiemini *C.* 20.
tantō, s. tantus.
tantum, *adv.* so sehr, so weit: tantum ... dum, so lange ... als *J.* 53. — 2) nur, bloß: tantum illud vereor *J.* 14 (§ 20); tantum paciscatur *J.* 26; tantum modo, s. tantummodo.
tantummŏdo, *adv.* nur, bloß *C.* 20. 24. 47. 52 (§ 15); *J.* 14 (§ 1). 17. 94; aliam conditionem tantummodo aequam petere, einen Vorschlag, wenn er nur billig wäre *J.* 79.
tantus, 3. so groß: multitudo *C.* 36; imperium *C.* 51 (§ 42); scelus *C.* 43; civis, angesehen *C.* 46; vir, so bedeutend *J.* 95; tantus ... quantus („als") *C.* 8; *J.* 1; quantus...tantus *C.* 58; quanto ... tanto, je ... desto *C.* 52 (§ 18); *J.* 85 (§ 22). 107.
tardĭus, *adv.* (*compar.* v. tarde), langsamer, zu langsam: ire *J.* 79; procedere *J.* 11. — 2) zu spät: proelio excedere *C.* 9.
*****tardus,** 3. langsam: incessus *C.* 15.
*****Tarquīnĭus,** i, L., Mitverschworener des Catilina *C.* 48.
Tarrăcīnensis, e, s. Terracinensis.
*****Tarŭla,** ae, eine sonst unbekannte Person *or. Lep.* 21.
*****Taurus,** i, Gebirgszug auf der Westu. Südküste Kleinasiens *ep. Mithr.* 6.
*****tectum,** i, Dach: aedificiorum *J.* 67.
tĕgo, texi, tectum, 3. decken, bedecken: locum corpore *C.* 61; aedificia lateribus tecta *J.* 18; übtr. verdecken, verhüllen: facta oratione *J.* 85 (§ 31). — 2) decken, schützen: alqm *C.* 48. 58; semet *J.* 60; armis corpus *C.* 58; corpus ab telis *J.* 101; urbem *or. Phil.* 3; libertatem armis *C.* 6; *J.* 87.
tēlum, i, Angriffswaffe, Geschoß, Schwert: arma atque tela, s. arma; telum jacere *J.* 60; eminus mittere *C.* 58; cum telo esse, bewaffnet sein *C.* 27. 50. — 2) übtr. Waffe: vis tribunicia, telum a majoribus libertati paratum *or. Lic.* 12.
tĕmĕrē, *adv.* planlos, unbedacht, achtlos *J.* 54. 71. 82. 93; temere euntes, ohne Ordnung *J.* 105; temere credere, ohne weiteres *C.* 31.
tĕmĕrĭtās, ātis, *f.* Unbedachtsamkeit, Unbesonnenheit *J.* 7. 85 (§ 46). 94.
*****tempĕrantĭa,** ae, das Maßhalten, die Mäßigung *J.* 45.
tempĕro, 1. in etw. das rechte Maß halten, sich mäßigen, mit *dat.*: victoriae, im Siege Mäßigung zeigen *C.* 11 (ne, „geschweige daß"); *absol.* Maß halten: in potestatibus *J.* 85 (§ 9).
tempestās, ātis, *f.* Zeitpunkt, Zeitabschnitt, Zeit: ea (hac) tempestate *C.* 7. 17. 22. 24; *J.* 3. 8. 13; *or. Lep.* 10; *ep. Mithr.* 10; multis tempestatibus, lange Zeit hindurch *C.* 53; in paucis tempestatibus, in kurzer Zeit *J.* 96; post multas tempestates *J.* 73; prägn. gefährliche Zeit, Gefahr: multis et magnis tempestatibus *C.* 20. — 2) Witterung: in alia tempestate *J.* 78; prägn. stürmisches Wetter, Sturm *J.* 79.
templum, i, Tempel (als geweihter Ort) *C.* 12.
tempto (tento), 1. „betasten", dah. angreifen, bedrohen, heimsuchen: alqm (bello) *C.* 6; *J.* 50. 54; castellum *J.* 93; locum insidiis temptari (abhängig von credere) *J.* 46; verbis arma (*sc.* Lepidi) *or. Phil.* 17; temptari

tempus — terra

inopiā *J.* 90; se suis artibus temptari, daß man ihm mit seinen eigenen Kunstgriffen zusetze *J.* 48; lassitudinem militum, den Soldaten durch Ermüden zusetzen *J.* 50. — 2) untersuchen, prüfen: arma *J.* 105; omnia *J.* 93; quae dubia nisu videbantur *J.* 94. — 3) insb. jmds. Gesinnung ausfühlen, ihn bearbeiten, zu gewinnen suchen: alqm *C.* 17; *J.* 46. 47; pecunia *J.* 29. 66; exercitum *J.* 38; animos popularium *J.* 48; temptandi gratia, um die Stimmung der Einwohner zu prüfen *J.* 47. — 4) den Versuch womit machen, etw. versuchen, probieren: fortunam (belli) *C.* 57; *J.* 7. 63; bellum *J.* 20; haec et illa *or. Phil.* 11; omnia *J.* 51. 70; agros, den Anbau versuchen *J.* 18; alqd occulte *C.* 26; *absol.* per vim, es mit Gewalt versuchen *J.* 23.

tempus, ŏris, *n.* „Zeitabschnitt", dah. Jahreszeit: saevitia temporis *J.* 37; anni tempus *J.* 50. — 2) Zeit: per idem tempus *J.* 63. 70. 114; per ea tempora *J.* 11; alio tempore *C.* 51 (§ 36); illoque aliisque temporibus *J.* 100; eisdem temporibus *C.* 39. 42; ex eo tempore, seit dieser Zeit *J.* 11; in tempus, eine Zeit lang *or. Lic.* 12; insb. *a)* bestimmte Zeit: tempus ad rem decernere *J.* 12; ante tempus *J.* 79; colloquio diem, tempus („Stunde") delegere *J.* 108; ad tempus, zur bestimmten Zeit *J.* 70; in tempore, zur rechten Zeit *J.* 56; *ep. Mithr.* 18. — *b)* passende Zeit, Gelegenheit *C.* 5; *J.* 35; pugnae *J.* 55; proelii faciundi *J.* 97; ubi tempus fuit *J.* 66; tempus videtur, es scheint an der Zeit *J.* 91. 94; mit *inf. J.* 89. — *c)* Zeitumstände, Zeitverhältnisse: tempus, dies, Umstände u. Zeit *C.* 51 (§ 25); *plur. J.* 76; ex tempore, nach Umständen *J.* 70; pro tempore, den Umständen gemäß, entsprechend *C.* 30; *J.* 11. 49. 57. 74; prägn. gefährliche Zeit: in tali tempore *C.* 48.

tendo, tĕtendi, tensum u. tentum, 3. ausspannen, ausstrecken: manus ad caelum *C.* 31; insidias alcui, Hinterhalt (Schlingen) legen *C.* 27; *J.* 35. 61. 113. — 2) *reflex.* „sich ausdehnen", daß. *a)* sich wohin wenden, wohin marschieren: quo *J.* 51; cursu ad Capuam, eilig losrücken *J.* 91. — *b)* sich anstrengen: magna vi *C.* 60.

tĕnĕbrae, ārum, Finsternis, Dunkel *C.* 55; *J.* 97. 98; Kerkernacht *J.* 14 (§ 15).

tĕnĕo, tĕnŭi, tentum, 2. halten: alqm manu *C.* 46. — 2) inne haben, besitzen: loca *J.* 19; alqd raptum *or. Lep.* 5 (s. rapio); magistratus *C.* 39; eingenommen haben, besetzt halten: Hispaniam *ep. Pomp.* 9; regnum armis *J.* 24. — 3) festhalten: alqm in custodiis *C.* 50; alqm clausum, eingeschlossen halten *J.* 38; alqm obsessum, belagert halten *J.* 24; aliena, behalten *or. Phil.* 14. — 2) übtr. *a)* v. Affekten, beherrschen, erfüllen, fesseln: alqm tenet lubido *J.* 3; spes *C.* 58; satietas, hat ergriffen *J.* 31 (§ 20); aetas ambitione corrupta tenetur, wird durch Ehrgeiz in Bethörung gehalten *C.* 3. — *b)* beschränken: in vitandis periculis magis quam ulciscundo teneri, sich mehr auf Verhütung von Gefahren beschränken, als mit der Rache sich beschäftigen *or. Lep.* 1. — 4) zurückhalten: lacrumas *J.* 82.

*tĕnŭis, e, „dünn", übtr. gering, dürftig: spes *or. Lic.* 19.

*Tērentĭus, i, Cn., römischer Senator *C.* 47.

tergum, i, Rücken *J.* 94; *or. Lic.* 26; a tergo, im Rücken *J.* 50. 56. 58. 94; alcui ab tergo venire, in den Rücken fallen *J.* 101.

terra, ae, die Erde: quos terra sustinet *J.* 14 (§ 2); orbis terrae Erdenrund, Erde, *J.* 17. — 2) Erdboden, Land: terra marique (mari atque terra), zu Land u. Wasser *C.* 13. 53; hostem terra fundere *ep. Mithr.* 13. — 3) Landschaft, Land *J.* 17.

110; maria terraeque *C.* 10; extremae terrae *C.* 16; per omnes terras *C.* 16; in terris, auf Erben *C.* 2; orbis terrarum, Erdkreis *C.* 8; *ep. Mithr.* 17.

*Terracīnensis, e, aus Terracina im Kirchenstaate *C.* 46.

terrĕo, ŭi, ĭtum, 2. in Schrecken setzen, schrecken: alqm *C.* 48 (s. deprehendo); judiciis *C.* 39; metu *C.* 51 (§ 30); clamore *J.* 34 (*imperf. de conatu,* „suchte zu schrecken"); hostem tormentis, in Furcht halten *J.* 94. — 2) abschrecken: terreri a repetunda libertate *or. Lep.* 6.

*terrĭbĭlis, e, schreckenerregend, schrecklich: facies *C.* 55.

terror, ōris, *m.* Schrecken, Schreck *J.* 20; exercitūs („vermittelst des Heeres") *J.* 37; terrori esse alcui, jmb. zum Schrecken gereichen, jmds. Schrecken sein *J.* 7. 31 (§ 3).

testāmentum, i, letzter Wille, Testament *ep. Mithr.* 8; alqm testamento heredem instituere (scribere) *J.* 9. 65.

testis, is, Zeuge *C.* 16; *J.* 107.

testor, 1. zum Zeugen anrufen: deos *J.* 70; deos hominesque *C.* 33; alqm alqd, zum Zeugen wovon machen: antea, jmb. etw. voraussagen *ep. Mithr.* 10.

*testūdo, ĭnis, *f.* „Schildkröte", militär. Schilddach, verschildete Masse, eine Angriffskolonne, wobei die Soldaten die Schilde über den Köpfen aneinanderlegten, während das erste Glied sich vorn mit den Schilden deckte: testudinem agere, in Bewegung setzen: testudine acta succedere, mit einer in Bewegung gesetzten verschildeten Masse vorrücken *J.* 94.

*tĕtrarchēs, ae, Fürst über den vierten Teil eines Landes, dah. überh. Titel kleinerer Fürsten Tetrarch *C.* 20.

*tĕtrarchĭa, ae, Gebiet eines Tetrarchen, Tetrarchie *ep. Mithr.* 10.

Thala, ae, Stadt in Numibien, südlich von Sicca *J.* 75. 89.

*Theraei, ōrum, die Bewohner von Thera, einer Insel des kretischen Meeres, jetzt Santorin *J.* 19 (Theraeon = Theraeorum).

thēsaurus, i, Schatz *J.* 10. 12. 37. 75. 92.

*Thirmĭda, ae, Stadt in Numibien *J.* 12.

*Thrāces, um, (*sing.* Thrax), die Thracier *J.* 38.

Ti. = Abkürz. für Tiberius.

Tĭbĕrĭus, s. Gracchus.

Tigrānēs, is, König von Armenien, Schwiegersohn des pontischen Königs Mithridates VI. *ep. Mithr.* 3. 16.

tĭmĕo, ŭi, 2. vor jmb. ob. etw. in Furcht sein, jmb. (etw.) fürchten: alqm *C.* 15; *J.* 31 (§ 3). 92; populum *J.* 13. 27; periculum *J.* 39; legem *C.* 51 (§ 24); judicium *C.* 14; digna *J.* 62; aliquid hostile ab alqo *J.* 88; mit folg. ne *C.* 52 (§ 14); mit *dat.*, für jmb. ob. etw.: mihi atque vobis *C.* 52 (§ 16); libertati *J.* 39.

tĭmĭdus, 3. furchtsam, zaghaft *C.* 53. 58; illi haud timidi resistunt *C.* 60; *subst.* timidi *J.* 85 (§ 50).

tĭmor, ōris, *m.* Zaghaftigkeit, Furcht, Besorgnis: animi *C.* 58; *J.* 20. 57; alcui timor belli incedit *C.* 31; timorem afferre *J.* 7; facere *or. Lep.* 1. — 2) meton. Schrecken, Schreckensgewalt *J.* 42.

*Tĭsĭdĭum, i, Stadt in Numibien *J.* 62.

Tĭtus, s. Manlius.

*tŏgātus, 3. mit der Toga (dem römischen Obergewande) bekleidet: *subst.* togati, römische Bürger *J.* 21.

tŏlĕro, 1. „tragen", dah. ertragen, aushalten, erbulben: alqd *or. Lic.* 15; servitutem *J.* 31 (§ 11); labores *C.* 10; inopiam *J.* 85 (§ 33); injuriam *J.* 22; fortunae violentiam *C.* 53; neglegentiam *C.* 52 (§ 9); adversa *or. Cott.* 13; rabie contracta *or. Lep.* 19; sumptus, bestreiten *C.* 24; inopiam manuum mercede, durch Handlohn sich kümmerlich nähren *C.* 37; mit *acc. c. inf. C.* 20.

tollo, sustŭli, sublātum, 3. empor=
heben: alqm in cervicem *or. Lic.* 21;
bildl. erheben: animum, größeren
Mut fassen *J.* 101. — 2) „wegnehmen",
dah. *a)* wegschaffen, beseitigen:
adjumenta ignaviae *J.* 45. — *b)* weg=
lassen, verschweigen: auctorem
C. 23.

*****töreuma**, ătis, *n.* halberhabenes
Kunstwerk *C.* 20.

tormentum, i, Wurfmaschine,
schweres Geschütz *J.* 57. 94.

torpēdo, ĭnis, *f.* „Lähmung", dah.
Stumpfheit, Stumpfsinn *or. Phil.*
19; *or. Lic.* 26; cujus torpedinis est,
was für ein Stumpfsinn gehört dazu
or. Lic. 20.

torpesco, torpŭi, 3. „erstarren", dah.
erlahmen, erschlaffen: torpescit
manus *C.* 16; ingenium *J.* 2.

Torquātus, ſ. Manlius.

tŏt, *indecl.,* so viele *or. Lep.* 5.
22; *ep. Pomp.* 1.

tŏtĭens (toties), *adv.* so oft *J.* 106;
ep. Pomp. 2.

tōtus, 3. *gen.* totius, ganz: urbs
C. 30; Italia *C.* 52 (§ 15); nox *J.*
91; negotium *J.* 51.

tracto, 1. „betasten", dah. *a)* hand=
haben, verwalten, regieren: rempublicam *C.* 51 (§ 28); *J.* 41. — *b)*
behandeln: plebem placidius *C.* 39.

tractus, ūs, der Zug eines sich fort=
bewegenden Gegenstandes, dah. die
Richtung: mons tractu pari, von
gleichlaufender Richtung (mit dem Flusse)
J. 48. — 2) das Fortschleppen:
Syrtes ab tractu nominatae (trahere
= σύρειν, „schleppen, fortschwemmen";
das Wort kommt jedoch vom arabischen
sert, „Wüste", her) *J.* 78.

trādo (trans-do), dĭdi, dĭtum, 3.
übergeben, überliefern: alcui
regnum *J.* 10; provinciam *J.* 82; consulatum *J.* 63; libertatem *J.* 31 (§ 5);
leges hostibus *J.* 31 (§ 9); regnum
in alcjus fidem *J.* 62; equites Romanos satellites alcui, als Leibtraban=
ten übergeben *J.* 65; insb. *a)* dem
Sieger ob. zur Bestrafung übergeben,

ausliefern: exercitum *J.* 44; elephantos *J.* 32; alqm vivum *J.* 46.
61; alqm vinctum *J.* 113; tradi in
custodiam *C.* 50; ad supplicium *J.*
61; se alcui, sich ergeben *C.* 45; *J.*
26. — *b)* zur Obhut übergeben,
anvertrauen: alqm fidei alcjus *C.*
35. — *c)* hinterlassen: exemplum
posteris *or. Lep.* 25. — *d)* se, sich
hingeben, sich ergeben: socordiae
C. 52 (§ 29).

trăho, xi, ctum, 3. ziehen, schlep=
pen: limum arenamque, mit sich fort=
reißen *J.* 78; trahi, zur Hinrichtung
fortgeschleppt werden *C.* 51 (§ 34);
übtr. auf eine gewisse Weise auffassen,
auslegen: alqd in virtutem, als Verdienst anrechnen *J.* 92. — 2) mit Ge=
walt an sich raffen, fortschleppen:
rapere, trahere *C.* 11; ducere, trahere,
rapere *J.* 41; socios, ausplündern *ep.
Mithr.* 17; übtr. *a)* abziehen: alqm
longius ab incepto *C.* 7. — *b)* heraus=
greifen, entnehmen: consilium *J.*
98. — 3) „hin u. her zerren", dah.
a) verschleudern: pecuniam, mit
Geld um sich werfen *C.* 20. — *b)* in
Überlegung ziehen, erwägen:
rationes *J.* 97; alqd cum animo *J.*
93; animis *J.* 84. — 4) „in die Länge
ziehen", dah. hinschleppen, hin=
ziehen: bellum *J.* 23. 36. 83; tempus *J.* 27; omnia *J.* 36; absol. ab
imperatore consulto trahi, werde die
Sache hingeschleppt *J.* 64.

trămĕs, ĭtis, *m.* Seitenweg, Ne=
benweg *C.* 57; *J.* 38. 48.

*****tranquillus**, 3. ruhig, beruhigt:
res *C.* 16.

*****Transalpīnus**, 3. jenseits der
Alpen, transalpinisch: Gallia *C.* 57.

*****trans-dūco**, xi, ctum, 3. hinüber=
führen: in alteram partem trans-
ductus est, ließ sich hinüber bringen
J. 11.

trans-ĕo, ĭi, ĭtum, īre, „hinüber=
gehen", dah. zum Feinde übergehen:
ad regem *J.* 38. — 2) hindurch=
gehen, hindurchziehen: per me-

dia castra *J.* 107; übtr. vitam, durch's Leben wandeln *C.* 1. 2.

trans-fĕro, tŭli, lātum, ferre, „hintragen", übtr. *a)* übertragen: exemplum ad indignos, anwenden auf *C.* 51 (§ 27); culpam ad negotia, schieben auf *J.* 1; metum a scelere suo ad ignaviam vostram transtulere d. i. die Furcht, welche sie selbst wegen ihrer Verbrechen haben sollten, haben sie in Folge eurer Feigheit euch eingeflößt *J.* 31 (§ 14); imperium a minus bono ad optumum transfertur, geht über *C.* 2. — *b)* verschieben: consilium in Nonas Februarias *C.* 18.

*****transfŭga**, ae, Überläufer *J.* 54.

*****trans-fŭgĭo**, fūgi, fŭgĭtum, 3. zum Feinde übergehen *J.* 38.

*****transgrĕdĭor**, gressus sum, 3. (gradior), hinübergehen: in Italiam *ep. Pomp.* 10.

*****transĭgo**, ēgi, actum, 3. (ago), „durchtreiben", dah. etw. abmachen: cum alquo reliqua secreta („als geheime Dinge, im Geheimen") *J.* 29. — *b)* eine Zeit zubringen, verleben: vitam *C.* 2.

*****Transpădānus**, 3. jenseit des Po: *subst.* Transpadaner *C.* 49.

trans-vĕho, vexi, vectum, 3. hinüberführen od. -bringen: legiones Regium *J.* 28; *pass.* hinüberfahren: navibus in Africam *J.* 18.

transvorto (transverto), ti, sum, 3. hinüberwenden, umwenden: transvorsis principiis, nachdem die Front sich (linksum) geschwenkt hatte *J.* 49. — 2) *part.* transvorsus: *a)* in die Quere gehend, schräg: collis transvorso itinere porrectus, in querer Richtung sich hinziehend *J.* 49; proelium, Seitenangriff *J.* 50; itinera, Kreuz- u. Quermärsche *J.* 45. — *b)* seitwärts: alqm transvorsum agere, vom rechten Wege abführen *J.* 6. 14 (§ 20).

trĕpĭdo, 1. „trippeln", dah. ängstlich hin und her laufen, nicht hin u. her wissen, ängstlich thun *C.* 31; *J.* 38. 67. 85 (§ 10).

trĕpĭdus, 3. unruhig, angstvoll *J.* 55. 97; trepida etiamtum civitate, während die Stadt noch in unruhiger Bewegung war *J.* 40; res trepidae, Ratlosigkeit, Verwirrung *J.* 91.

trēsvĭri, s. triumvir.

*****trĭbūnātus**, ūs, das Tribunat: militaris, Kriegstribunat (s. tribunus) *J.* 63.

trĭbūnīcĭus, 3. tribunicisch: potestas, Amtsgewalt der Volkstribunen *C.* 38; *or. Lep.* 23; *or. Phil.* 14; *or. Lic.* 8; seditiones, die Wühlereien der Volkstribunen *J.* 37.

trĭbūnus, i, *a)* tribunus plebis, Volkstribun, Schutzbeamter der Plebejer gegen die Beeinträchtigungen der Magistrate seit 494 v. Chr. *C.* 43; *J.* 27. 33. 34. 40. 73; *plur. J.* 15. 31 (§ 13). 37. 39; plebei *or. Lic.* 1; bloß tribunus *J.* 42. — *b)* tribunus militum od. militaris, Kriegstribun, sechs bei einer Legion, meist junge Leute von guter Familie, die weniger zur Truppenführung als zu administrativen Geschäften verwandt wurden: tribuni militares *J.* 66; tribuni legionum *J.* 46; bloß tribunus *J.* 59. 60. 100.

trĭbŭo, bŭi, būtum, 3. zuteilen, geben: praemia sceleribus *or. Phil.* 4; fides tribuit fiduciam commendationi meae, flößt mir für meine Empfehlung Vertrauen ein *C.* 35.

*****trĭbus**, us, *f.* die Tribus, ursprünglich einer der drei patricischen Urstämme Roms (Ramnes, Tities, Luceres), seit der Verfassung des Servius Tullius aber eine der geographischen Abteilungen der römischen Vollbürger, deren es seit 241 v. Chr. vier städtische (tribus urbanae) u. 31 ländliche (tribus rusticae) gab *J.* 63.

*****trĭdŭum**, i (tres u. dies), Zeitraum von drei Tagen: *abl.* triduo, nach drei Tagen *J.* 25.

*****trĭennĭum**, i (tres u. annus), Zeitraum von drei Jahren, drei Jahre *ep. Pomp.* 2.

*****trĭplex**, plĭcis, dreifach: subsidia *J.* 49.

*tristĭtĭa, ae, Traurigkeit, Betrübnis *C.* 31.

triumpho, 1. einen Triumphzug halten *C.* 30; *J.* 114.

triumphus, i, Triumphzug d. i. der in Folge eines wichtigen Sieges dem Feldherrn u. seinem Heere vom Senat zugestandene feierliche Einzug in Rom aufs Kapitol *J.*31(§ 10).41.85 (§ 29); *or. Lic.* 18; alqm per triumphum ducere, im Triumphzuge aufführen *ep. Mithr.* 8.

triumvir, viri, Triumvir d. i. Mitglied eines aus drei Männern bestehenden Beamtenkollegiums: triumvir coloniis deducundis ("für die Anlegung von Kolonien") *J.* 42; *plur.* tresviri (näml. capitales), eine Sicherheitsbehörde, welcher die Aufsicht über die Gefängnisse u. die Ausführung der Hinrichtungen oblag *C.* 55.

*Trōjāni, ōrum, die Trojaner *C.* 6.

*trūcīdo, 1. hinschlachten, hinwürgen: *pass.* sich hinschlachten lassen *C.* 58.

tū, *gen.* tŭi, du: verstärkt tute *J.* 85 (§ 35). 102; per vos, um eurer selbst willen *J.* 14 (§ 25); aliquis vostrum *or. Lic.* 14; quis vostrum *J.* 31 (§ 20); majores vostrum *C.* 33; parricida vostri *or. Cott.* 3.

*tūba, ae, Kriegsposaune, ein trichterförmiges ·Blasinstrument von tiefem Tone, mit welchem das Signal zum Sammeln, Angriff u. Rückzug gegeben wurde *C.* 60.

tūbĭcĕn, cĭnis (tuba u. cano), Tubabläser *J.* 93. 99.

tŭĕor, tŭĭtus (selten tutus) sum, 2. "ins Auge fassen", dah. schützen, verteidigen: commeatus *or. Cott.* 7; urbem ab insidiis *C.* 29. — 2) *part.* tutus als Adjekt. *a)* sicher, gefahrlos: res *C.* 16; omnia nobis tuta sunt *C.* 58; tutus ab injuria *C.* 33; nihil tutum pati, keine sichere Ruhe dulden *J.* 88; tutior *J.* 107; manere tutius est *J.* 38; tutius (esse) rati imperitare *J.* 102; tutissumus *J.* 87; maxume tutus *J.* 14 (§ 12). 31 (§ 14). — *b)* Sicherheit gewährend *or.*

Lep. 8; arma *J.* 74; consilia *C.* 41; probitas *J.* 14 (§ 4).

tŭgŭrĭum, i, Hütte *J.* 12. 18. 19. 46. 75.

*Tullĭānum, i, der unterirdische Teil des östlich vom Tempel der Konkordia gelegenen carcer Mamertinus *C.* 55.

Tullĭus, ſ. Cicero.

*Tullus, i, L. Vocatius, Konsul 66 v. Chr. *C.* 18.

tŭm, *adv.* dann, alsdann: cum ... tum *J.* 112; tum ... cum *or. Lep* 5; postquam ... tum *C.* 51 (§ 40); *J.* 84. 106; tum ... ubi *C.* 52 (§ 4); ubi ... tum *J.* 94; tum demum *C.* 2; *J.*46; tum vero *C.* 61. — 2) damals *J.* 36; qui tum aedilis (imperator, praetor) erat *C.* 47; *J.* 7. 32; jam tum *C.* 18. 19; etiam tum, ſ. etiam; in indirekter Rede, jetzt: tum sese ... hostem fore *J.* 81; habere tum copiam *J.*83; tum legatos missurum *J.* 102; etiam tum decrevisse *J.* 109. — 3) v. einem Zeitpunkte, der einem anderen folgt, alsdann, hierauf: tum Catilina *C.* 21; tum ille *C.* 31; tum Marius *J.* 98. 101; cum ... tum, sowohl ... als auch, einmal ... und dann *J.* 9. 49. 61. 64. 89; cum ... tum maxume *J.* 43. 104.

*tŭmŭlōsus, 3. hügelig: locus *J.* 91.

tŭmultus, ūs (*gen.* tumulti *C.* 59), lärmende Unruhe, Lärm, Tumult *C.* 43. 45; *J.* 12. 38. 57. 99; tumultum facere apud alqm, lärmende Unruhe (Alarmierung) hervorrufen *J.* 53. 72. — 2) plötzlicher Krieg, Überfall, Kriegsunruhen *C.* 59; *J.* 66; *or. Lic.* 10; sine tumultu, ohne durch Angriffe gestört zu werden *J.* 60; tumultum ex tumultu serere *or. Phil.* 7.

*tŭmŭlus, i, (kuppenförmiger kleiner) Hügel *J.* 113.

tunc, *adv.* dann, alsdann *J.* 111. — 2) damals (eben) *J.* 5; *or. Phil.* 7.

turba, ae, Lärmen und Toben, Tumult *C.*37; *plur.*Unruhen, Stürme *or.Lep.* 16; *or.Phil.* 7. 18; *or.Lic.*11.

*turbāmentum, i, Unordnung, Verwirrung: reipublicae *or.Lep.*25.

*turbo, 1. in Verwirrung bringen, verwirren: omnia seditionibus turbata sunt *or. Phil.* 1.

*Tŭrĭa, ae, Fluß in Hispania Tarraconensis, jetzt Guadalaviar, wo 75 v. Chr. Pompejus u. Metellus gegen Sertorius u. Perperna, jener mit unglücklichem, dieser mit glücklichem Erfolge kämpften, so daß beide Teile sich den Sieg zuschreiben konnten *ep. Pomp.* 6.

turma, ae, Reitergeschwader, Schwadron (33 Pferde stark) *J.* 49. 91. 98. 99; Romanorum *J.* 50; equitum Romanorum *J.* 65; Thracum *J.* 38.

*turmātim, *adv.* in geschlossenen Geschwadern *J.* 101.

Turpīlius, i, T. Turpilius Silanus, Befehlshaber der römischen Besatzung in Vacca *J.* 66. 67. 69.

turpis, e, häßlich: pars corporis *J.* 85 (§ 31). — 2) im moral. Sinne, sittlich schlecht, schimpflich, entehrend: factum *J.* 85 (§ 41); fama *J.* 85 (§ 33); vita *J.* 67; fuga *J.* 106; turpissumi viri *J.* 85 (§ 42).

*turpĭter, *adv.* schimpflich, schmachvoll: mori *or. Cott.* 11.

turpĭtūdo, ĭnis, *f.* Schmach, Schimpf: cum summa turpitudine vitam agere *C.* 58; per turpitudinem, in schändlicher Weise *C.* 13.

turris, is, *f.* hohes Gebäude, Schloß, Turm *J.* 69; Belagerungsturm *J.* 21. 76. 92; turres exstruere *J.* 23.

Turris Regia, Ort im Gebiete des Jugurtha *J.* 103 *(Jordan).*

*Tusci, ōrum, die Tusker, Bewohner von Tuscien ob. Etrurien in Italien *C.* 51 (§ 38).

tūtē, verstärkt für tu *J.* 85 (§ 35). 102.

tūtĭus, *adv. (compar.* v. tutē), sicherer *or. Lic.* 3; ubivis tutius esse *J.* 14 (§ 11).

tūtor, 1. (*v. intens.* v. tueor), schützen, decken, sichern: alqm *J.* 52. 85 (§ 45). 89; opus *J.* 76; regnum *J.* 102; fines adversus armatos *J.* 110; spes virtute *J.* 85 (§ 4, erg. me); se moenibus *J.* 94.

tūtus, a, um, *s.* tueor.

tyrannis, ĭdis, *f.* Zwingherrschaft, Gewaltherrschaft: Sullae *or. Lep.* 1. 7.

*tyrannus, i, Zwingherrscher, Gewaltherrscher *or. Lep.* 22.

U.

ŭbi, *adv.* wo: ubi res postulabat *J.* 35; quem ubique opportunum credebat, welcher und wo er ihn d. i. wo er jeden *C.* 27; ibi... ubi *C.* 52 (§ 15); ubi... ibi *J.* 51. 85 (§ 41); ubi... eo („daselbst") *J.* 60; oppidum, ubi *J.* 37; bellum, ubi (= in quo) *C.* 54; ubi (= apud quos) illi volunt *C.* 20; ubi gentium, wo in der Welt *J.* 54. — 2) v. d. Zeit, wann, nachdem, sobald als, mit *perfect. C.* 2. 4. 10. 17. 31; *J.* 1. 9. 13. 25. 46. 60); ubi pervenit *C.* 51; ubi ea impetrata (sunt) *J.* 77; ubi primum, sobald als *J.* 6. 62. 63; mit *praes.*: ubi videt *C.* 20. 60; *J.* 7. 50. 51. 53. 56. 64. 76; ubi intellegit *C.* 28; *J.* 21. 52; ubi procedit *C.* 27; ubi nequeunt *C.* 49; ubi dat *C.* 60; ubi grassatur *J.* 1; mit *imperf. J.* 12. 55. 99. 106; ubi patebant *C.* 10; mit *plusqprf. C.* 6. 9. 13. 16. 24; *J.* 60; mit Konjunktiv: ubi memores *C.* 3; ubi neglegas *J.* 31.

ŭbĭcumque, *adv.* wo nur immer, sobald nur *J.* 50. 54.

ŭbīque, *adv.* wo es nur immer sei, überall *C.* 21. 27. 37. 51 (§ 38); *J.* 52.

*ŭbīvīs, *adv.* aller Orten, überall *J.* 14 (§ 11).

ulciscor, ultus sum, 3. wegen etw. Rache nehmen, etw. rächen: sanguinem *C.* 33 (s. maxume); injurias *or. Lic.* 17; *ep. Mithr.* 11; injurias ultum ire, zur Rache schreiten wegen *J*. 68; mit passiv. Bedeutung: quicquid ulcisci nequitur *J*. 31 (§ 8). — 2) an jmd. Rache nehmen, sich rächen: alqm *J*. 42.

ullus, 3., *gen.* ullīus, in negativ. u. hypothet. Sätzen, irgend ein: locus *C*. 7; spes *C*. 21; imperium *J*. 97; homines *C*. 52 (§ 32); sine ulla pactione *J*. 62; sine ullo incommodo *J*. 92.

*****ultĕrĭor**, ulterius, *gen.* ōris (*compar*. v. ulter, tra, trum), jenseitig: Gallia = Gallia transalpina *C*. 42.

ultrā, *adv.* „jenseits", übtr. weiter hinaus: ultra neque curae neque gaudio locum esse, über das Leben hinaus *C*. 51 (§ 20); nam quid ultra, denn was giebt es noch darüber hinaus *or*. *Lep*. 11. — 2) *praep.* mit *acc*. über... hinaus: ultra locum *or*. *Lic*. 14.

ultrō, *adv.* noch dazu, noch obendrein *ep*. *Pomp*. 9; *or*. *Lic*. 16. 20. — 2) aus freien Stücken, von selbst *J*. 8. 43. 110. 111; seinerseits *J*. 15.

Umbrēnus, i, P., Mitverschworener des Catilina *C*. 40. 50.

umquam, *adv.* jemals, je *C*. 15. 34; *J*. 110.

ūnā, *adv.* zusammen, zugleich *J*. 14 (§ 18). 23. 112; una nobiscum *C*. 52 (§ 10); una vobiscum *C*. 20; *J*. 14 (§ 8).

undĕ, *adv.* von woher, woher *C*. 60; *J*. 102; unde (= a quo) minume decuit *J*. 14 (§ 22).

undĭque, *adv.* von allen Seiten, von überall her, überall *C*. 14. 52 (§ 35). 55; *J*. 43. 101. 104.

ūnĭvorsus (universus), 3. ganz, sämtlich: respublica *J*. 85 (§ 2); *plur.* universi, alle insgesamt *C*. 20; *J*. 54. 84; *or*. *Lic*. 20.

unus, 3. *gen.* unīus, ein, einer: unus ex numero *J*. 35; unus... alter *C*. 58; *J*. 98; unus atque alter *J*. 60. 93; *subst.* in unum, in eins, an einen Ort (Punkt): convocare *C*. 17; convenire *J*. 11; se recipere *J*. 50; conducere *J*. 51; contrahere *J*. 98; cogere, zu einem Ganzen vereinigen *J*. 31 (§ 40). 80; insb. *a)* nur ein, ein einziger: aditus *J*. 92; dies *J*. 76; una modo aqua *J*. 89; una res modo *or*. *Lic*. 12; allein: unus ex Italicis *J*. 67; ex omnibus *J*. 69. — *b)* ein und derselbe, der nämliche: dies *J*. 21; ager una specie *J*. 79; natura una et communis *J*. 85 (§ 15); una moenia *C*. 6.

unusquisque, unaquaeque, unumquodque u. (*subst.*) unumquidque, *gen.* uniuscujusque, ein jeder *C*. 21. 59.

urbānus, 3. in der Stadt (besond. in Rom), städtisch: plebes *C*. 37; servitia *C*. 24; otium *C*. 37; munditiae *J*. 63.

urbs, bis, *f.* Stadt, insb. Rom *C*. 30. 47; *or*. *Phil*. 22; ad urbem esse („vor der Stadt") *C*. 30; urbs Roma *C*. 6. 18. 31.

urgŭĕo (urgeo), ursi, 2. „drängen", übtr. bedrängen, hart zusetzen: hostes *J*. 56; faucibus (s. faux) *C*. 52 (§ 35); alqm urguet invidia cum metu, verfolgt *J*. 35; urgueri fame *J*. 24; inopia *J*. 41.

*****usquam**, *adv.* „irgendwo", übtr. in irgend etwas: neque usquam spem habere *J*. 13.

usquĕ, *adv.* „in einem fort", dah. bis... hin: usque ad Mauretaniam *J*. 19; usque ad flumen *J*. 19; usque ad nostram memoriam *J*. 114; ad exitium usque *or*. *Lic*. 10; ad postremum usque, bis zuletzt *or*. *Phil*. 5; usque adeo, bis dahin, so weit *C*. 49; quo usque (quousque), wie lange *C*. 20; *or*. *Phil*. 17.

ūsus, ūs, Benutzung, Gebrauch: usui opportunus *J*. 98. — 2) übtr. *a)* Umgang, Verkehr: cotidianus *J*. 14. — *b)* praktische Übung, Praxis *C*. 7; *J*. 85 (§ 12, s. prior). — *c)* Erfahrung: bene suadendi *ep*. *Mithr*. 4. — *d)* Brauchbarkeit, Nutzbarƒeit, Nutzen *J.* 16; usui parere *C.* 51 (§ 2); usui esse, von Nutzen sein, zweckdienlich sein *J.* 14 (§ 4). 54. 91. 93; (alcui) *J.* 36; bello, für den Krieg *C.* 32. 39; *J.* 27. 47; in bello *J.*43; magno (maxumo) usui esse *J.* 4. 14 (§ 1). — *c)* das Nötige, der Bedarf: cotidianus *C.* 48 (f. copia); belli, Bedürfnisse für den Krieg *J.* 84. 89.

ŭt oder **ŭti**, *adv.* *a)* auf welche Weise, wie: uti dictum est *J.* 96. 113; uti jussi erant *J.* 12. 62; uti antea *J.* 20. 97; uti res erat, wie es der Fall war *J.* 69. 105; ut quisque, je nachdem einer, wie gerade einer *C.* 4. 14. 51. 56; *J.* 26. 41. 44. 49. 60. 86. 93; ut quisque ... ita *J.* 81; in abhäng. Frage *C.* 5; *J.* 31 (§ 2). 54. 55. — *b)* bei Vergleichungen, wie: ut ... sic, wie ... so (ebenso) *J.* 2. 40; *or. Lic.* 19; zwar ... aber *J.* 113; ita ... ut *C.* 2; item uti *J.* 47; perinde ... ut *J.* 4. — *c)* in den Kausalbegriff übergehend, wie denn, weil: ut erat paratus *C.* 31; uti planities erat *C.* 59; ut erat impigro ingenio *J.* 7. — *d)* beschränkend, nach Maßgabe: ut in tali negotio, in Anbetracht der so gefährlichen Lage *J.* 107. — *e)* zur Ang. des Grades im Ausrufe, wie: ut te pudet, wie wenig *or. Phil.* 15. — 2) *conj.* mit Konjunktiv: *a)* zur Bezeichn. einer Wirkung, daß: nach fieri *C.* 52 (§ 23); fore *J.* 8. 61. 110. 111. 112; efficere *C.* 26; decernere *C.* 30; hortari *C.* 27; impellere *J.*12; postulare *C.* 21; petere *J.* 65; praecipere *C.* 41; orare *C.* 40. 50; rogare *C.* 59; obtestari *J.* 10; consilium est *J.* 85 (§ 8); reliquum est *C.* 20; *J.* 31 (§ 26). — *b)* zur Bezeichn. einer Folge, daß, so daß: ut tutius essem *J.* 14 (§ 11); sic ... ut *C.* 25; *J.* 73; ita ... ut *C.*31. 37; *J.* 22; ita fui ... ut habeam *J.* 85; usque adeo ut *C.* 49. — *c)* zur Bezeichn. einer Absicht, daß, damit: ut paucis absolvam *C.* 38; uti egrederentur *J.* 91.

ūter, tris, *m.* Schlauch *J.* 75. 91.

ŭter, utra, utrum, *gen.* utrius, welcher von beiden: utrum gravius existumet *J.* 24.

ŭterque, utrăque, utrumque, *gen.* utriusque, jeder von beiden, beide *C.* 1. 2. 53; *J.* 21; populus *J.* 79; collis *J.* 98; clades *J.* 31 (§ 7); res *J.* 12; latus *J.* 46; mit Plural des Prädikats *C.* 49. — 2) *plur.* v. zwei Mehrheiten, beide Teile, beide Parteien *C.* 38; *J.* 13. 15. 22. 76. 88; nachdrucksvoll *plur.* von zwei Einheiten: ii utrique *C.* 30; quae utraque *C.* 5.

Ŭtĭca, ae, phönicische Kolonie in Nordafrika, nicht weit von der Mündung des westlichen Armes des Bagradasflusses in den karthagischen Meerbusen *J.* 25. 63. 64. 104.

ūtĭlis, e, nützlich, zuträglich, ersprießlich: imperium *J.*85 (§ 34); labor *J.* 4; loci alcui utiles *J.* 97; oratio reipublicae utilis *C.* 31; utilia ad simulandam pacem *J.* 111; *subst.* utilia, nützliche Dinge *J.* 86; utilia parare, das zum Kriege Nötige *or. Cott.* 6.

ŭtĭnam, *adv.* mit *conjunct. optativ.*, daß doch, wenn doch, möchte doch *J.* 14 (§ 21, f. quod); *J.* 102.

ŭtĭque = et uti *J.* 17; *or. Lep.* 23; *or. Lic.* 1.

ūtor, ūsus sum, ūti, von etw. Gebrauch machen, sich einer Sache bedienen, mit *ablat.*: pluvia aqua *J.* 75; suo *C.* 16 (f. largius); beneficiis *J.* 14 (§ 3); patrocinio alcjus *C.*41; perfidia pro armis *J.*61; animi imperio (f. imperium 2) *C.* 1; imperio uti, Herrschaft ausüben *C.* 12; honoribus, bekleiden *C.* 49; *J.* 25; victoria, benutzen, verfolgen *C.* 39; *J.* 38. 42; domo, zur Wohnung nehmen *J.* 12; lege, in Anspruch nehmen *C.* 33; lubidine, genießen (f. paulisper) *J.* 1; sermone modesto, führen *C.* 25; fide, beweisen *J.* 111; fortuna prospera utor, das Glück ist mir günstig *J.* 93; sociis veluti hostibus, behandeln *J.* 31 (§ 23); alquo imperatore, zum Feld-

utpote

herrn nehmen *C.* 20; alquo ex voluntate, nach Gefallen lenken *C.* 26. — 2) über etw. zu verfügen haben, etw. haben, besitzen: jugi aqua *J.* 89.

*utpŏte, *adv.* nämlich: utpote qui sequeretur, da er nämlich *C.* 57.

utrimque, *adv.* von beiden Seiten, auf beiden Seiten *C.*45. 60 (f. latus); *J.* 53. 60. 79. 92. 94; *or. Lic.* 11.

ūtrum, *adv.* im ersten Gliede einer Doppelfrage: *a)* einer direkten, wohl: utrum ... an *ep. Pomp.*3. — *b)* einer indirekten, ob: utrum ... an *ep. Mithr.*16.

uxor, ōris, Ehefrau, Gattin *J.* 80. 95 (f. consulo 2).

V.

văcŭus, 3. leer, ledig: domum vacuam facere nuptiis (*dat.*) *C.* 15; ager frugum vacuus, ohne Früchte *J.* 90; insb. herrenlos: respublica, verwaist *C.*52 (§ 23). — 2) übtr. frei von etw.: a culpa *C.* 14; ab odio *C.* 51 (§ 1); animo vacuus, frei im Geiste d. i. sorglosen Geistes *J.* 52.

*vādo, ĕre, gehen, schreiten: super occisorum corpora *J.* 94.

*vădōsus, 3. voll Untiefen, seicht *J.* 78.

Vaga, ae, Stadt in Numidien, jetzt Bedscha in Tunis *J.* 29. 47. 68.

Vagenses, ium, die Einwohner von Vaga *J.* 66. 69.

văgor, 1. umherschweifen, umherstreifen *J.* 44; passim *J.* 98; sedibus incertis *C.* 6.

văgus, 3. umherschweifend, unstät *J.* 18. 19.

*Vălentĭa, ae, Stadt in Hispania Tarraconensis an d. Mündung des Guadalaviar, jetzt Balenza *ep. Pomp.* 6.

vălens, tis, s. valeo.

vălĕo, ŭi, ēre, gesund sein, kräftig sein, bei Kräften sein: animus valet *C.* 20; res publica, ist in gesundem Zustande *C.* 20; parum animo valere, schwachsinnig sein *J.* 11. — 2) übtr. *a)* Macht haben, mächtig sein, vermögen: opibus *C.* 51 (§ 43); bello *J.* 102; in alqm *or. Lic.* 20; ingenium valet *J.* 51 (§ 3); cujus imperium magnum atque late valuit, dessen Reich von großem Umfange weithin mächtig war *J.*5; conjuratio valet, gewinnt die Oberhand *C.* 17; factiones valent, erstarken *C.* 51 (§ 40); armis amplius valere, das Übergewicht haben *J.* 111; leges valent advorsum alqm, richten etwas aus *J.* 77; res plus valet quam verba, spricht mehr *ep. Pomp.* 6; *part.* valens, mächtig: oppidum *J.* 89. — *b)* Einfluß haben, Geltung haben, gelten *C.* 37; virtus valet in pace *C.* 2; dignitas valet apud alqm *C.* 51 (§ 7); jus bonumque *C.* 9; fama ex aliis rebus, findet aus anderen Gründen Glauben *C.* 14.

Vălĕrĭus, L. Valer. Flaccus, Prätor während Cicero's Konsulat, 62 v. Chr. Proprätor in Asien, wurde i. J. 59 wegen Erpressungen angeklagt, von Cicero aber mit Glück verteidigt *C.* 45. 46.

vălĭdus, 3. kräftig, stark: animus *J.* 65; ingenio validus *J.* 6; ingenia validissuma, sehr zuverlässige *J.* 103. — 2) stark, mächtig *ep. Mithr.* 4; ingenium sapientia validum *C.*6; validiorum esse (f. sum 2, a) *or. Lic.* 7.

vallum, i, Pallisadendamm, Wall, Verschanzung *J.* 58. 100; vallo fossaque castra munire *J.* 45; vallo atque fossa moenia circumvenire *J.* 23. 76.

vānĭtās, ātis, *f.* „Leerheit", dah. gehaltloses Wesen, Gehaltlosigkeit *J.* 38; Windbeutelei *C.* 23.

vānus, 3. „leer", dah. *a)* nichtig, grundlos, thöricht *J.* 24; consilium *C.* 52 (§ 16). — *b)* gehaltlos, unzuverlässig: ingenia („Charaktere") *C.* 20; lügenhaft: hostes *J.* 103.

Varguntējus, L., Senator u. Mitverschworener des Catilina *C.* 17. 28. 47.

vărĭē,*adv.* in verschiedener Weise, verschiedentlich *C.* 52 (§ 1). 61.

vărĭus, 3. mannigfaltig, verschiedenartig: ingenia *C.* 51 (§ 35); artes *J.* 2; gentes *J.* 18. — 2) wechselreich, wechselvoll: bellum *J.* 43; facies negotii *J.* 51; victoria *J.* 5 (s. sum 2, *c*); proelia, wechselnd *ep. Mithr.* 15. — 3) unbeständig, schwankend *J.* 74; voltu corporis atque animo varius, in seinem äußern Gesichtsausdruck wie im Innern gleich wechselvoll *J.* 113. — 4) in alle Lagen sich schickend, gewandt: animus *C.* 5.

1. văs, vădis, *m.* Bürge (der dafür einsteht, daß ein Angeklagter vor Gericht erscheinen werde): vades dare *J.* 35. 61.

2. vās, vāsis, *plur.* vasa, ōrum, *n.* Gefäß, Gerät *C.* 51 (§ 33); vasa caelata *C.* 11; lignea *J.* 75.

*****vastĭtās**, ātis, *f.* Verheerung, Verwüstung: Italiae *J.* 5.

vasto, 1. verwüsten, verheeren: agros *J.* 20. 44. 55 (s. praeda 2); rempublicam, wüst wirtschaften im Staate *J.* 31 (§ 16). — 2) übtr. zerrütten, verwirren: omnia *J.* 41; mentem *C.* 15.

vastus, 3. wüst, öde: mons vastus ab natura *J.* 48 (s. a 6); loca *J.* 75. 78; omnia *J.* 89. — 2) übtr. ungeheuer: animus, unersättlich *C.* 5.

*****vātes**, is, Seher: carmina vatum *or. Phil.* 3.

vēcordĭa, ae, Wahnsinn (in Rücksicht auf das Begehren), Wahnwitz *C.* 15; *J.* 5 (s. 2. eo). 72. 94. 99.

vectīgăl, ālis, *n.* Gefälle, Abgaben (an den Staat), Staatseinkünfte, Tribut: veetigal pendere *J.* 31 (§ 9); *plur. C.* 52 (§ 6); parva *or. Cott.* 7.

vectīgālis, e, steuerpflichtig, tributbar: reges *C.* 20; *subst.* vectigales, zinsbare Unterthanen *or. Phil.* 8.

vĕhĕmens, tis, heftig, stürmisch: naturā vehemens *C.* 43; vehementes voluntates *J.* 113.

vĕhĕmenter, *adv.* „heftig", daß. lebhaft, stark, sehr: accendere *J.* 34. 102; permotus *J.* 6; carus *J.* 7; vehementius *J.* 31 (§ 17). 102; vehementissume accendi, ganz ungemein *J.* 4.

vĕl, *conj.* (volo), oder (wenn die Wahl freigelassen wird): vel...vel, entweder...oder, es sei...oder *C.* 3. 6. 17; *J.* 7. 79. 107. — 2) steigernd, sogar, selbst: vel ignavis gloriari licet *J.* 53; vel ferro saeptis *or. Lep.* 15; vel maxumum scelus, entschieden das größte *or. Lep.* 18.

*****vēles**, ĭtis, eine Art leichtbewaffneter Soldat, Plänkler, Velit *J.* 46.

*****vēlĭtāris**, e, zu den Veliten gehörig (s. veles); arma velitaria, der Veliten *J.* 105.

*****vēlōcĭtās**, ātis, *f.* Geschwindigkeit, Schnelligkeit *J.* 52.

vēlox, ōcis, geschwind, schnell, behend *J.* 17: velocissumi (pedites) *J.* 91. 93.

vĕlut oder **vĕlŭti**, *adv.* gleichwie, gerade wie, wie: veluti pecora *C.* 1; veluti lues *J.* 32; ac veluti tabes *C.* 36; velut hostibus *C.* 45; *J.* 31 (§ 23); plebes veluti ex servitute erepta *C.* 48; supra ea veluti ficta pro falsis ducit *C.* 3; strepitu velut hostes adventare *(inf. histor.) J.* 53.

vēnālis, e, verkäuflich, feil: forum rerum venalium, Marktplatz *J.* 47; übtr. käuflich, feil: respublica *J.* 31 (§ 25); urbs *J.* 35; omnia *J.* 8. 20; omnia venalia habere, mit allem feil halten *C.* 10.

vendo, dĭdi, dĭtum, 3. (= venum do), verkaufen: frumentum *J.* 44; panem *J.* 45; perfugas, für Geld ausliefern *J.* 32; omnia honesta, feilbieten *C.* 30; *J.* 80.

*****vĕnēnum**, i, Gifttrank: mala venena *C.* 11.

věnĭo, vēni, ventum, 4. kommen: in castra *J*. 29; ad alqm *J*. 61; ex oppido *J*. 77; auxilio *J*. 56; mit *supin.:* deditum *J*. 28; quaesitum *J*. 109; contra inceptum (f. contra 2, *b*) *J*. 25; *pass.* venitur in colloquium *J*. 112; eo ventum est *C*. 60; *J*. 76; ubi ad eum ventum erat, als die Reihe an ihn gekommen war *C*. 50. — 2) übtr. *a)* in eine Lage, in einen Zustand kommen, geraten: in pericula *C*. 52 (§ 36); eo miseriarum *J*. 14 (§ 3, f. eo 1, *b*); in gratiam alcjus *J*. 13; res ad certamen venit *J*. 12. — *b)* herkommen, entstehen: commodum venit ex otio *J*. 4. — *c)* zu Teil werden: alcui gloria venit *J*. 8; im üblen Sinne, treffen, begegnen: quae sibi duobus proeliis venerant *J*. 103.

vēnor, 1. jagen *C*. 4; *J*. 6.

venter, tris, *m.* Bauch: ventri obœdiens *C*. 1; deditus *C*. 2; *J*. 85 (§ 41); ventre bona lacerare, durch Schlemmen *C*. 14.

ventus, i, Wind *J*. 53. 78. 79.

vēnus, ūs u. i (nur *dat.* u. *acc.* gebräuchl.), Verkauf: venum dare, verkaufen *J*. 91; venum ire, verkauft werden, verkäuflich sein *J*. 28; *or. Lep.* 17.

verber, ĕris, *n.* Hieb, Geißelhieb: verberibus animadvertere in alqm *C*. 51 (§ 15. 39).

verbĕro, 1. schlagen, stäupen, geißeln *C*. 51 (§ 23); *J*. 69.

verbum, i, Wort, Äußerung *J*. 11; verba loqui *C*. 50; *J*. 102; verba facere, Vortrag halten, sprechen, reden *J*. 33. 83. 85 (§ 21) 102; cum alquo *J*. 38; multa verba facere, ausführlich sprechen *C*. 52 (§ 7); verba habere cum alquo, an jmd. richten *J*. 9; verbis mandata dare, mündlich *C*. 44; verbo adsentiri, mit kurzen Worten, ohne weiteres *C*. 52 (§ 1); nuntiare (petere) verbis alcjus, in jmds. Namen, Auftrage *J*. 21. 25. 102. — 2) prägn. leeres Wort: verba fingere, erdichtete Aussagen machen *J*. 14 (§ 20); pax verbis nuntiatur, mit Worten, zum Schein *J*. 48.

vērē, *adv.* der Wahrheit gemäß, in Wahrheit *J*. 113; quam verissume potero, so wahrheitsgetreu als möglich *C*. 4. 18.

věrěor, rĭtus sum, 2. etw. fürchten, befürchten: haec in alquo („in betreff") *C*. 51 (§ 35); *part.* vevitus, fürchtend, mit folg. ne („daß") *J*. 15. 39. 50. 52. 79. — 2) wegen etw. besorgt sein, sein Bedenken haben: mit abhäng. Frage *or. Lep.* 20.

vērissŭmē, f. vere.

vērō, *adv.* in Wahrheit, in der That: immo vero *C*. 52 (§ 28); quasi vero, als ob wirklich *C*. 52 (§ 15). — 2) steigernd, vollends, erst recht, gar, tum vero *C*. 61; *J*. 84. 94. 106; ea vero *C*. 37. 58; *J*. 50; ibi vero *J*. 58; tibi vero *J*. 102. — 3) als stark bekräftigende Adversativpartikel, aber: in pace vero *C*. 9; incendium vero *C*. 48; postea vero quam *C*. 2; *J*. 29; nunc vero *C*. 52 (§ 10). 58; *J*. 14 (§ 17); neque vero *C*. 4; plurumum vero *J*. 99; tu vero *ep. Mithr*. 19.

versor, ātus sum, āri, f. vorso.

versum, *adv.* f. vorsum.

versus, *adv.* f. vorsus.

*****versus**, ūs, Vers: versus facere *C*. 25.

verto, f. vorto.

vērum, *adv.* „in Wahrheit", dah. zur Bezeichn. eines Gegensatzes, in Wahrheit aber, jedoch aber *C*. 2. 12. 25. 51 (§ 17); *J*. 3. 14 (§ 8). 24. 76. 94; *or. Lic.* 24; verum ... tamen *C*. 58; verum enim vero, aber freilich, jedoch offenbar *C*. 2. 20. — 2) nach Negation, wohl aber, sondern *J*. 10. 31 (§ 7. 18); non modo ... verum etiam *J*. 89. — 3) beim Übergange der Rede, aber *J*. 9.

vērus, 3. in der Wahrheit begründet, wahr, wirklich, echt, recht: gloria *J*. 41; satisfactio *C*. 35; vocabula *C*. 52 (§ 11); claves *J*. 12; deditio, ernstlich *J*. 46; *subst.* verum, i, der wirkliche Sachverhalt, die Wahrheit:

verum aperire *J.* 33; paucis absolvere *C.* 38; contra verum niti *J.* 35; ex vero, der Wahrheit gemäß *C.* 8; numerus amplior vero, als sie wirklich war *J.* 105; vera (= quae vera sunt) praedicare (f. bene) *J.* 85 (§ 27); vera existumare *ep. Mithr.* 3. — 2) mit der Vernunft ob. Moral übereinstimmend, vernunftgemäß, recht, gut: via *C.* 11; *subst.* verum, i, was recht ist: verum providere *C.* 51 (§ 1); vero pretium anteferre *J.* 16; verum bonumque, Recht u. Pflicht *J.* 30; *plur.* vera *or. Phil.* 20; vera et honesta *or. Lic.* 13.

vescor, vesci, sich von etw. nähren, etw. genießen, mit *abl.*: lacte *J.* 89; *absol.* vescendi causa, um zu schlingen *C.* 13.

vesper, ĕris u. ĕri, *m.* Abend: die (diei) vesper *J.* 52. 106.

*****Vesta**, ae, Tochter des Saturnus u. der Rhea, Schutzgöttin der Häuslichkeit u. des auf das Familienleben gegründeten Staatsverbandes, Hüterin der bürgerlichen Sicherheit und Eintracht *C.* 15.

*****vestīmentum**, i, Kleidung, Gewand *C.* 51 (§ 33).

*****vestĭo**, 4. bekleiden: collis oleastro vestitus, bewachsen *J.* 48.

vĕtĕrānus, 3. von vielen Jahren, alt: cohors, Kohorte der Veteranen *C.* 59; *subst.* veterani, altgediente Soldaten, Veteranen *C.* 60.

*****vĕto**, vĕtŭi, vĕtĭtum, 1. verbieten: lex vetat *C.* 51 (§ 22).

*****Vettĭus**, i, ein Günstling Sulla's aus Picenum *or. Lep.* 17.

vĕtus, ĕris, alt (im Gegensatze des Jungen u. Neuen): amici *J.* 13; exercitus *J.* 43; nobilitas *J.* 85 (§ 4); prosapia *J.* 85 (§ 10); causa *ep. Mithr.* 5; certamen *C.* 39; consilium *J.* 70; Romani, die römischen Veteranen *J.* 97; *subst.* veteres, altgediente Soldaten *J.* 87; *neutr.* vetera, das Alte *C.* 37. — 2) vorig, früher: victoria *C.* 16; *subst.* vetera, das Vergangene *J.* 102.

vĕtustās, ātis, *f.* Alter: familiae *J.* 63; radices vetustate eminebant, vor Alter *J.* 94.

*****vĕtustus**, 3. (durch langes Bestehen) alt: radices *J.* 94.

*****vexillum**, i, Fahne, Standarte *J.* 85 (§ 29).

vexo, 1. (*v. intens.* v. veho), „rütteln", daß. beunruhigen, heimsuchen: rempublicam *C.* 50; alqm vexat cupido *C.* 3; luxuria *C.* 5; pecuniam vexare, mit Geld übel umgehen *C.* 20.

vĭa, ae, „Weg", übtr. *a)* Weg, Bahn: virtutis *J.* 1. — *b)* Weg, Mittel: vera *C.* 11; alqm eadem via aggredi, auf gleichem Wege zu gewinnen suchen *J.* 16.

*****vīcīnĭtās**, atis, *f.* Nachbarschaft, Bewohner der Umgegend *C.* 36.

*****vĭcis** (*gen.* ohne *nom.*), *f.* „Wechsel, Abwechselung", übtr. Rolle, Stelle: vicem aerarii praestare, die Stelle der Schatzkammer vertreten *ep. Pomp.* 3.

victor, ōris, Sieger: victorem esse *J.* 55; victi victoresque *J.* 79; victor exercitus, siegreich *J.* 58; *or. Lep.* 22; übtr. animus lubidinis et divitiarum victor, erhaben über *J.* 63.

victōrĭa, ae, Sieg: Sullae *C.* 37; Sullana *C.* 21; civilis *J.* 95; cruenta *C.* 58; incruenta *C.* 61; bellum varia victoriā *J.* 5; ad victoriam niti *J.* 55; victoriam adipisci *C.* 11. 39; victoria alcui in manu est *C.* 20; partam victoriam ex manibus eripere *J.* 82; victoria alci *C.* 39; *J.* 38. 42; victoriae temperare *C.* 11; victoriam crudeliter (acriter) exercere *C.* 38; *J.* 16.

*****victus**, ūs, Lebensweise (bezüglich der Nahrung): regius *C.* 37.

*****vīcus**, i, Dorf, Flecken *C.* 50.

vĭdēlĭcet, *adv.* (= videre licet) „es ist leicht ersichtlich", daß. offenbar *J.* 107. — 2) ironisch, versteht sich, natürlich *C.* 52 (§ 14. 28. 32).

vĭdĕo, vidi, vīsum, 2. sehen, erblicken, wahrnehmen: ea *J.* 86;

vigeo

mit *acc. c. inf. C.* 20. 35; (ohne esse) *C.* 21. 57. 60; alios senatores videbant („andere als Senatoren") *C.* 37; facilis visu *J.* 98. 113; procedere visum, um zuzuschauen *J.* 94. — 2) sehen, erleben: eorum partem vidi *J.* 85 (§ 13); qui videre *C.* 13. — 3) *pass.* videri: *a)* scheinen, als etw. erscheinen: esse quam videri bonus malebat *C.* 54; is mihi vivere videtur *C.* 2; imperium miserabile visum est *C.* 36; tempus visum (est) *J.* 91. 94; non indignum videtur memorare *J.* 79; haec cujuscumque modi videntur *C.* 52; stultitiae videtur, erscheint als Zeichen der Thorheit *J.* 83. — *b)* prägn. videtur, es scheint gut: mihi contra ea videtur, mir scheint das Gegenteil richtig *J.* 85 (§ 2). — *c)* (= mihi videor), glauben, meinen: paratis, ut videbantur, magnis copiis *C.* 43.

vĭgĕo, ŭi, 2. in voller Kraft sein, lebenskräftig sein: aetas viget *C.* 20. — 2) übtr. im Schwange sein: avaritia viget *C.* 3.

*vīgēsŭmus, 3. der zwanzigste *C.* 47.

*vĭgil, ĭlis, wachend, *subst.* vigiles, Wachposten *J.* 99.

vĭgĭlĭa, ae, das Nachtwachen, das Wachen: patiens vigiliae *C.* 5; *plur. C.* 15. — 2) das Wachen zur Sicherheit, die Wache: per urbem vigiliae habentur *C.* 30. — 3) meton. *a)* Nachtwache (von je drei Stunden, die die Nacht von Abends 6 Uhr bis früh 6 Uhr in vier Nachtwachen geteilt war) *J.* 99 (s. per 2); prima *J.* 106. — *b)* Wachposten, Posten *C.* 32; *J.* 96; vigilias ponere *J.* 45; circumire *J.* 45. 100; deducere *J.* 44.

vĭgĭlo, 1. wachen *C.* 27. — 2) übtr. wachsam sein, unermüdete Fürsorge tragen *C.* 52 (§ 29). 54.

*vīlīcus, i, Hausmeier, Verwalter *J.* 85 (§ 39).

vīlis, e, „wohlfeil", dah. gering an Wert, wertlos: pariter omnes viles sunt, gering geschätzt *J.* 80; alqd vile habere, gering achten *C.* 16; *or. Cott.* 3.

vīlla, ae, Landgut, Landhaus *C.* 12. 51 (§ 33); *J.* 44.

vincĭo, nxi, nctum, 4. binden, fesseln: alqm *J.* 62. 113; saxa laqueis, Stricke um die Felsen binden *J.* 94. — 2) verbinden: camera fornicibus vincta *C.* 55.

vinco, vīci, victum, 3. die Oberhand behalten, siegen *C.* 58; vicit fortuna *C.* 41; impudentia *J.* 34; consilium *J.* 25; vincitur paucis (*dat. commodi*) *or. Lic.* 28; pars in senatu vicit, drang durch *J.* 16. — 2) *transit.* besiegen, überwinden: alqm armis *J.* 110; proelio vinci *J.* 62; hostes victos dare, besiegen *J.* 59; *subst. part.* victus, Besiegter *C.* 11. 12. — 3) übtr. *a)* über. etw. siegen: injuriam *J.* 42; gloria invidiam, zu Schanden machen *J.* 10; divitias, fertig werden mit *C.* 20; spes metum vincit *or. Lic.* 4. — *b)* übertreffen, überbieten: supplicia scelere suo *or. Cott.* 3; naturam, das Unmögliche möglich machen *J.* 75. 76; vinci beneficiis *J.* 102; munificentiā *J.* 110. — *c)* umstimmen, gewinnen: alqm beneficiis *J.* 9.

vincŭlum, i, „Band", insb. *plur.* vincula, Bande, Fesseln, Gefängnis: alqm in vincula conicere *C.* 42; ducere *J.* 33; in vinculis habere, in gefänglicher Haft halten *C.* 51 (§ 43); in vinculis retinere *C.* 48.

vindex, ĭcis, Beschützer: juris *or. Lic.* 1; libertatis *or. Lic.* 22. — 2) Rächer, Bestrafer *ep. Mithr.* 18; vindex rerum capitalium, Nachrichter, Henker *C.* 55.

vindĭco, 1. rächen, strafen: haec *C.* 10; mortem alcjus *J.* 15; injurias manu („gewaltsam") *J.* 20; in alqm, strafend einschreiten gegen jmd., ihn bestrafen *C.* 9; *J.* 31 (§ 18. 26); absol. strafen *J.* 30. 45; manu, thätliche Rache nehmen *J.* 106. — 2) befreien, retten: in libertatem, in Freiheit setzen, frei machen *C.* 20; *J.* 42.

vīnĕa, ae, „Weinlaube", militär. Laufganghütte, Laufhalle, ein leichtgebautes Holzgerüst zum Schutze der Belagerungsarbeiter, mit flachem Dache aus Brettern ob. Weidengeflecht u. durch Felle u. nasse Säcke gegen Feuer gesichert *J.* 21. 92. 94; vineas agere („vorschieben") *J.* 37. 76. 92.

vīnum, i, Wein *C.* 22; *J.* 76; advecticium *J.* 44.

*vĭŏlenter, *adv.* ungestüm, heftig *J.* 40.

vĭŏlentĭa, ae, Gewaltsamkeit: feneratorum *C.* 33; fortunae, Ungestüm *C.* 53.

*vĭŏlo, 1. „verletzen", dah. sich an jmd. vergehen, versündigen: alqm or. *Phil.* 15.

vĭr, vĭri, Mann: summus *J.* 22. 52; insb. *a)* Ehemann *C.* 24. 25. — *b)* prägn. Mann von Mut *C.* 40. 44; *J.* 31; or. *Lep.* 15; virorum more pugnare *C.* 58. — *c) plur.* viri, Mannschaft, Leute *J.* 16. 51. 62. 92. 101. 111; oppidum viris munitum *J.* 87. 88. 89. — *d)* nachdrucksvoll für ille: eos mores viri cognovi *C.* 51 (§ 16); virtute viri permotus *J.* 9; socordiam viri accusare *J.* 70.

virgo, ĭnis, Jungfrau *C.* 15. 51 (§ 9).

virgultum, i, Buschwerk, Gebüsch: *plur. J.* 49. 50.

vĭrīlis, e, männlich, mannhaft: animus *C.* 11; ingenium *C.* 20; audacia *C.* 25; *subst.* virilia, mannhaftes Thun or. *Lic.* 15.

*vīrītim, *adv.* Mann für Mann *J.* 49.

virtūs, tūtis, *f.* Mannhaftigkeit, Tüchtigkeit, Verdienst, Vorzüge: alejus *C.* 8. 11. 14; *J.* 3. 6. 8. 15. 85 (§ 17); aliena *C.* 7; *J.* 85 (§ 25); praemia virtutis *C.* 52 (§ 22); *J.* 85 (§ 20); de virtute certare *C.* 9; cum alquo virtute certare *C.* 54; virtus animi, mannhafter Sinn *C.* 53; in virtutem trahere, als Verdienst anrechnen *J.* 92. — 2) insb. *a)* sittliche Kraft, Tugend *C.* 1. 11. 12; *J.* 1. 22; ad virtutem accendi *J.* 4; per virtutem alqm antevenire *J.* 4; ad virtutem nihil prodesse *J.* 85 (§ 32). — *b)* Geisteskraft *C.* 2; animi *C.* 1. 2; vir ingenti virtute *C.* 53; magnus virtute *C.* 53. — *c)* kriegerische Tüchtigkeit, Tapferkeit *C.* 7. 20. 58; *J.* 9. 74. 85 (§ 50). 106. 114; militum *J.* 52. 62; emori per virtutem, mannhaft *C.* 20.

vis, vim, vi, *plur.* vires, ium, *f.* Kraft, Stärke, Gewalt *J.* 1. 89; corporis *C.* 1; *J.* 2; animi, Energie *C.* 61; *J.* 33; pecuniae, Zugkraft *J.* 27; tanta vis morbi, ein so gewaltiger Krankheitsstoff *C.* 36; magna vi certare (aggredi) *C.* 60; *J.* 60; summa vi, mit der größten Anstrengung *J.* 25. 92; *plur.* vires, (körperliche) Kräfte *C.* 1; *J.* 1. 6; or. *Lic.* 19. — 2) Gewaltthätigkeit, Gewalt *J.* 14 (§ 11). 25; paratur vis alcui, es ist auf einen Gewaltstreich gegen jmd. abgesehen *C.* 35; sustentare vim hostium, den Andrang *J.* 97; quid reliquum est nisi vis vostra, euer kräftiges Einschreiten *J.* 24; non manu neque vi, nicht durch Thätlichkeiten noch durch Gewalt *J.* 31 (§ 18); per vim, auf gewaltsame Weise *C.* 52 (§ 14); *J.* 7. 23. 31. — 3) Macht, Einfluß: vim suam convortere in alqm or. *Lic.* 5; alqd vim in se habet *J.* 4; tanta vis hominis, ein so mächtiger Mann *C.* 48. — 4) Menge, Masse: pulveris *J.* 33; frumenti *J.* 92; aquae *J.* 75; utrium *J.* 91; hostium *J.* 38; sociorum or. *Lep.* 12. — 5) Wesen: nostra vis in animo sita est *C.* 1.

vīso, si, sum, 3. (*v. intens.* v. video), genau ansehen, besichtigen: templa *C.* 12; proelium *J.* 60; domum suam, nach seinem Hause sehen *J.* 12; visundi gratia, aus Neugier *C.* 61.

*vīsus, ūs, das Sehen: qua visus erat, so weit der Blick reichte *J.* 101.

vīta, ae, das Leben: potestas vitae necisque *J.* 14 (§ 23); finis vitae *J.*

vitabundus   voluptas   193

5. 9. 10; exitum vitae invenire *C.* 55; vita frui *C.* 1; vitam in obscuro habere *C.* 51 (§ 12); transire *C.* 1. 2; exigere *J.* 14 (§ 15). 85 (§ 49); agitare *C.* 2; amittere *C.* 20; alcui eripere *J.* 14 (§ 15); vitam alcui petere *J.* 46; concedere *or. Cott.* 5; dare *ep. Mithr.* 7. — 2) Lebensweise, Lebenswandel *C.* 52 (§ 32); turpis *J.* 67; vitae moresque *J.* 85 (§ 27).

vītābundus,3.(vito),ausweichend: tela vitabundus *J.* 60; inter tela vitabundus erumpit, mit ausweichenden Bewegungen des Körpers *J.* 101; quasi vitabundus, als ob er dem Kampfe ausweichen wollte *J.* 38.

vĭtĭum, i, „Gebrechen", übtr. Fehler, Laster, Vergehen *C.* 3. 11. 53; *J.* 15.

vīto, 1. „ausweichen", dah. vermeiden, entgehen: proditionem *J.* 76; pericula *or. Lep.* 1.

vīvo, vixi, victum, 3. am Leben sein, leben *J.* 14 (§ 24). 110. — 2) irgendwie leben: honeste *J.* 85 (§ 19); magnifice *C.* 17; alio more *C.* 6; bonis moribus *C.* 52 (§ 10).

vīvus, 3. lebendig, lebend *C.* 61; *J.* 46. 61. 79.

vix, *adv.* mit genauer Not, mit Mühe *C.* 51 (§ 42); *J.* 11. 14 (§ 14). — 2) v. d. Zeit, kaum noch *J.* 97.

***vŏcābŭlum,**i,Benennung,Name: rerum *C.* 52 (§ 11).

vŏco, 1. herbeirufen, berufen: alqm ad se *C.* 46; ad imperandum (f. impero) *J.* 62. — 2) übtr. auffordern: alqm ad virilia *or. Lic.* 15. — 3) nennen: alqm hostem *C.* 31; timidum *C.* 53; quae miserias vocant *J.* 100; bona aliena largiri liberalitas vocatur *J.* 52 (§ 12).

vŏlens, ntis, f. volo.

volgus, (vulgus), i, *n.* (u. *m.*, f. *J.* 69. 73), das Volk, der große Haufe (im Gegensatz zu den Gebildeteren) *C.* 20. 29; *J.* 65. 69. 73. 84.

volnĕro (vulnero), 1. verwunden *C.* 61; *J.* 57. 58.

volnus (vulnus), ĕris, *n.* Wunde: advorsum *C.* 61; volnera accipere *J.* 101; volneribus confectus *J.* 60.

***vŏlo,** 1. fliegen: tela utrimque volant *J.* 60.

vŏlo, vŏlui, velle, wollen, begehren, wünschen: gloriam *C.* 7; amicitiam alcjus *J.* 88; liberos quam optumos *J.* 85 (§ 16); nihil frustra *J.* 110; mit *inf. C.* 34. 35. 58; *J.* 8. 33. 42. 84; si viri esse voltis *C.* 40; mit *acc. c.inf. C.* 17. 19; *J.* 73. 110; si ambobus consultum (esse) vellet *J.* 112; mit Konjunktiv: vellem possem petere *J.* 14 (§ 3); vellem haec vana forent *J.* 24; absol. alcui volenti est alqd, etw. ist Gegenstand der Wünsche für jmd., jmd. ist willig zu etw. *J.* 100; plebi militia volenti (esse) putabatur *J.* 84. — 2) *part.* volens, *a*) willig *J.* 76; *or. Cott.* 12; imperitare volentibus, willig Gehorchenden *J.* 102. — *b*) wohlwollend, geneigt *J.* 103; dis volentibus, durch Gnade der Götter *J.* 14 (§ 19); volentibus omnibus bonis, unter Zustimmung aller Gutgesinnten *C.* 33; volente animo de aliquo accipere, mit Wohlgefallen vernehmen *J.* 73.

volt u. **voltis,** f. volo.

Voltŭrcĭus, i, T., ein Mitverschworener des Catilina *C.* 44—50.

voltus (vultus), ūs, Gesicht (als Ausdruck der Empfindungen), Miene, Blick *C.* 15; *J.* 34; corporis *J.* 113 (f. varius); bonus *C.* 10; demissus *C.* 31; incertus *C.* 106.

***vŏluntārĭus,** 3. freiwillig *C.* 56.

vŏluntās, atis, f. Willensmeinung, Wille: ex voluntate, nach Wunsch *C.* 26; *J.* 46 (*sc.* regi); *J.* 83. 111; voluntate alejus, auf jmds. Wink, Anstiften *C.* 19; urbes voluntate imperio adjungere, mit ihrem Willen *J.* 13; *plur. J.* 113. — 2) (gute) Gesinnung, Neigung: voluntate alienatus *J.* 66.

***vŏluptārĭus,** 3. Vergnügen gewährend, genußreich: loca *C.* 11.

vŏluptās, atis, f. Vergnügen, Genuß, Lust: ignaviae *J.* 85 (§ 20);

Eichert, Wörterbuch z. Sallust. 4. Aufl.   13

plur. C. 52 (§ 5); *J.* 95; corporis *J.* 1; voluptati esse, zur Luſt gereichen *C.* 2; alqd voluptati habere, an etwas ſeine Luſt finden *J.* 100.

Volux, ūcis, Sohn des Königs Bocchus von Mauretanien *J.* 101. 105—107.

volvo, volvi, vŏlūtum, 3. rollen, wälzen: saxa in proxumus *J.* 57; cadavera, umwenden *C.* 61. — 2) übtr. hin und her erwägen: haec *C.* 41; secum *C.* 32; *J.* 113; cum animo suo („mit ſich") *J.* 6. 108.

vorso (verso), 1. (*v. frequent.* v. vorto), „hin u. herdrehen"; *pass.* „ſich hin u. herdrehen", daß. *a)* thätig ſein, ſich tummeln: in prima acie *C.* 60. — *b)* in etw. verwickelt ſein: in sanguine, ferro, fuga, von Mord, Kampf u. Verbannung bedroht ſein *J.* 14 (§ 9).

vorsum (versum), ſ. vorsus.

vorsus (versus) u. **vorsum** (versum), *adv.* gegen… hin, nach… zu: ad urbem vorsus *C.* 56; ad se vorsum, auf ihn zu *J.* 58. 69; mit Präpoſitionalkraft: Aegyptum vorsus, gegen Ägypten hin *J.* 19.

vorto (verto), ti, sum, 3. umkehren, wenden: nudum corpus („Körperſeite") ad hostes *J.* 107; arma ab externis in nosmet vorsa *or. Lep.* 19; cupido animum vortit, gab ſeinem Geiſte eine andere Richtung *J.* 93. — 2) übtr. *a)* umwandeln: dignitatem in lubidinem *J.* 41; alqm in miserationem, umſtimmen *or. Lep.* 5; *reflex.* ſich verkehren, umſchlagen: ex consuetudine in naturam, zur Natur werden *J.* 85 (§ 9). — *b)* in der Beurteilung auf etw. wenden, daß. einem Umſtande etw. beimeſſen, zuſchreiben: rem in superbiam *J.* 82 (zum folg. alii und multi erg. putabant).

vos, vostrum, ſ. tu.

voster (vester), tra, trum, euer *C.* 20; *J.* 14.

vōtum, i (voveo), Gelübde *C.* 52 (§ 29); *or. Lep.* 7.

***vŏvĕo,** vōvi, vōtum, 2. (einer Gottheit) geloben: se pro republica, ſich weihen *or. Cott.* 10.

vox, vōcis, *f.* Stimme: magna voce („laut") *J.* 56; voce supplici, in flehendem Tone *C.* 31; voce, durch Zuruf *J.* 15; strepere vocibus, durcheinander ſchreien, johlen *J.* 98.

vulgus, i, ſ. volgus.

vulnĕro, ſ. volnero.

vulnus, ĕris, ſ. volnus.

vultus, ūs, ſ. voltus.

Z.

Zăma, ae, Stadt in Numidien, mit dem Beinamen Regia, ſüdweſtlich von Karthago, Reſidenz des Juba *J.* 56 — 58. 60.